SMART CAR

Detailed Explanation of Electrical and Electronic Architecture

智能汽车
电子电气架构详解

侯旭光 著

图书在版编目（CIP）数据

智能汽车：电子电气架构详解/侯旭光著. — 北京：机械工业出版社，2023.4（2024.7 重印）
ISBN 978-7-111-72667-8

Ⅰ. ①智… Ⅱ. ①侯… Ⅲ. ①智能控制 - 汽车 Ⅳ. ①U46

中国国家版本馆 CIP 数据核字（2023）第 031009 号

智能汽车：电子电气架构详解

出版发行：机械工业出版社（北京市西城区百万庄大街 22 号　邮政编码：100037）	
策划编辑：杨福川	责任编辑：杨福川　韩 蕊
责任校对：龚思文　王明欣	责任印制：常天培
印　　刷：北京铭成印刷有限公司	
开　　本：186mm×240mm　1/16	版　次：2024 年 7 月第 1 版第 5 次印刷
书　　号：ISBN 978-7-111-72667-8	印　张：22
	定　价：129.00 元

客服电话：（010）88361066　68326294

版权所有・侵权必究
封底无防伪标均为盗版

Praise 赞 誉

本书从系统、架构的概念展开，内容覆盖了电子电器架构的发展、设计中的实践要求、管理要求，以及对未来技术的展望。用简洁生动的语言阐述复杂的技术问题，又有很多作者自己的辩证思考，是本不可多得的好书！

——边俊 上海磐时信息技术有限公司 国内首个汽车安全技术社区 SASETECH 理事长

整车设计与研发是一项非常复杂的工程，脱离系统架构去研究产品是无源之水，无本之木。侯哥的这本书，让产品人有机会深入浅出、系统全面地了解软件定义汽车的底层逻辑，为产品设计带来更多维度的思考。

——杜芳 博泰车联网产品总监

作者结合自身丰富的电子电气架构开发经验，紧跟行业发展的趋势，特别是软件定义汽车等对电子电气架构带来的挑战和内涵，针对电子电气架构的基础知识和开发方法展开了全面而又不失有深度的介绍和分享。

——冯亚军 蔚来汽车资深系统安全专家

软件定义汽车时代对汽车电子电气架构来说是一个转折点，让汽车制造商开始设计新的电子电气架构。本书体系化介绍电子电气架构，如果你正在探索电子电气架构，那么这本书一定会给你带来新的启发。

——李程 极氪信息安全总监、Zeekr Zero 安全实验室负责人

本书从通用的架构设计，基于汽车行业给出汽车电子电气架构的定义，基于三视图的维度详细描述汽车电子电气架构。读罢全书，可以让人了解汽车电子电器架构设计的过程和初步掌握设计流程及要点。

——李平 华为智能汽车解决方案 BU 架构师

本书围绕智能网联汽车的行业发展趋势，分析了电子电气架构设计的技术体系和发展脉络。结合架构师应具备的技术能力提供了参考性建议及行业洞察，并从哲学视角引出了对整个汽车行业技术演进的深入思考。

——刘虹博士 上海伊世智能科技有限公司 CEO、轩辕实验室创始人

本书内容涵盖了电子电气架构的各个方面，是汽车电子工程师和系统工程师的重要参考书。本书有助于读者对汽车电子电气系统及其架构的认识和理解。对于汽车电子行业的从业者和相关领域的研究人员来说，这是一本实用的指导性读物，也适合汽车电子课程的教学。

——卢东晓 安波福（中国）科技研发有限公司 软件质量高级经理

这是一本理解汽车电子电气架构的百科全书，作者具有丰富的从业经验，并且善于思考和揭示问题的本质。很多看似抽象的概念，经过作者形象地阐述而变得生动。无论你是汽车电子电气架构领域的初入者，还是具备一定的从业经历并正在寻求技术精进者，本书都可以作为你进步的阶梯！

——马小龙 小鹏汽车功能安全专家

这本书不仅全面介绍了汽车电子电气架构的相关定义、基础技术、开发过程、开发工具和管理，还展示了电子电气架构与软件定义汽车、智能网联技术等新技术新课题的紧密联系，让读者在迅速学习、掌握相关技术知识的同时，跟上新技术的发展，看到电子电气架构的未来。

——曲元宁 博世汽车部件（苏州）有限公司高级系统软件工程师

阅读本书既可以学习汽车电子电气架构的基础知识，又可以以此为主线展开汽车电子电气系统开发设计以及汽车行业变迁的深层逻辑思考，既有基础技术点又有实践总结和前瞻性探索的经验之谈，非常值得阅读。

——王方方 中国功能安全专家组核心专家

注：赞誉按姓氏拼音排序。

Preface 前 言

为什么要写这本书

大学毕业之后,我一直在工程领域从事开发工作。虽然开发过的产品种类繁杂,如移动通信交换机、汽车电子产品、整车电子电器以及电子电气架构,但大部分工作都集中在电子产品的软件开发与测试领域,工作岗位也在过去二十多年的时间中从工程师转变为管理者。回顾职业生涯,我总结出一个规律:个人的成长在转型期最为迅速。

虽然在稳定的工作环境中可以不断精进技能,但每当换了一个环境或者尝试一份从未做过的工作时,我好像会进入一个新的世界。全新的环境或挑战可以刺激我进行更多的思考和学习新的知识,这是一个既痛苦又快乐的过程。我特别喜欢重阳投资合伙人舒泰峰先生在《财富是认知的变现》一书中的一句话:"只有认知提升,财富才能增加。"真正能让内心充盈的是知识与经历,而知识与经历会转换为认知。认知与物质财富的不同之处在于其具备可分享性。

回想起初入职场时我对一切都懵懵懂懂,虽然也很努力,但是由于认知水平有限而走过不少弯路。如果当时能有人多给我一些指引,也许现在的我会做得更好。弯路走多了,就想着如何能让与我有缘的人可以少走一些弯路。

世界的发展有其自然规律,个人无法改变。然而,当一个群体中的所有个体都能朝着一个方向前进时,个体的力量就可以汇聚到大潮之中,成为群体力量的一部分,进而改变世界。个人的成就建立在他人的基础之上,他人的进步又会促进个人能力的提升。

悟出以上这个道理我花了30年的时间,那是当我在而立之年有幸成为一个团队的负责人之时。一个人在不得不承担起更大的责任时,就会反思自己存在的问题。带领他人前进的负重感既会让人变得更加清醒和坚强,也会令人思考得更多,学到更多。

2019年，在一个朋友的帮助下，我创建了自己的微信公众号"侯哥工作感悟"。目的有两个，一个是让自己的业余生活更加充实，另一个是希望帮助更多的"汽车人"㊀。让我感到意外的是，第一篇关于软件定义汽车的文章大受欢迎，被众多公众号转载。接下来的一系列相关文章也得到了广泛的好评，让我的知名度迅速蹿升，并受邀在多个大型会议与论坛上进行分享。从此，我开始了码字生涯。

在这个汽车行业百年未有之大变局来临之际，无数的"汽车人"处于迷茫之中。各种不断出现的新名词、新技术和新方向让人眼花缭乱。可是，并非所有的新事物都值得去坚持和投入。未来究竟如何，尚未可知。作为一名多年从事汽车电子相关研发工作的人员，我总觉得应该为中国汽车行业做点什么。

秉着让自己生活在一个更加美好的世界的初衷，我坚持去帮助或影响身边的一些人，并逐渐发现自己的经验和观点确实能够帮助他们，让他们少走一些弯路并成长得更快一些。于是，当2021年杨福川编辑与我讨论是否可以写一本关于电子电气架构与智能网联汽车方面的书时，我很快答应了。从那天开始，我每天的空闲时间都被填满了。原以为可以很快完成书稿写作，然而动笔之后，我才明白写书与写网文的区别：网文可以自由发挥，即使有些小的瑕疵，也无伤大雅；而写一本书——一本要被印刷出来并可能被万千读者仔细研读的书，就无法那么随意了，书中的每一个词、每一张图、每一个观点、每一个知识点都要仔细推敲。在这一年多的时间中，我查阅了大量的资料，阅读了大量国内外相关文章，力求书中每一句话都经得起推敲，每一个数据都有权威的出处。然而，越是仔细研究电子电气架构这个概念，我就越觉得遗憾，对于这么一个被广泛使用的词汇，竟然找不到一本书可以将其含义解释清楚！同时，关于如何开展电子电气架构的设计与开发、如何应对当前汽车行业的变革等问题，更是找不到有实用价值的专著！我所能看到的都是各种文章与其中的零散观点。

基于这种情况，我把本书的写作目的从简单的电子电气架构介绍与讨论智能网联汽车的概念，变为普及电子电气架构的基本知识与探讨汽车行业的转型。电子电气架构的基本知识与汽车行业转型这两个主题看似关联不大，却在本质上深刻地互相影响。

首先，无论电子电气架构还是汽车行业都是无比复杂的系统，并且有着共同的特征与规律。这些共同的特征与规律可以通过系统工程理论进行抽象的描述。因此，本书的讨论从"系统"这个看似常见又有点模糊的概念开始，逐步展开。

其次，对于复杂如电子电气架构、汽车及汽车行业这样的工程系统而言，开发与运行有着一些共同的方法与规则。这些方法与规则虽然在系统工程理论中也有相应的描述，但过于抽象。本书试图以最朴实的方式来讲解这些复杂系统的共同点。不但如此，这些共同点还可以被推广和应用到更多的复杂系统的分析、开发与管理过程中。

㊀ 汽车人指的是汽车行业从业者。

最后，本次汽车行业变革在技术上的主要标志是电子电气架构的变革，而电子电气架构的变革又是由无数个技术点的量变积累而成的质变。因此，本书也花了一定的篇幅来介绍各种引起电子电气架构变革的关键技术，涵盖了通信、电气、芯片、网联、座舱、智能驾驶及开发工具等方面。同时，鉴于新的技术与新的时代必然会要求相关的企业做出改变，本书也讨论了软件定义汽车、"新四化"以及车企在转型期间所应该遵循的一些原则与可能的方向。

本书力求以揭示一些复杂事物背后的本质规律为写作宗旨，因此提出了一些概念与模型。其中的部分概念与模型为本书原创，虽然不一定很成熟，但只要能够让读者有所启发，也就达到了本书的目的。我一直相信，无论技术与商业怎么变革，其中总有一些理念是可以跨越时代而传承下来的，如同那些经典名著与哲理可以历经千百年而不朽。如果能够早一点知道一些历久弥新的道理或原理，每个人都能少一些迷茫，多一份恬静与淡定。

虽然本书的写作多是从车企的角度出发，但是这本书对整个汽车行业的相关人员都会有帮助，甚至对从事各种复杂系统和产品开发的人员也会有一定的借鉴意义。因为无论系统工程的思想还是本书所介绍的电子电气架构的开发方法与原理，都普遍适用于各种工程场景，尤其是对于那些还处于迷茫期的工程技术人员，这本书一定会有所帮助。

读者对象

- 汽车电子电气领域的工程师、管理者和投资者。
- 汽车电子电气相关产业链的管理者。
- 汽车电子电气相关法规和政策的制定者。
- 电子电气相关专业的大中专院校的学生与教师。
- 想了解汽车产业的读者。
- 想了解复杂系统开发的读者。

本书特色

本书以汽车电子电气架构的设计为主线，串联汽车电子电气系统开发的相关知识和方法，讲述以汽车电子电气架构变革为代表的汽车行业变迁的深层逻辑，揭示在"新四化"和"软件定义汽车"的时代潮流下，整个汽车电子电气行业，乃至整个汽车行业的发展趋势。

本书从汽车电子电气架构开发的角度出发，介绍汽车电子电气开发的方法和原理，虽然并未讲述具体的技术点，但这些方法和原理普遍适用于汽车中各个系统、复杂部件，乃至其他领域的复杂系统的设计与开发。

这也是一本关于汽车开发过程中如何管理的书。读完本书，你不但可以更加深刻地理解汽车电子电气架构，也将加深对汽车行业的认识与理解，深刻认识汽车这种复杂系统开发的难度。本书内容涵盖系统与电子电气架构的概念、电子电气系统开发的流程、电子电气系统的演变历史、架构师的职责、对"新四化"和软件定义汽车等概念的解释、智能网联汽车的知识点、车企核心竞争力的来源，以及系统工程、需求工程、工程哲学等领域的基本思想和原理。

本书不但为车企如何应对技术的变革提供了参考，也为相关产业链上的各参与方提供了建议。

如何阅读本书

本书共 10 章。

第 1 章从系统一词的概念讲起，并给出了汽车电子电气系统的明确定义。

第 2 章讲解架构一词的含义，进而给出汽车电子电气架构的定义。

第 3 章介绍电子电气架构的发展历史及未来的发展方向，内容涵盖了汽车电子的诞生及电子电气架构的诞生和主要发展阶段，以及电子电气架构中的各项重要的基础技术，并对电子电气架构的演进阶段和未来可能的发展趋势进行了讨论。

第 4 章介绍系统开发方法与工具中的几个重要概念及其要点。

第 5 章和第 6 章分别介绍了电子电气架构设计的基本目标与原则，并讲解了电子电气架构开发的具体方法。

第 7 章讨论了电子电气架构开发过程中的管理工作，主要涉及架构团队如何成为各个利益相关者之间的平衡器，架构师所需要的基本能力，并对架构开发过程中的几个哲学问题进行了讨论。

第 8 至 10 章主要讨论了"新四化"与软件定义汽车的概念及所带来的挑战，介绍了当前智能网联汽车相关的重要新技术的发展情况。

本书的结构按照一定的逻辑顺序进行组织，各章之间有紧密的联系，建议读者按照顺序阅读。尤其是第 1 章和第 2 章介绍的概念是本书后续内容的基础，本书的大部分内容都是围绕这几个概念展开的。

勘误和支持

由于作者的水平有限，书中难免会出现一些错误或者不准确的地方，恳请读者批评指正。如果你有更多的宝贵意见，可以在微信公众号"侯哥工作感悟"下留言，也欢迎发送邮件至邮箱 hikout@live.com。期待能够得到你们的真挚反馈。

致谢

感谢我的妻子和女儿。在这一年多的时间中，本来应该陪伴她们的时间大都被我投入到写作中。没有她们的理解和支持，这本书不可能问世。

感谢杨文昌先生。在他的鼓励和帮助下我创建了自己的微信公众号，并踏上了写作之路。杨文昌先生还与我进行了大量的讨论，为本书贡献了诸多有价值的想法。

感谢在电子电气架构开发工作中给予我大力支持的各位朋友——梁伟强先生、熊维明先生、宋振广先生、张雁英先生，以及名单之外的更多朋友。感谢他们的帮助让我能够拓展视野并提升能力。

谨以此书献给我最亲爱的家人，以及中国汽车电子电气行业的朋友们！

目 录 Contents

赞 誉
前 言

第1章 电子电气系统 ……………… 1
1.1 系统的定义 ……………………… 2
1.2 系统工程 ………………………… 4
1.3 系统思维 ………………………… 7
1.4 汽车电子电气系统的构成 ……… 8
   1.4.1 汽车电子电气系统的定义 …………………………… 8
   1.4.2 汽车电子电气系统三视图 …………………………… 9
1.5 汽车电子电气系统分解 ………… 12
   1.5.1 系统分解的目的和意义 …… 12
   1.5.2 系统分解的4个步骤与3个原则 ……………………… 13
1.6 本章小结 ………………………… 19

第2章 电子电气架构技术基础 …… 20
2.1 架构的定义 ……………………… 20
   2.1.1 架构词解 …………………… 21
   2.1.2 架构与系统的关系 ………… 21
   2.1.3 电子电气架构 ……………… 22
2.2 电子电气架构三视图 …………… 23
   2.2.1 逻辑视图 …………………… 24
   2.2.2 物理视图 …………………… 26
   2.2.3 过程视图 …………………… 27
   2.2.4 3种视图的关系 …………… 29
2.3 电子电气架构的4个子架构 …… 30
   2.3.1 网络架构 …………………… 31
   2.3.2 电气架构 …………………… 35
   2.3.3 功能架构 …………………… 41
   2.3.4 软件架构 …………………… 44
2.4 理解架构设计与系统开发的关系 …………………………………… 56
   2.4.1 架构设计与城市规划 ……… 57
   2.4.2 系统开发与街区设计 ……… 57
   2.4.3 零部件设计与建筑设计 …… 58
   2.4.4 供应商开发与施工实现 …… 58
   2.4.5 架构设计的重要性 ………… 58
   2.4.6 架构设计与系统开发的区别 ……………………………… 59
2.5 架构设计的意义 ………………… 59
2.6 本章小结 ………………………… 60

第3章 电子电气架构的发展历程 …………………………………… 61
3.1 IPO模型 ………………………… 61
3.2 电子电气架构发展的驱动因素 …………………………………… 63
   3.2.1 汽车电子的诞生 …………… 63

3.2.2 ECU 的诞生 …………… 64
3.2.3 汽车电子电气架构的
诞生 ………………… 65
3.2.4 汽车电子的 6 个发展
阶段 ………………… 65
3.3 基础技术的发展 …………… 66
3.3.1 芯片 ………………… 66
3.3.2 通信和网络 ………… 68
3.3.3 软件 ………………… 73
3.3.4 电气架构的相关技术 … 89
3.4 电子电气架构的演进 ……… 93
3.4.1 车身控制模块的诞生 … 93
3.4.2 电子电气架构的演进 … 94
3.4.3 电子电气架构的 8 条
基本发展规律 ……… 101
3.5 本章小结 …………………… 102

第 4 章 系统开发方法与工具 …… 103
4.1 基本开发方法 ……………… 103
4.1.1 正向开发与逆向工程 … 103
4.1.2 瀑布开发模型 ……… 104
4.1.3 瀑布开发模型在整车
开发中的应用 ……… 107
4.2 需求工程 …………………… 110
4.2.1 需求的定义 ………… 111
4.2.2 需求的种类 ………… 112
4.2.3 需求工程的 5 个活动 … 113
4.2.4 需求工程的意义和
目的 ………………… 120
4.3 基于模型的系统工程 ……… 121
4.3.1 MBSE 的定义 ……… 122
4.3.2 MBSE 模型的 4 个
象限 ………………… 123
4.3.3 MBSE 的三大支柱 … 124
4.3.4 MBSE 的实施 ……… 130
4.4 本章小结 …………………… 133

第 5 章 电子电气架构设计的
目标与原则 ……………… 134
5.1 架构设计的目标 …………… 134
5.1.1 为什么需要架构设计 … 135
5.1.2 理想的架构设计 …… 136
5.2 架构设计的原则 …………… 137
5.2.1 设计原则的产生与
传递 ………………… 138
5.2.2 设计原则的分层 …… 138
5.2.3 架构设计的三大原则 … 139
5.3 本章小结 …………………… 143

第 6 章 电子电气架构开发方法 … 144
6.1 定义产品特性 ……………… 145
6.1.1 用户的需求 ………… 145
6.1.2 从用户故事开始设计 … 147
6.1.3 特性 ………………… 149
6.1.4 用例 ………………… 151
6.1.5 卡诺模型 …………… 155
6.2 功能开发 …………………… 157
6.3 架构形态设计 ……………… 161
6.3.1 电子电气系统的物理
分解 ………………… 162
6.3.2 架构形态设计的 5 个
步骤 ………………… 166
6.3.3 电气架构与网络架构的
雏形 ………………… 167
6.4 系统开发 …………………… 170
6.4.1 子系统开发概览 …… 170
6.4.2 收集需求 …………… 172
6.4.3 系统设计 …………… 173
6.4.4 评审和更新 ………… 179
6.5 线束开发 …………………… 180
6.6 网络设计 …………………… 181
6.7 基础技术开发 ……………… 183
6.8 零部件开发 ………………… 184

6.9 验证和确认 ………………… 185
   6.9.1 测试的种类 ……………… 185
   6.9.2 测试的基本理念 ………… 186
6.10 电子电气架构开发方法总结 ……………………………… 189
   6.10.1 一个源头：需求 ……… 189
   6.10.2 两条主线：功能与性能 ………………………… 190
   6.10.3 两个工作：分解和分配 ………………………… 190
   6.10.4 两种思路：增量与重构 ………………………… 191
   6.10.5 一个问题：架构设计是技术还是管理 ……… 193
6.11 本章小结 …………………… 194

第7章 电子电气架构管理 ……… 195

7.1 电子电气系统4类关系的管理 ……………………………… 195
7.2 电子电气系统的利益相关者 …… 197
   7.2.1 利益相关者的分类 ……… 197
   7.2.2 常见的6类利益相关者 ………………………… 198
7.3 架构团队：利益相关者之间的平衡器 …………………… 200
7.4 架构师的8项基本能力 ……… 202
   7.4.1 洞察业务本质的能力 …… 203
   7.4.2 强大的学习能力 ………… 203
   7.4.3 高瞻远瞩的能力 ………… 204
   7.4.4 适当妥协的能力 ………… 204
   7.4.5 高度的抽象能力 ………… 205
   7.4.6 系统思考的能力 ………… 205
   7.4.7 良好的沟通能力 ………… 206
   7.4.8 强大的领导力 …………… 207
7.5 电子电气架构的哲学思考 …… 207
   7.5.1 忒修斯之船与系统结构 ………………………… 208
   7.5.2 熵增原理与架构发展 …… 209
   7.5.3 电子电气架构的评价 …… 210
7.6 本章小结 …………………… 210

第8章 "新四化"与软件定义汽车 ………………………… 212

8.1 汽车行业的"新四化" ……… 212
   8.1.1 "新四化"概念的诞生 ………………………… 212
   8.1.2 "新四化"的演进 ……… 213
   8.1.3 "新四化"的最新定义 ………………………… 215
8.2 软件定义汽车 ……………… 216
   8.2.1 软件定义汽车的起源 …… 217
   8.2.2 软件定义汽车的含义 …… 218
8.3 软件定义汽车实现的基础 …… 222
   8.3.1 技术条件 ………………… 222
   8.3.2 量产后软件更新的成本 ………………………… 222
   8.3.3 用户为软件付费的意愿 ………………………… 223
   8.3.4 车载半导体技术 ………… 223
   8.3.5 观念 ……………………… 224
8.4 软件定义汽车面临的挑战 …… 224
   8.4.1 物理视图的挑战 ………… 225
   8.4.2 逻辑视图的挑战 ………… 227
   8.4.3 过程视图的挑战 ………… 229
8.5 不变的基本价值 …………… 233
8.6 本章小结 …………………… 235

第9章 智能网联汽车新技术 …… 236

9.1 智能座舱 …………………… 237
   9.1.1 激烈的竞争 ……………… 237
   9.1.2 发展历程 ………………… 239

9.2 座舱技术 …………………… 241
  9.2.1 显示设备 ………………… 242
  9.2.2 多模态交互 ……………… 245
9.3 自动驾驶 …………………… 251
  9.3.1 自动驾驶汽车的历史 …… 252
  9.3.2 自动驾驶的等级 ………… 254
  9.3.3 自动驾驶系统 …………… 257
  9.3.4 自动驾驶感知设备 ……… 259
  9.3.5 自动驾驶控制器 ………… 268
  9.3.6 自动驾驶执行器 ………… 269
  9.3.7 自动驾驶的挑战 ………… 270
9.4 人工智能与大数据 ………… 274
  9.4.1 人工智能 ………………… 274
  9.4.2 大数据 …………………… 276
9.5 系统安全 …………………… 278
  9.5.1 系统安全的概念与流程 … 278
  9.5.2 系统安全的母标准 ……… 280
  9.5.3 功能安全 ………………… 282
  9.5.4 预期功能安全 …………… 288
  9.5.5 对系统安全的思考 ……… 291
9.6 网络安全 …………………… 291
  9.6.1 ISO/SAE 21434 简介 …… 292
  9.6.2 网络安全管理 …………… 293
  9.6.3 网络安全开发 …………… 294
9.7 本章小结 …………………… 297

第10章 汽车行业的变革与机遇 …………………… 298

10.1 变革——历史的必然 …… 298
  10.1.1 第二曲线 ……………… 299
  10.1.2 产品的变革 …………… 300
  10.1.3 电子电气架构的变革将持续进行 ………… 303
  10.1.4 性价比——产品普及的根本动力 …………… 304
10.2 商业模式的变革 ………… 307
  10.2.1 盈利模式变革 ………… 307
  10.2.2 营销模式变革 ………… 309
  10.2.3 售后服务模式变革 …… 312
10.3 产业格局的变革 ………… 313
  10.3.1 新势力的进攻 ………… 314
  10.3.2 分工的变化 …………… 316
10.4 政府的力量 ……………… 320
10.5 车企的基本能力 ………… 322
  10.5.1 车企五力模型 ………… 322
  10.5.2 从"打铁"到"服软" … 326
10.6 重塑能力，迎接挑战 …… 329
  10.6.1 明确愿景 ……………… 329
  10.6.2 确立原则 ……………… 330
  10.6.3 行动方向 ……………… 333
10.7 本章小结 ………………… 336

第 1 章

电子电气系统

系统思考是一门帮助大家看到事物整体的学科。它是一个框架，可以帮助大家看到事物之间的关系而不只是事物本身，能够看到变化模式而不只是静态快照。

——彼得·圣吉

随着造车新势力的强势崛起，软件定义汽车（Software Defined Vehicle，SDV）一词迅速传遍了包括车企和零部件厂商在内的整个汽车行业。无论传统车企还是与之相关的各种供应商，甚至各种投资机构都对软件定义汽车展现了浓厚的兴趣，并相继展开了各种讨论与研究。而且，已经有许多企业采取了切实的行动。在相关论坛、会议上，众多业内人士纷纷阐述自己对这个概念的理解，其中讨论最多的话题是商业模式对汽车行业的影响。

诚然，将软件作为商品卖给汽车消费者是一个看起来很新颖的想法，这的确为车企带来了新的利润增长点，但是究竟效果有多好，却是仁者见仁、智者见智。无论如何，历史长河中出现的每种被广泛应用的新模式或新技术，都一定会对相关的产业格局产生重大的影响。软件定义汽车的影响究竟几何？这个问题也许只能留给时间来回答。

有一个事情是确认无疑的，那就是软件的重要性在汽车行业中正在不断提升。而且，我们可以看到的趋势是，软件开发的相关投入在汽车的开发成本中所占比重越来越大，通过软件可以实现越来越多的新功能，车企也越来越注重软件的研发。然而，车企只要有能力做软件就可以高枕无忧吗？无论你如何看待这个问题，以下两个观点你一定不能否认。

❑ 软件本身只是一种载体，没有专业知识支撑的代码没有任何用处，真正的竞争力来源于体系与专业知识。
- □ 如果没有优秀的电子电气架构（Electrical Electronic Architecture，EEA）的支撑，软件就没有用武之地。

如果你认同这两个观点，那么上面那个问题的答案就是否定的。

无论软件是否能够真的定义汽车，也无论软件如何定义汽车，随着某些"新势力"的股票市值被推上史无前例的高位，软件定义汽车的概念已经迅速流行。与此同时，另一个技术概念也在中国汽车行业内迅速火热起来，那就是电子电气架构。虽然车企相继设立相关部门负责电子电气架构的开发，但是关于电子电气架构一词的具体含义，不同的人有不同的理解。

为了厘清软件定义汽车的脉络，我们需要先理解电子电气架构这个概念。为了解释电子电气架构的含义，我们先来讨论"架构"这个工作中经常使用的词。而为了解释"架构"一词，我们将从"系统"这个同样高频出现在工作与生活中的词入手。只有理解了"系统"这个概念，才能真正明晰"架构"的含义。

有时候，我们对那些看起来已经无比熟悉的事物，其实并不是真的那么熟悉。

1.1 系统的定义

根据《MBSE[⊖]的基本原理与方法》一书中的定义：系统是一个由多个组件组成的对象，并由以下3个紧密关联的部分组成。系统的结构如图1-1所示。

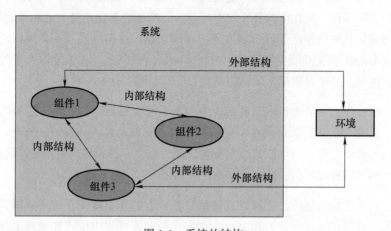

图1-1 系统的结构

⊖ MBSE，Model Based System Engineering，基于模型的系统工程。

- 组件：系统的组成部分。
- 环境：并不是构成系统的组成部分，而是系统组件之外的各种对象或事物。如果一个系统与外界环境之间没有任何关系，那么这就是一个封闭的系统。反之，则称之为开放的系统。
- 结构：指各个部分之间的关系网络，既包括组件之间的关系，也包括组件与外部环境之间的关系。一个组织机构中的结构究其本质，是各个部门或各个人之间的关系。

系统可以分为具象系统与抽象系统。例如，车辆中所有的线束所组成的系统通常被称为线束系统，这个系统就是一个由具象的组件组成的具象系统；整车的网络通信信号所组成的系统可以被称为通信系统，属于一个由抽象的组件组成的抽象系统。

系统一词有多种定义。国际系统工程委员会（INternational Council On Systems Engineering，INCOSE）对系统一词的定义：系统是组件或元素的排列，这些组件或元素在一起表现出个体成分所没有的行为或意义。由于包含多个组件或元素，因此系统可以被理解为一种由组件或元素组成的集合，这个集合中的组件或元素之间有着特定的关联，并按照一定的结构关联在一起，从而拥有了单个组件或元素所不具有的特性或功能。

系统这个集合不但包含了具体的组件——有形的和无形的，还包含这个系统所处的环境、内部组件或元素之间的关系。它们作为生成系统级结果所必备的因素，以系统的形式共同发挥作用。这个系统也拥有与任何内部组件或元素都不同的质量、属性、特征、功能、行为和性能。系统作为一个整体所增加的价值，除了各部分独立贡献的价值外，主要由各组件或元素之间的关系所创造，即系统的结构。

当谈及一个系统时，被关注最多的是其具备的功能。然而，功能并非系统的组成部分，它是系统存在的意义。对于如汽车电子电气系统这种人为设计的系统而言，设计目的是实现某种或某些功能。对于非人为设计的系统，如生态系统，人们将其命名为系统是因为各种组件具有一定的关联性，并且这些组件在被划归入某个系统之后，能够共同对外界环境体现出某种特别的功能。

本书所讨论的系统是工程系统。工程系统是一个被设计或调整为与预期的操作环境相互作用的系统，以实现一个或多个预期的目的，同时遵守适用的约束，是一个由人、产品、服务、信息和过程（可能还有自然成分）组成的复合体。它提供一种能力，以满足客户的需求或目标。工程系统包括产品、服务和企业等子类别。

系统虽然是由组件构成的，但绝不是这些组件的简单叠加，而是通过组件的有机组合产生了新的特性或功能。纯粹的堆叠无法构成好的系统。一个系统可以拥有某些属性，即使这些属性是组成系统的部件所不具有的。例如，一双草鞋虽然只由"草"这一单一的组件构成，但是由于这些组件之间的特殊连接，因此具备了单一一株草所不具备的功能。生物体也可以被看作一个系统，这个由各种基本元素所构成的系统有着任何一种单一的元素所不具有的属性——生命。

1.2 系统工程

世界上存在着无数系统，它们虽然千差万别，但存在着一些共性。对这些存在于各个系统中的共性在工程领域进行研究的科学被统称为系统工程。根据 ISO/IEC/IEEE 15288：2015 的定义，系统工程（Systems Engineering，SE）是一种跨学科的方法，被用来管理如下工作中所需的全部技术和管理活动。

- 将一组来自各利益相关者的需求、期望和约束等转化为具体的解决方案。
- 在系统的整个生命周期内支持该解决方案的实现。

图 1-2 是 INCOSE 对系统工程与系统的定义。

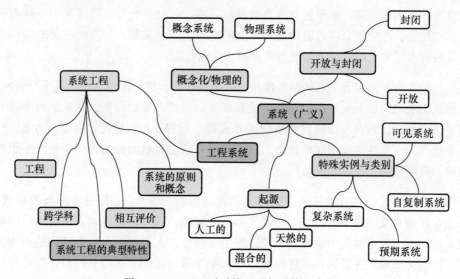

图 1-2 INCOSE 对系统工程与系统的定义

从图 1-2 中我们可以看出，系统工程是一种方法，其研究重点是在预期使用的环境中，在成本、进度和其他约束条件下，在系统的计划生命周期内如何实现利益相关者期望的功能和操作性能。系统工程是一种控制系统生命周期成本的方法，更是一种逻辑思维方式和艺术。

系统工程是开发可运行系统的艺术和科学，能够在一定的约束条件下满足需求。它是一门整体的、综合的学科，各个学科在系统中的贡献被系统地评估和平衡，从而产生一个整体，不再受单一学科视角支配。

系统工程的目标之一是在面对各种约束时寻求安全和平衡的设计，有时候，这些约束来自相互对立的利益。约束也有可能是多重的或相互冲突的，系统工程师应该以优化总体设计为目标，需要精通如何平衡复杂系统中的管理、成本和技术，更需要着眼于大局，不仅要确保设计得正确（满足需求），而且要确保正确地设计（实现运行目标并满足利益相关者的期望）。

系统工程不但能够指导技术开发，也能够在项目的组织和管理中起到关键的作用。管理一个项目的主要目标包括：管理项目的技术、管理项目的团队、管理项目的成本和进度。这几个目标是相互关联、彼此影响的。系统工程的流程主要包括如下4个主流程及包含在其中的30个子流程，如图1-3所示。

共识流程	组织项目支持流程	技术管理流程	技术流程	
采购流程	生命周期模型管理流程	项目计划流程	业务或任务分析流程	集成流程
供货流程	基础设施管理流程	项目评估和控制流程	涉众需求定义流程	验证流程
	投资组合管理流程	决策管理流程	系统定义流程	过渡流程
	人力资源管理流程	风险管理流程	架构定义流程	确认流程
	质量管理流程	配置管理流程	设计定义流程	运行流程
	知识管理流程	信息管理流程	系统分析流程	维护流程
		度量管理流程	实现流程	处置流程
		质量保证流程		

图1-3 系统工程的流程

根据ISO/IEC TR 24748-1的定义，一个系统的生命周期从时间维度看，始于需求，终于处置（或称为退役），系统生命周期一共分为6个阶段，如图1-4所示。

系统工程与其他工程学科有许多共同点，比如关注细节、需要对物理现象进行建模和预测性能等。系统工程在如下方面与其他工程学科有着不同之处。

- ❑ 系统工程的关注点不是部件级别的细节，而是系统、子系统和组件。
- ❑ 系统工程强调保持选择的开放性，并在做出决定之前尽量考虑所有可能的选择。
- ❑ 系统工程是一个跨学科的方法和手段，可以确保系统的成功实现。

系统工程的流派有很多，其中影响力较大的有ISO/IEC/IEEE 15228标准和INCOSE。常见的 V 模型也是系统工程的产物。不同的学科、工程应用中的 V 模型虽然看似各有不同，但是基本思路颇为相似，只是在具体的名词与侧重点上有所不同，它们之间的主要关系如图 1-5 所示。

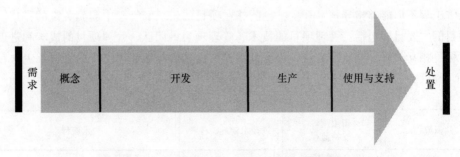

图 1-4 ISO/IEC TR 24748-1 系统生命周期

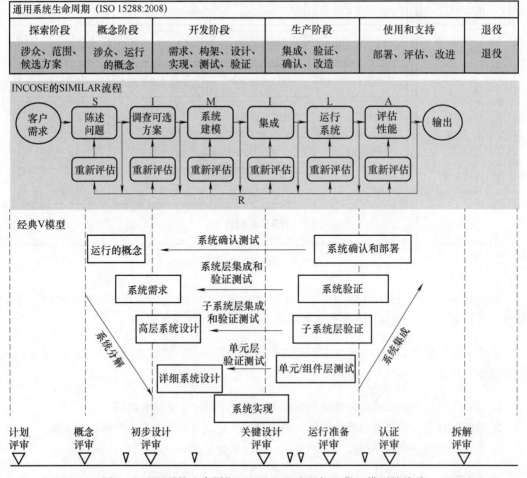

图 1-5 通用系统生命周期、SIMILAR 流程与经典 V 模型的关系

在图1-5所示的系统工程开发流程对比中，如果从汽车电子电气系统的生命周期角度看，电子电气架构的设计工作主要集中在虚框包含的范围内，但不限于这几个阶段的活动，因为电子电气架构的设计和开发涉及整个系统生命周期内的所有活动。同样的，如果将视角转移到每个子系统，那么每个子系统的开发和设计工作虽然主要集中在前端，但也将覆盖整个流程的各个阶段。

对于复杂系统的开发，尤其是汽车这样涉及多个专业领域、强调高度协同、成本高且周期长的系统，遵循系统工程的方法和理念是目前最优的选择。即使是整车开发流程，本质上也是系统工程在汽车开发中的一种实践。掌握系统工程相关知识是对电子电气架构设计人员的基本要求。

1.3 系统思维

系统思维是以系统论为基本模式的思维，是把待思考的事物、环境等作为一个系统去整体思考。将一个待研究的系统视为一个更大系统的一部分，而不是一个自给自足的实体，强调从远处观察系统，探索其边界、环境和生命周期，关注其行为并识别其模式，有助于识别问题和管理系统的复杂性。《第五项修炼》一书的作者彼得·圣吉对系统思维定义如下："一门着眼于整体的学科，它是一个框架，用来观察相互关系而非事物本身、变化模式而非静态快照。"

运用系统思维，有助于我们在分析系统时充分识别系统中的各个组件，描述它们之间的联系，并把这些组件看成一个整体。系统思维强调通过观察系统之间和内部的联系，识别出那些并不明显的反馈循环和因果关系。运用系统思维可以帮助我们识别问题，并平衡管理系统的复杂性。

系统思维有别于系统化的思考，二者的思考角度有本质的不同。系统化的思考指的是按照既定的规则或方法来思考，如遵循良好的计划、收集统计数据或有条理地行事等。例如，当我们遇到一个问题的时候，如果有既定的解决方案，那么最高效的方式就是按照解决方案一步一步解决问题。如果这个问题没有解决方案，我们就要使用系统思维，把这个问题当作一个系统去思考：识别出这个系统的组件、所处的环境，以及这个系统内部组件之间的关系和系统与外部环境的关系，然后寻找解决方案。

系统思维要求的基本能力是抽象。只有正确地通过抽象的方法定义了系统的边界以及系统中包含的各种组件和关系，才可能找到正确的或最优的解决方案。系统思维的基本步骤如下。

1) 识别系统，定义这个系统的外在形式，以及整个系统的功能。

2）识别系统内的每个组件，以及每个组件的形式和功能。

3）识别系统的边界和外部环境。

4）识别系统中组件之间的关系，以及系统与外部环境之间的关系，包括外部环境的形式和功能。

5）基于系统中组件的功能和它们之间的交互来识别系统的新属性，从而可以确定系统开发工作的优先级和任务量。

系统思维是我们在进行汽车电子电气架构设计和开发过程中最需要具备的基本能力和素养。架构开发和设计涉及的组件数量巨大，而且这些组件之间的关系以及整个电子电气系统与外部环境的关系错综复杂，孤立的思考无法保证系统开发成功。只有系统地从全局来思考问题，才能得到一个高质量的架构。如同艺术家埃利尔·沙里宁所言："在设计一件东西时，一定要考虑到它所在的更大的背景，椅子在房间里，房间在房子里，房子在环境里，环境在城市规划里。"

1.4 汽车电子电气系统的构成

在进行深入讨论之前，我们先探究一下电子电气的具体内容和范围。电子电气由两个独立的词组成：电子（Electronic）和电气（Electrical）。电子指的是全部或主要部分由电子器件和电子线路构成的电器元件或装置的总称，也称作电子电器，在汽车行业内多指汽车上的各种控制器，以及相关的传感器和执行器。电气多指电能的产生、分配、传输和使用等，在汽车行业内多指汽车上的线束、电器盒以及电池等部件。从工程角度，两者虽有一定的差异，但是又紧密关联。电子一词多与电子学相关，与半导体强关联。而电气一词则多与电气工程相关，与电能关联较大。

汽车上的电子电气系统指的是一辆汽车上所有电子、电气部件所组成的系统。在汽车行业中，由于电子和电气紧密关联，一般不特别区分，统称为电子电气（Electrical and Electronic，EE）。

1.4.1 汽车电子电气系统的定义

在传统的观念中，汽车电子电气系统包含汽车上的所有电子电气类部件，但是这并不是电子电气系统的全部。我们可以从系统的概念出发，根据系统的三要素将汽车的电子电气系统进行分解，从而进一步认识电子电气系统。

- 组件：包含所有与电相关的部件，不但包含所有的控制器，也包含所有相关的执行器、传感器，还包含各种线束、保险丝等。

- 环境：既包括车辆内部的环境，如各种电器部件所在位置，也包括车辆本身所处的空间环境，如各种基础设施、自然环境等组成的与车辆有关的外部环境。
- 结构关系：指各个组件之间的关系，以及这些组件与外部环境的关系，通过以下两种连接方式来体现。
  - 物理连接，即组件之间及系统与外部环境之间的连接，既包括可见的连接，也包括通过电磁场等不可见形式产生的连接。
  - 逻辑连接，即组件之间及系统与外部环境之间不可见的、仅在功能逻辑上的相互作用。系统内部组件之间的逻辑连接决定了各个组件的功能，系统与外部环境之间的逻辑连接决定了系统自身的功能及存在的意义。

1.4.2 汽车电子电气系统三视图

在电子电气系统中，各种零部件是直接可见的。车辆的内部环境既是电子电气系统中部件存在的基础，也是部件作用的主要目标。对于车外的环境来说，车辆在很多时候是作为一个整体系统存在并与之进行交互的。

对于任何一个复杂的事物，我们都很难从单一的维度来简单定义或描述，尤其对于汽车电子电气系统这样一个无比复杂的事物。为了能够更准确地描述和理解它，我们可以通过三视图进行了解，如图1-6所示。

从一个维度看到的汽车电子电气系统可以称作一个汽车电子电气系统视图，每一个视图都可以被当作一个独立系统来看待。这3个通过视图分割出的系统既相对独立又相互联系，共同构成了完整的汽车电子电气系统。

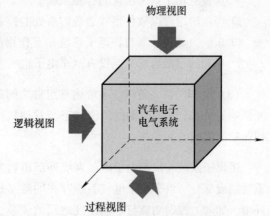

图1-6 汽车电子电气系统三视图

1. 物理视图

从物理视图可以看到汽车电子电气系统中可见的物理部分，我们将其称为物理子系统，这是一个具象的系统。

（1）组件 物理子系统的组件包括汽车电子电气系统内部所有的物理实体，即所有的实体零部件，如各种控制器、传感器、执行器、线束等。

（2）环境 物理子系统的环境包括车辆内部和外部的物理环境，如各种电器部件的布置位置、与车辆本体的结合方式等，车辆所处的空间环境也是物理子系统所处环境的一部分。值得注意的是，物理环境并非一成不变，而是随着时间、空间以及车辆的使用状态等动态变化的,这导致了物理子系统的组件在设计要求上的高复杂性与高可靠性。

(3) 结构关系　物理子系统内部的结构关系指的是各个组件之间的物理连接关系。这种连接关系一方面通过线束的连接以及相对的物理位置体现,另一方面也通过它们之间在物理信号上的交互关系来体现——如物理电平的输出与输入、电源的供给等。

2. 逻辑视图

从逻辑视图可以看到汽车电子电气系统中仅在逻辑层面可见的部分,可以称为逻辑子系统,这是一个抽象的系统。

(1) 组件　逻辑子系统的组件分布在物理子系统的各个物理实体组件中。在实际的设计与开发过程中,我们将逻辑子系统的组件称为逻辑功能或者逻辑部件。逻辑子系统中组件的定义高度依赖对具体的逻辑进行抽象与分解的结果,例如我们可以将与车窗控制功能相关的功能都抽象为一个逻辑功能,也可以将车窗升降的控制指令的判断或处理抽象为一个逻辑功能。逻辑子系统组件的边界完全取决于设计者,具体组件的颗粒度依赖于设计目的和设计者对细节的把控能力。

(2) 环境　逻辑子系统所在的环境包括3个方面。

- 各种物理子系统的组件及组件内部的物理环境所构成的汽车电子电气系统的内部环境,这是逻辑子系统组件的存在基础。
- 当逻辑组件以软件形式表现时所处的控制器中的软件环境。
- 车辆内部和外部与物理子系统相互作用的各种因素所组成的大环境,这是逻辑子系统存在的目的与意义。没有汽车电子电气系统的外部环境,整个系统也就没有了意义。

(3) 结构关系　逻辑子系统内部组件之间的结构关系是指各个逻辑功能间相互依存和相互影响的关系。例如车辆的挡位状态与发动机控制功能之间的关系,开关的输入与门锁电机控制功能之间的关系等。

逻辑子系统与汽车电子电气系统外部事物之间的结构关系也是逻辑子系统中结构关系的重要组成部分。汽车电子电气系统存在的意义是获取系统外部的信息,并作用于系统的外部环境,如动力控制功能与车辆速度之间的关系、空调控制功能与乘员舱内的温度之间的关系等。这些层面之间存在着强关联,一般而言,逻辑层面的设计要优先开始。在确定了功能逻辑之后,才能深入展开物理层面的设计。所有的物理实体都是为实现逻辑服务的,而逻辑设计是为了实现用户的需求或产品的功能而进行的。

对于汽车电子电气架构,我们最熟悉的呈现形式是网络拓扑图,如图1-7所示。它既呈现了部分的物理结构关系,也呈现了部分的逻辑结构关系。

3. 过程视图

从过程视图可以看到汽车电子电气系统中仅在过程层面可见的部分，可以称为过程子系统，这也是一个抽象的系统。汽车电子电气系统的开发过程虽然不是最终电子电气系统交付的一部分，但是深刻地影响着电子电气系统开发中的利益相关者，并直接决定了电子电气系统开发的成本、质量与周期。不同的电子电气架构需要不同的开发过程，以匹配不同的物理子系统与逻辑子系统的开发需求，并保证电子电气架构的开发质量与效率。

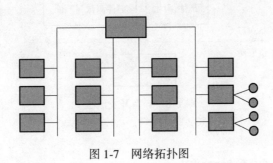

图 1-7　网络拓扑图

（1）组件　过程子系统的组件包括包含在汽车电子电气系统开发过程中的所有活动以及其中的具体交付物、模板等，如需求定义、架构开发、系统开发、零部件开发和各种验证活动。

过程并不等同于开发流程，流程是工作过程最佳实践的总结与固化，而过程则反映的是开发活动中的实际活动。每个整车厂的电子电气系统开发过程虽然大体一致，但是具体流程不尽相同。

图 1-8 所示是一个标准的 V 型开发流程，其中每一个环节又可以被细分为多个过程。当这些复杂的过程通过工具或文档的形式固化下来并成了组织内部所有人都需要遵守的指导性规定时，过程就变成了流程。

（2）环境　过程子系统的环境包括组织内部的组织结构、人员能力、可用的资源种类与数量等，也包括组织外部的各种可能影响到汽车电子电气系统开发过程的因素，如客户的诉求、竞争者、社会环境等。这些环境中的每一个因素都会影响汽车电子电气系统的开发，并以某种形式反映到最终的交付上。

（3）结构关系　过程子系统内部的结构关系指的是每个开发活动之间的相互关系。如需求对架构设计的影响，架构设计对需求的实现范围与质量的影响等，也包括组织内部不同职能部门之间的关系。过程子系统外部的结构关系指的是开发过程中与外部环境的交互关系，如竞争者的产品对电子电气系统设计的间接影响（开发周期、开发内容、质量目标等）、组织与外部合作方的关系等。

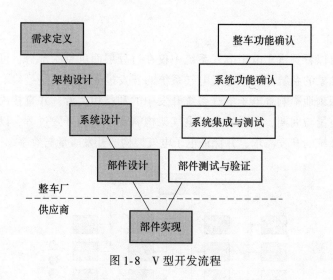

图1-8 V型开发流程

1.5 汽车电子电气系统分解

在1.4节中我们分析了汽车电子电气系统的构成。可以看出，无论从哪个视角来看，汽车电子电气系统都具有高度复杂性，属于典型的复杂系统。

电子电气架构出现的目的之一就是解决汽车电子电气系统的复杂性。车辆作为一个系统，与外部环境（人、自然环境、其他车辆等）之间有着千丝万缕的联系。在车的内部，各种部件和部件之间又有着剪不断理还乱的关系，正是这种复杂性使汽车工业区别于其他的行业，成为民用工业皇冠上的明珠。

1.5.1 系统分解的目的和意义

在开发复杂度较高的系统时，最困难的往往是对其进行管理。系统分解是一种应对系统复杂性的方法。由系统的定义可知，系统的复杂性由系统的三要素决定：组件、外部环境、结构关系。组件数量越多，外部环境越复杂，内部的结构关系越复杂，那么系统的复杂度也越高。对于复杂系统的设计和管理，最好的方式就是将其分解为复杂度较低的子系统，再将子系统不断分解，直到分解为可以被设计、被验证和被管理的较小的、基本独立的系统，思路如图1-9所示。系统分解是整个开发活动中难度最大，也是最重要的环节。

系统分解的目的是便于管理和实现功能，而从哪个视图对系统进行分解则体现了组织对各个视图内容的重视程度。

系统的分解过程也是组织内部人员分工的过程：在将大系统分解为可以被掌握和管理的

小系统的同时完成组织内部的分工。从这个角度来讲，系统分解过程中既完成了系统边界的划定，也完成了个人或团队之间工作边界与职责的划定。

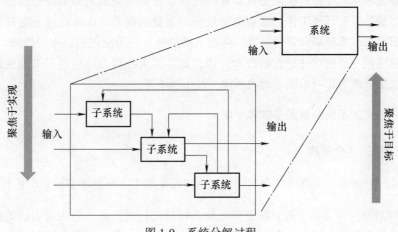

图 1-9　系统分解过程

对于电子电气架构设计而言，系统分解是设计工作的重要前提。而系统分解中最复杂的事情可能就是划分系统边界了。曾获得麦克阿瑟天才奖的多纳拉·H. 梅多斯在《系统思维》一书中说："不存在单独的系统，世界是一个整体。如何划分系统边界取决于讨论的目的。"可以毫不夸张地说：系统分解是一门艺术，完全取决于进行分解的目的。

良好的系统分解将大大提升组织的运行效率和系统的开发效率。尽可能提高子系统的内聚程度并减少子系统之间的耦合，可以减少系统开发过程中人力资源的消耗，并能通过有效降低系统复杂度来保证系统的质量并控制开发成本。正如亚当·斯密在《国富论》中所论述的，"有了分工，同等数量的劳动者就能完成比过去多得多的工作量，其原因有三：第一，劳动者的技巧因业专而日进；第二，由一种工作转到另一种工作，通常须损失不少时间，有了分工，就可以免除这种损失；第三，许多简化劳动和缩减机械性劳动的发明，使一个人能够做许多人的工作。"

随着时代的变迁与技术的更新，各个组织对系统的分解方式也在不断进行着相应的变革。

1.5.2　系统分解的 4 个步骤与 3 个原则

系统包含 3 个主要的组成部分：组件、环境和结构关系。系统分解的本质是在不改变原始系统的现有组件、环境和结构关系的前提下将组件进行分组，形成若干较小的子系统。在系统被分解后，各个组件在形式上已经归属于新的子系统，这些子系统则归属于原来的系统。在一个组件归属于新的子系统之后，这个组件与归属于其他子系统的组件的关系将被子系统继承，原本属于组件之间的关系就变成了子系统之间的关系。各个子系统以组件的形式存在于系统中。这个过程可以理解为从天上由近及远地看一个城市：虽然城市没有变，但看到的事物已经从一个个具体的建筑物变为一个个街区了。

系统分解分为纵向分解和横向分解。纵向分解指将复杂而庞大的系统进行分层，从而使每一层可以尽量独立地开展工作，这有助于效率和质量的提升。比如将电子电气系统按照开发阶段分为需求层、系统层和部件层等，将控制器的软件分为应用层、中间件层、驱动层等。横向分解是指将同一层的组件进行拆分和分组，如将需求分解为功能性需求和性能需求，将电子电气系统层分解为车身系统、动力系统、娱乐系统等。

本节将详细描述系统分解的步骤和原则。

1. 系统分解的4个步骤

将系统进行分解是一个高度复杂的工作，可以按照以下4个基本步骤依次进行。

（1）明确对象　因为系统的分解主要是针对组件进行的，那么首先要明确的就是组件是什么。我们已经知道了，任何一个复杂系统都可以有多个视图，从每个视图看到的组件可能完全不同。对于电子电气系统来说，从逻辑视图看到的是逻辑功能，从物理视图看到的是各种部件，从过程视图看到的是开发过程中的各种阶段性工作和输出物。而且，所谓组件也完全取决于观察者的位置和角度：一个控制器既可以被继续分解为外壳、PCBA（Printed Circuit Board Assembly，印刷电路板总成）和插件等更小的部件，也可以与周边的传感器和执行器等组成一个较大的组件。

既然系统分解的目的是便于管理和开发，而且系统分解又有多个可以入手的角度，那么究竟应该从哪个视图入手对电子电气系统进行分解就取决于管理的方式和目的了。

对于以硬件系统集成为主要开发方式的车企，既然管理的主要标的物是硬件，那么从物理视图入手进行分解就是一种适合的方式，也就是将电子电气系统的所有零部件按照类别进行划分，从而得到多个子系统，比如可以分为底盘控制系统、动力控制系统等。每个子系统中的组件就是一个个控制器和相关的执行器与传感器。

如果整车厂有能力自己进行完整的上层功能逻辑设计，甚至可以深度参与到供应商的软件开发工作中，那么仅从物理层面划分系统就不够严谨了。因为在这种情况下，车企需要管理的不只是零部件，对逻辑层面也要进行深度管理。这个时候，从逻辑视图入手进行系统划分就变得很有必要了。因为逻辑子系统的组件是逻辑功能（Logical Function，LF，或称为逻辑部件，Logical Component，LC），所以从逻辑视图进行的系统划分就是将整个电子电气系统中的逻辑组件进行分类。虽然划分的结果可能还会有底盘控制系统、动力控制系统，但是它们内部的组件已经完全不同了。

电子电气系统还有一个过程视图，理论上也可以通过过程视图进行系统分解。事实上，所有整车厂早已按照开发过程将系统进行了分解，只是大家已经对这种划分习以为常，所以才察觉不到。如图 1-10 所示，每个按照功能属性划分的系统（动力、信息娱乐等）又被按照开发过程分为需求开发、架构设计和测试验证等更小的系统。

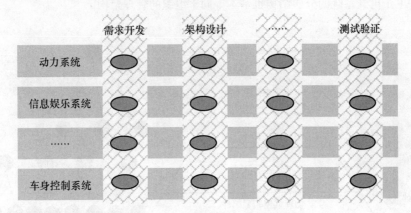

图 1-10　电子电气系统过程分解示例

没有哪个车企只从单一的视图进行电子电气系统的分解，大多数都是从 3 个视图同时开展系统分解的。

（2）确定层级　明确了系统分解的对象之后，要做的是确定系统分解工作的层级，也就是将一个系统分解多少次。因为系统本身没有界定层级的作用，所以界定层级就只能依靠分解者自己了。

系统之间可以是并列关系，也可以是包含关系。例如，底盘系统与车身控制系统就是并列的关系，它们之间没有重叠的部分。像车身控制系统与外灯控制系统和锁系统之间的关系就变成了包含与被包含的关系。也就是说，一个系统既可以是其他系统的组件，也可以包含多个子系统。

另外，系统之间不可以有相互重叠的部分。例如，虽然从物理视图看到的灯光控制系统和雨刮系统共用了相同的部件（组合开关），但该部件在物理系统划分中应该唯一属于某一个系统，而不能被两个系统共同包含。

一个系统的大小取决于不同的视角和目的，也取决于组织对于系统的掌控程度，以及组织内部分工的细化程度。一般来说，掌控得越详细，系统中组件的颗粒度就越小，系统内部的组件就越多。

在整车的开发管理中，大多会采用如图 1-11 所示的整车电子电气系统分层方式，将电子电气系统分解为可以被管控的子系统，甚至物理或逻辑零部件。

在图 1-11 所示的分层示例中，电子电气系统首先被分为多个域，在这个层级中，每个域都可以被看作电子电气系统的一个子系统。不过,因为域通常过于庞大,所以会被进一步分解为更小一些的子系统,每个子系统中又包含众多物理或逻辑零部件。每个层级中的组件总数量都是上一个层级中组件总数量的10倍左右,从而形成了一个金字塔式的结构。在很多组织中,这种电子电气系统的分层结构也基本等同于组织的管理架构。

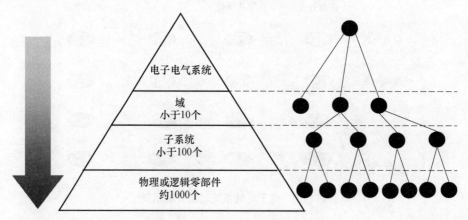

图1-11 整车电子电气系统的分层

在不同的组织中有不同的分层方法和原则,共同点是每一层都会对本层中的"系统"进行进一步分解,并最终形成了一棵电子电气系统树。即使在低层,我们依然可以将零部件作为系统进行进一步的分解。例如我们可以将一个控制器作为一个系统,将其分解为至少3个组件:输入、处理和输出。系统分解的目的是将复杂的系统分解为可以被掌控的子系统或组件,如果子系统或组件的数量过多,管理的难度和成本会大幅度提升。行业惯例是尽量避免较多的层级划分,以减少系统的层级和组件的数量。

对于一个给定的复杂系统,将其分解为多个子系统是一件既需要技术又需要技巧的事情,因为分解工作不但需要对整个系统范围内各种技术细节有深度了解,还需要考虑并平衡各个方面的限制与诉求。然而,完美的系统划分是不存在的,只有暂时适合的划分方案,这既是因为系统的划分方案取决于各种非技术因素,也是因为系统本身是在动态的演进和变化中存在的。

(3)划定边界 在解决了待分解对象与待分解层级的问题后,我们就可以真正开始系统分解工作了,这是最难、最复杂,也是工作量最大的工作,因为我们要为每一个子系统确定边界。

首先,我们要明确电子电气系统的边界在哪里。这个问题看似简单,在实际操作中经常会出现让人迷惑的情况。从物理视图进行分解时,如果我们把消耗电能作为判断一个部件是否属于电子电气系统的依据,那么虽然自己不消耗电能,却与那些消耗电能的部件紧密相连甚至不可分割的部件是否也应该划到电子电气系统中呢?答案是不一定!比如,控制器的支架在某些整车厂中就属于电器部门负责的电子电气系统部件，而在某些整车厂中又属于非电器部门的部件。

类似的问题还有很多，空调的管路是否属于电子电气系统？仪表台上的装饰件是否属于电子电气系统？这类问题永远无法找到标准答案，只能人为决策。

解决了电子电气系统边界的问题之后，接下来逐层进行系统分解工作。对于稳定组织架构的成员来说，无论进行全新的系统分解还是对现有系统分解进行变更，都必然影响到现有人员的分工乃至整个组织架构。在进行系统分解的过程中要充分考虑人的因素，而且无论从哪个视图入手，都会涉及人员职责或组织架构的调整。在划定系统边界的时候，充分听取各方的建议，并在理想与现实之间取得适度的妥协，是不得不去做的事情。

(4) 持续维护　经历了千辛万苦，完成系统的分解后，并没有万事大吉。随着各种新技术在汽车中陆续应用，电子电气系统中被不断添加了各种新的部件和新的功能，而且原有的部件与功能也在不断改变，这种持续不断的变化对电子电气系统中逻辑视图的组件和物理视图的组件都产生了持续的影响。同时，由于整车厂和供应商之间责任界限日益模糊，过程视图也受到了冲击。

随着智能驾驶辅助的兴起，电子电气系统需要被进一步拓展。有的车企把智能驾驶辅助相关的部件设置为一个与其他传统系统并列的系统；有的车企把智能驾驶辅助和被动安全整合到一起，统称为主被动安全；有的车企把智能驾驶辅助划归到电子电器系统中统筹管理；有的车企则将智能驾驶辅助的相关部件划分到了底盘系统中。

在逻辑视图层面，车企对智能驾驶辅助功能相关逻辑系统的划分方法同样是五花八门，有的将智能驾驶辅助功能以部件的功能划分为图像处理、雷达数据处理等逻辑子系统，有的车企按照功能类别划分为泊车辅助、行车辅助等逻辑子系统，有的则将其按照数据流向划分为感知、决策和执行等逻辑子系统。

各种划分方式无所谓好与坏，只是反映了划分时的态度与认知，并且与当时组织的机构设置、人员构成直接相关。说到底，系统是一个集合的概念，如何设置系统的边界，完全是人决定的，而不同人的认知和关注点总是差异巨大。

无论技术的发展、需求的变更，还是人员的调整，都可能导致原来的分解结果需要调整。因为系统分解的结果会反过来影响组织机构和相关人员的职责，继而对技术和需求产生影响，所以系统分解之后的持续维护和更新就变成了一项重要且持续的工作。

2. 系统分解的3个原则

无论从哪个视图进行系统分解，下面列举的系统分解基本原则都是普遍适用的。

(1) 完备性　对系统分解工作的基本要求是完备性，即不遗漏、不重叠，如图1-12所示。此原则也被称为 MECE（Mutually Exclusive, Collectively Exhaustive，相互独立，完全穷尽）法则。无论哪一个视图，都需要充分识别系统中的所有组件，并让每一个组件都归属于某一个子系统，且唯一归属于这个子系统。也就是说，系统分解后不能出现原有系统的某个组件不在任何一个新产生的子系统中的情况，也不能出现一个组件同时分属两个子系统的情况。

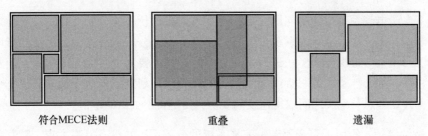

图 1-12　电子电气系统分解的完备性原则

完备性原则还可以被进一步细化为如下原则。

- 正交原则：和物理学中的正交分解类似，子系统应是相互独立的，在职责上没有重叠。
- 稳定性原则：将稳定部分和易变部分分解为不同的子系统，稳定部分不应依赖易变部分。通用部分和专用部分、动态部分和静态部分、机制和策略均应该被分开。
- 复用性原则：尽量进行知识重用，包括重用类似系统已有的设计方案、设计经验、成熟的架构模式或参考模型、设计模式、设计思想等，这可以大幅减少开发工作量并提升质量。

（2）可管理　分解后产生的子系统的颗粒度既不能太小也不能太大，要维持在一个可被管理的程度。如果太小，则管理成本会很高，需要大量的人力来对应。如果太大，则分解的作用就不明显了。是否可以被管理是一个相对的判断，取决于组织的人员数量和能力，没有一个绝对的标准。

（3）高内聚低耦合　由于被分解的系统中各个组件之间存在着各种连接关系，因此当被分解为多个子系统之后，这些子系统之间就会继承内部组件之间的连接关系，从而形成子系统之间的连接关系。这种子系统之间的连接关系导致了子系统之间的相关性。

对于子系统之间的相关性，我们可以用内聚与耦合这两个软件架构设计领域的词来表示。内聚指的是一个系统或模块内部的组件之间的相关性，相关性越高，内聚程度越高，系统的独立性越好，可靠性越高。耦合指的是不同系统或模块之间的相关性，相关性越高，耦合程度越高，系统的独立性越差，对其他系统的依赖程度就越高。

耦合度与内聚度虽然暂时没有可供量化的指标，但是尽量减少子系统之间的耦合度，并提高系统内部的内聚度，对系统的可靠性、可维护性都有很大的好处。而且，对于电子电气系统来说，内部子系统的耦合度和内聚程度会直接影响电子电气系统的开发、维护效率，从而影响系统的开发周期、成本和质量。高内聚低耦合原则不仅适用于系统分解，也适用于电子电气系统架构的设计和组织架构的设计。

系统设计如果依赖与之无关的因素，就会带来意料之外的麻烦。在系统设计中，如何减少功能之间、部件之间的耦合是一个极其考验架构师能力的问题，耦合越多，系统出错的可能性越大，将来系统扩展、更新的成本越高。

1.6　本章小结

为了让读者对整车电子电气架构开发有更深入的理解，本章首先从系统的基本概念入手，然后展开电子电气架构的相关讨论。系统主要由组件、环境和结构三要素组成，国际系统工程委员会将系统定义为组件或元素的排列，这些组件或元素在一起表现出个体成分所没有的行为或意义。

本章引入了系统工程和系统思维的理念，系统工程是将利益相关者的需求、期望和约束转化为解决方案，是一种跨学科的综合方法，而系统思维是将思考的事物、环境等作为一个系统整体思考。

汽车电子电气系统是复杂系统，本章最后提出了系统分解的4个步骤——明确对象、确定层级、划定边界和持续维护，以及3个原则——完备性、可管理和高内聚低耦合。

第 2 章

电子电气架构技术基础

> 好的设计是一个关乎纪律的问题。它始于对问题的审视,并收集关于问题的所有可用信息。如果你了解这个问题,你就有了解决方案。它实际上更多的是关于逻辑而不是想象力。
>
> ——马西莫·维格内利

电子电气架构这个被公认为实现软件定义汽车的技术基础,伴随着软件定义汽车的概念在近几年成为中国汽车行业中最火热的概念。对于什么是电子电气架构,众说纷纭。

在解释电子电气架构的概念之前,先要理解"架构"这个核心词。本章将对架构这个词的由来进行探索,并给电子电气架构一个清晰、明确的定义。

2.1 架构的定义

架构是一个常见词汇,诸如组织架构、软件架构、服务器架构等包含架构的词高频出现在我们的日常生活和工作中。架构这个词的前面通常会有一个定语,如组织、软件、服务器,这些定语一般代表一个具体的系统。由此可见,架构与系统关系密切。

在第 1 章,我们已经深入讨论了系统的概念。在此基础上,架构一词的含义相对来说就容易解释了。

在汽车电子领域,虽然尚无关于架构一词的权威解释,但在业内仍然有一定的基本共识。

本节从多个角度解释架构及其相关的工作内容。

2.1.1 架构词解

架构义同结构，发展至今，架构这个词虽然在不同的领域有不同的含义，但仍与结构相关。汽车领域谈论的架构一词，来源于英文单词 Architecture。中国的汽车工业起步较晚，行业内的很多概念、名称都是来源于西方。

Architecture 是由词根 Architect（建筑师）+ure（与行为有关之物）组成的，原意指建筑学、建筑。英文词典里面将其解释为处理精美建筑的设计、建造和装饰原则的学科或设计建筑和环境并考虑其审美效果的职业。在工程技术领域，由于架构与系统通常密不可分，因此也称架构为系统架构。

《系统架构：复杂系统的产品设计与开发》一书中对架构的定义如下：系统架构是一种概念的具象化，是物理或信息功能到形式元素的分配，是系统之内的元素之间的关系和与周边环境关系的一种定义。

IEEE（Institute of Electrical and Electronics Engineers，电气电子工程师学会）对架构的定义如下：架构是一个系统在其组件层面的基本组织结构表现，包括系统内部组件之间的关系、组件与外部的关系以及决定其设计和演进的原则。

2.1.2 架构与系统的关系

综合架构的定义可以看出，架构是基于系统而产生的概念，是系统的组织结构表现，是一种关系的体现，是一种分配原则，体现的是系统之内的元素的基本结构和关系，以及系统之内的元素与周边环境的关系，也是一种系统设计和演进的原则。

再结合 Architecture 的原意，我们可以归纳出架构并不是一个实体，而是一个抽象的概念。架构既不是某种具体的零部件，也不是某张图纸，而是一种顶层设计。架构不但包含了系统中各种实体元素之间的结构和关系，以及系统之内的元素与周边环境的关系，还包含了这些元素乃至整个系统的设计原则和系统的演进原则。

将上述表述精炼一下，可以得出架构的 4 个基本特点。

- ❑ 架构包含两类基本元素：结构与原则。
- ❑ 架构属于系统，脱离系统的架构毫无意义。
- ❑ 架构的基本元素（结构与原则）仅适用于相应的系统。
- ❑ 架构的设计先于系统的详细设计，系统及其内部组件的设计要遵循架构设计的结构关系和原则。

图 2-1 展示了架构与系统之间的关系。

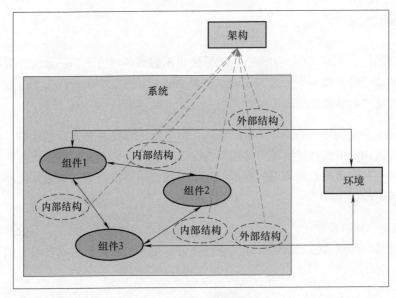

图 2-1　架构与系统的关系

综上所述，当我们说到架构这个词的时候，通常是指结构与原则，而非某个实体。架构虽然不是实体，但是可以看作一个抽象的系统，这个系统中包含的组件是架构所属系统的结构与原则，而且作为系统而存在的架构拥有自己的结构与环境。可以毫不夸张地说，架构如同国家的社会制度，把一个复杂系统（国家）中的各种组件（团体）之间的关系进行定义，并规定了各种相关的原则。虽然无法具体表达国家的基本社会制度，但是各种具体的规定、法律、社会规范等共同定义了制度。架构是多维度、多层面的，系统越复杂，架构就越复杂。

正如国家的基本制度一定是设计的结果而不会凭空产生一样，任何一个系统的架构都一定是经过设计的，而电子电气架构设计就是设计电子电气架构的活动。

2.1.3　电子电气架构

电子电气架构这个词包含两部分：电子电气和架构。电子电气指车上所有电子电气部件构成的电子电气系统，它限定了架构一词的范围。结合架构一词的含义，电子电气架构指的是车上电子电气系统中各种组件之间的结构（关系），以及系统之内的组件与周边环境所构成的结构，还包含了设计这些组件乃至整个系统的原则和系统的演进原则。

电子电气架构的最终输出物是图 2-2 所示的完整的汽车电子电气系统。

对于庞大如汽车电子电气系统这样的复杂系统，如果想对其进行有效的设计、开发和管理,最好的方式就是将其分解为众多较小的子系统。对于电子电气架构而言,唯有将其进行合理的分解,才能明晰其中的细节。架构的设计涉及抽象、分解、组成和风格。从概念上划分架构的方法有很多,每一种分解都对应一种抽象方法和设计风格,进而会影响架构的组成。莱布尼茨指出:"分解的难点主要在于怎么分。分解策略之一是按容易求解的方式来分,之二是在弱耦合处下手,切断联系。"

图 2-2 汽车电子电气系统

2.2 电子电气架构三视图

回顾图 1-6 所示的汽车电子电气系统三视图,电子电气系统架构也有类似的视图。视图的维度分别为逻辑、物理和过程。鉴于电子电气系统架构并非具象化的实体,我们把在每一个视图中能看到的东西称作一种电子电气架构的固有属性。架构维度的概念涵盖了传统的架构特征和其他有助于构建系统的因素。从架构的维度思考,通过评估重要维度对变化的反应,架构师可以分析不同架构的演进能力。随着系统与互相冲突的问题(伸缩性、安全性、部署、功能和成本等)关联得越来越紧密,架构师必须持续跟踪每个维度中相应的技术发展和实施进展。

无论从哪个视图入手,电子电气架构的研究内容仍然是电子电气系统中视图的三要素:组件、环境和结构关系。只是每个视图看到的三要素的具体内容有所不同,因此架构设计在每个视图中的工作重点也有所差别。由于组件的设计属于系统设计的范畴,因此,架构设计的工作主要集中于每个视图内组件之间的结构关系和相应原则的制定。

架构的描述和各种原则都可以围绕三视图来组织,并通过一些用例来说明。我们将围绕某个视图而展开的架构设计工作称作对这个视图的设计。这样,我们就可以将电子电气架构的设计分为以下 3 种。

- 逻辑设计：对电子电气架构逻辑视图的设计。
- 物理设计：对电子电气架构物理视图的设计。
- 过程设计：对电子电气架构过程视图的设计。

上述 3 种设计都属于结构设计，并制定相应的原则，用于提供系统的详细描述，而不定义系统实现所需的技术或环境。下面对每种视图及与之相关的设计进行详细介绍。

2.2.1 逻辑视图

逻辑视图主要支持系统的功能需求，即系统提供给最终用户的服务。在逻辑视图中，根据系统需要解决的问题，我们将系统分解成一系列的抽象功能。这种分解的结果不但可以用来进行功能分析，还可以用作系统内部各个部分的通用机制和设计元素的标识。通常，逻辑视图使用面向对象的风格，在设计时要注意保持一个单一的、内聚的对象模型贯穿整个系统。

逻辑设计是架构设计中必不可少的一项重要工作，有时还是最重要和复杂的工作。逻辑设计的起点与整个电子电气系统一样，来自各种需求。在所有的需求中，功能性需求是用户感受最直接、也是最容易吸引客户眼球的，比如电动座椅、自动空调、防抱死刹车系统、蓝牙电话、自动泊车等功能都是在车辆基础功能之外可以为用户带来价值的。而实现这些功能性需求的工作，除了物理部件的设计和开发之外，绝大多数是逻辑设计的范畴。同时，也正是这些新功能需求的不断出现，才引发了整车厂对电子电气架构设计的日益重视。

下面以倒车灯控制的功能为例来简单介绍逻辑设计的工作方法和过程。

1. 功能定义

首先要明确用户从这个功能中可以获得的益处：用户在倒车的时候，点亮倒车灯可以照亮车辆后方的道路，用户可以在光线条件较差的时候看清后方的道路和周边的障碍物，并提醒后方的车辆和人员进行避让，从而提高了倒车时的安全性。因此，我们可以将功能进行如下设计。

前置条件：车辆处在驾驶模式中，车辆挡位不在倒车挡。

事件流：用户的操作。

1) 操作者将车辆挡位挂入倒车挡。
2) 倒车灯亮起。
3) 操作者将车辆挡位改为其他挡位或者将车辆的模式变为非驾驶模式（熄火）。
4) 倒车灯熄灭。

5)事件流结束。

以上是使用者看到的该功能的流程。在实际的设计中还要考虑一些其他的因素,比如变速器的类型。对于手动变速器,挡位的变化是非连续的,也就是可以从任意挡位变到倒车挡。而对于自动变速器来说,挡位的变化是连续的,遵循 P→R→N→D 的顺序。那么,从 P 位变到 D 位,要经过 R 位和 N 位,这样在从 P 位切换到 D 位的时候,倒车灯可能会被短暂点亮。这并不是用户所期望的,也就是说车辆执行了非预期的动作,这是设计中应该尽量避免的。

对于以上逻辑,可以增加一条限制性需求:对于配备了自动变速器的车辆,在挡位进入 R 位的时候,先延迟一段时间(比如 200ms),在此延迟时间之后,如果还处于 R 位,再点亮倒车灯。这样整个功能的设计就更加符合用户的期望了。

2. 功能逻辑设计

在功能定义清楚之后,我们要进行详细的功能逻辑设计,也就是设计功能在实现过程中所需要的信号输入、处理逻辑和输出的信号。

从功能定义中我们可以看到,如果要完成这个功能,至少需要输入 3 种信息:车辆当前的挡位状态、车辆当前的模式以及车辆变速器的种类。输入的信息在经过逻辑处理后,将决定输出什么样的信息,而输出的信息为倒车灯的开启或关闭(ON/OFF)指令。倒车灯功能的逻辑设计如图 2-3 所示。

图 2-3 倒车灯功能的逻辑设计

逻辑设计可以采用自然语言描述的方式,也可以采用伪代码或者其他表达方式。具体采用哪一种,可以根据需要来决定。选择标准就是要准确无误地将设计意图表示清楚,从而可以清晰明确地传递给下游的承接方。如果采用伪代码的形式,可以表示如下。

```
IF(VehicleMode == Driving  && GearPosition == GearReverse) THEN
{
    IF( GearBoxType == AutoTransmission ) THEN
        Delay 200ms;
    ENDIF;
    SETReverseGearLamp ON;
}
```

```
ELSE
{
    SET ReverseGearLamp OFF;
}
```

在逻辑设计阶段需要完成的工作还有很多，比如确定挡位信息的数据类型（枚举型还是整数型）、异常状态的处理机制、每个挡位信号所对应的具体数值等。

接下来还可以继续设计，比如根据物理设计的结果决定每一种信息的具体信号类型，如是硬线信号（模拟量、数字量）还是总线信号（CAN、LIN、以太网，还是控制器内部的变量等），以及信号的采集频率等。是否要进行这种详细的设计，取决于过程设计的结果。

2.2.2 物理视图

物理视图描述了架构所对应的系统内所有物理实体的分布和连接关系、软件与物理实体的映射关系，以及所有的物理实体需要共同遵守的原则。物理视图也可以被称为部署视图，它主要考虑软件到物理实体的部署、系统拓扑结构、物理实体的布置与安装，以及物理实体之间的连接和通信等问题。

因为所有的设计最终总是要落到各种实体零部件上才能发挥作用，而且物理实体既是电子电气系统中最容易被人感知的组件形式，也是对系统成本影响最大的部分，所以对于电子电气架构的设计而言，与物理实体相关的设计工作始终是重要的工作之一。

各类实体部件的详细设计和开发是整个电子电气系统开发的重要工作，却不是电子电气架构开发的主要工作。电子电气架构的物理设计虽然不需要对每个组件进行详细的选型和设计，但为了保证架构目标的实现，在架构设计过程中需要了解每个组件的详细信息，否则可能会导致架构设计无法实现。而且，行业中有哪些可用的技术、每种技术或部件的实际性能与接口形式都可能对架构设计的决策和结果产生极大的影响。

在物理设计中，即使使用同样的部件，也可能会形成完全不同的设计。图 2-4 中所示的拓扑 A 和拓扑 B 就是完全不同的架构设计。拓扑 A 中的 E1、E2 可以直接通过 CAN（Controller Area Network，控制器局域网络）总线与网关发生信息交换。拓扑 B 中的 E1、E2 只能与 D1 或 D2 发生直接的信息交换。即使两个拓扑所表示的电子电气系统可以实现完全相同的功能和性能，但是由于结构关系不同，它们在本质上也是不同的。

图 2-5 所示的拓扑 C 和拓扑 D 虽然也有类似的设计，但是它们的网络结构不同。这也属于物理结构设计上的不同。

架构的物理设计不但要完成整体拓扑的结构设计，还要完成软件到各个控制器的映射，也就是确定每个控制器承载的主要功能。而且，还要给出每个主要组件需要满足的设计需求和规范,也可能进行主要控制器的芯片方案、主要传感器和执行器等的选择。物理实体的详细设计并非架构设计的工作范畴,物理实体是实现系统的功能和性能目标的载体,并非系统设计的目的。

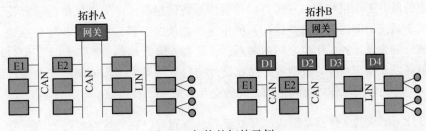

图 2-4 架构的拓扑示例 1

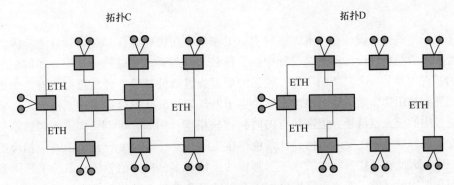

图 2-5 架构的拓扑示例 2

2.2.3 过程视图

过程视图描述了架构开发中所有的活动和各种角色之间的关系,以及架构开发中各个参与方需要共同遵守的原则。它主要考虑架构开发过程中各种角色的工作职责与边界、各种活动及其输出物之间的逻辑关系,以及开发过程中使用的工具链与开发活动之间的关系等问题。

在架构开发过程中,除了要解决各种技术问题,如何让参与到架构开发过程中的各种角色高效合作也是一个极其重要的工作。一个设计良好的过程是解决多人合作中各种问题的有力武器,而且能够大幅提升开发质量与效率。过程设计中最核心的任务是对流程(Process)、方法(Method)和工具(Tool)的设计。在管理学上一般把流程、方法和工具简称为 PMT。

- 流程:定义需要做的事情和这些事情之间的逻辑顺序,一般来说也会定义相应的角色和职责。流程就是把一个含有多个环节或者步骤的工作分解为若干个相互关联的工作包(Work Package,WP),并清晰地定义出每一个步骤需要完成的任务和参与人的职责,同时,形成相应的文件或者规定。

- 方法：如何做一件事情。
- 工具：借助什么来做一件事情。

如果将电子电气架构设计与开发过程中所有的工作包和相关参与者看作一个系统，那么这个系统中的所有工作包和参与者都可以被看作系统的组件。电子电气架构过程设计的任务就是设计这个系统的架构，也就是设计系统中组件之间的关系，并制定相应的原则。这个任务又可以被分解为设计各工作包之间的关系、设计参与者之间的关系和设计工作包与参与者之间的关系，以及制定相应的原则等。过程设计的目标是确定工作的流程和参与者的职责边界，进而决定参与者的工作内容和他们之间的交互方式。

这些设计所形成的文件就是架构的开发流程。流程可以明确所有参与架构开发的人的行为，以及交付物的内容和标准，从而保证复杂的架构开发工作能够按照预期的时间和质量完成。

由于电子电气架构设计在技术方面的主要工作集中在物理设计和逻辑设计上，因此过程设计主要的对象是物理设计和逻辑设计中的工作包与参与者。在过程设计中，如何划分各个参与者的职责边界是一个复杂的工作。理想的职责边界划分是每一种角色都能有清晰的、无异议的边界和输出物，而实际上很难在整个电子电气架构的开发过程中做到这一点。实际的情况是流程中的定义很清晰，但在执行的时候比较模糊。例如，对于架构工程师、系统工程师和部件工程师这3个主要的架构设计角色，在实际开发过程中由于各个领域中相应团队的能力不一致，因此在某些领域中架构工程师做的设计较多，在其他领域，系统工程师可能会完成一部分架构设计的工作，而部件工程师有时候也会参与一部分系统设计工作。上述情况如图2-6所示。

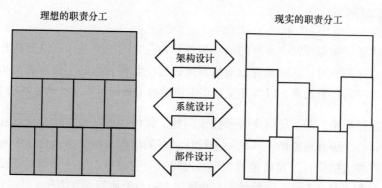

图2-6 架构开发过程中理想分工与现实分工的对比

究竟哪个角色应该在哪个环节承担更多的工作？不应一概而论，对于组织来讲，只要工作能够完成，没有必要强制要求哪个环节必须做到什么程度，完成任务才是最重要的，而且人员的能力参差不齐，能够做到因人而异、因事而异才能保证团队高效的协调工作。

在架构开发过程中，不同的开发活动需要使用不同的方法和工具。

- 在系统测试时，可以采用台架模拟测试的方法，也可以采用实车测试的方法。
- 开发新功能时可以采用头脑风暴的方法，也可以采用对标的方法。
- 在架构开发时，可以采用传统的以文档作为需求和设计承载工具的方式，也可以选用模型化的开发工具进行模型化的设计。

PMT 的设计与选择直接决定了开发的效率和质量，先进的公司不但要有先进的技术，更要有先进的 PMT，这直接决定了企业的竞争力。对于架构师来说，过程设计的主要工作内容就是设计 PMT。

2.2.4　3 种视图的关系

物理视图、逻辑视图和过程视图这 3 种视图之间相互影响，且同等重要。物理设计、逻辑设计和过程设计这 3 种架构设计也是同等重要、相互之间深度耦合的。哪种设计先开始？这是一个鸡生蛋蛋生鸡的问题，很难说一定要从哪一个设计开始，很多情况下是同时进行的。

根据正向设计的思想，所有的设计都从需求开始，到满足需求为止。按照这个理念，逻辑设计应该是最先开始的，在逻辑设计完成之后，再按照逻辑设计的需求进行物理设计。同时，为了保证开发过程的效率和质量，需要同步完成过程设计。很多时候，由于开发过程已经在事先确定了，因此架构设计只需要完成逻辑设计和物理设计。

对于整车厂来说，每天都有无数的供应商来推销自己的设计方案。这些设计方案很多都包含了完善的逻辑设计和物理设计。而且，架构师也可以通过供应商或多或少地获得一些行业中关于架构设计的最新信息。这些信息会影响整车厂内部各个架构利益相关者的思路，他们会据此更新原始需求甚至架构的设计方案。

实际的情况往往是逻辑设计和物理设计同时进行，甚至过程设计也同步开展。只不过在设计的过程中，逻辑设计会对物理设计提出各种需求，导致物理设计被不断更新，而新的物理设计也会对逻辑设计产生影响，从而让逻辑设计也不断更新。在逻辑设计与物理设计的开发过程中，会发现过去设计的过程不能适用于当前的情况，从而导致过程设计也在不断更新。上述过程可以使用图 2-7 所示的 PDCA 循环来理解。只不过，在电子电气架构三视图中均有自己的 PDCA 循环，从而大大增加了电子电气架构开发活动的复杂性和难度。

图 2-7　PDCA 循环

对于城市建设来说，一栋栋建筑并不是城市建设的终点，各种基础设施的建设也是必须同步完成的，比如道路、水、电、通信等，这些基础设施要与城市的各种建筑一起协调工作。电子电气系统的设计工作也是类似的，架构师在进行逻辑设计、物理设计和过程设计的同时还需要完成架构基础设施的搭建与维护。

在很多车企中，架构团队不但要负责电子电气架构的设计和交付，还要负责架构相关的各种技术研究、开发与实现。例如诊断技术、通信技术、电能管理技术、软件技术、安全相关的技术等。这类技术有以下3个共同点。

- 为车辆的电子电气系统提供某种基础支撑能力。
- 不与某个特定的零部件直接相关，但为大部分零部件提供了设计要求。
- 不与用户功能直接相关。

我们把这类技术统称为电子电气系统的基础技术。因为基础技术不属于任何一个子系统，且与各个系统的功能实现息息相关，所以一般由架构团队统一负责。这样做的好处有以下两点。

- 可以在整个架构范围内进行统一规划和管理，从而保证一致性和避免重复工作带来的资源浪费。
- 有利于基础技术的研究和应用。

各种基础技术的要求一般会以标准或规范的形式在整个电子电气系统开发团队内部发放，并可能会发给相关部件的供应商。比如CAN网络的物理层规范、诊断协议的规范等，虽然并没有与任何一个终端用户的功能实现直接相关，但是作为电子电气系统基础规范，它们保证了各个系统和部件之间能够协调一致。

只有基础技术的提升才能真正推动电子电气系统架构的升级。例如从LIN（Local Interconnect Network，本地互联网络）总线升级到CAN总线，让控制器之间的信息交换速度提升了几十倍，从而实现更多的功能和更好的性能。从CAN总线升级到以太网，不但大幅提升了数据交换的速度，也让大数据量传输成为可能，并让车内的网络可以借鉴IT行业的很多成熟技术，从而引起了架构的又一次质的飞跃。

2.3 电子电气架构的4个子架构

从技术层面分解电子电气架构可以有多种方式，不同的分层方式反映了不同的关注点。在图2-8所示的架构分层方式中，将电子电气架构分为4个子架构：功能架构、电气架构、网络架构和软件架构。

图2-8所示的4个子架构的叠加并不是电子电气架构的全部，完整的电子电气架构还包括这几个子架构之间的结构关系和它们需要共同遵守的原则。

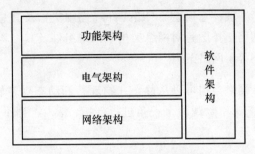

图 2-8　电子电气架构的分层模型

将电子电气架构的 3 个视图与 4 个子架构进行如图 2-9 所示的整合，能更好地反映电子电气架构的复杂性。每个子架构都有自己的三视图，也都需要从 3 个视图进行相应的设计工作。虽然软件架构与功能架构的工作并不聚焦在物理实体的设计中，但它们的设计工作不得不考虑物理实体的限制。

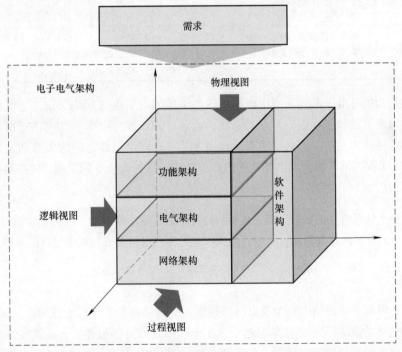

图 2-9　电子电气架构的 3 个视图与 4 个子架构之间的关系

下面对每个子架构进行讨论和分析。

2.3.1　网络架构

网络架构是汽车上网络系统的架构，是最宏观且最直观的电子电气架构表现形式。网络系统是电子电气系统的子系统，它描述了网络组件（控制器）及其总体结构，并定义了各种网络设备的连接原则。网络拓扑图是对网络架构中网络组件及其结构关系的一种静态、简单的呈现方式，网络拓扑不等于网络架构。

在电子电气架构中，网络架构可以从静态（物理）和动态（逻辑）两个视图进行描述，每个视图又可以分别从宏观和微观两个视角进行剖析，表 2-1 列举了网络架构的部分构成要素。

表 2-1　网络架构的部分构成要素

	宏观视角	微观视角
静态视图	控制器之间的网络连接关系 总线种类（CAN、LIN、以太网等） 通信速率 网络结构（环形、星形等） 节点间的结构关系 总线的协议、规范	软件组件之间的连接关系 静态路由 数据结构 消息的周期、发送机制等 校验、安全机制等 网络相关软件组件的部署
动态视图	网络管理机制、规范 节点之间的依赖关系 负载率	功能（或软件组件）之间依赖关系 消息之间的优先级管理等 动态路由

网络架构指的是电子电气系统中由网络组件组成的电子电气网络系统，它既包括宏观视角中所有的网络节点和连接这些节点的总线，也包括微观视角中所有与网络通信相关的软件组件和它们所接收和发送的消息。网络架构描述了所有网络组件之间的关系和它们需要遵守的原则。表 2-1 仅列出了部分网络架构的内容，随着网络通信技术的发展，网络架构的内容也在不断扩展。

随着电子电气系统中需要被采集、传输和处理的数据量不断增加，网络架构的设计在电子电气架构设计中的重要性越来越高，高效、低成本、可靠和可扩展成为网络设计的重要挑战。

1. 网络拓扑

网络拓扑可以表示网络中各个节点的连接形式。网络拓扑中的每个 ECU（Electronic Control Unit，电子控制器单元）节点都是这个电子电气系统的重要组件。正是这些连接在网络中的组件连接起了所有的功能组件——传感器和执行器。而且，所有的逻辑功能控制都是由这些 ECU 节点来承载并实现的。

网络拓扑是网络架构的一个静态视图。它描述了电子电气系统中各个 ECU 之间的网络通信关系，即网络结构。在网络通信技术应用到汽车中后，已经极少有功能是单一的控制器独立实现的，每个控制器都要从其他的控制器中获取某些信息，从而使整车的各个控制器通过网络连接到一起，并让各个功能之间有了逻辑关系，让智能化在一定程度上得以实现。

网络拓扑的基本结构如图2-10所示，包括以下6种。

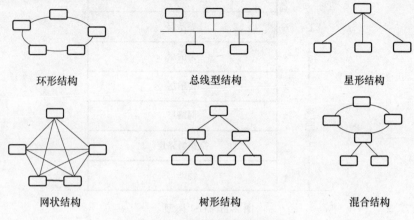

图2-10 网络拓扑结构的种类

- 环形结构。
- 总线型结构。
- 星形结构。
- 网状结构。
- 树形结构。
- 混合结构，由上述5种结构中的两种或更多种组合而成。

各种网络拓扑结构在网络负载率、传输效率、时延、节点数量等方面都有各自的优缺点，适用于不同的网络总线技术和需求。

在汽车电子电气架构设计中，网络拓扑是一个重要的架构及设计内容。目前大部分电子电气架构的网络拓扑都是混合结构。随着通信和网络技术的不断发展，网络拓扑的结构也在不断地变化。

2. 网络协议和规范

网络协议是一组确定数据如何在同一网络中的不同设备之间传输的规则。它允许连接设备之间相互通信，而不管它们的内部流程、结构或设计有什么不同。网络协议通过在接收与发送的设备的软件和硬件中内置预先确定的规则，从而使得双方能够完成数据的传输与交换。网络协议通常由各种网络或信息技术组织根据行业标准制定。

如图2-11所示的OSI（Open System Interconnection，开放式系统互联）模型是最常见的用来定义协议层级的模型，汽车通信中的CAN、LIN、以太网等通信总线的协议基本上是按照这个模型进行逐层定义的。

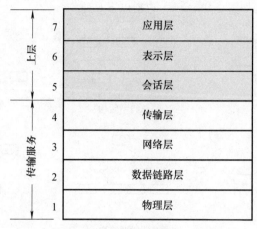

图 2-11 OSI 模型

（1）物理层 物理层（Physical Layer）是 OSI 模型的第一层。该层是整个网络通信的基础，定义了通信信号传输的物理介质类型和相关参数，包括电平、速率、频率等。介质类型包括双绞线、光纤、屏蔽电缆和无线信号等。物理层的主要功能是为数据端设备提供传送数据的通路。

（2）数据链路层 数据链路层（Data Link Layer）控制网络层与物理层之间的通信，主要功能是保证在不可靠的物理线路上进行可靠的数据传输。为了保证传输可靠性，从网络层接收到的数据被分割成待定的可被物理层传输的帧（Frame）。帧是用来移动数据的结构包，不仅包括原始数据，还包括发送方和接受方的网络地址以及纠错和控制信息。

（3）网络层 网络层（Network Layer）为传输层提供服务，将传送的数据进行打包或分组。该层的主要作用是使数据包通过节点传送，即通过路径选择算法，将数据包送到目的地。另外，为避免通信子网中出现过多的数据包而造成网络阻塞，需要控制流入的数据包数量，即流控（Flow Control）。

（4）传输层 传输层（Transport Layer）负责节点之间的数据传输和控制，建立端到端的连接，其作用是为上层协议提供可靠和透明的数据传输服务，包括处理差错控制和流量控制等问题。传输层向高层屏蔽了低层数据通信的细节，高层用户看到的只是在两个传输实体之间的一条端到端的、可由用户控制和设定的、可靠的数据通路。传输协议同时进行流量控制或基于接收方可接收数据的快慢程度规定发送速率。传输层是 OSI 中承上启下的一层，下面三层面向网络，确保信息准确传输；上面三层面向用户主机，为用户提供各种服务。传输层与使用的网络类型无关。

（5）会话层 会话层（Session Layer）的任务是组织和同步在两个通信节点之间的会话，包括建立、管理和终止表示层实体之间的通信会话。

(6) 表示层　表示层（Presentation Layer）主要用于处理在两个通信系统中交互信息的表示方式，确保一个系统的应用层发送的数据能被另一个系统的应用层识别。表示层包括数据的编码、格式变换、数据加密与解密、数据压缩与恢复等功能。

(7) 应用层　应用层（Application Layer）是 OSI 的顶层，为 OSI 模型以外的应用程序提供服务。应用层中包含大量的、人们普遍需要的协议。该层提供的服务包括文件传输、文件管理以及电子邮件的信息处理。

在汽车的通信网络中，每一种总线都有相应的协议和规范，这些规范大多参考 OSI 模型，对从物理层到应用层的每一层都进行详细的规定。然而，并不是每一种总线都需要完整定义 7 层协议，如 CAN 总线标准仅采用 OSI 模型最下面的两层，即物理层和数据链路层。应用层的功能完全由使用者自行确定。

车内网络中的节点众多，总线类型也有多种可选，在网络架构设计中确定总线类型、节点之间的结构关系、采用合适的协议和规范是一个极其重要的工作。

2.3.2　电气架构

电气架构是汽车上电气系统的架构。电气系统是电子电气系统的子系统。

电气系统物理视图中的组件包括车上的所有用电设备，以及存储、传输电能和电气信号的所有部件，如各种 ECU、传感器、执行器、线束、保险丝和电池等。

电气系统也有自己的逻辑视图，组件包括电能管理、能量分配等。电能管理负责管理车辆的电能使用状态，包括电源挡位的切换、蓄电池充放电管理和状态监控、混动与纯电车直流电压转换的控制等。混动与纯电车的动力电池管理在理论上应该也归到电能管理中，但是目前车企还是将其视为动力系统的一部分，从而划归到单独的部门进行管理。

能量分配也是车辆性能的基本保证之一，良好的设计需要大量的经验作为支撑。车上的用电器众多，而能量源却很单一，目前只有发动机和电池两个来源。如何在不同的场景中既保证用户的需求，又保证较少的能量消耗，以及整个配电系统的低成本和高可靠性，是设计汽车时不得不考虑的问题。

1. 电气架构的物理视图

(1) 电气拓扑图　电气拓扑图概要描述了整车电子部件的位置、线束走向（线束拓扑）和线束的连接关系。在某些车企的设计中，电气拓扑图是整车线束原理图的一部分。

(2) 线束原理图　线束原理图详细描述了整车所有电子部件的连接关系，以及相应线缆的参数，是整车电气设计中最重要的输出物，是线束设计的重要依据，如图 2-12 所示。

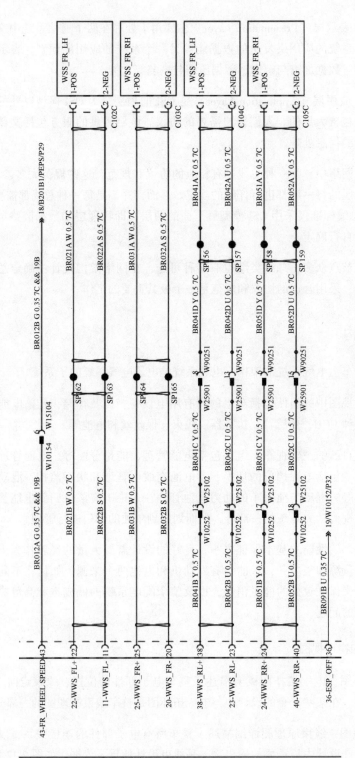

图2-12 线束原理图示例

需要特别强调的一点是，网络拓扑与电气架构设计息息相关，从某种程度上讲，网络拓扑是电气架构物理视图的一部分，网络拓扑中的元素已经包含在线束原理图中。正如系统分解有许多种方法一样，网络拓扑因为具有明显的网络属性，并且网络拓扑的设计一般早于线束原理的详细设计，所以被划分到网络架构的设计工作中。

(3) 电源分配图　电源分配图描述了整车用电设备的电源供给关系，主要体现了从发电或电能储备设备（蓄电池）经过保险丝盒到各个用电器的电源线、地线（GND）的连接关系，如图2-13所示。

2. 电气架构的电源子系统与逻辑视图

在电气架构的设计中，电源始终是一项重要的内容。对于使用内燃机作为动力来源的传统汽车而言，发动机启动之后的电能来源是与之相连的发电机，如图2-14所示。发电机的电能不仅要供给车上所有低压（12V）系统的用电器，还要给蓄电池充电，保证车辆熄火后启动能够顺利完成。

理论上，只要发动机运行期间输出的电能功率大于所有用电器的功率总和，就可以保证车辆电子电气系统的正常工作。然而，由于车辆中某些用电设备（如助力转向、刹车系统等）消耗的电能峰值很高，因而导致车辆的低压电网瞬间消耗的电流可能达到几百安培以上，如果发电机需要提供如此之大的输出能力，那么在成本上是很不经济的。发电机一般只提供2kW左右的功率输出，大电流的峰值输出由蓄电池提供。

在车辆熄火之后，发电机将停止工作，电子电气系统供电只能依靠蓄电池。为了保证容量有限的蓄电池的电能储备可以支撑到下一次发动机启动（一般周期标准是42天，因为欧洲人的假期可能长达41天，这样可以保证人们在度假归来后可以直接使用车辆）。工程师采用了许多策略，这些策略都属于电源模式管理的范畴。例如，在熄火之后切断一部分用电器的电源以减少电能消耗。

然而，为了兼顾使用体验，如驾驶员在车内休息、寻车、遥控解锁、远程控制和防盗等，车辆还要在熄火之后保留一定的电能供给，保证相关的ECU可以维持基本的功能。另外，由于车内用电设备数量不断增长，也为了应对车辆生命周期中的多种场景，如产线组装、长途运输、用户使用、碰撞和维修等，电源模式管理需要通过软件来使能或禁止相应场景下的一些功能，从而对电能消耗进行更进一步的精确管理。这导致车辆电源模式管理的策略越来越复杂。

随着汽车的电动化演进，车辆内部的动力电池可以提供超过蓄电池上百倍的电能。为了尽量保证续航里程和驾驶安全性，新能源车依然保留了许多传统燃油车的电能管理策略。由于高压电池在满足安全要求的前提下随时可以为低压蓄电池补充电能，因此在纯电动或混动车辆中对低压电能消耗的管理已经不那么严格了，甚至很多工程师都在尝试让高压动力电池持续供电，从而保证更多的功能可以在停车之后维持可用状态，以获得更好的用户体验，如图2-15、图2-16所示。

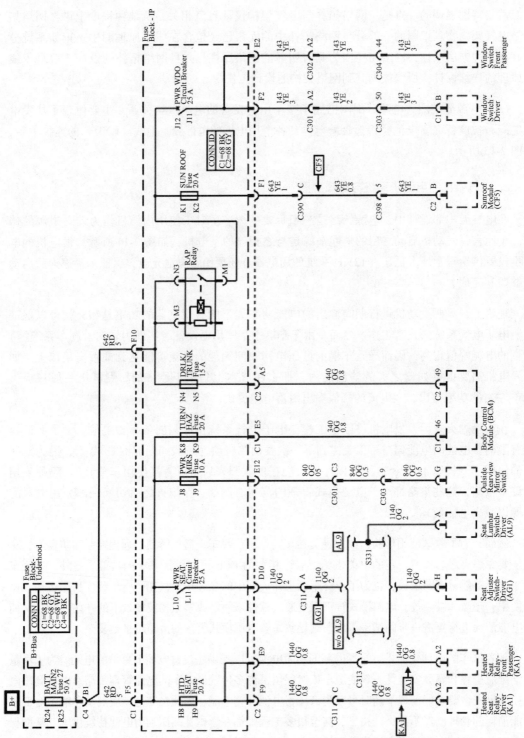

图2-13 电源分配图示例

第 2 章 电子电气架构技术基础

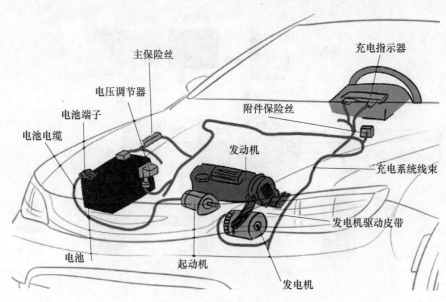

图 2-14 燃油车的供电系统

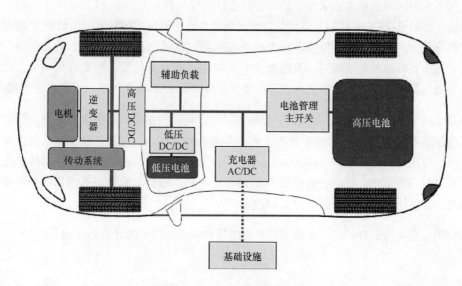

图 2-15 纯电车的供电系统

电气架构的逻辑视图主要体现了车辆的电源模式管理。从一辆车在生产线上组装时的全车第一次上电开始，电能像血液一般时刻伴随着这辆车。车辆在生命周期的不同阶段、不同状态下，对电能的需求也各不相同。无论是停驻还是驰骋于高速公路，人们都希望车辆对能量的消耗越少越好，对车辆在各个状态下的能量消耗进行管理的目标就是既保证车辆功能可以正常使用，又尽量减少能量消耗。

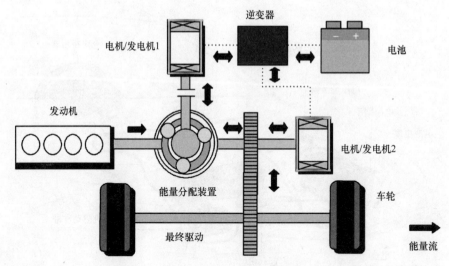

图 2-16 混动车的供电系统

现代车辆中的用电器数量众多，大多数传感器和执行器都可以通过 ECU 或开关直接控制，按照使用者意图来开启或停止工作，从而达到能量消耗可控。大多数 ECU 在不工作的时候也消耗电能，目的是维持 MCU 的基本运作以保证随时可以执行特定的功能。虽然一个 ECU 运行时电流只有几十到几百毫安，但整车中上百个控制器的电流消耗总和可以达到几安培，对于一个只有几十安时的蓄电池来说，只需要几个小时就会将电量耗尽。想要降低电能消耗，除了及时关闭各种大功率的用电器之外，还需要进一步降低 ECU 在车辆熄火后的电能消耗。

得益于网络技术和 MCU 的发展，工程师不但可以将某些在熄火后完全不需要工作的 ECU 彻底断电，还可以让 ECU 进入睡眠状态，从而将一个 ECU 的电流消耗控制在毫安甚至微安级别。此外，使用 AUTOSAR（Automotive Open System Architecture，汽车开放系统架构）网络管理状态机进行网络管理，可以有效控制 ECU 的能量消耗，将整车的静态电流消耗控制在十几毫安以内，并保持其功能可用，如图 2-17 所示。

减少用电器电能消耗的另一个途径是控制电压和电流，功率的计算公式如下。

$$P = U \times I = I^2/R$$

功率的值取决于电压和电流。在低压系统中降低电压值，可以降低功率。在保证用电器性能的情况下，适当地降低电压输出可以降低电能消耗。例如将整车的电源电压控制在 14V 的电能消耗就要比 14.5V 低一些，对于新能源车而言，这对续航里程也有所帮助。

在用电器功率消耗固定的情况下，如果能够降低电流，则可以减少电流传输线路中的功率损耗。很多车辆在设计中已经将一些大功率用电器的电压从 12V 切换为中高压（如 48V 或 400V），新能源车由于已经有高压电源，因此切换为高压供电的成本要低于燃油车。

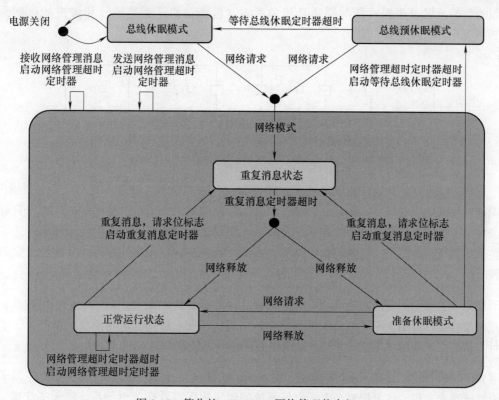

图 2-17 简化的 AUTOSAR 网络管理状态机

无论是通过模式管理、供电管理对 ECU 和其他用电器的电能消耗进行管理，还是对供电系统电压进行管理，都属于电气架构设计需要完成的工作。电气架构虽然不直接实现车辆的用户功能，却是非常重要的基础设施，要支撑所有的功能实现。

2.3.3 功能架构

功能是指为了实现特定的目标或得到特定的输出结果而需要完成的活动或动作。在汽车中，有些功能是通过物理硬件直接实现的，如悬架系统实现了对车身的支撑。在电子电气系统中，大多数功能是依靠软件实现的，属于逻辑层面，因而被称为逻辑功能（Logical Function，LF）。

由众多逻辑功能组成的系统被称为逻辑子系统。逻辑子系统是电子电气系统的子系统，是其逻辑视图的组件——逻辑功能所组成的系统。功能架构（Function Architecture）是逻辑子系统的架构，也可以称为逻辑架构（Logical Architecture），是电子电气架构的子架构。

逻辑子系统的组件是逻辑功能，功能架构体现的是逻辑子系统内的基本结构和逻辑功能之间的关系，以及逻辑功能与周边环境的关系，包括逻辑子系统设计和演进的原则，如图 2-18 所示。

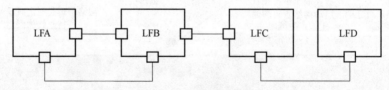

图 2-18　功能架构视图

逻辑架构设计是从客户需求到软件和硬件实现的重要步骤，起着承上启下的重要作用。逻辑架构根据电子电气系统子系统、组件及其关系抽象地定义了一个技术解决方案，只有在明确定义了电子电气系统的功能和需求之后，才能创建逻辑架构。逻辑架构设计中描述了系统将如何实现，并不定义具体的软硬件实现方案，只概要地定义指导原则，并保持方案的中立性。

满足以上准则的逻辑架构设计可以不依赖具体的硬件控制器和代码实现。正因如此，好的逻辑架构设计可用于不同的电子电气架构，从而保证在上层功能需求不变的情况下，架构设计直接应用于新的电子电气架构。这也正是软硬分离最核心的工作。

由于逻辑功能是逻辑子系统的组件，因此每个逻辑功能都必然唯一归属于某个逻辑子系统。对于整车来讲，如果把整个电子电气系统的逻辑视图都看作逻辑子系统将无法管理，因为子系统太过庞杂，以至于无人能够全部掌握。最好的方法是进行系统分解，将电子电气的逻辑子系统分解为较小的系统，比如灯光系统、锁系统、悬架系统、电池管理系统等。

逻辑功能可以看作逻辑子系统的进一步分解，是逻辑子系统中原子级的元素。如果一个系统中包含的逻辑功能数量过多，可以通过逻辑功能块的形式将一组相近功能的逻辑功能组合起来进行管理，这样做仅仅是为了管理上的便利，并不影响逻辑功能的设计和使用。

每个逻辑功能都包含自己的端口和需求描述，可以传递给下游软件架构的设计者及其他开发者，如零部件工程师、网络工程师、电气架构工程师等。

功能架构设计不直接设计具体的逻辑功能，逻辑功能的设计属于功能架构设计中需要重点关注的开发工作之一，要在架构范围内进行统一规划和管理。

整车的逻辑功能非常多，逻辑功能的数量可以用于衡量一个车企对整车电子电气系统知识的掌握程度。然而，由于功能架构属于车企的核心技术，只有企业内部深入参与的人员才能了解全貌，因此无法横向对各个车企在此方面的积累和能力进行比较。

逻辑功能是自上而下产生的，需要从顶层需求着手。产生的方法很简单，将每个用户需求从逻辑层面进行分解，得到一个个独立的逻辑功能即可。然而，方法虽然简单，难度却非常高。从不同的顶层需求分解产生的逻辑功能往往会有重叠,例如两个不同的需求需要同一个逻辑功能提供支撑。这时就需要在整个架构层面对逻辑功能进行整合。而且,不同的顶层需求对同一个逻辑功能可能会有相互矛盾的功能需求,那么在整个架构中对逻辑功能的统一管理和设计就成为极其必要的工作,这也是难度很高的工作之一。

功能架构设计要完成整个电子电气系统的逻辑子系统的架构设计,其主要内容是定义每个电子电气架构中的逻辑控制功能,包括传感器、控制(处理)功能和执行器之间的依赖关系。

由于作为逻辑子系统的组件的逻辑功能是顶层需求分解的输出物,逻辑功能的产生过程也可以看作逻辑子系统的分解过程,因此逻辑功能的产生过程要符合系统分解的三大基本原则。

- 完备性:能够完整支持所有的用户需求,即任何一个顶层需求都可以在逻辑子系统中找到足以支撑该需求实现的逻辑功能。
- 可管理:颗粒度适中,既可以在组织中被有效地管理,也可以支持软件和硬件的开发。
- 高内聚低耦合:减少功能之间的耦合,有助于提升工作效率与架构的设计质量。

功能架构中的逻辑功能组成的网络在不同的设计工具中呈现的形式不同,但是基本类似图2-19的功能架构,每一个块(Block)代表一个逻辑功能,每一个逻辑功能都是一个独立的功能,逻辑功能的端口之间通过信号连接起来,形成一个功能网络,这个"网络"可以实现比任何单一逻辑功能都复杂的功能。

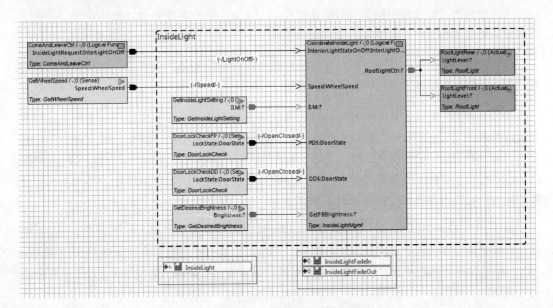

图2-19 功能架构示例

图 2-19 是功能架构设计输出的结果之一，不是唯一的结果，只表现了功能架构中逻辑功能组件之间的结构关系。架构设计还需要包含各种设计原则和规范，这些都需要通过其他的形式或文档来体现。

虽然功能架构的设计不只是为了软件的实现，但是软件如何实现是功能架构设计要着重考虑的，而且采用软件思维进行功能架构的设计可以起到事半功倍的效果。良好的功能架构设计可以让后续软件架构设计与开发的工作量大幅减少，并对整个系统的软件质量产生显著的提升作用。可以毫不夸张地讲，在车辆功能越来越依赖软件实现的今天，功能架构的设计是整车电子电气架构设计中最重要、最复杂的部分。

2.3.4 软件架构

在汽车电子电气系统中，软件存在于所有的 ECU 中。虽然每个 ECU 中的软件都是相对独立的，但 ECU 之间网络和信号的连接，使 ECU 中的软件系统共同构成了整车的软件系统。这个整车软件系统的架构就是电子电气架构中的软件架构。

1. 软件架构的定义

软件架构一词先于电子电气架构产生。在软件技术产生之后，软件开始变得越来越复杂，关于软件架构的研究也越来越多。对于任何一个软件系统来说，在编写代码之前，首先要完成的是内部结构和组件之间的关系、设计准则的规划和设计。

卡耐基梅隆大学软件工程学院对软件架构的定义是，一个系统的软件架构代表了与整个系统结构和行为相关的设计决策。

根据架构一词的定义，软件架构包括所有软件组件之间的结构关系、它们与依赖环境之间的关系、软件系统的设计原则以及演进原则。

在软件系统中定义组件并不容易，因为软件系统并非一个具有实体组件的系统。虽然我们可以清晰地定义它的每一个模块，但是这些模块自身又由若干个子模块组成，每个子模块又可以被分解为更多的子模块、库、文件、函数等，而且这些文件、函数又包含一个个变量、语句、数据等，这些元素最后又会被编译、存储为二进制的形式。目前通行的办法是按照逻辑功能进行组件的定义和分解，如图 2-20 所示。

图 2-20 展示的是一个 ECU 级别的软件架构的组件定义和分解。对于整个电子电气架构而言，软件架构更多关注的是功能层，也称为应用层。如果将整车的所有控制器都采用 AUTO-SAR，则可以将每个控制器的软件架构看作整车软件架构的子架构，它们共同实现了整车层级的各种功能，如图 2-21 所示。

虽然各种操作系统、芯片驱动程序也是软件架构需要考虑的内容，但它们只是为了实现上层的功能而选取的基础设施。车企与 ECU 供应商对软件架构的关注点不同，主要是因为双方的责任与分工不同。车企负责整车电子电气系统的交付，需要根据整车的功能需求进行顶层设计。ECU 供应商只需要承接车企的需求，负责软硬件的实现。这导致双方的能力领域不同，车企更擅长功能的设计，而供应商更擅长软硬件系统的开发。

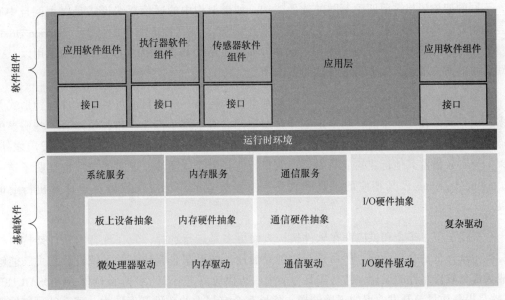

图 2-20　组件的定义和分解

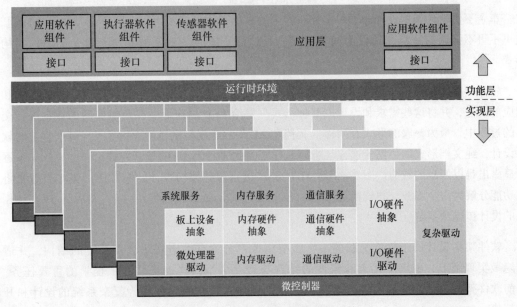

图 2-21　电子电气系统中的软件架构

在软件架构的设计中，首先要进行软件架构风格的选择。对于电子电气架构而言，软件架构的设计已经成为最重要的工作。不同软件架构的开发成本与维护成本差别巨大，对于参与方的能力要求也大不相同。软件架构与其他架构一样，新出现的不等于就是最先进的，无所谓先进或落后，只有适合与不适合。

不同的架构风格需要匹配不同的软件架构，如果架构中的通信总线形式是以太网且中心节点的主要芯片均为SoC（System on Chip，片上系统），那么面向服务的架构（Service Oriented Architecture，SOA）就是一个不错的选择。如果还是以MCU作为主控芯片或者采用以CAN总线为主的通信形式，SOA就无法成为备选项。

对于软件而言，虽然各个行业和应用都有自己的特点，但是目前可见的软件架构形式并不多，而且大多在几十年前就基本定型并普遍应用。对于汽车行业而言，虽然有一些明显的特点，如高安全性、高可靠性、高成本敏感性等，但其发展并不能独立于通用技术发展之外。如果能够有效借鉴其他行业的成功做法，汽车行业必定受益匪浅。现实的情况也证明了这一点，Android、Linux及其相应的工具和理念在汽车行业的广泛应用就得益于计算机行业的发展。

一般情况下，车企和供应商在软件架构方面更多是进行选择，先在现有的软件架构风格和标准中选择最适合自己的，然后进行适配并应用。如果车企有较强的系统设计能力，能够完成大部分软件组件的设计，并且需要与多个一级供应商进行交互，那么选择AUTOSAR CP/AP就是提高质量与开发效率的正确选择；如果车企有强大的软件开发能力，那么就可以按照内部标准来开发软件。

车企不做软件架构设计或不限定控制器内的软件架构形式也可以，并不会带来什么问题。这里不得不强调的一点是，目前尚未看到一种适用于所有功能领域和所有车企的软件架构形式。

软件架构的主要工作是将功能架构中定义的逻辑功能转换为对应用软件更细化的需求和相应的规范，并将这些需求和设计以某种形式分发给ECU供应商。在与供应商的数据进行交换的过程中，最为普遍的形式有两种：文档和AUTOSAR规定的ARXML格式。对于复杂的软件设计，纯文档形式的数据传递往往难以胜任，因此AUTOSAR的整套方法论和工具链体系逐渐显露出难以匹敌的威力。图2-22是AUTOSAR进行软件架构设计的示意图，基本思想是将各功能分解为多个服务，并转换为SWC（SoftWare Component，软件组件），然后将SWC和相关的设计传递到下游。

软件架构设计属于软件工程的一个重要组成部分，有助于展示软件系统的结构，并适当隐藏实现细节，聚焦于元素和组件的结构与交互关系，这也是软件工程学的重要任务。目前软件架构设计的热度已经远超软件工程，这体现了软件系统作为复杂系统的设计和开发趋势。

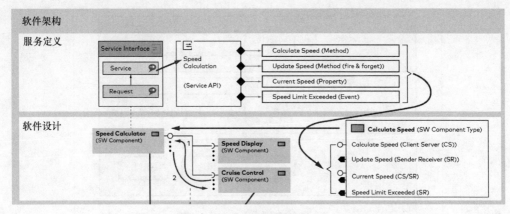

图 2-22 SOA 软件架构设计示例

高效的软件架构结合敏捷开发的实践，能够有效促进软件系统及整个电子电气系统持续、高效地进化。

- 记录那些影响系统关键质量的架构元素和它们之间的关系。
- 根据业务和任务目标反复评估架构的适应性。
- 分析已经部署的系统是否符合架构设计。

如果以上措施正确执行，可以实现可预测的产品质量、较少的下游问题、节约集成和测试中的时间和成本，以及高经济效益的系统演化。当前电子电气架构研究的重点已经转移到软件架构上，如何优先满足软件架构的需求是目前各方都在积极研究的课题。

2. 软件架构的风格

软件架构如同建筑，不同的风格没有好坏之分，只有适用与否。软件架构的风格是一组架构设计决策的集合，适用于给定的开发环境，用来约束该环境中特定系统的架构设计决策，从而发挥出该系统的效能。由于汽车软件与内部网络日渐复杂，因此借鉴基于网络发展而来的软件架构的概念和原理也对电子电气架构有着重要的意义。

软件架构的风格很多，在此只列举几种常见的风格。

（1）分层架构　分层架构（Layered Architecture）也称为 N 层架构。这种架构在设计师和软件架构师中广受欢迎，它与许多初创企业和成熟企业的传统 IT 通信架构类似。通常，分层架构分为 4 层：表示层（Presentation Layer）、业务层（Business Layer）、持久层（Persistence Layer）和数据库层（Database Layer），如图 2-23 所示。每一层都是具体工作的高度抽象，有特定的角色和职能，用于实现某种特定的业务请求。

分层架构的一个重要特性就是关注分离，每层组件只负责本层的逻辑，这样的划分让组件的功能更容易开发、测试、管理和维护。

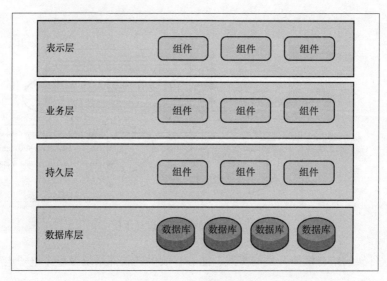

图 2-23 分层型软件架构

分层架构适用于以下场景或团队。

- 需要快速开发应用程序。
- 应用程序需要具有严格的可维护性和可测试性的标准。
- 企业有传统的组织架构基础和流程。
- 缺乏经验和对架构模式了解有限的团队。

分层架构具有如下缺点。

- 分层将导致系统复杂度上升。
- 组件之间的高度耦合导致灵活性降低,如果跳过前面的层来创建紧密耦合可能会导致复杂的相互关系依赖,从而产生逻辑混乱。
- 对于底层的修改可能需要应用程序重新部署。

(2)事件驱动架构　事件驱动架构(Event Driven Architecture)是目前流行的分布式异步架构,用于创建可伸缩的应用程序。该模式适用于从小型到复杂的应用程序。它由高度解耦的、单一目的的事件处理组件组成,其主要思想是异步交付和处理事件,如图 2-24 所示。这是一种敏捷且高性能的软件架构模式,围绕所有事件的产生、检测和消费以及它们引发的响应来协调行为。安卓系统就采用了此种架构模式。

事件驱动架构有很多优点,比如更易于开发和维护大规模分布式应用程序和不可预知的服务或异步服务,低成本地集成、再集成、配置新的和已存在的应用程序和服务,促进远程组件和服务的再使用等。因分布式和异步的性质,事件驱动架构的实现相对复杂。分布式系统中的事务难以管理,很难找到标准的工作模式。

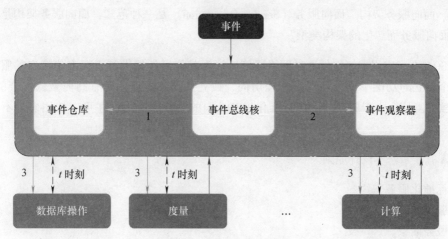

图 2-24 事件驱动架构

（3）微内核架构　微内核架构（Microkernel Architecture）包含一个核心系统和多个插件模块。核心系统用最少的功能来保证系统的正常运作，插件模块作为独立的组件负责特别任务的处理，如图 2-25 所示。

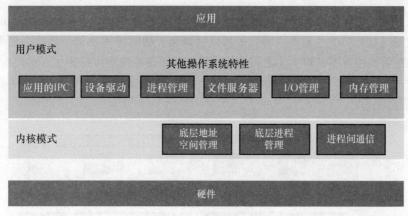

图 2-25 微内核架构

如果我们从业务应用程序的角度来看，核心系统可以定义为通用业务逻辑，而不需要针对特殊情况、特殊规则或复杂条件流程进行代码的定制化。插件模块负责提升核心系统的功能，从而支持额外的业务能力。以任务调度应用为例，微内核包含了所有的任务调度和触发逻辑，而插件模块则包含了各种特殊的任务。

微内核架构适用于那些基础程序和上层应用具有清晰边界的应用程序，而且要求应用程序有固定的核心例程，如果需要使用动态的规则，则需要频繁地进行更新。如果外部插件模块过多，则几乎不可能更改核心系统，这样会导致巨大的工作量。

（4）面向服务架构　面向服务（Service Orientation）是一种范式，面向服务架构是一种通过应用面向服务而产生的架构类型。

在 SOA 中，应用程序组件通过网络通信协议为其他组件提供基于标准化接口的服务。服务是一个独立的功能单元，可以被远程访问、独立操作和更新，具有高内聚低耦合的特点，有助于软件复用。由于服务的接口标准化，SOA 中的业务层应用程序可以使用多个不同的服务构建。

SOA 有 8 条基本设计原则。

- 标准化服务契约。
- 服务松耦合。
- 服务抽象。
- 服务可重用性。
- 服务自治。
- 服务无状态。
- 服务可发现性。
- 服务可组合性。

从本质上看，SOA 是为了解决大型软件系统中的软件逻辑模块复用问题而提出的一种解决方案。它通过软件功能（服务）单元的接口标准化、功能的抽象化与无状态化等原则，改变了传统软件系统中业务逻辑单元之间的依赖性，从而使系统的可维护性、扩展性大大提升，以满足软件系统快速迭代和业务变化的需求。SOA 在汽车电子电气架构中的实现框架如图 2-26 所示。

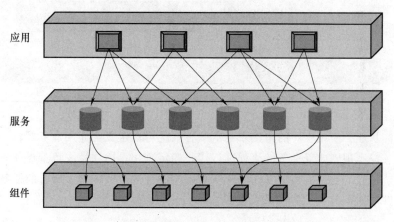

图 2-26　SOA 在汽车电子电气架构中的实现框架

对于汽车行业而言，传统的基于信号通信机制由于功能迅速增加和 ECU 数量不断增长而显得"力不从心"。随着车载以太网的导入,基于服务通信的 SOA 成为一种解决当前问题的备选方案。SOA 在汽车领域的应用主要体现在电子电气架构的软件架构层面。

在 SOA 架构中,整车层级的应用功能实现可以使用不同的服务组合,每个服务又可以被多个应用功能所使用。在增加新功能时,甚至不需要增加新的服务或者仅增加少量服务就可以快速部署。而且,当不同的服务可以互操作时,车企可以避免被单一供应商绑定,可以自己实现服务的增加、更新和修改,且无须修改底层软件组件和服务。然而,由于每个服务都是一个独立的线程,从而导致系统资源开销更大,而且应用 SOA 意味着抛弃了很多汽车行业的知识资产,带来大量的资源消耗和引入很多质量问题。

另外,不得不注意的一点是汽车电子与 IT 行业的差异。一般而言,IT 行业的业务对于安全性、实时性和可靠性的要求远没有汽车行业高,而且其后台的业务对于成本的敏感性也远低于汽车行业。汽车行业除传统的安全性、实时性和可靠性的要求外,蓬勃发展的智能化趋势导致各个功能之间的耦合日益增加。

如何将这些深度耦合的功能进行安全、可靠的解耦,并且以较低的成本来满足相应的实时性和安全性要求,是一个需要持续研究的课题,无法在短时间内完成。汽车的基本车控功能经过几十年的演化,已经日臻成熟,至少在目前尚未看到需要持续更新的必要性,因此是否有必要将其全部以服务的形式进行重构,也是值得行业深思的。SOA 的理念是值得肯定的,但其适用范围还需要逐步摸索,在信息、娱乐等需要快速迭代的领域和非安全与实时性相关的领域率先应用也许是当下最好的选择。

在汽车电子电气系统中实现 SOA,目前较成熟的中间件方案有 SOME/IP(Scalable Service-Oriented Middlewar over IP,运行于 IP 之上的可伸缩的面向服务中间件)和 DDS(Data Distribution Service,数据分发服务),它们都允许分布式应用程序使用发布/订阅模式和服务请求/应答模式进行通信,但也有显著的差异。

SOME/IP 是专门为汽车行业设计的一系列中间件规范,属于 AUTOSAR 的一部分。它的设计目的是适应不同尺寸和不同操作系统的设备,既适用于如摄像头、传统 AUTOSAR 的控制器等小型设备,也适用于如信息、娱乐领域控制器等复杂的大型控制器。

当采用基于 SOME/IP 的方案时,典型的服务接口如图 2-27 所示。

各接口的含义如下。

- 方法:被调用的方法、过程、函数或子例程,需要返回响应消息。
- F&F 方法:无须返回响应消息的方法。
- 属性:也称为 Field 或 Attribute,意为字段,用来表示状态。
- 事件:一种单向数据传输,仅在更改或循环时被调用,并从数据生产者发送给使用者。
- 事件组:指对服务内的事件和事件通知进行逻辑分组,允许被订阅。

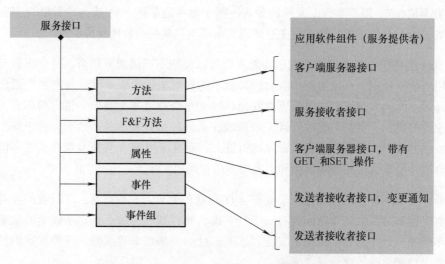

图 2-27　基于 SOME/IP 的 SOA 中的服务接口

SOA 中的标准化服务契约主要体现在服务接口的标准化。SOA 使用了标准的接口格式，而且各个服务相对独立，其优势主要体现在如下方面。

- 提高了功能和数据表达的一致性。
- 降低了解决方案逻辑单元之间的依赖性。
- 降低了对底层解决方案逻辑设计和实现细节的关注。
- 增加了在多种业务目标实现中使用同一个逻辑模块解决方案的机会。
- 增加了将解决方案逻辑单元组合成不同配置的机会。
- 提高了行为可预测性。
- 提高了可用性和可扩展性。
- 提高了对可用解决方案逻辑的认知。

DDS 针对更广泛的工业物联网领域而设计，应用于以数据为中心的系统互连，包含一系列开放的中间件协议和 API 标准，由对象管理组织（Object Management Group，OMG）发布。专门为分布式实时系统设计，应用于包括交通运输、能源、医疗系统、工业自动化、航空航天、国防等行业。DDS 有许多独立的商业和开源实现，主要特点是数据连接延迟低和可靠性高。

SOME/IP 与 DDS 的差异主要体现在以下方面。

A. 通信模式

SOME/IP 可以被看作基于对象的、面向服务的架构。信息通过实例化服务对象提供给系统，这些对象由客户端应用程序访问，客户端应用程序为对象想要访问的每个服务实例化相应的代理对象。

DDS 提供了一个解耦的、以数据为中心的发布订阅模型，可以被称为数据总线模式。应用程序可以通过 DDS-Topic 名称标识发布或订阅任何数据，也可以通过 DDS-Service 名称标识调用或实现任何服务。DDS 完全是点对点的，不需要代理。

DDS 和 SOME/IP 之间的一个显著区别是，使用 DDS 的应用程序不需要绑定到特定的服务实现，可以简单地引用主题（Topic）和服务，并且可以完全透明地进行一对一或一对多的通信，而不需要对应用程序的代码进行任何更改。

B. 应用程序接口

SOME/IP 本身并没有定义标准 API，具体的实现通常会提供基于 C++ 的 API，但一般很难移植。然而，一般而言，SOME/IP 被用作 AUTOSAR 的一部分实现时，通常会定义一些标准 API，从而提供了基于 AUTOSAR 的可移植性。

DDS 具有可用于多种语言的标准 API。对于 C++ 和 Java，API 包含在 DDS-PSM-JAVA 和 DDS-PSM-CXX 规范中，还有针对 C# 和其他语言的特定于供应商的 API。因此，移植 DDS 应用程序和在 DDS 实现之间进行切换通常是相对容易的。

C. 网络传输

SOME/IP 支持 UDP 和 TCP 两种数据传输方式。AUTOSAR 4.3 引入了对 UDP 上大于 1 400 字节的有效负载分段的支持。

DDS 使用了 RTPS（Real Time Publish and Subscribe，实时发布订阅）有线协议，该协议定义在一个独立于平台的模型中，可以映射到不同的网络传输协议。大多数 DDS（DDS-RTPS）实现至少支持 UDP、TCP 和共享内存。RTPS 实现了一个与传输无关的可靠性和分片协议，可以运行在任何传输路径上，包括带组播的 UDP。使用 DDS 可以在多播 UDP 上实现大数据的可靠传输，而这一点 SOME/IP 无法实现。

D. 安全措施

一般来说，SOME/IP 依赖于传输层的安全性。为了保证使用安全，需要在 TLS 或 DTLS 上运行。

DDS 可以使用与传输无关的 DDS 安全规范中定义的机制，而且还提供了更细粒度的安全控制和执行访问控制。DDS 安全与传输层无关，可以用于任何数据传输，包括共享内存、多播或自定义应用程序定义的数据传输。

E. QoS

QoS（Quality of Service，服务质量）是一种应用于网络传输的技术，用以在有限的网络容量下可靠地运行高优先级应用程序和保证高优先级数据的传输。SOME/IP 只提供一个可靠性 QoS 设置，用于选择 UDP 和 TCP，其他功能必须由自定义应用程序的逻辑来实现，相对而言难度较大，要求所有应用程序都包含相同的代码，或者至少连接一个通用的非标准库，从而导致应用层代码的可移植性不高。

DDS 则提供了 20 多个单独的 QoS 策略，允许用户以声明的方式指定发布者和订阅者之间如何交换信息。这些策略不仅可以控制可靠性，还可以控制其他方面，如资源使用、数据优先级、数据可用性和故障转移等。

F. 应用范围

SOME/IP 主要应用于基于 AUTOSAR 的汽车行业。DDS 的用途相对更加广泛，已经被工业互联网联盟（Industrial Internet Consortium，IIC）认定为工业物联网的核心连接框架之一，并已经被包括在 AUTOSAR Adaptive（从 18.3 版本开始）中。

从上述的比较中可以看出，SOME/IP 主要应用于汽车行业，能够传输的数据量较少，适合控制类的命令传输，成熟度有待提升。而 DDS 则已经被广泛地应用于工业互联网之中，并包含在 AUTOSAR 中，更适合大数据量的可靠传输，这对智能驾驶系统的数据传输至关重要。虽然 DDS 更加成熟，在数据量和可靠性方面有一定的优势，但汽车内部网络中的数据传输主体依然是控制命令，而且 SOME/IP 对控制器资源的要求较低，对于成本敏感的汽车电子电气系统而言还是有很大的吸引力。在目前的电子电气架构设计中，二者均有各自的优势和应用场景。

（5）微服务架构　微服务架构（MicroService Architecture，MSA）被业界视为庞大的单一应用程序和面向服务架构的可行替代方案。MSA 是从 SOA 演变而来的一种架构风格，两者都是分布式架构，都强调功能之间的解耦。

MSA 中的各个组件可以将有效、精简的交付管道作为单独的单元进行部署。因此，它在应用程序中提供了高可伸缩性和高度解耦。基于解耦合独立的特点，可以通过远程访问协议访问组件。此外，相同的组件可以单独开发、部署和测试，而不依赖于其他服务组件。每个微服务都需要满足单一职责原则，微服务本身是内聚的，因此微服务通常比较小。每个微服务按业务逻辑划分，每个微服务仅负责自己业务领域的功能。一个微服务就是一个独立的实体，可以独立部署、升级，服务与服务之间通过 REST（REpresentational State Transfer，表述性状态转移）等形式的标准接口进行通信，并且一个微服务实例可以被替换成另一种实现方式，而对其他的微服务不产生影响。开发者不再需要协调其他服务部署对本服务的影响，具体如图 2-28 所示。

SOA 中的服务通常包括较多的业务功能，并且一般作为完整的子系统实现。而 MSA 的组件通常都很小，且属于单一用途服务，强调业务彻底的组件化和服务化。通过将原有的单个业务系统拆分为多个可以独立开发、设计、运行的小应用，以及将这些小应用之间通过服务完成交互和集成，从而提供了更灵活、更轻量级的开发风格。这两种方法各有利有弊，如今被广泛使用。

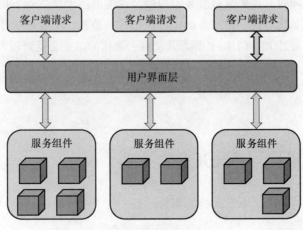

图 2-28　微服务架构

SOA 中的消息传递中间件提供了许多 MSA 没有的附加功能。

- 中介和路由。
- 消息增强。
- 消息和协议转换。

MSA 在服务和服务消费者之间有一个 API 层，而 SOA 则不需要此类 API 就可以实现服务的调用。它们之间的区别如图 2-29 所示。

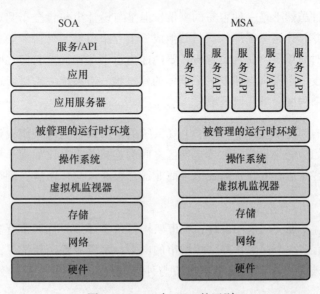

图 2-29　SOA 与 MSA 的区别

由于微服务间通过 REST、RPC（Remote Procedure Call，远程过程调用）等形式交互，相对于单一应用程序模式下的 API 形式，需要考虑被调用方故障、过载、消息丢失等异常情况，代码逻辑更加复杂。同时，在采用微服务架构时，系统由多个独立运行的微服务构成，需要一个设计良好的监控系统对各个微服务的运行状态进行监控，从而增加了运维的复杂度。另外，由于微服务之间通过 REST、RPC 等形式交互，通信的时延会受到较大的影响。

微服务架构在 IT 行业中应用广泛，至于是否适合汽车行业还有待观察，目前汽车行业的研究热点依然是 SOA。

2.4 理解架构设计与系统开发的关系

既然电子电气架构是电子电气系统的架构，那么电子电气架构方面的工作一定就是针对电子电气系统而展开的。

对于电子电气系统中那些可见的零部件而言，它们虽然是系统重要的组成部分，但并不是架构的主要工作内容。零部件的设计和实现一般由专门的团队负责，在车企中，零部件的开发和管理是主要的工作内容，并且将一直处于比较重要的地位。零部件是电子电气系统设计和开发的最终输出物，架构的各种工作都是为了让零部件能够按照计划得以交付。由于电子电气架构设计工作与电子电气系统的开发和具体零部件之间的关系过于紧密，在日常工作中，很多人已经习惯了将整个电子电气系统的设计乃至所有零部件的开发都包含在电子电气架构的设计工作中。

设计一个零部件虽然不是一件容易的事情，但是与设计出包含全车几百个电子电气部件的电子电气系统，并且让这些零部件能与其他成千上万个机械零件协调工作相比，设计一个零部件的工作就相对简单了，而且二者所需要的能力也不尽相同。它们之间工作量与难度的差异可以类比为建设一座城市与建设一个具体的建筑物。当系统中需要管理的目标数量线性增长时，工作的复杂程度会呈几何级增长。

由于车辆本身的高复杂性，整车电子电气系统的架构设计更像城市设计。城市规划师首先要规划每个街区的功能与规模，并确定街区之间的连接关系，比如火车站在哪个位置，能够容纳多少旅客与客货运吞吐量；居民区、商业区、工业区与休闲区在哪个位置，能够容纳多少人等。

除了这些位置、功能与规模的设计，城市架构师还要详细设计城市有多少条公路、多少条地铁、每个地铁有多少个站点，并估算城市的电力、水资源等消耗情况，从而对供电和供水等基础设施进行规划。而且还要考虑城市与外界的连接，包括铁路、公路、水运以及航空等。

2.4.1 架构设计与城市规划

对于城市规划师来说，设计对象并不是某一个街区或某个建筑，而是整座城市，他们要对城市的设计质量负责。如果我们把汽车的每个控制器甚至电子部件都想象成城市中的一个功能区域，那么电子电气系统架构师所做的就是规划整个电子电气系统，并对电子电气系统的设计质量负责。

架构师首先要确定电子电气系统（城市）的主要功能和性能，然后根据确定的功能与性能目标来规划整车的拓扑（城市的街区分布）：确定有多少个主要的控制器、每个控制器的基本功能和连接方式、主要通信网络的形式（城市内的主要交通网络）等，并设计整车的电源方案等（城市的电力系统）。

因为电子电气系统在车上并不是一个孤立的系统，它要与车辆本身的物理架构充分融合，并且与车辆外部的世界有着密切的联系，所以在进行电子电气系统规划时，架构师还要考虑车辆本身的限制，如同城市规划师需要考虑地形、气候以及与其他城市之间的关联。

每个控制器在车上的大致位置、质量要求、性能要求也是需要在架构设计阶段确定的。上述信息最终会以各种原则、规范、标准或者需求的形式输出给相关方。相关方会根据得到的需求进行详细的设计，然后交给最终负责实现任务的供应商进行部件的开发。

城市规划师并非交出规划图纸就可以放任不管，在接下来的细节设计和施工过程中，他们还需要持续维护原始规划。一方面，要确保规划在实施过程中不会发生偏离；另一方面，还需要对规划内容进行持续的更新。没有哪个规划或者设计可以保证百分之百的正确，不断地迭代更新，从而让整个设计更加完善，是规划师不可推卸的责任。

我们把一个系统当作城市来看待，虽然每个子系统和组件都有人负责，可是如果没有城市规划师来负责整个系统的规划并持续更新和改进规划，那么整个系统是否真的能够满足最初的设计目标就没有了保障。汽车电子电气系统必须有人对整个系统的设计负责，这个负责方就是电子电气架构师团队。

2.4.2 系统开发与街区设计

对于一个城市来说，每个街区的功能都是不同的，可以分为商业区、居住区、工业区等。每个街区的功能不同，它们的设计要求也不同。例如居住区要能够容纳50万人，并有各种便利的生活设施，而工业区要能够支持多个大型工业项目的生产、物流等要求。当某一个街区的设计要求由城市规划师确定之后，一般会有专人进行详细的设计，例如负责居住区的设计师把城市规划师的要求细化为100栋高20层的楼房、有3所小学、两座医院等，并详细地在图纸上列出它们的位置和边界，对区内的交通网络、通信、电力网络等进行详细的设计，并给出具体的要求。

车上的电子电气系统也会被分为多个域或者子系统，每个域或者子系统的功能与技术要求是不同的，比如底盘控制、仪表显示、电池管理等。一般都会由专业领域的系统工程师负责详细地设计。他们会像街区设计师一样，根据总体设计要求对自己负责的领域进行详细的设计。

2.4.3 零部件设计与建筑设计

当街区设计完成后，接下来要做的是每栋建筑的详细设计，建筑设计图纸中规定了房屋的主要结构、所在位置与周边环境的关系，以及屋中各种组件的位置与关系，还会对各种建筑材料的选取原则给出具体的标准。

零部件工程师会和供应商深入合作，在满足系统工程师给出的具体要求的前提下，详细设计每一个具体的零部件，完成诸如硬件、软件逻辑的详细设计、整个零部件的外观尺寸、可靠性和EMC标准等，并确保供应商能够保质保量地稳定生产。随时解答供应商的各种问题，将其中的部分问题反馈给系统工程师乃至架构师，让他们决定是否要更改原来的设计。

2.4.4 供应商开发与施工实现

在各种设计需求提交给供应商的时候，供应商就要开始实施工作了。

在建筑行业，施工单位拿到具体的图纸之后，组织施工队进行具体的建造工作。而汽车行业的供应商则有所不同，他们将在设计验收之后开始大规模的量产活动（Start Of Production，SOP），并且一直持续到产品退市（End Of Production，EOP）。而且，对于很多复杂的产品，整车厂与零部件供应商设计职责之间的界限并没有那么清晰，很多时候，整车厂只需要给出概要性的设计，详细设计的工作由供应商来完成。

从电子电气系统的开发实现过程中可以看出：无论是架构设计、系统设计还是零部件设计，都是一种不断产生需求、传递需求的活动。上下游之间的信息传递过程是以需求作为载体的，设计过程产生的各种规范、原则、标准的本质是一种需要下游来遵守或满足的需求。

需求不是瀑布式的单向传递，而是双向的，只有被下游接受了的需求才是有效的需求。而且，下游是可以反向对上游提出需求的。需求的最终实现则是通过供应商的开发、验证和生产活动完成的。

2.4.5 架构设计的重要性

无论施工队的技术多么高超，城市最终的质量一定与规划师的设计息息相关。

虽然规划师不需要参与具体的施工过程，但是一个不懂施工的规划师很难做出好的设计。规划师在进行架构设计的时候不可避免地也要了解很多具体的、待实现的细节。对细节的关注与了解是规划师必须具备的能力。对于电子电气架构的设计也存在同样的要求，架构师如果不了解零部件的复杂性与实现细节，就没有办法设计出高可用的架构。从这个角度来讲，架构设计的工作是顶层设计，也不仅限于顶层设计。

就像城市的功能要不断升级一样，电子电气系统架构也要不断更新以满足各种新的需求。电子电气系统在产生后就像生命体一样，它的生长迭代是不会停止的。即使一个架构被淘汰了，它的一些逻辑部件或物理部件还是会被继承到新的架构上，继续存活下去。

一个好的架构设计可以保证成本、性能、功能等的平衡，并能让系统具有良好的演进性。架构设计的重要性就和城市规划的重要性一样。然而，所有的规划都是有局限性的，没人可以预测50年或100年以后的情景，电子电气架构设计与城市设计一样，需要不断地进行革新和演进。

2.4.6 架构设计与系统开发的区别

在日常工作中，架构设计与电子电气系统开发常被混为一谈。因为对于大多数国内的汽车工程师而言，架构设计是最近几年才开始流行的概念。这是因为我们大多数车企都是从逆向工程起步的，尤其在电子电气领域更是如此。而那些合资车企从来不会将电子电气架构设计的工作公开，这导致大多数中国的汽车电子工程师没有接触过架构设计的工作，自然也就缺乏架构设计的概念。

架构工作更多的是设计结构和制定原则和规则，并做出相应的决策，通过模型化和细致的分析，完成的是高层级的结构设计，运用的是系统思维，追求的是对整个电子电气系统甚至整车的全面理解，交付物大多以文档的形式存在。

而电子电气系统的设计则主要根据架构制定的原则，在架构设计制定的结构中，关注具体功能和性能如何实现，考虑更多的是具体的实现方式，主要目标是进行具体的系统设计并完成相应零部件开发，以实体形式交付整个电子电气系统，最终交付物主要为各种零部件和相应的报告与结果，是整车开发的重要组成部分。

架构开发是一个从顶层开始向下设计的过程，包括系统内部结构（组件之间的关系）与外部结构（系统内部组件与外部环境之间的关系）的设计与相应的决策过程，以及各种与该系统相关的原则（普遍适用于系统组件设计以及内外部结构设计的规则）。

2.5 架构设计的意义

架构设计作为一门近几年才发展起来的学科，其产生的目的是应对系统的高复杂性。对于简单的系统，一般不会将架构设计作为独立的话题进行讨论。因为足够简单，所以架构的结构和设计原则都是显而易见的，无须过多关注，但这并不代表简单的系统没有架构。对于复杂的系统，最可行的理解方式就是将其层层分解。合适的分解方法可以起到事半功倍的效果，而架构设计就是这个分解工作的顶层，也是决定了如何进行分解的关键步骤。

在满足当前需求的同时实现快速交付产品，这是所有企业生产追求的目标。构建一个有效的架构，能够帮助企业在重要的质量属性和需求之间进行优先级排序、管理和权衡，从而在生产开发早期识别风险。否则，项目可能会出现延迟、返工或更糟的情况。架构设计可以在团队构建系统之初就提供各种分析支持，从而作出正确的决策，而不是在实施、集成或部署之后才发现问题。无论是设计一个新系统，还是对一个遗留系统进行改造，这种及时的分析使团队能够确定他们选择的方法是否可行。

一个有效的架构可以作为概念黏合剂，将项目的每个阶段都凝聚在一起，为所有利益相关者提供支持。架构有助于增进利益相关者之间的沟通，帮助他们理解和分析系统将如何实现基本质量属性和需求。许多人在系统架构中都有利害关系，例如，用户想要一个易于使用和功能丰富的系统，维护部门需要一个易于修改的系统，开发部门想要一个易于构建的系统，项目管理部门希望系统能够在预算内按时构建完成等。所有这些利益相关者都将从一个良好的架构设计中受益。

架构设计不但以系统化的思考方式明确了系统的开发范围，并且有助于澄清系统的各种要求，同时由于将各种要求都进行了文档化或工具化梳理，从而构建了一个文档化或工具化的决策基础，这为组织的资源投入提供了明确的指导，并为构建一个成功的、可持续升级和维护的系统打下了至关重要的基础。

然而，架构设计的实施不但需要各方通力合作，更需要所有的利益相关者都能够有足够的能力来充分理解架构的设计，否则将如同《记录软件架构：观点和超越》中描述的："如果需要使用它的人不知道它是什么，不能很好地理解它并加以应用，甚至误解它并错误地应用它，那么即使是最好的、最适合这项工作的架构也将从根本上毫无用处。架构团队的所有努力、分析、辛勤工作和有洞察力的设计都将白费。"

2.6 本章小结

本章重点介绍了电子电气架构技术基础。从定义来看，架构是从属于系统的概念，体现的是系统内元素的基本结构关系。

为了让读者更好地理解架构设计与电子电气系统开发中主要环节工作之间的关系，本章以城市的设计建造过程进行类比。回到架构设计本身，架构设计工作主要分为逻辑设计、物理设计和过程设计。本章除了介绍每类设计的基本内容，还进一步分析了三者之间的关系。

第3章

电子电气架构的发展历程

> 能生存下来的物种,既不是最强的,也不是最聪明的,而是那些最能适应改变的。它们利用有限的、可以获得的方法,彼此充分合作来对抗共同的威胁。
>
> ——查尔斯·达尔文

近年来,随着汽车中各种控制器数量急剧增加,汽车的算力也大幅提升,由此带来的智能化功能逐渐成为汽车的核心竞争力。现代汽车经常被人们形容成"轮子上的计算机"。然而,不论汽车如何在智能化的道路上发展,从本章要讨论的电子电气架构的发展历程中可以看出,电子电气架构的各种基础理论与技术仍然普遍适用于汽车电子电气架构设计与电子电器系统开发。

3.1 IPO 模型

在讨论电子电气架构的发展历程之前,我们先要了解一个电子电气系统设计中使用的模型:IPO(Input-Processing-Output,输入-处理-输出)。介绍 IPO 模型是因为电子电气架构的发展与汽车电子电气系统输入、处理和输出的不断演化息息相关。IPO 模型是电子电气架构设计中使用的一个基本逻辑,如图 3-1 所示。

我们从控制器的原理入手解释 IPO 模型,控制器的主要用途如下。

❏ 根据给定的逻辑条件,实现对执行器的控制。

图 3-1　IPO 模型

- 输出信息给其他的控制器。
- 记录数据——数据本身也是一种输出的产物。

任何一个控制器都可以被抽象为由输入、处理和输出三部分组成的模型。采集数据的目的是控制输出部分，对采集的数据进行处理并根据预定的逻辑对输出进行控制的软硬件构成了控制器的处理部分。控制器的工作原理与 IPO 模型之间的映射关系如图 3-2 所示。

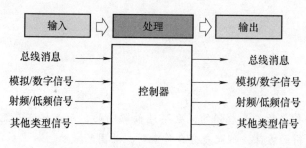

图 3-2　控制器的工作原理与 IPO 模型之间的映射关系

输入是处理的基础。输入的内容既可以是模拟信号和数字信号，也可以是各种数字化数据（比如总线上的数据）、音视频信号、射频信号，或是图像数据等。它们之间的共同点是所有的信号都会被转换为电磁信号，并被控制器识别。凡是可能对输出内容产生影响的外部信息、动作，均可以被称作输入。

输出是控制器存在的目的。控制器的输出内容可以是信息、模拟量（电压、电流等）、射频信号等。控制器可以输出的信息种类繁多，总线上的信号是一种信息，液晶屏幕上显示的图像也是信息。电机的转动、灯的亮灭、电磁阀的动作等都可以被看作控制器输出的结果。

处理环节可以非常复杂，如人工智能的图像处理；也可以非常简单，如模拟信号和数字信号的转换或放大器与反向器的动作。处理环节既可以由软件来完成，也可以由硬件来完成，或者软件和硬件一起完成。总之，输入的物理量与输出的物理量的种类和它们之间的逻辑关系共同决定了处理环节所需要完成的工作，从而间接决定了一个控制器所需要的软件和硬件。

总的来说，电气世界中的输入和输出在本质上都可以归结为信息或者电气信号，各种信息也可以被看作特殊的电气信号。光、图像、声音、人的动作等需要被转换为电气信号后才能被处理。

根据前面所述的 IPO 模型，如果汽车上的电子电气系统需要提供更多的功能，就意味着电子电气系统要提供更多的输出，就必然要有更多的输入，而输入内容的增加必然导致对处理环节的需求大幅增加。

随着汽车上电子相关的功能逐渐增加，对图像、语音和各种雷达数据等大数据量信息的处理成为电子电气系统的必备能力。对于汽车智能化的追求促使人工智能技术逐渐进入汽车电子电气系统，这进一步增加了对车辆处理能力的需求。处理能力日益增长的需求极大促进了作为电子电气系统处理环节核心的芯片在汽车中的普及与应用。大量数据的处理过程必然伴随着大量数据的传输，传统的 CAN 总线无法承担海量实时数据的传输，因此如汽车以太网、CAN FD 总线等新型传输介质和协议应运而生，进一步促进了电子电气架构形态的变化。

纵观整个电子电气架构的发展历史，其主线可以被归纳为 IPO 的发展史：输入与输出的数量及种类不断增加，处理环节也相应演进。同时，处理环节的演进又给输入与输出的变化提供了更多的可能性，这是一个正反馈的过程。正是输入、处理、输出不断地变化，促成了电子电气架构的革新，不同代际的电子电气架构之间的本质差异也正是它们输入、处理、输出之间的差异。

3.2 电子电气架构发展的驱动因素

在进一步探讨电子电气架构的历史之前，有一个重要的问题需要回答：究竟是什么在驱动电子电气架构不断变化和演进？通过 3.1 节的介绍，我们知道了电子电气架构演进的过程是 IPO 不断变化的结果，可是 IPO 变化的驱动力来自何方？本节我们将分别从终端客户需求与电子技术发展两条路线来进一步探讨电子电气架构发展的驱动因素。

3.2.1 汽车电子的诞生

1908 年，使用干电池供电的汽车扬声器诞生了。1911 年，蓄电池的可靠性逐渐达到了干电池的水平，于是可以循环使用的蓄电池逐渐普及。与此同时，车载发电机的性能和可靠性也逐渐提升。从此以后，电灯等部件逐渐应用在汽车上。1922 年，一个名叫 George Frost 的 18 岁青年在自己的福特 T 型汽车上安装了一个真空管收音机——这可能是现代电子产品第一次出现在汽车上。几乎同时，雪佛兰开始提供售后安装收音机的服务。在 1930 年，摩托罗拉发明了第一台专门为汽车设计的收音机。到 20 世纪 40 年代中期，有大约 1 000 万辆汽车配备了收音机。

汽车最初的电子设备只局限于单一功能，而且并未与汽车原有的机械功能耦合。也就是说，车辆上的这些电子设备与功能都是独立于机械功能存在的，是附加功能。到了 20 世纪 50 年代，出现了第一个电子与机械耦合的功能——巡航控制，这也是机电结合系统首次出现在汽车上。图 3-3 所示为早期的巡航控制系统设计图，该设计通过电磁线圈控制液压的方式来控制节气门，从而实现了车速控制。

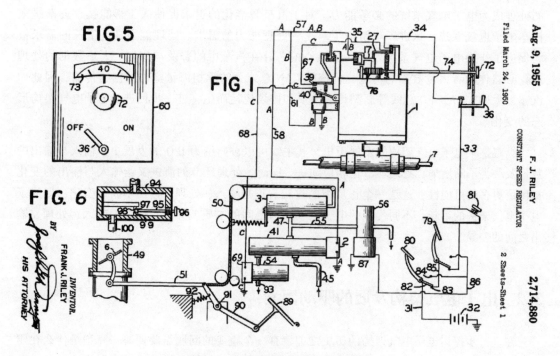

图 3-3 早期的巡航控制系统设计图

3.2.2 ECU 的诞生

1978 年，通用汽车第一次在汽车上引入了包含软件的半导体设备——ECU（Engine Control Unit，发动机控制单元），彻底改变了手动控制发动机的方式。ECU 通过电磁阀和化油器的控制，实现了对发动机喷油和点火的精准控制，从而大幅提升了发动机的性能。

这是微处理器和软件第一次出现在汽车上，从此汽车电子步入崭新的纪元。因为 ECU 这个词被使用得过于广泛，以至于 ECU 被重新解释为电子控制单元（Electronic Control Unit），从而成为汽车上所有包含软件的控制器的统称。而原来的 ECU 不得不被重新命名为发动机控制模块（Engine Control Module，ECM）或发动机管理系统（Engine Management System，EMS）。

1995 年，世界上首个自适应巡航控制系统诞生，在图 3-4 中已经有 3 个被命名为 COMPUTER（计算机）的装置，这个系统可以自主控制车辆的行驶速度，甚至能够在驾驶员完全不参与的时候自主刹停车辆，保证驾驶安全。

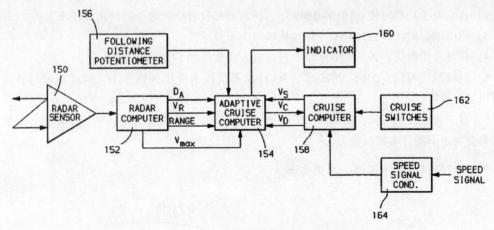

图 3-4 汽车自适应巡航系统专利

3.2.3 汽车电子电气架构的诞生

随着汽车上的电子功能逐渐丰富，控制器的数量越来越多，汽车的电子电气系统越来越复杂，系统中各个部件之间的耦合关系越来越复杂，导致电子电气系统的复杂度越来越高。传统的各系统独立开发的方式已经无法解决子系统之间复杂交互所带来的质量和稳定性问题。

2000 年，梅赛德斯奔驰技术有限公司面临全新车型的挑战：电子电气系统中各种 ECU、传感器、执行器和线束已经让整车的设计变得异常复杂，导致原来简单的集成式开发方式无法保证质量、功能与性能的稳定。经过和外部专家团队多次技术会议研讨，奔驰最终决定对某款车在系统开发前进行整车电子电气总体设计。历经一年的时间，2001 年该款车的电子电气架构设计完成，世界首款汽车电子电气架构也随之诞生。

电子电气架构的诞生解决了整车电子电气系统日益增加的复杂性所带来的各种问题，如系统间的协同、质量、可靠性，以及成本等，从而让汽车电子电气系统得以承载更多的功能。值得注意的是，在汽车电子电气系统与电子电气架构发展的过程中，不但各种电器部件的数量在大幅增加，各种 ECU 所包含的软件数量也在迅速增长。尤其是近年来智能网联化趋势逐渐明朗，在某些高端车中，ECU 的总代码行数已经超过两亿行。这导致软件的开发成本显著上升，随之而来的软件缺陷也大幅增加，给电子电气架构设计带来了新的挑战——如何应对软件在整车中的数量增长以及快速迭代的趋势。

3.2.4 汽车电子的 6 个发展阶段

回顾历史并展望未来，我们可以将汽车电子的发展分为以下 6 个阶段。

1) 纯机械时代：始于 1880 年，车上没有任何电子部件。

2）孤立电子功能时代：1910~1949 年，扬声器和收音机等电子部件出现在车上。

3）机电耦合时代：1950~1969 年，机械与电子开始结合。

4）软件应用时代：1970~2009 年，包含嵌入式软件的 ECU 广泛应用。

5）网联时代时代：2010~2029 年，3G 移动通信技术应用到汽车上，从此车辆与外界环境可以双向连接。

6）自主智能控制时代：2030 年以后，车载人工智能成为大部分车辆的标准配置，车辆具备大部分场景下的自主控制能力。

以上发展历程可以使用图 3-5 来表示。

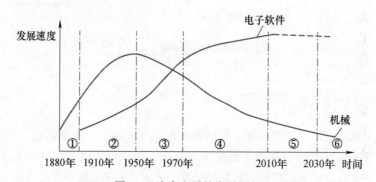

图 3-5 汽车电子的发展历程

任何一项技术都不可能一直保持高速发展，在经历一段高速发展期后，速度逐渐降低是必然的。然而事物发展的总体趋势一定是滚滚向前的，在一项技术发展到瓶颈之后，必然会有另外一项技术发展起来。在汽车的机械技术日臻成熟的时候，各种资源、注意力转移到汽车电子上不是偶然，而是时代造就的必然。

回顾汽车电子的发展阶段之后，我们将进一步详细讨论电子电气架构的概念和技术。

3.3 基础技术的发展

真正驱动汽车工业，尤其是汽车电子发展到今天，是电子电气技术。没有技术的支撑，就无法满足客户的需求，也就没有产品的大规模普及和发展。汽车电子的发展需要很多技术的支撑，并非哪一项技术能够单独造就汽车电子产业今天的辉煌。下面列举一些有代表性的产品和技术进行探讨。

3.3.1 芯片

芯片是半导体元件产品的统称，也可以称之为集成电路（Integrated Circuit，IC）或微电路、微芯片、晶片等。按照国际通行的半导体产品标准进行分类，半导体可以分为集成电路、分立器件、传感器和光电子器件，它们涵盖了 IPO 模型中所需要的大部分部件，如图 3-6 所示。

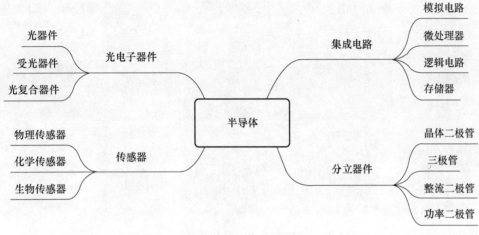

图 3-6 半导体的分类

ECU 中主要的功能承载组件是芯片，其中最重要的是 MCU（Micro Control Unit，微控制器单元）。MCU 是从 CPU（Central Processing Unit，中央处理器）发展而来的，在 CPU 上集成了诸多片上外围器件，如晶振。

MCU 是软件的载体，属于 ECU 的核心部件。从 MCU 在汽车上被广泛应用开始，汽车开始了全新的电子化历程，最终造就了今天的"新四化"。

1971 年 11 月，Intel 公司设计出集成度为 2 000 只晶体管/片的 4 位微处理器 Intel 4004，并配有 RAM（Random Access Memory，随机存取存储器）、ROM（Read Only Memory，只读存储器）和移位寄存器，构成了第一台 MCS-4 微处理器。之后又推出了 8 位微处理器 Intel 8008。在接下来的时间里，MCU 不断被改良发展，CPU 从最初的 4 位发展到今天的 32 位，内核也从最初的单核 CPU 发展为多核 CPU，并且控制功能、集成度、速度、可靠性不断完善，逐渐发展出专门为汽车电子设计的种类众多、功能繁杂的 MCU。ECU 在汽车的应用领域不断扩大的同时，MCU 的成本也在不断下降，功能却越来越强大。

随着电子电气系统的复杂性不断增加，如何控制系统成本、体积和能量消耗成为新的研究方向。解决这个问题的一个方式是提高系统的集成度，SoC 应运而生。

SoC 本质上是一种有专用目标的集成电路，它采用单一平台，将整个电子或计算机系统集成在其上。SoC 的内部组件通常包含 CPU、输入和输出端口、内部存储器以及模拟输入和输出模块等，由于集成度高，电能的消耗和占用的空间更少，系统内部处理过程中的时间延迟、干扰和数据传输延迟也大大减少,从而加快了数据传输速率并提升了系统的性能。在图3-7所示的某厂家SoC结构示例中可以看出,该SoC集成了多个MCU和MPU的资源,能够并行处理大量数据和外设资源。

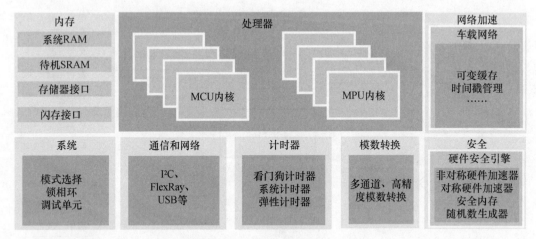

图3-7　SoC结构示例

伴随着汽车"新四化"的浪潮,得到快速发展的不只是MCU和SoC,各种功率器件也得到了长足的发展。尤其是电动车的电池、电机等部件中功率器件的产销量大幅提升,为汽车电子半导体市场注入了新的增长动能。

根据相关统计,2020年,全球汽车半导体市场价值为481.3亿美元,预计到2026年将达到1 291.7亿美元,预计复合年(2021—2026年)平均增长率为17.94%。

3.3.2　通信和网络

随着汽车上ECU数量与功能的迅速增长,ECU之间、智能传感器和执行器与ECU之间的数据交互量越来越大,对数据传输实时性与传输速率的要求也越来越高。不同控制系统及传感器的信息与数据在整个汽车电子电气系统中被越来越多地复用,如车速信号可能被数十个ECU使用,前向摄像头的数据可能被自动驾驶系统和信息娱乐系统同时使用。由于汽车本身的高可靠性要求,传统IT行业和工业控制系统中的通信技术很难被直接移植到汽车中使用,因此车内通信和网络技术作为一个相对独立的技术分支逐渐发展起来,并得到了广泛的应用。

在网络技术应用于汽车制造的初期,不同系统之间通常采用离散的连接形式(诸如点对点)进行互联。随着车内不同功能与ECU之间信息交换的需求不断增长,如何在各个控制系统之间共享数据并相互协调动作,成为汽车电子发展过程中难以回避的挑战。串行总线系统作为这些问题的低成本解决方案应运而生。在各种车载总线通信技术中,LIN总线、CAN总线和车载以太网是具有代表性且应用广泛的。

1. LIN 总线

LIN 协议基于 Volcano Communications Technology 公司（从沃尔沃公司分出来的一家公司）开发的 Volcano-Lite 发展而来。LIN 1.0 版协议于 1999 年发布，后由欧洲汽车制造商协会接手设计，是一种低成本短距离低速网络，旨在传送开关设置和传感器输入等状态的变化，并对这类变化作出响应，可用于传送发生时间极短的事件，不可用于汽车应用中的高实时性事件（如引擎管理）。LIN 协议的最新版本是 2.2A，相关资料可以在 LIN 联盟的网站上获取。

LIN 总线支持单线双向通信，采用主从（Master-Slave）结构，如图 3-8 所示，支持最高 20kbps 的传输速率。

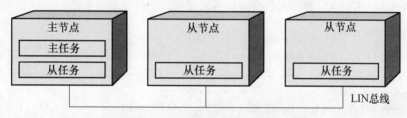

图 3-8　LIN 总线的主从形式

每一帧 LIN 消息可以传输最多 8 字节的数据，数据帧结构如图 3-9 所示。

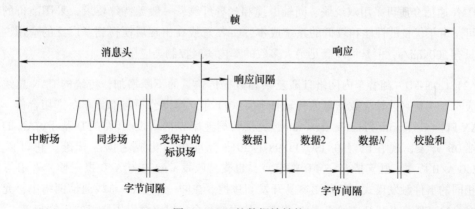

图 3-9　LIN 的数据帧结构

虽然 LIN 的数据传输速率很低，但凭借其低廉的实现成本，至今仍然广泛应用于汽车电子电气系统中，尤其是执行器和传感器的控制领域。

2. CAN 总线

（1）标准 CAN 总线　CAN 是一个先进的串行总线系统，可以高效支持分布式的控制系统。CAN 是德国博世公司在 20 世纪 80 年代后期专为汽车控制系统开发的。后来，CAN 被国际标准化组织（International Organization for Standardization，ISO）和国际自动机工程师学会（Society of Automotive Engineer International，SAE International）确定为国际标准。

随着 CAN 总线的应用，控制系统之间的连接由原先点对点的连线被一条串行总线所取代。只需要在原来的每个控制单元上增加特定的硬件接口，并制定相应的信息发送与接收规则或协议，就可以实现总线上各个控制器之间的数据交换。CAN 总线采用差分电平，有完善的错误检测机制，并支持节点的热插拔，大大提升了系统的兼容性和可靠性。

CAN 通信速率最高可达 1Mbps（此时距离最长 40m），一般在应用中为了保证系统的可靠性，多采用 500kbit/s 的速率，单根 CAN 总线上的节点数可达 110 个。CAN 的数据帧采用短帧结构，每一帧的有效字节数为 8（共 64bit），其帧结构如图 3-10 所示。由于每帧信息都有 CRC（Cyclic Redundancy Check，循环冗余校验）等检错措施，数据出错率极低。

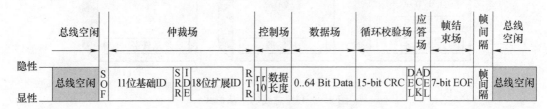

图 3-10　CAN 的数据帧结构

CAN 通信介质可采用双绞线、同轴电缆和光导纤维，一般无特殊要求，采用廉价的双绞线即可。由于优良的性能和较低的系统成本，CAN 总线在出现后便得到了广泛的应用，虽然速率只有 500kbit/s，但是可以满足绝大多数的车内实时控制类应用。

（2）CAN-FD　随着车内网络日渐复杂和数据传输量的不断增加，传统的 CAN 总线已经不能应对一些新兴的较大数据量的传输任务。2011 年，博世公司与部分车企密切合作，启动了 CAN-FD（CAN with Flexible Data rate，灵活数据速率）的研发。CAN-FD 基于 CAN 的最新协议 2.0B 开发，现在已经在 ISO 11898-1：2015 标准中固化成为国际标准。它可以兼容 CAN2.0 A/B 版本，既支持 CAN-FD 的节点，也支持收发 CAN 2.0 A/B 报文帧。采用与 CAN 通信相同的事件触发模式，软件更容易开发和移植。在同一个 CAN 总线通信网络中，允许同时存在 CAN-FD 节点和 CAN 2.0 A/B 节点，从而使车企可以继续沿用原来的部分 ECU。

CAN-FD 的速率最高可以达到 5Mbit/s，每帧数据最多包含 64 字节，如图 3-11 所示，至少占整帧报文信息的 70%，大大超过了 CAN 总线的能力，目前已经被广泛用于发动机管理和车身控制等领域，并在各个车企的新电子电气架构中普遍出现。

（3）CAN-XL　在 2018 年 9 月的 ISO/TC 22/SC 31/WG3 全体会议上，大众汽车公司提出了对更高带宽的 CAN 总线的需求，博世公司因此着手研究 CAN-XL 总线。CAN-XL 是 CAN 和

CAN-FD 的进一步发展，其运行原理与 CAN 和 CAN-FD 在很大程度上基于同样的原则。CAN 的帧结构可以分为仲裁阶段和数据阶段，并且采用相同的速率。而 CAN XL 在仲裁阶段使用 500kbit/s~1Mbit/s 的低传输速率，在数据阶段可以在 1~12Mbit/s 的范围内调节速率，其数据字段可以承载最多 2 048 字节的数据。由于数据帧的长度增加了，减少了较长数据的分包与解包过程，使传输数据的效率得以提升，其帧结构如图 3-12 所示。另外，这种数据结构也为相应的 ECU 软件在将来向以太网传输进化和使用 IP 打下了基础。CAN-XL 可以与 CAN-FD 联合组网，保证了对 CAN-FD 的兼容性。

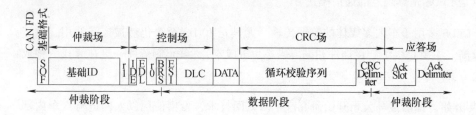

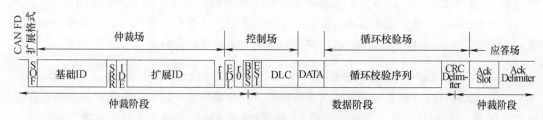

图 3-11　CAN-FD 的数据帧结构

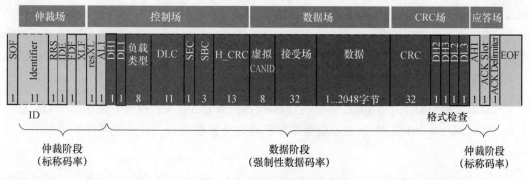

图 3-12　CAN-XL 的数据帧结构

3. 车载以太网

虽然 CAN 总线技术具有高可靠性、低成本和高实时性的特点，而且可以满足大部分控制数据的传输需求，但是仍然无法满足音视频和各种雷达原始数据传输的带宽和实时性要求。于是各种专用数据总线相继诞生，其中应用比较广的有 MOST（Media Oriented System Transport，面向媒体的系统传输）总线、LVDS（Low-Voltage Differential Signaling，低电压差分信号）总线等。

MOST 是一种采用光纤作为物理介质的环形总线，可以达到 24.8Mbit/s 的传输速率，具有抗 EMC 干扰的特点。

LVDS 是美国国家半导体公司为数字视频信号传输开发的技术，其核心是采用极低的电压摆幅高速差动传输数据，具有低功耗、低误码率、低串扰、低抖动、低辐射等特点，数据传输速率可以超过 5Gbit/s。后来被应用到车内设计，主要用于图像数据的传输。LVDS 与 MOST 的最大不同点是 LVDS 是点到点的通信模式。

MOST 与 LVDS 多用于车内多媒体的数据传输，尤其是 LVDS 至今仍然被广泛使用。由于它们的成本较高（主要是线缆、接插件和编解码芯片等成本），整车制造商一直在寻找一种成本更低的解决方案。

从 2004 年开始，德国宝马公司开始研究汽车以太网技术，希望使用以太网进行汽车内部控制器之间的数据通信。2008 年，宝马 7 系量产车在诊断功能上使用非屏蔽 100Base-Tx，使用屏蔽的 100Base-Tx 作为娱乐系统内部数据传输的通道。2010 年，宝马在下一代车型的环视系统上使用了 BroadR-Reach/100Base-T1 车载以太网来传输视频数据。

BroadR-Reach 是一种以太网物理层标准，已经被 IEEE 802.3 和 OPEN（One-Pair EtherNet，单对绞线以太网开放）联盟接受并成为国际标准。按照该标准，以太网数据能够在一对非屏蔽双绞线（Unshielded Twisted Pair，UTP）上进行双向传输，可以实现双单工或者全双工。

BroadR-Reach 成功地满足了车辆的 EMC 要求，在将以太网引入汽车设计的同时，使线缆的成本大幅下降，相比于传统的 LVDS，BroadR-Reach 的电缆成本下降了 80%，重量下降了 30%。而且，通信速度并未受到太大的影响，目前传输速率为 100Mbit/s 的以太网已经开始量产，传输速率为 1 000Mbit/s 的以太网已经开始应用，传输速率高达 10Gbit/s 的以太网也已经进入验证阶段。

车载以太网与 IT 行业的以太网一样，都是采用点到点的连接，这与 CAN 总线、LIN 总线有很大的区别。多个 ECU 之间的通信通常需要通过交换机进行，其通信网络形式如图 3-13 所示。

车载以太网的应用与普及，不但提供了一种全新的车内高速数据传输形式——让车内的电子电气架构有了新的可能性，以太网的引入还提供了更大的想象空间——将 IT 和互联网行业的更多技术导入汽车，从而促进汽车电子快速发展，并最终让汽车成为万物互联世界的一部分。

不得不注意的一点是，车载以太网的高成本（包括线缆、接插件、PHY、SWITCH 和芯片和软件协议栈等），仍然限制其更大规模的广泛应用，尤其是在低成本车型上。

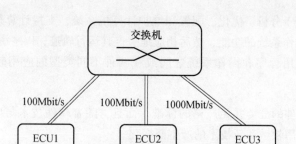

图 3-13　车载以太网的通信网络形式

3.3.3　软件

自 ECU 诞生以来，嵌入式软件就一直伴随着汽车电子的发展，在汽车制造中占据越来越重要的地位，并极大地促进了汽车功能的增加和性能的改善。尤其在最近几年，由于车内娱乐系统的 IT 化和智能驾驶技术的飞速发展，车载软件的数量呈爆发式增长，导致整车开发成本直线上升，与软件相关的质量问题也随之迅速增加。与此同时，软件为汽车行业带来了新的活力，各种智能化技术因软件得以实现，并成为各个车企竞争的主战场。

1. 软件的分类

虽然目前的软件实现依然主要依靠代码，但是代码并不等于软件。软件是一个通用术语，指在设备上运行的应用程序、脚本和程序，与之对应的是硬件。软件可以被认为是计算机（包括各种有计算和处理能力的机器）的可变部分，一般而言，软件可以分为两大类：应用软件和系统软件。

应用软件也被称为应用程序，是用于满足用户特定业务需求或执行任务的软件。

系统软件被设计用来运行计算机的应用程序和硬件。系统软件协调硬件和软件的活动和功能，并帮助用户实现功能、完成和硬件的交互。它是一种管理计算机硬件行为的软件，不受用户控制。它控制计算机硬件的运作，并为所有其他类型的软件提供一个工作环境或平台。简单地说，系统软件是用户和硬件之间的中间层，这些计算机软件为其他软件提供工作的平台或环境。一般而言，系统软件类别如下。

- 操作系统：为人所熟知的系统软件，是一组处理资源并为运行在资源上的其他应用程序提供一般服务的软件。
- 设备驱动程序：一种控制附加到系统上的特定硬件的软件，负责驱动连接到系统的硬件设备，包括内核设备和用户设备等。
- 固件：嵌入只读存储器中的永久软件，是一组永久存储在硬件设备上的指令，提供了关于设备如何与其他硬件交互的基本信息。

- 实用软件：用于分析、优化、配置和维护计算机系统，支持计算机基础设施。实用软件关注的是操作系统的功能，然后相应地决定其运行轨迹，以平滑系统的功能。
- 中间件：在应用程序和操作系统之间或在两种不同类型的应用软件之间作为中介的软件。

实际上，关于软件的分类并无严格的标准。而且，随着软件技术与应用的不断发展，其分类方法也将随着应用领域和新技术的产生而变化。

2. 操作系统

操作系统本质上也是一种软件程序，主要负责管理计算机硬件与软件资源。一般而言，操作系统的主要任务如下。

- 进程管理：帮助操作系统创建和删除进程，并提供进程之间的同步和通信机制。
- 内存管理：执行分配和反分配内存空间给需要这些资源的程序任务。
- 文件管理：管理所有与文件相关的活动，如文件的组织存储、检索、命名、共享和保护。
- 设备管理：管理并跟踪所有设备，负责各个设备的任务分配。
- I/O 系统管理：对用户隐藏硬件设备的特性。
- 二级存储管理：一般系统都包含几个级别的存储器，如主存储、二级存储和缓存存储。指令和数据必须存储在主存储器或高速缓存中，以便于运行中的程序可以及时引用。
- 安全：保护计算机系统免受恶意软件的威胁，并授权对数据和信息的访问。
- 命令解释：解释由系统资源和代理系统资源给出的命令，并加以处理。
- 网络：负责分布式系统处理器之间网络通信的实现和管理。
- 工作核算：跟踪各种工作和用户使用的时间和资源。
- 通信管理：协调和分配计算机系统不同用户的编译器、解释器和其他软件资源。

操作系统的种类很多，也有很多分类方法，按技术特点大致可以分为如下类型。

- 批处理操作系统：将具有类似需求类型的任务进行分组并以组的形式运行，以减少对资源的消耗。
- 多任务/分时操作系统：使位于不同终端的人可以同时使用单个计算机系统，并在多个用户之间共享处理器时间。
- 实时操作系统：能够对外界事件或数据以足够快的速度予以处理，并根据处理结果在规定时间内对外设进行控制。提供及时响应和高可靠性是实时操作系统的主要特点。实时操作系统适用于对时间要求非常严格的任务，可以进一步分为硬实时系统和软实时系统。
- 分布式操作系统：使用位于不同机器上的多个处理器，为用户提供快速的计算。
- 网络操作系统：运行在服务器上，用于管理数据、用户、组、安全、应用程序和其他网络功能。
- 移动操作系统：专门为智能手机、平板电脑和可穿戴设备设计的操作系统。

如果按照通用性进行划分，操作系统可以大致分为通用型操作系统和嵌入式操作系统。

通用型操作系统指能够适用于多种使用目的的操作系统。嵌入式操作系统是一种专用的操作系统，是嵌入式系统的一个组成部分。美国电气和电子工程师协会对嵌入式系统的定义是用于控制、监视或者辅助操作机器和设备的装置，是一种专用的计算机系统。

国际上常见的嵌入式操作系统大约有几十种，如 Linux、uClinux、WinCE、PalmOS、Symbian、eCos、μC/OS-II、VxWorks、pSOS、QNX、INTEGRITY 等。它们基本可以分为两类，一类是面向控制、通信等领域的实时操作系统，如风河公司的 VxWorks、黑莓公司的 QNX 等；另一类是面向消费电子产品的非实时操作系统，这类产品包括个人数字助理（Personal Data Assistant，PDA）、移动电话、机顶盒、电子书等，系统有微软的 WinCE、3COM 的 Palm，以及苹果公司的 iOS 和谷歌公司的安卓（Android）等。嵌入式系统一般有如下特点。

- 功率效率高。
- 存储能力有限。
- 处理能力较低。
- 快速且轻量。
- I/O 设备灵活度高。
- 实时性较好。
- 可以根据使用目的进行定制裁剪。

汽车应用的特点是有严格的实时要求，而且各个控制器均为特定的使用目的而设计的嵌入式系统。汽车电子产品中使用的操作系统大多可以归类为实时嵌入式操作系统，也被称为车载应用专用嵌入式操作系统（Vehicular Application Specific embedded Operating System，VASOS）。汽车电子领域常见的操作系统如下。

(1) OSEK/VDX OS 1993 年 5 月，OSEK 作为德国汽车工业的一个联合项目成立，旨在为汽车中的分布式控制单元制定一个开放式架构的工业标准。OSEK 是德语 "Offene Systeme und deren Schnittstellen für die Elektronik im Kraftfahrzeug" 的缩写。最初的项目伙伴是宝马、博世、戴姆勒-克莱斯勒、欧宝、西门子、大众以及作为协调者的卡尔斯鲁厄大学。法国汽车制造商 PSA 和雷诺在 1994 年加入了 OSEK，介绍了它们的 VDX（Vehicle Distributed eXecutive，汽车分布式执行）方法。在 1995 年 10 月的第一次研讨会上，OSEK/VDX 小组介绍了 OSEK 和 VDX 之间协调规范的结果，该规范逐渐演变为国际标准 ISO17356。OSEK/VDX OS 遵循 OSEK/VDX 标准，在 ISO17356 中对其相关信息进行了描述。

OSEK/VDX OS 的设计理念是根据单个控制器的性能和资源消耗的最低要求实现控制器的

功能并保证性能，主要目的并不是实现应用程序模块之间 100% 的兼容性，而是实现它们的直接可移植性。OSEK/VDX OS 具有如下特点。

- 标准的接口：应用软件和操作系统之间的接口被系统服务所定义，且不依赖于处理器。
- 可伸缩性：不同的一致性类、各种调度机制和可配置特性使 OSEK 操作系统适用于广泛的应用程序和硬件，只需要很少的硬件资源即可运行。
- 错误检查：OSEK 操作系统提供了两种级别的错误检查，即开发阶段的扩展状态和生产阶段的标准状态。
- 可移植：应用软件和操作系统之间的接口是由具有良好定义功能的标准化系统服务定义的。使用标准化的系统服务可以减少维护和移植应用软件的工作及开发成本。
- 对汽车行业要求的特殊支持：可满足可靠性、实时性、成本敏感性等需求以及高度的模块化和灵活的配置能力。

OSEK OS 的结构如图 3-14 所示。

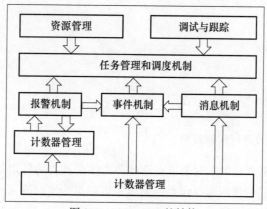

图 3-14　OSEK OS 的结构

OSEK OS 除了对操作系统的标准进行了规定，还对通信（Communication，COM）、网络管理（Network Management，NM）和 OSEK 实现语言（OSEK Implementation Language，OIL）等的标准进行了相应的规定。

OSEK OS 凭借上述特性，在汽车行业中得到了广泛的应用，直至今日，还有大量的控制器操作系统遵循 OSEK OS 标准。现在被广泛使用的 AUTOSAR 标准就是由 OSEK 标准演进而来的。

（2）POSIX　POSIX（Portable Operating System Interface of UNIX，可移植操作系统接口）并不是操作系统，而是一种标准，名字中的 X 表示对 UNIX API 的传承。POSIX 对各种操作系统有巨大影响，对其有基本的了解有助于我们厘清各种操作系统之间的关系。

POSIX 标准由 IEEE（the Institute of Electrical and Electronics Engineers，电气和电子工程师协会）发布，定义了操作系统应该为应用程序提供的接口标准，是 IEEE 为在各种 UNIX 操作系统上运行的软件而定义的一系列 API 标准的总称。

POSIX 的诞生和 UNIX 的发展是密不可分的。在 UNIX 出现之后，市场上迅速出现了很多独立开发的、与 UNIX 基本兼容但又不完全兼容的操作系统，统称为 UNIX-like OS。这样版本混乱的情况导致操作系统之间的竞争和不兼容之处越来越多，给软件的可移植性带来很大困难，对 UNIX 的发展极为不利。

为了提高系统间的兼容性和应用程序的可移植性，结束混乱局面，IEEE 提出了 POSIX 标准。POSIX 在源代码级别上定义了一组最小的 UNIX 操作系统接口。这套标准涵盖了很多方面，比如 UNIX 系统调用的 C 语言接口、Shell 程序和工具、线程和网络编程等，规范了软件和操作系统之间的接口。POSIX 标准意在期望获得源代码级别的软件可移植性。为 POSIX 兼容的操作系统编写的程序，可以在其他 POSIX 操作系统上编译执行。POSIX 现在已经发展成为一个非常庞大的标准族，且不局限于 UNIX。一些其他的操作系统，如 MacOS、Microsoft Windows NT、各种 Linux 的发行版都支持或者部分支持 POSIX 标准。

POSIX 标准的规范没有任何关于如何开发操作系统或应用程序的内容。它唯一的焦点在于应用程序和操作系统之间的关系。POSIX 已经实现了许多简化应用程序可移植性的改进。虽然人们普遍认为 POSIX 是 UNIX 和类 UNIX 操作系统的同义词，但 POSIX 兼容的系统构成了一个更大的群体，这使得软件在两个兼容 POSIX 的操作系统之间更容易移植。遵循该标准在开发应用程序时不需要考虑硬件或制造商，意味着兼容 POSIX 应用程序的源代码能够跨任何 POSIX 操作系统运行。

1988 年，第一个 POSIX 标准发布，正式名称为 IEEE Standard 1003.1-1988 Portable Operating System Interface for Computer Environments。最初，POSIX 包含 4 个主要标准。

- 内核服务。
- 实时性扩展。
- 线程扩展。
- 壳与实用程序。

POSIX 的语言是标准 C 语言，开发人员在实现标准时可以自由选择任何语言，当软件的源代码基于 POSIX 时，它将极大地简化在单独的系统上编译和运行的过程。需要注意的是，POSIX 标准并不是开发软件的必要条件。如今，该标准广泛应用于嵌入式系统、移动设备、Linux 和 UNIX 系统、服务器和工作站等领域，并在汽车电子领域也得到了越来越规范的应用。

（3）Android　Android 操作系统是由软件公司 Android 基于 Linux 内核开发的。Google 在 2005 年收购了该公司，并与开放手机联盟（Open Handset Alliance）共同开发 Android 系统

及其应用软件。Android 系统的源代码以开源格式发布，以帮助推进移动设备之间的开放标准，从而扩大影响范围和生态圈。Android 系统主要应用于移动设备，如智能手机和平板电脑等。

Android 并未使用标准的 Linux 内核，为了创建一个能够满足移动设备独特需求且功能齐全的操作系统，Android 开发团队对 Linux 内核做了大量的修改，包括添加了专门的库、图形化用户界面、API 和工具等。Android 的可定制性比典型的 Linux 发行版要差得多。在 Android 系统推出后，迅速成了除 iOS 之外的最大的移动设备操作系统，众多公司和个人基于 Android 系统开发了海量的应用，从而逐渐构建起一个庞大的生态系统。

由于 Android 系统的开放性和普及度高，以及用户对车载信息娱乐（In Vehicle Infotainment，IVI）系统的要求逐渐提升，很多车企开始采用 Android 作为 IVI 系统的核心操作系统，从而可以快速移植众多移动设备端的应用到 IVI 系统中。这种做法大大促进了智能网联汽车的迅速发展。这个阶段所使用的 Android 系统仍然是各个供应商根据自己的需要在开源或谷歌授权系统的基础上各自修改而成的。

2016 年谷歌在谷歌 I/O 大会上首次推出了安卓汽车（Android Automotive）的概念，这是谷歌专门为 IVI 定制的汽车专用 Android 系统。第一辆真正意义的安卓汽车是沃尔沃的子公司 Polestar 研发的纯电动汽车 Polestar 2。

从 2020 年开始，搭载 Android 系统的车辆可以通过安卓汽车系统为用户提供专属的 Android 汽车体验，用户可直接将应用安装到车载系统上。安卓汽车系统本质上是运行 IVI 系统的操作系统，并且可以直接在车载硬件上运行。它是一个全栈、开源和高度可定制的平台，各个车企和供应商可以根据自己的需要进行进一步的定制，支持为 Android 和 Android Auto 开发的应用程序。

Android 系统实现了最小权限原则。换言之，默认情况下，每个应用只能访问其工作所需的组件，而不能访问其他组件。这样便能创建非常安全的环境，在此环境中，应用无法访问未获得权限的系统，应用只能根据用户明确的授权访问设备数据，比如与其他应用共享的数据以及系统服务。

应用组件是 Android 应用的基本构建块。每个组件都是一个入口，系统或用户可以通过该入口进入应用。有些组件会依赖于其他组件，Android 系统的独特之处在于，任何应用都可以启动其他应用的组件。由于系统在单独的进程中运行应用，且文件权限会限制对其他应用的访问，因此一个应用即使无法直接启动其他应用中的组件，也可以向系统传递一条消息，说明启动特定组件的目的，系统随后便会为这个应用启动该组件。

需要指出的一点是，安卓系统是开源项目，谷歌移动服务（Google Mobile Service，GMS）并不是开源的，需要谷歌的授权才能使用。GMS 本质上是与操作系统深度集成的应用程序和

API 的集合。GMS 可以提供如访问谷歌支付等服务，以及通过 Play Games 方式实现云存储、快速配对、查找我的设备和智能锁等众多功能，也能帮助开发者使用谷歌提供的模型来减少开发时间和开发复杂性。因此，众多基于安卓系统的 IVI 系统还是需要向谷歌支付 GMS 授权使用费。

安卓并非唯一一个广泛应用于 IVI 系统的操作系统，有很多车企使用基于 Linux 开发的 IVI 系统。然而，由于缺乏生态系统的支撑，基于 Linux 开发的 IVI 系统内可用的应用程序较少且更新速度较慢，因此在与安卓系统的竞争中显得力不从心。

（4）QNX　QNX 是由戈登·贝尔和丹·道奇开发的，这两位来自滑铁卢大学的学生创立了量子软件系统公司。QNX 的第一个版本应用于 1982 年发布的 Intel 8088 CPU。QNX 随后被选为 Unisys ICON（安大略教育系统自己设计的计算机）的官方操作系统。

在 20 世纪 80 年代后期，QNX 为符合 POSIX 标准而被重写，以在较低的级别上更兼容。在 20 世纪 90 年代后期，QNX 被重新设计，新版本支持所有的 POSIX API，同时保留了微内核架构。

2010 年，黑莓的母公司 RIM 收购了 QNX 系统。黑莓公司的 QNX 操作系统是一种商用的、遵从 POSIX 规范的、类 UNIX 实时操作系统，目标市场主要是面向嵌入式系统，以高安全性和可靠性著称。

QNX 为应用程序提供全网络和多处理器分布式实时环境，它提供了近乎底层硬件的全设备级性能。用于交付这种操作环境的操作系统架构是由一组可选进程所包围的实时微内核，这些可选进程提供 POSIX 和 UNIX 兼容的系统服务。

QNX 是汽车嵌入式软件安全认证的市场领导者，包括宝马、博世、福特、通用、本田、梅赛德斯-奔驰、丰田和大众在内的车企和供应商都在使用 QNX。在数字座舱、安全数据网关、高级驾驶辅助系统中都有 QNX 的身影。这源于 QNX 的高可靠性，以及对功能安全的支持，符合智能网联时代电动汽车和自动驾驶汽车对安全软件的需求。

不过，由于 QNX 并不开源，也存在开发难度大、开发成本高的问题，很多主机厂和供应商也在自己开发基于 Linux 的系统。由于 Linux 开源的特点，具备定制开发的灵活度，开发成本相对较低，且安全稳定。Linux 也建立了 AGL（Automotive Grade Linux，汽车级 Linux）开源项目，会员单位覆盖超百家车企和供应商。然而，开发基于 Linux 的系统难度非常大，周期也非常长，而且行业内也还存在着其他的竞争者，未来的操作系统格局依然扑朔迷离。

3. Hypervisor

Hypervisor 又称虚拟机监视器（Virtual Machine Monitor，VMM），包括用来建立与执行虚拟机（Virtual Machine，VM）的软件和硬件。Hypervisor 允许一台主机计算机通过虚拟地共享资源（如内存和处理器）来支持多个客体虚拟机。被 Hypervisor 用来执行一个或多个虚拟机的计算机称为主体机，这些虚拟机则称为客体机。Hypervisor 提供虚拟的作业平台来执行客体操作系统，负责管理其他客体操作系统的执行阶段。这些客体操作系统则共享虚拟化后的硬件资源。

（1）Hypervisor 的优点　使用托管多个虚拟机的 Hypervisor 有如下优点。

- 速度：管理程序允许立即创建虚拟机，便于根据动态工作负载的需要提供资源。
- 效率：在一台物理机的资源上运行多个虚拟机，提升了主机的利用率。
- 灵活性：管理程序允许多个操作系统及相关应用程序在不同硬件上运行。因为管理程序将操作系统与底层硬件分开，所以软件不再依赖特定的硬件设备或驱动程序。
- 可移植性：管理程序允许多个操作系统驻留在同一主机上。因为管理程序运行的虚拟机独立于物理机，所以具备可移植性。开发或运维团队可以根据需要在多个服务器之间转移工作负载并分配网络、内存、存储和处理资源，从一台机器转移到另一台机器或从一个平台转移到另一个平台。当应用程序需要更强的处理能力时，Hypervisor 允许无缝访问其他机器。

Hypervisor 通过在物理资源和虚拟资源之间转换请求，将计算机的软件从硬件中抽象出来，支持创建和管理虚拟机。每个虚拟机都有完整的操作系统，并且与其他虚拟机安全隔离。在使用 Hypervisor 的软件架构中，包括 QNX、Linux、Android 在内的客体操作系统可以通过 Hypervisor 共享硬件资源，且相互之间隔离。

（2）Hypervisor 的分类　Hypervisor 有两种类型。

第一类 Hypervisor 直接运行在底层硬件上，与 CPU、内存和物理存储交互。由于这个原因，这类 Hypervisor 也被称为裸金属管理程序。主机操作系统由虚拟化环境代替，裸金属管理程序有时嵌入到与主板基本输入/输出系统相同级别的固件中，以使计算机上的操作系统能够访问和使用虚拟化软件。

- 优点：Hypervisor 非常高效，可以直接访问物理硬件，这也增加了物理硬件的安全性。
- 缺点：通常需要用专用的管理机来管理不同的虚拟机和控制主机的硬件。

第二类 Hypervisor 不直接在底层硬件上运行，而是像应用程序一样运行在操作系统上，管理程序很少出现在基于服务器的环境中。Hypervisor 通常提供额外的工具箱供用户安装到操作系统中。这些工具增强了客户端和主机操作系统之间的连接，通常允许用户在这两个操作系统之间进行剪切和粘贴，或者从客户虚拟机中访问主机操作系统文件和文件夹。

- 优点：Hypervisor 允许用户快速、方便地访问在主机系统上运行的主操作系统之外的替代客户操作系统，这极大地方便了终端用户。例如，用户可以在 MacOS 上运行 Windows 的程序，而不用更换一台机器。

□ 缺点：Hypervisor 必须通过主机操作系统访问计算、内存和网络资源，而主机操作系统对物理机器具有主访问权限，这将引入延迟问题，影响性能，如果攻击者破坏主机操作系统，还会带来潜在的安全风险，因为攻击者可以操纵运行在第二类管理程序中的任何客体操作系统。

两类 Hypervisor 的差异如图 3-15 所示。

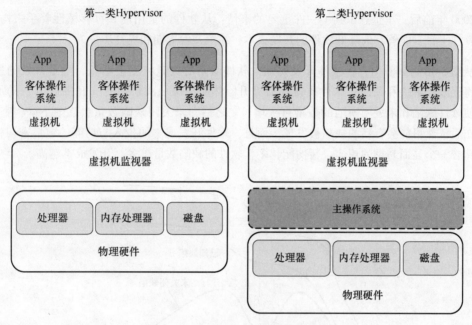

图 3-15　Hypervisor 的两种类型示例

如今，Hypervisor 这个在 IT 行业广泛应用的技术已经成为汽车电子领域的重要技术，主要应用在域控制器中。例如在座舱域控制器中，可以将一个主 SoC 通过 Hypervisor 技术分为不同的虚拟机，运行不同的操作系统（如 Linux 和 QNX 负责车载仪表、Android 负责信息娱乐系统）来满足不同的安全性和实时性要求。也可以将 SoC 中的多个核通过 Hypervisor 灵活地分为多个虚拟机来分别运行基于 AUTOSAR CP 和 AP 的操作系统，从而实现不同的功能。

4. AUTOSAR

AUTOSAR（AUTomotive Open System ARchitecture，汽车开放系统架构）是一个具有标准规范的分层架构，由宝马集团、博世、大陆集团、戴姆勒、福特、通用汽车、丰田和大众等公司组成的 AUTOSAR 联盟（成立于 2003 年）创建。AUTOSAR 联盟的成员身份分为核心成员、高级成员、开发成员，成员不但有车企，还有零部件供应商以及各种研究、服务机构。

AUTOSAR 联盟的目标是创建汽车电子电气系统的开发标准，并提供一个面向所有应用领域的基础设施，以协助开发车辆软件、用户界面和管理。关键目标包括基本系统功能的标准化、不同车辆和平台变体的可扩展性、整个网络的可移植性、来自多个供应商的集成、整个产品生命周期的可维护性以及车辆生命周期内的软件更新和升级。AUTOSAR 架构是向前兼容的，也就是说，它支持 OSEK 提供的所有服务。另外，为了匹配处理器领域的发展，AUTO-SAR 也支持多核处理器系统。

2000 年前后，车企意识到了一件重要的事情：从软件的重用性和可移植性着手来构建标准的软件平台，能够有效降低软件的开发成本、缩短开发周期和提升质量。

从图 3-16 可以看出，在软件开发初期，软件缺陷的数量将迅速增长，随着开发的进行，缺陷将逐渐被解决和关闭，软件质量逐渐提升。然而，每一次新功能（开发版本）的加入，都将使软件缺陷和未关闭缺陷的数量再次增长。之后，未关闭缺陷数量会逐渐下降，直到软件发布后依然可能会有新的缺陷被发现。而且，软件开发成本的投入与功能的数量密切相关，这意味着一个显而易见的规律：新功能越多，软件的缺陷数量越多，开发成本越高。

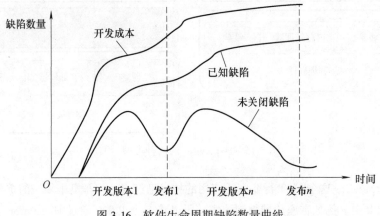

图 3-16 软件生命周期缺陷数量曲线

既然软件开发的成本与质量和开发的功能数量密切相关，那么减少成本投入和缺陷数量最好的方式就是减少新功能的数量。然而，没有车企会为了节约成本而不去开发新功能。随着芯片技术的不断发展，软件性能提升和成本下降可以兼得。即使软件功能不更新，ECU 的硬件平台也将不断升级。于是，当 ECU 更新后，ECU 中包含的软件往往要推倒重写，这造成了软件开发成本持续上升和质量问题高居不下。构建一个能够被业界所接受和遵守的软件标准来增加软件的可重用性，就变成了一个很有必要的工作。

具体来说，采用传统的软件开发方法开发 ECU 软件面临着如下问题。

- 嵌入式系统是一个广阔的领域，有非常多半导体制造商、硬件和软件平台，可以根据应用需求进行选择。这种多样性极大地促进了汽车电子的发展，但是也正是由于这种多样性，导致开发工作越来越困难，代码的可移植性变得很差，进一步增加了开发成本。
- 电子电气系统的复杂性迅速增加。汽车是一种复杂的机器，由多达几十、上百个ECU。维护和开发全车ECU是一项极其复杂而且艰难的工作。为了降低硬件成本，不同的ECU往往使用不同的MCU。由于硬件平台不同，导致每个ECU需要开发不同的软件，这进一步增加了整车的复杂性。
- 每个车企都有自己的开发标准，这导致供应商很难将产品平台化，每个ECU代码的可移植性、可扩展性和可重用性都很低，从而产生了巨大的维护工作量和成本。
- 众多ECU之间的功能逻辑、通信等难以保证协调一致。一辆汽车有几百个电子零件，这些零件由不同的公司制造，如何保证各个ECU软件之间的协调，成了日益严峻的问题。
- 随着汽车电子功能的迅速增加，ECU软件也需要不断更新，导致ECU软件和整个电子电气系统的复杂性呈几何级增长。
- 汽车产品生命周期的变短导致了ECU软件需要灵活支持产品修改、升级和更新。
- 汽车电子软件和电子电气系统的质量和可靠性在逐渐下降。
- 汽车电子软件相关的开发成本和周期在不断增长。

基于以上原因，AUTOSAR提出了以下目标。

- 管理与功能增长相关的软件和电子电气的复杂性。
- 支持产品修改、升级和更新的灵活性。
- 利用产品线内外解决方案的可扩展性。
- 提高功能集成和功能移植的可扩展性和灵活性。
- 提高软件和电子电气系统的质量和可靠性。
- 满足未来车辆需求，包括可用性和安全性、软件升级/更新和可维护性。
- 提高功能集成和功能迁移的可扩展性和灵活性。
- 提高跨产品线的软件、硬件的渗透率。
- 重用现有软件。
- 加快软件产品的开发和维护。
- 加强对产品和过程复杂性和风险的控制。
- 优化可扩展系统的开发和维护成本。

在没有汽车软件标准的年代，软件与硬件深度耦合，任何硬件的变化都会影响整个软件的设计，导致软件移植和维护开发的巨大工作量。AUTOSAR的核心理念是软硬分离，旨在将硬件与应用层软件解耦，从而使汽车ECU的软件开发能够实现标准化，并提升上层应用软件的可重用性，如图3-17所示。虽然AUTOSAR仍然无法实现我们理想中的软硬件完全分离，但能实现与硬件强相关的底层软件解耦也是一项重大的突破。

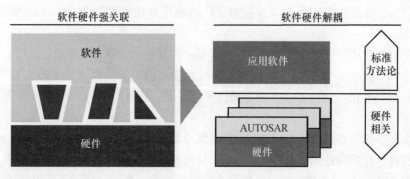

图 3-17　AUTOSAR 与传统软件开发的区别

由于受众多车企和供应商的支持，AUTOSAR 逐渐成了汽车行业最成功的软件标准，其影响力之大，无出其右。

AUTOSAR 架构有两种类型，分别为经典型（Classic Platform，CP）和自适应型（Adaptive Platform，AP），下面将分别进行简单介绍。

（1）AUTOSAR CP　2005 年 6 月，AUTOSAR CP 的第一个版本发布。AUTOSAR CP 基于 OSEK OS 开发，主要针对微型控制器设计，采用分层架构，不同的层处理和抽象不同的代码操作，如图 3-18 所示。

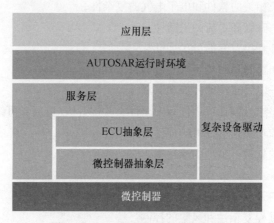

图 3-18　AUTOSAR CP 的分层架构

应用层的代码主要实现车辆的功能逻辑。功能逻辑一般由车企提供顶层的各种需求，并在软件架构设计的时候以软件组件（SoftWare Component，SWC）的形式提供给供应商，用于进一步的设计和实现。

SWC 可以看作封装了某个具体功能的软件模块（不包含具体代码）的标准化描述，包括具体的功能实现和相应的描述。在软件架构设计中，这些 SWC 通过定义好的端口（Port）进行连接，从而实现与其他 SWC 或底层软件的通信，SWC 中包含一些可以运行的实体（可以理解为软件中的函数），这些实体包含软件组件的实现过程。

AUTOSAR 运行时环境（Run Time Environment，RTE）是 AUTOSAR 重要的一层，它通过 VFB（Virtual Function Bus，虚拟功能总线）提供不同 SWC 之间以及 ECU 之间的通信，应用层使用此层的端口完成与其他层的通信。

服务层为应用程序提供不同的服务，包括系统服务、内存服务、加密服务、非车载通信服务、通信服务。

ECU 抽象层提供与 ECU 相关的抽象。它包含不同的抽象层，如 I/O 硬件抽象层、板载设备抽象层、内存硬件抽象层、加密硬件抽象层等，使应用程序与硬件解耦。

微控制器抽象层（MicroController Abstraction Layer，MCAL）主要由驱动程序构成，上层使用该层驱动程序与微控制器硬件外围设备进行通信。

AUTOSAR CP 具有如下特点。

- 基于 C 语言，面向过程开发。
- 基于信号的静态配置通信方式。
- 固定的任务调度机制。
- 硬实时控制。
- 静态的服务模块，模块和配置在发布前进行静态编译、连接。
- 大部分代码静态运行在 ROM 上。

AUTOSAR CP 设计的优点如下。

- 保证了 ECU 硬件的独立性。
- 保证了电子电气系统内功能性软件组件的可转移性。
- 每个 ECU 软件基础设施的资源都可以优化配置。
- 电子电气系统的可扩展性大大提高。
- 提供了标准化 API 和服务接口，便于多方之间的数据交换和合作开发。

（2）AUTOSAR AP 随着智能驾驶、智能座舱等技术的发展，传统的基于 C 语言开发的 CP 已经无法满足更多的需求，于是 AUTOSAR AP 应运而生。AUTOSAR AP 是为了满足开发新一代自动驾驶、智能互联、电气化汽车的需求而推出的，具有高灵活性、高性能、支持 HPC（High Performance Computer，高性能计算机）、动态通信、管理更新等特点。

AUTOSAR AP 规范的第一个版本于 2017 年 3 月发布，其结构框架如图 3-19 所示。

AUTOSAR AP 相对于 AUTOSAR CP 在结构上的最大区别是将 RTE 替换为 ARA（AUTOSAR Runtime for Adaptive application，面向自适应应用的 AUTOSAR 运行时）。ARA 中包含了各

种服务和 API，是 AUTOSAR AP 的实时运行环境。AUTOSAR CP 中的 RTE 是静态配置的，而 AUTOSAR AP 中的 ARA 则是动态配置的，用户可以灵活安装、升级、卸载应用程序，实现了对自动驾驶和车云服务的支持。

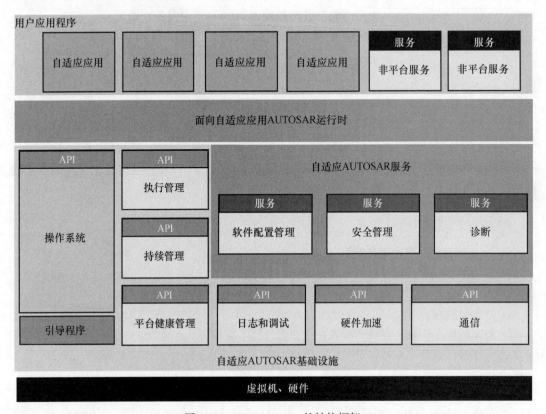

图 3-19 AUTOSAR AP 的结构框架

由于自动驾驶和车云服务的开发多是先在计算机上进行验证后再移植到车载系统中的，因此以 Linux 作为操作系统和 C++作为编程语言可以大幅减少移植时的工作量。而且，AUTOSAR AP 实现了对多核芯片和高资源消耗环境的支持。

相比于 AUTOSAR CP，AUTOSAR AP 具有如下优点。

- 更少的模块，仅提供 API 的规范。
- 支持基于 POSIX 的操作系统。
- 采用软实时控制方式。
- 用 C++开发。
- 采用面向服务的通信，提供基于 SOME/IP 协议的服务发现能力，从而能够支持 SOA 的实现。
- 支持多种动态任务调度策略。

AUTOSAR AP 不是对 AUTOSAR CP 的替代，它的出现是为了解决自动驾驶、车云交互中的新需求。

- 高算力的需求。
- 高通信速率的需求，尤其是基于以太网和 IP 的通信。
- Fail-Operational（失效后的可操作性）以及高可用性系统的需求。
- OTA（Over The Air，空中更新）的需求。

目前众多汽车电子软件标准中，AUTOSAR 的影响范围最为广泛。

任何一种解决方案都有局限性，无论现在多么成功，未来都会遇到新的问题，也终究会被新的解决方案所替代。

5. ASPICE

ASPICE（Automotive Software Process Improvement and Capability dEtermination，汽车软件过程改进和能力确定）在 2001 年作为 ISO/IEC 15504 标准的变体由 AUTOSIG（AUTOmotive Special Interest Group，汽车行业特别兴趣组）开发并发布。

ISO/IEC 15504 标准也被称为 SPICE（Software Process Improvement and Capability dEtermination，软件过程改进和能力确定）。该标准最初是为独立评估人员提供的框架，以评估组织的软件开发能力。在寻找软件供应商时，SPICE 评分可以作为一个重要参考。虽然 SPICE 标准在其他开发领域没有太多的应用，但随着德国车企的使用，它开始在汽车领域占据一席之地，并被改造成为 ASPICE，从而更加符合汽车行业的特点。

ASPICE 体系基于 CMM（Capability Maturity Model，能力成熟度模型）发展起来。最初的 ASPICE 模型与 CMM 完全一致，后面才逐步独立发展成一套新的体系。

多年以来，ASPICE 在欧洲汽车行业内被广泛用于改善研发流程及供应商研发能力评价。随着近年来我国车联网、智能驾驶、新能源汽车技术的迅速发展，软件在汽车研发中的占比激增，企业对软件质量管理的需求不断增强，ASPICE 逐渐被引入国内，被国内的企业所熟知。

ASPICE 提供了定义、实施和评估汽车行业软件和系统部件系统开发的参考模型，如图 3-20 所示。该模型可以使用 ISO/IEC 15504 标准中解释的插件进行扩展，用于覆盖来自其他领域（如硬件和机械工程）的过程。它提供了一个更受控的系统开发过程，以确保产品质量、缩短发布计划，并减少由于产品开发后期发现的质量问题而对产品开发造成的成本影响。

车企可以使用 ASPICE 框架评估供应商的过程质量能力，也可以将自己的系统开发过程定义为符合 ASPICE 的，这有助于评估和改进过程能力。

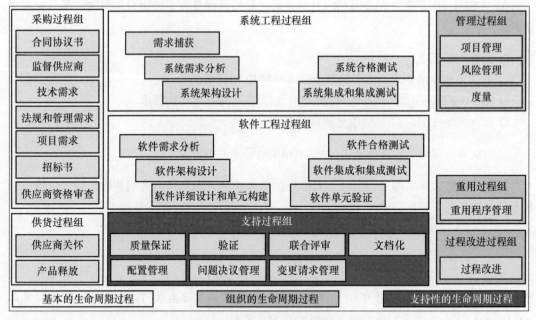

图 3-20 ASPICE 的开发过程参考模型

对于汽车行业的供应商来说，ASPICE 正在成为一个被广泛采用的标准。奥迪、宝马、戴姆勒、福特等汽车制造商已经根据 ASPICE 对电子和软件供应商进行评估，这意味着要想成为上述汽车制造商的供应商，就必须满足 ASPICE 规定的各项标准。

ASPICE 提供了可以根据需要进行裁剪的过程参考模型（Process Reference Model，PRM）和过程评估模型（Process Assessment Model，PAM）。PAM 使用 PRM 进行评估。

在 ASPICE 中，确定能力等级基于两个维度：过程维度和能力维度。过程维度根据过程领域及其范围、目的和产出定义 PRM，能力维度包括 PRM 中确定的过程领域的能力级别和过程属性。

实际评审中，可由 PRM 明确评审过程的范围、目标和产出，根据实际观察到的项目执行情况与过程能力指标和过程绩效指标进行对比，再基于评估框架进行量化打分，最终得出过程等级及整体项目等级。

ASPICE 之所以能够迅速被汽车行业所接受，除了 AUTOSIG 的主要成员占据了汽车产销量的大部分市场份额外，更重要的是它符合软件开发过程质量控制的基本规律。对于复杂软件来讲，对过程的有效控制才是保证质量的有效手段。现代 ECU 的软件复杂度已经超越了人类大脑，对于车企而言，想要准确评估供应商的软件开发能力以确保供应商能够按时提交符合功能要求和质量预期的软件是无比困难的。

作为一个经过实践证明的参考模型，ASPICE 改变了只有在软件交付时才能知道软件质量的传统，使车企能够监测供应商整个软件开发过程，从而及早发现风险。

3.3.4　电气架构的相关技术

汽车行业的发展对电子电气架构的影响不只体现在芯片、网络和软件上，对计算能力、数据传输带宽等方面也产生了新的需求。随着拥有越来越多的特性，架构将被彻底改变。传统的车辆电气架构设计不再有效——它无法支持功能数量和复杂度的增长。尤其是节能减排、智能驾驶等功能对电源系统的设计提出了更多的挑战。

1. 多电压系统

传统的汽车供电系统以 12V 电压为主，相关的部件和技术已经非常成熟。随着汽车电子电气系统日益增长的功率需求，12V 供电系统已经发展到了极限。对于配备智能驾驶功能的车辆，由于传感器和处理器的需求越来越高，整车非动力系统的能量消耗早已超过 2kW，这要求整车供电系统能够具有持续提供超过 200A 电流的供电能力。

如果能提高电压，就可以在功率输出不变的前提下大幅降低电流，不但可以减少电流传输的损耗，还可以降低电源线的成本。目前已经出现了 48V 供电甚至几百伏供电的电源系统，为车上的部分大功率用电器提供电能。

虽然理论上可以将车辆上大部分用电器的输入电压都相应提升，但这必将导致用电器及其内部芯片重新设计，增加重新开发和验证的工作量。低压系统的设计已经日臻成熟，重新设计将导致原有的大量部件无法重用，在增加开发成本的同时，降低了开发质量。

大多数电气架构采用的是多电压供电方法，这一方面能够保证可以重用大量的成熟设计，另一方面能够有效降低电气系统的电流消耗以及线束、接插件等生产成本。

2. 冗余电源

根据 SAE J3016 标准，在限定条件的自动驾驶阶段如果发生系统失效，系统功能需要维持数秒可用，若没有驾驶员接管，系统需要实现自动紧急停车。

这条标准要求控制器和供电系统具备一定的备份功能执行能力。电源系统是车辆控制器、执行器和传感器工作的基础，如果供电系统出现故障，则所有的用电器也将无法工作。供电系统需要自主检测故障并及时采取措施，保证在主电源出现故障时能够继续工作一段时间以提供必要电能。

冗余电源供应是实现高等级自动驾驶的基础，相应的车辆制动、转向以及感知和控制系统都需要实现双电源供给。

对于更高等级的自动驾驶，车辆不但要实现安全停车，还要具备一定的自动驾驶能力。这进一步要求车辆具有备份的动力源，以实现继续行驶的目的。这导致电源系统的复杂度成倍增长，线束布置、EMC、能量管理等更为复杂，同时，车辆电气系统中的各种部件也都需要进一步演进以适应新的需求。

3. 智能配电

现代电子系统的特点之一是高集成度，以提供卓越的性能和多种功能，车辆供电系统也在进行着变革。

电气架构中供电系统的一个变革目标是在瞬态异常期间，系统停机时间越短越好。

防止系统宕机的最佳方法是提前检测、响应和纠正潜在的有害条件。为了克服这种情况，系统设计人员使用新型的保护装置来管理涌流、过载、短路和过电压等事件，并保护敏感负载，使系统可靠运行。

一种被称为 eFuse（electronic Fuse，电子熔断器或电子保险丝）的集成电路保护解决方案可以克服离散电路保护实现的局限性。eFuse 是一种集成 FET（Field Effect Transistor，场效应晶体管）的有源电路保护装置，可以取代较大的传统熔断器或其他保护装置，用于在故障条件下将电流、电压限制到安全水平。

当串联到主电源时，eFuse 像标准熔断器一样工作，具有检测和快速反应过流和过电压条件的能力。当发生过载情况时，设备将输出电流限制在用户定义的安全值内。如果异常过载情况持续，设备将进入断开状态，将负载与电源的连接切断，过载电流限制可以通过编程进行设置。

eFuse 具有浪涌电流、过流、过压、反流、反极性、短路故障等多种保护功能。大多数的 eFuse 都有输入过电压箝位功能，因此可以在电源调节电路故障时保护负载。与传统的电路保护不同，eFuse 更准确、更快，并且可以在不需要用户干预的情况下自行"修复"。

虽然目前 eFuse 的成本还比较高，但是已经有部分车企开始用 eFuse 来替代传统的保险丝。eFuse 可以大大提升车辆电源的智能化、集成化水平，对负载的保护更加完善，而且可以通过软件来控制用电器的通断以及随时进行电流、电压的采集，从而实现智能配电。

4. 线束设计

线束连接车辆的所有电气和电子部件，使信息得以流动、电能得以传递。由于人们对高级功能的需求、ADAS 和自动驾驶技术的应用，以及电气化需求的不断增长，汽车线束系统面临着多重挑战。此外，小批量、多配置的定制需求激增所导致的车辆配置种类的大幅度增长，不断提升的车辆动力系统电压与功率、车内高速通信网络的普及也大大增加了线束系统的复杂性和多样性，如图 3-21 所示。

图 3-21 车辆线束示意图

在过去，线束是价格驱动的，而自动驾驶和电气化正在转变这个模式。线束不仅是现在汽车上最昂贵的外购部件，也将成为关键的质量部件之一，因为所有的安全功能都要依赖线束才能实现。

对于那些产量巨大、车型众多的车企来说，如何有效地管理日益复杂的线束以及数量庞大的变体，保证其从设计、制造到交付的效率和质量，是至关重要的课题。很多车企的做法是，先制作配置清单（替客户确定需求，确定车型配置），然后根据配置清单给出每个车型的 BOM（Bill Of Material，物料清单），线束相当于其中的一个子零件。有多少个车型配置，一般就会对应多少个线束总成编号，线束厂家按照总成编号来生产和交付。

这种做法在车型配置数量不多时易于管理，如果车型配置较多，尤其是有很多选配或者客户自定义配置的情况下就难以应对了。对于那些平台化做得好的车企，可能有多个车型使用相似的线束设计，那么线束的总成编号就会非常多，可能多达几百种甚至更多，这给设计、生产、物流和装配等环节带来了巨大的麻烦。有些车企为了应对上述问题，采用少量线束总成去应对多种车型配置的方式，这又会造成线束浪费。

对于以上问题，最受车企和线束制造商欢迎的解决方案是 KSK（Kunden Spezifischer Kabelbaum，客户专用线束）。KSK 是一种经过验证的商业模式，也被称为 KSK 哲学。

既然不同的线束设计反映的是不同的用电器配置，也就是不同的车辆电气功能，那么按照每一辆车的功能来定制线束，在节约物料成本上就可以达到最优。但这样也会导致设计和生产的高度复杂性，一个可行的解决方法是按照全产品线最大化的电气功能来设计线束，特定汽车的 KSK 使用此设计的子集。

每个功能对应一个或多个线束模块的零件号，线束总成被分解为很多个子模块，如图 3-22 所示。线束生产方按照客户的订单进行线束的生产并将线束的总成组装出来。这样就可以通过线束的模块化设计来实现按客户需求配置车型。

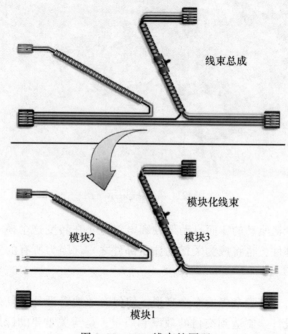

图 3-22 KSK 线束的原理

线束灵活性增加的同时也会增加主机厂整车配置的不确定性，导致线束厂线束总成件难以确定，原材料的备料也会变得不确定，有增加呆料的风险。KSK 并非适合所有的车企，只有市场预测能力强、产量足够大的车企才有能力应对。KSK 涉及开发、物流、工程、生产、测试、变更管理、会计和 IT 系统的具体解决方案，只有全流程实施才能发挥效力。

未来整车电气系统的复杂度还将进一步提升，对整个电气架构的设计提出了巨大的挑战，如何应对越来越复杂的 EMC 环境，有效降低电气系统的成本、体积和重量，需要各参与方共同努力。

3.4 电子电气架构的演进

电子电气架构是最近20年才发展起来的概念，从第一个ECU出现，到电子电气架构的诞生，在这期间，汽车电子电气架构不断地拓展，功能越来越强大，组件越来越多，逐渐变成了一个超级复杂系统。

3.4.1 车身控制模块的诞生

在电子电气架构的发展历程中，BCM（Body Control Module，车身控制模块）的发展很有代表性。在深入讨论电子电气架构的发展前，我们先来探讨一下BCM的发展历程，以期对电子电气架构的发展有更加深入的理解。

随着汽车上的电子产品越来越多，用来传导电能和控制指令的线束也越来越多、越来越复杂。尤其是车身控制领域，各种开关数量迅速增长。

从最初的大电流开关控制，如图3-23中a）所示，进化到小电流开关加继电器的控制，如图3-23中b）所示，虽然优化了线束的重量和尺寸，但是只有开关控制，缺乏定时控制和逻辑功能，各个系统依然处于分立的状态。于是，整个系统又进化到了小电子独立单元的控制阶段，如图3-23中c）、d）所示，实现了定时和延时控制，并让灯光系统变为渐亮渐灭的控制模式，逻辑功能之间逐渐产生了硬线控制信号之间的关联。这个阶段控制单元之间尚无总线通信，无法实现传感器之间的信息共享和诊断。

随着芯片和总线的发展，车身控制系统进化到了智能时代，如图3-23中e）所示。在这个阶段，MCU让软件技术得以应用到车身控制系统中，控制单元之间可以通过总线进行通信，实现了传感器信息共享，从而实现了逻辑功能的关联，并让系统诊断功能成为可能。由于软件的应用，让功能增加不再只依赖硬件。

然而，太多的独立控制单元增加了系统的成本，也让线束数量进一步增加，这些控制单元的布置也逐渐成为难题。于是BCM诞生了，如图3-23中f）所示，终结了车身控制系统分立的局面，减少了线束和控器之间的通信消耗，降低了系统的成本，在提供更多功能的同时提高了系统的集成度，让产线安装更为简单，并大大提高了系统的可靠性和质量。

BCM在诞生之初就成为汽车的核心部件，并逐渐承担起汽车网关（各种总线数据交换的中心）的作用。BCM的功能从最初的采集各种开关信号逐渐拓展为除了底盘、动力系统之外的大部分功能的控制器。

随着BCM集成的功能越来越多，其复杂度也越来越高，接入的线束数量也越来越多。这不但导致了产线装配等工作难度加大，BCM 的可靠性也在逐渐下降。随着车企在配置上的灵活度不断增加，开发 BCM 也面临着产品软硬件版本过多，难以管理和维护的问题。于是 BCM 的功能又开始被分解到其他 ECU 中。网关作为车内重要的数据交换中心，也逐渐变为一个单独的 ECU。

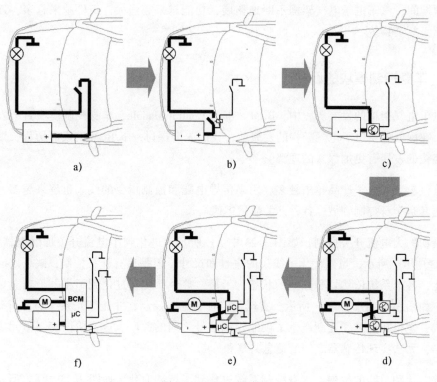

图 3-23　BCM 的演进

BCM 经历了从分散到集中，再从集中到分散的发展过程。电子电气架构在过去的几十年间也经历了类似的过程。

3.4.2　电子电气架构的演进

虽然电子电气架构这个概念才发展了 20 年，电子电气系统却已经有超过 40 年的历史。在电子电气架构尚未出现的年代里，汽车电子电气系统一直在发展。直到电子电气系统从一个组件数量少、结构简单的系统发展成为一个组件众多、内部结构复杂的复杂系统，电子电气架构才真正成为一个被人重视的学科。

本节将回顾电子电气架构的发展历史和演进路线，同时展望未来的趋势，帮助读者全面理解电子电气架构的内涵与未来。

1. 分布式架构

分布式架构是最早被命名的电子电气架构。它的主要特点是整车中的各种功能分散在多个 ECU 中，各个 ECU 独立地进行各自的功能逻辑控制。分布式架构可以被分为四代，如图 3-24 所示。

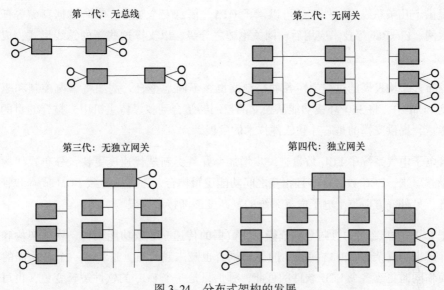

图 3-24　分布式架构的发展

第一代：无总线。第一代分布式架构各个部件没有通过总线进行连接，信号都是通过硬线信号（电压、电流等）进行传递。ECU 之间无功能交互，独立完成自己的功能。电源供给采用大电流直接控制。

第二代：无网关。ECU 之间已经有了总线连接，但是因为整车的总线数量较少，信息量也很少，无需网关进行不同网段的信息转换、转发工作，不同网段基本上保持独立的状态。ECU 之间功能的交互较少，基本上还是处于独立工作的状态。电源供给和对执行器的控制已经开始采用小电流间接控制。

第三代：无独立网关。网络总线数量增加，可以多达 4 个网段、数十个节点。一般由 BCM 作为全车网络中枢并承担网关的职责，负责网络数据转发等工作。每个 ECU 的功能在不断地增加，ECU 之间的交互和功能逻辑的协调变得越来越多、越来越复杂。整车电子电气系统逐渐开始架构级的总体设计。

为了有效优化电子电气系统，功能架构设计成为整车设计中最重要的环节，各个 ECU 之间的功能不再是独立的，而是从整车的层级出发，进行协调一致的设计，ECU 功能耦合不断增加。网络拓扑结构变得越来越复杂，LIN、K-Line、CAN、MOST 等总线相继应用，不同总线之间的信息转发成了基本要求，网络管理也成了重要的技术。为了对整车的电能消耗进行有效管控，电气架构的设计逐渐变得重要起来。

第四代：独立网关。 随着 ECU 数量和 ECU 之间数据量的持续增加，BCM 所包含的几个网络总线已经无法支撑整车的网络通信，于是可以支持更多网段的独立网关逐渐普及。独立网关具有独立的 MCU，可以处理更多的数据，存储空间也更大，因此可以承担更多的任务。除了可以提供十几条总线接口外，还可以承担 OTA、信息安全防护、临时数据存储等任务。在车载以太网、FlexRay 等技术应用后，网关也随之升级，以支撑这些新的总线形式，成本也大幅增加。

在分布式架构发展的过程中，各种控制器也在不断地整合。例如将车窗控制和驱动的功能集成到 BCM 中，将 360°环视功能从独立的控制器整合到多媒体主机中。整合的目的是出于成本的考量，提供支撑的是芯片和软件技术的发展。

随着电子电气系统中 ECU 数量进一步增加，并且更新迭代速度更快，分布式架构的缺点也逐渐暴露出来，ECU 数量众多且相互之间功能逻辑耦合。一方面导致 BOM 成本和管理成本不断攀升，另外一方面整个电子电气系统的复杂度逐渐接近极限。

由于 ECU 功能之间的协调全部依赖总线数据的传递，导致功能架构、软件架构和网络架构的设计越来越复杂，ECU 之间的功能逻辑耦合也越来越严重。这让每一个新功能的加入或变更都面临同时更改多个 ECU 软件的可能，哪怕只是一个 ECU 的软件逻辑变更，也可能导致一条或多条总线通信矩阵的变更，进而导致该总线上 ECU 软件的变更。尤其是在 OTA 技术得到广泛应用以后，在量产之后更新任何一个功能都可能导致多个 ECU 需要被同时更新，这大大增加了 OTA 的复杂度和成本，具体体现在以下几个方面。

- 数据流量的成本。整车制造商要为每一字节的数据流量支付费用，多个 ECU 升级意味着数据流量和费用的大幅增加。
- ECU 软件更新的研发成本。更新多个 ECU 意味着要让每个 ECU 的供应商在量产之后继续维护这个 ECU 软件，这就意味着车企不但要调拨人力来协调供应商对 ECU 进行更新，还要支付不一定合理的软件变更费用。
- 验证成本。多个 ECU 的变更意味着电子电气系统将出现较大的变化，为了保证 OTA 后的质量，各种测试都在所难免。而且，车企的管理成本也会相应增加。
- 由于燃油车在发动机停止后只能使用 12V 铅酸蓄电池作为整车低压电网的能量来源，而蓄电池的容量有限，很难支撑整车电子电气系统长时间工作，所以如果 OTA 的耗时较长，可能出现以下 3 种结果。
  - 蓄电池亏电（蓄电池的电量大幅低于理想值）导致车辆无法启动，甚至在蓄电池电量用光的时候 OTA 还没有完成，从而导致无法使用 ECU 功能。
  - OTA 的时间过长，导致车辆长时间处于不可用状态。

- 增加刷新失败的概率。

基于以上原因，汽车工程师开始寻求一种能够大幅降低电子电气系统复杂度、BOM 成本和 OTA 成本与难度，并且可以简化功能架构与软件架构设计的电子电气架构形式。

2. 域控制式架构

软硬分离是每个车企追求的目标，将软件的迭代和硬件的迭代分开，目的是减少对供应商的依赖，并减少开发成本和缩短电子电气系统的开发周期。虽然 AUTOSAR 架构已经实现了一部分应用软件的重用，但只是减少了应用软件从一个 ECU 迁移到另外一个 ECU 的成本，无法实现整车应用软件的全部重用。

最理想的状态是车企能把软件掌握在自己手中，并且这些软件都集中在一个或几个控制器中。车企毕竟不可能掌控所有 ECU 的开发和生产制造，最好的方式就是逐渐转型，将以前由供应商负责的部分工作逐渐转移到自己手中。转移有两个阶段：首先进行软件功能的集中化，即大部分软件转移到少数控制器中；然后，车企逐渐接过软件的开发工作。

域控制式架构（Domain Control Architecture，DCA）是一种比较理想的解决方案。如果将每个功能域的功能逻辑上移到一个逻辑处理功能更强大的控制器中，下游的 ECU 仅承担接受域控制器的指令，并执行输入、输出的处理工作或者实时性要求非常高的工作，就可以部分解决分布式架构在更新功能逻辑时所遇到的问题。

这里需要再解释一下"域"这个概念，以免出现混淆。"域"在英语中可以对应两个词：Domain 和 Zone。Domain 指的是功能域，即一类功能的集合，例如底盘域、动力域、车身域、信息娱乐域等。Zone 指的是区域。Domain 架构和 Zone 架构的理念不同，一个是按照功能来划分，一个是按照物理位置来划分。域控制式架构指的是按照功能域进行划分的架构。

一般来说，域内功能逻辑之间的交互很多，域控制式架构因为大部分功能交互都在域控制器内部进行，从而减少了域内总线数据传递的延时，性能更好。同时，OTA 的难度也降低了（通常只需要更新域控制器）。

域控制式架构一般有两种结构如图 3-25 所示，虽然两种结构都有中央网关，但是域控制器之间的连接形式有所不同。

拓扑 A 的结构可以被称为星形域控制式架构（Star DCA）。每个域控制器（D1、D2、D3 和 D4）单独连接到网关上，它们之间的信息通过网关进行转发。域控制器与网关之间适合采用以太网等点到点的网络介质，能够传输的数据量较大。

拓扑 B 的结构可以被称为树形域控制式架构（Tree DCA）。所有的域控制器（D1、D2、D3 和 D4）均连接在一条骨干网总线上，并连接到网关，域控制器之间可以直接进行信息交换，无需通过网关转发。这种形式适合采用 FlexRay 等高速总线，网络延迟较少，实时性更好。网关可以作为车与外界的接口进行数据传输。由于一些功能需要非常高的实时性和大量的数据传输，所以网关一般还需要提供 CAN、LIN、以太网等接口。

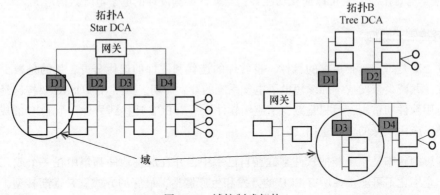

图 3-25　域控制式架构

3. 集中控制式架构

域控制式架构实现之后，就可以进行域控制器之间以及下游 ECU 之间的整合。得益于芯片技术的飞速发展，尤其是 SoC 成本的下降和普及，域控制器之间的整合在理论上已经没有太大的障碍，最大的障碍来自对技术的掌握程度。虽然软件移植和开发的工作量非常大，但是这个困难是可以通过资金和人员的投入解决的。真正的困难是那些用钱解决不了的问题。对于从来没有进行过控制器设计的车企而言，进行域控制开发最大的难题是对控制器内部各种详细知识的掌握，这种能力并非短时间可以迅速增长的，需要长时间在相应专业领域的实践积累。

在集中控制式架构（Centralized Control Architecture，CCA）中，HPC（High Performance Computing，高性能计算）是架构的核心，可以看作整车网络中的中央服务器，负责所有逻辑功能控制和数据处理工作。车企角度最理想的情况是由一个强大的 HPC 来处理车上的所有计算任务，如图 3-26 中的拓扑 D。然而由于芯片的限制，目前无法只使用一个 HPC，因此很多车企采用的方案还是两到三个 HPC 来处理不同域的任务，如车身域、信息娱乐域和智驾域，如图 3-26 中的拓扑 C。由于 3 个域处理的任务特点不同，相应 SoC 的能力不同、资源也不同。

理论上，由于集中控制式架构已经将所有的逻辑和数据处理都集中到 HPC 中，因此下游的传统 ECU 仅承担输入和输出的处理，将不同功能域的硬件按照所在区域进行重新整合成为可能。将传感器和执行器按照所在区域就近接入 ECU，ECU 再通过高速总线接入 HPC，就可以实现区域控制。这种负责每个区域控制的 ECU 通常被称为区域控制器或区域控制模块。

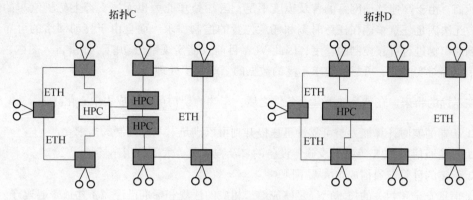

图 3-26 集中控制式架构

如果将各个用电器的电源通过区域控制器就近供给，就可以将整车线束的长度、重量和回路数大幅减少。据测算，在实现同等功能的情况下，回路数可以减少 20% 以上，线束长度可以减少 30% 以上。区域控制的最大收益在于减少线束，因为线束是整车第三重的部件，可以达到 50kg 甚至更重，综合成本也可以在整车的电子电气部件中排到前三位。

然而，凡事有利必有弊，区域控制在带来众多好处的同时也存在弊端。

首先是成本变化不明显。虽然节省了一部分线束的成本，但是区域控制器一般不会再采用传统的保险丝方案，而是使用大功率半导体器件或 eFuse 来实现智能配电，这些大功率半导体器件的价格较高，综合成本仍然可能高于传统的基于保险丝方案。

其次是影响了配置的灵活性与梯度差。由于每个区域控制器都集成了多个功能并替代了一部分传统 ECU，那么，当车辆需要进行不同的配置时就只能采用两种方式。

- 不同的配置采用不同的区域控制器。这会大大增加区域控制器的软硬件开发成本、验证费用。如果总销量不高，则研发成本会大幅度增加。
- 高低配采用同样的区域控制器，通过软件进行配置。这样虽然减少了研发成本，但是必然增加单车的 BOM 成本。

无论如何，成本控制是任何一种方案都无法回避的问题。集成度与灵活性是一对矛盾的变量，我们需要综合考虑整个架构所有产品的综合成本与收益。

4. 车云一体式架构

由于 5G 技术、V2X 的发展，使得通过路端 V2X 设备和云端对车辆进行高实时控制成为可能。这在理论上提供了一种新架构形式，即将大量运算能力要求高的工作放到云端（包括路端 V2X 设备）的服务器进行处理，车端负责本地数据的采集和执行。这种架构可以被称为车云一体式架构（Vehicle Cloud Architecture，VCA）。

然而，由于高速移动网络的普及程度不足，云端处理能力也无法支撑上亿辆汽车的并发控制，无法满足任意车辆在任意时刻和任意位置的控制需求。而且由于移动网络的可靠性还达不到对车辆进行可靠控制的程度，因此 VCA 目前仅能实现部分功能，如语言、图像、用户账户信息等对实时性、可靠性要求不高的数据的云端同步处理。

在不远的将来，在满足如下几个条件之后，车端的架构可能变成去中心化。

- 云端的实时计算能力与可靠性迅速提升到可以满足对车端控制的需求。
- 移动通信与 V2X 等基础设施、设备的普及程度覆盖大部分用车场景。
- 云端的计算与通信成本大幅下降。
- 信息安全和相关的技术已经足够成熟，相应的法规和标准已经完备并被普遍遵守。

在满足上述条件的时候，真正的车云一体化架构就能得以实现，如图 3-27 所示。

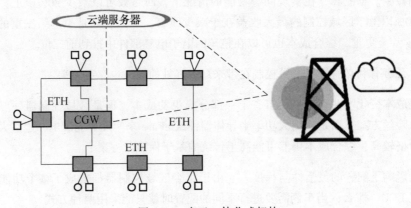

图 3-27　车云一体化式架构

车云一体化架构具有如下特征。

- 支持高等级的自动驾驶功能。
- 区域控制器仅负责控制传感器和执行器。
- 主要功能逻辑和数据的处理都由云端完成。
- 云端与车端可以持续通过通信网关进行大量的、实时的数据交换。
- 在车端与云端的通信链路出现故障时，车端依然支持驾驶员手动控制。

车云一体化将大量的计算能力放在云端，充分利用云端能力可以共享的特点，不必让每台车都具备高等级自动驾驶的超强算力，充分利用 V2X 以及边缘计算技术，大幅降低车辆对车端传感器的配置需求。同时，各种自动驾驶的算法模型都可以实现实时的迭代更新。理论上来说可以大幅降低系统的成本，并降低车辆实现自动驾驶的难度。

5. 电子电气架构发展的终极畅想

人类的想象力只是基于当下的认知和经验来对未来进行猜测。正如住在山洞中的原始人不会想到时装，使用烽火台的古人不会想到电报和手机，每天开汽车的我们也无法想象一百年或一千年之后的世界是什么样子。

无论未来的世界究竟会是怎样的，只要人类的科技还在发展、汽车依然存在，在我们可以预见的未来，汽车电子电气系统就会朝着如下方向持续发展。

- 减少交通事故、减少驾驶员的体力和精力消耗将是长期的努力方向。
- 单体汽车消耗的能量将越来越多。
- 电能作为汽车的直接能源或间接能源将彻底取代所有化石能源。
- 如果将控制器定义为以电能为能源的、具有一定数据采集、逻辑处理和设备驱动能力的软硬件结合体，那么控制器将永远不会消失，甚至数量可能越来越多，因为车辆需要采集的数据、需要执行的功能将越来越多。
- 芯片的持续发展将彻底改变汽车电子的产业链。
- 在摩尔定律失效后，新的计算形式将彻底解决当前的算力不足问题。
- 电力线通信技术（Power Line Communication，PLC）和车内无线通信技术将取代现有的所有通信总线形式。
- 未来的汽车将融入人类社会的计算网络中。
- 人工智能领域技术的发展将极大促进汽车智能化的提升。目前所谓的"智能汽车"依然只是人类精心设计的复杂机器，并未拥有真正的智能。
- 随着传统意义上的软件逐渐消失，软件将不再定义汽车，取而代之的是智能定义汽车。

3.4.3 电子电气架构的 8 条基本发展规律

电子电气架构与其他事物一样，有着自身的发展规律。

总结电子电气架构演进的路线，我们可以得出如下 8 条规律。

- 架构功能的增加是一个确定的趋势。
- 每一种架构形式都会受到当时整个社会技术发展水平的制约，不可能出现超越当时技术水平的架构形式。
- 每一种架构形式的产生都是为了应对当时所面临的问题，而且都是当时可以选用的最好的形式。
- 任何一种架构形式产生之后，它的复杂性都会逐渐增加，因为人们会倾向于利用这个新架构去解决所有的问题。
- 每一种架构形式都有自己的生命周期，在发展到某一阶段后都会无法应对新的问题而需要被替代。
- 架构被替代的原因有两种：已经太过复杂和无法满足新功能的需求。
- 新的架构形式开始应用之后，旧的架构形式并不会马上消失，而是渗透比例会逐渐下降，如图 3-28 所示。

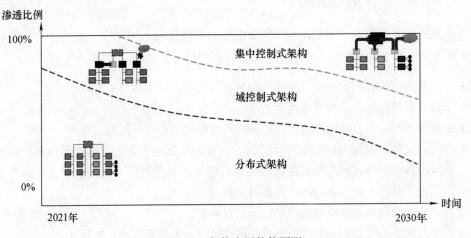

图 3-28　架构应用趋势预测

- 新架构发展初期，性价比总是会比已经存在的架构低。随着时间的推移，新架构的性价比会逐渐提升，最终超越原有的架构。

架构的发展正如马克思·普朗克所说："科学的每一次进步，都是一场葬礼。"新架构的出现必然伴随着旧架构的消亡。随着历史的车轮滚滚向前，新架构都将变成旧架构，而且最终被淘汰。

3.5　本章小结

本章回顾了电子电气架构的发展历史。汽车电子电气系统在过去的百年间发生了翻天覆地的变化。为了厘清电子电气架构的发展脉络，本章也分析了电子电气架构发展的主要驱动力。

汽车电子技术的发展离不开基础技术的支撑，本章重点介绍了汽车电子所涉及的各项关键技术。随着汽车电子技术的发展，电子电气架构也在逐步演进。

第 4 章

系统开发方法与工具

一种方法比一个发现更重要,因为正确的方法会导致新的甚至更重要的发现。

——列夫·兰道

4.1 基本开发方法

无论是部件的开发,还是电子电气系统的开发,乃至整车开发,都遵循着一些基本的开发方法或原理。这些开发方法作为一种基本理论,或者称之为模型或范式,可以独立于产品和系统而存在,并普遍适用于任何工程类的开发活动。

4.1.1 正向开发与逆向工程

对于任何一个工程系统的开发过程而言,需求是一切工作的源头。无论正向开发过程中所采用的从顶层需求着手,构建模型或逐渐明确、细化需求,并最终变为具体细节设计的过程,还是从细节开始进行研究,进而获取顶层设计方法的逆向工程,都是从需求出发,为了实现某种目标而进行系统的设计和实现。

逆向工程的特点是原始的顶层需求比较模糊,开发团队不完全知道该如何实现需求,可能希望少走弯路从而节省开发时间或成本,或是不愿意去一步步地厘清需求应如何实现,于是进行所谓的"逆向"分析:将系统进行分解、研究,以期厘清如何实现该系统,进而满足原始的需求。在分析清楚之后再进行适当的改进或者完全复制，从而构建一个具有同样或类似功能的新系统，并在此过程中掌握构建这个系统的知识。逆向工程仅适用于系统与需求相匹配的情况。

虽然逆向工程是一种工程开发常见的方法，但是由于存在法律与道德的风险，因此需要谨慎应用。无论在汽车领域还是其他工程领域，逆向工程都一直发挥着促进技术进步的重要作用。人类社会之所以能不断进步，一个重要的因素就是大家能够互相学习、借鉴，实现了站在巨人的肩膀上向上攀登。从这个角度来讲，逆向工程可以定义为"为了实现某种特定的需求而进行的与目标系统相似系统的解构和研究，以此获得系统设计的思路、方法或者相应技术的工程开发活动"。汽车领域最常见的对标活动可以被看作一种逆向工程。

与逆向工程相对应的是正向开发，也称正向工程。正向开发是一种在开发逻辑上向前推进的开发形式，适用于从给定的原始需求出发进行的设计活动，且无成熟的或无完整的详细设计可借鉴的系统开发。相比于逆向工程，正向工程往往需要耗费更多的资源和时间。

如果忽略中间过程，只看最初的目的和最终的结果，无论是"正向"还是"逆向"，都是为了开发某一个系统而使用的方法，并且最终实现了系统设计目的。从这个角度看，开发活动都是正向的，只是在获取具体设计细节时采用的方法有所不同。

对于那些无从借鉴却需要实现的系统需求，如何找到正确的实现方法，进而完成系统的设计并将之实现，是一个复杂的话题。不同的领域、不同的系统有不同的特点，想找到一个简单易行并通用的方案是不可能的。虽然如此，但总有一些共性的方法论是普遍适用的。

4.1.2 瀑布开发模型

当前在大型复杂系统开发中普遍采用的方法是瀑布开发模型，也被称为线性顺序生命周期模型，如图4-1所示。它由一系列在系统开发生命周期中按顺序完成的步骤组成，这种方法最初应用于软件系统的开发，因其高度抽象和普遍适用的特性被广泛应用于正向开发领域。

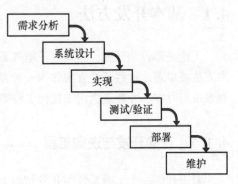

图 4-1 瀑布开发模型示意图

瀑布开发模型诞生以来，相继出现了多个变形，人们对以下工程开发步骤达成了普遍共识。

1) 需求分析：开发团队通过编写文档的方式将客户或最终用户的需求详细地记录下来，并转化为产品特性，使之成为项目计划的一个重要组成部分。开发团队能够在一个基本确定的开发范围内展开工作，并由此确定一个明确的成本预算和时间计划。

2) 系统设计：根据上游的需求进行详细的设计并产生相应的设计规范。当开发团队就解决方案达成一致意见时,这些想法将转化为具体的技术任务,团队进行分工,并完成这些任务。

3)实现:开发人员基于开发规范进行具体实现,如开发软件、设计机械结构等。

4)验证:当实现工作告一段落之后,通过测试确保系统按预期运行,确保上层需求文档和设计规范中所记录的各种需求得到满足。

5)维护:当用户使用产品出现问题时,给予帮助。

瀑布开发模型是一个理想化的开发模型,在实际的产品或系统开发活动时,很难将设计工作(需求、设计和实现)一次性做对,于是上游的交付物传递给下游的时候往往会出现一些不足或缺陷。实际的开发工作更类似于如图4-2所示的改进瀑布开发模型。

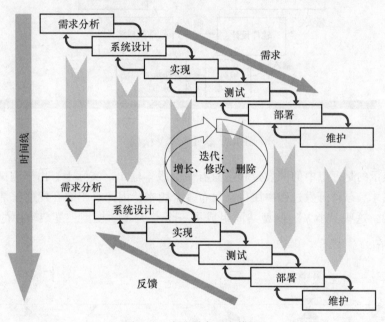

图4-2 改进瀑布开发模型

在这个改进瀑布开发模型中,整个开发过程被分为多个"瀑布",每个"瀑布"代表一次系统开发过程中的完整交付或发布。"瀑布"中的每一个下游步骤会对上游的输入内容进行反馈,可能对上游的输出物产生变更的需求,即使是原始的系统顶层需求也可能会发生更改。

这种上下游的交互更加符合实际情况,因为对于复杂系统或产品的开发而言,上游的设计很难保证完整和正确,需要通过下游的工作加以验证。而且,产品的开发设计需要较长的周期,并且客户的原始需求可能不够清楚或中途发生变更,采用分阶段交付的迭代开发方式就可以通过对过程交付物的不断验证和确认,保证系统或产品的交付质量,还可以大幅降低开发风险,并减少由此带来的成本。

在系统开发活动中，最为常见的开发模型是 V 模型。V 模型因其开发过程展现的形式与英文字母"V"非常相似而得名。以软件开发过程举例，相应的 V 模型如图 4-3 所示。

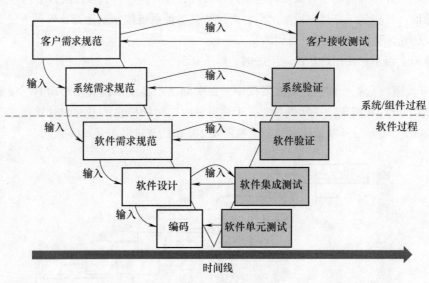

图 4-3　软件开发 V 模型

V 模型表示的是理想中的开发过程，只有一个版本输出。实际上，由于测试验证和功能迭代增长等需求，软件开发过程中往往会发布多个版本，因此真正的开发过程是由多个 V 模型串联而成的，这些"小 V"模型共同组成了一个"大 V"模型。复杂软件的开发模型如图 4-4 所示。

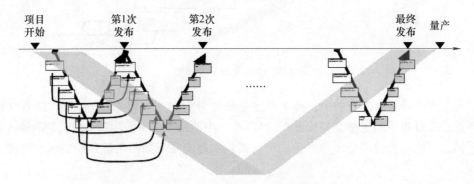

图 4-4　复杂软件开发模型示意

V 模型本质上是瀑布开发模型的一种变形，而且更加强调开发与验证工作之间的联系。

上述复杂软件开发模型不仅适用于软件开发，其他复杂的系统开发也大多采用这种方式进行。整车开发也采用类似的方式，只不过更加复杂，因为涉及众多系统与部件之间的协同。

4.1.3 瀑布开发模型在整车开发中的应用

对于汽车制造行业而言，产品具有高度复杂性以及跨多个学科的特点，从车型项目立项到 SOP（Start Of Production，开始量产），需要充分考虑各职能部门、各系统、各阶段工作内容的协同。而且，整个开发过程和相应的任务从整车的需求开始，逐层分解、细化和设计，最终落实到每一个具体部件的开发实现中，形成了任务与需求分解的树状结构，如图 4-5 所示。每一层组件都有自己的特点和周期，一般来说都有着不同的流程，大体而言可以采用 V 模型作为开发的主要流程模型。

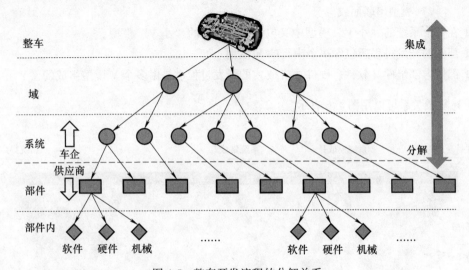

图 4-5 整车开发流程的分解关系

在图 4-5 中，整车的开发任务首先被分解到各个域，然后又被逐渐分解到系统、部件，以及部件内的组件（软件、硬件、机械等）。部件内的工作完成之后，进行部件级别的集成，之后系统内的部件集成，域内的系统集成，最后整车集成。

在进行集成工作的同时，整车具有强关联关系的部件或系统也要进行集成，如所有电子电气部件组成的电子电气系统的集成、车身机械部件的集成、动力与底盘之间的集成，以及内饰部件间的集成等。这样做的目的是及早发现不同部件和系统间的配合问题，从而保证整车在开发的各个阶段的目标都能实现，进而保证整车交付。

为了保证整车交付，开发过程中通常设置多个集成节点（也称作里程碑）。一般而言，这些集成节点多以较为复杂、周期长、成本高且变更难度大的系统为主。虽然电子电气系统的复杂度也很高，但是相比于车身结构、底盘和动力等系统的变更周期和成本投入要小一些。车身的各种模具费用动辄几千万，且周期较长，一旦更改将面临巨大的损失。相对而言，电子产品的更改费用就少得多，且一般会在项目开始前就有了基础的设计，很少需要重新开发。

由于底盘和动力的标定与测试工作量巨大，因此大部分车企仍然以底盘和动力等机械部件的开发为主线来设计节点，电子电气系统则作为一个重要的分支来适配主流程的开发需求。

从整个研发周期来看，整车开发采用的是类似瀑布开发模型的方法，并进一步细分为多个层级，是多个瀑布开发模型（或V模型）叠加的结果，而且是改进的瀑布开发方法的叠加。

- 每个车型的研发周期可以看作一个独立的"大V"模型，这个"大V"模型中的子研发阶段（系统集成节点之间）可以看作"小V"模型。
- 每个系统的研发周期可以看作一个独立的"大V"模型，这个"大V"模型由多个"小V"模型串联而成。
- 在每个系统的"小V"模型中又包含每个部件的"小V"模型。
- 部件的开发过程还包含多个串行的V模型。
- 部件内部组件（软件、硬件、机械）的开发过程也是由多个V模型组成的"V群"。

上述复杂关系可以用图4-6表示。

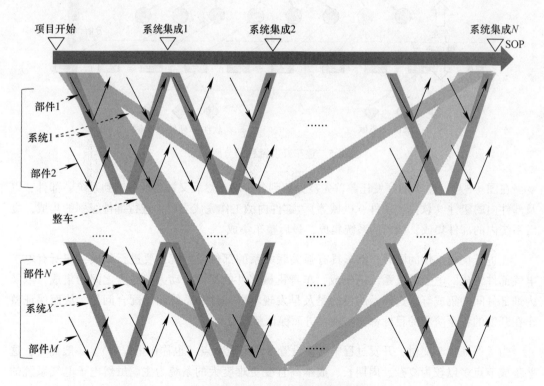

图4-6 整车开发中的V模型分解示意图

从上述对整车开发过程的解释中可以看出，不同层级（整车、系统和部件等）是不同的

V模型，虽然各自所对应的系统不同，但基本逻辑大同小异。整车开发可以看作众多的"小V"模型组成的复杂的V模型集合，总体上仍然遵循V模型的基本原理和思想。

车企整车开发流程的细节定义不同，但大体上是类似的结构和原理。一个车型的开发周期可能长达3年，从概念设计到SOP阶段，整车要进行多次各种系统级和整车级的验证，每次验证对控制器软件的功能和成熟度要求不同，而且汽车上各个控制器的软件需要通过多次迭代才能达到SOP的标准。每个ECU的开发过程中都需要经历多个"瀑布"周期，且在每个周期内有不同的目标进行相应的验证。按照车企的要求，在车企指定的系统集成节点交样给车企，由车企进行系统集成。从这一点来讲，汽车的软件开发从某种程度上符合敏捷开发的一些原则。

上述讨论是针对整车开发过程展开的。如果将其抽象到系统工程的理论层面，可以总结为对复杂系统的开发所采用的统一方法：将一个较大系统分解为多个子系统，每个子系统的开发过程相对独立，并各自遵循V模型开发方法，如图4-7所示。

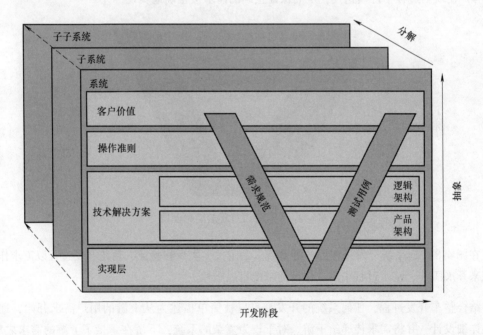

图4-7 系统开发流程分解

汽车软件开发工作所需要的资源越来越多，重要性也越来越大，汽车中非软件类的开发工作依然数量巨大、开发周期长，且对成本和整车性能的实现至关重要。而且电子与软件的开发仅是整车开发流程中的一条线，软件部件依然不是整车开发流程中首要考虑的问题。即使在软件定义汽车这个概念如此火热的今天，软件开发也不是车企重要的工作。在车型开发中，投资重点还是各种模具、验证和产线，这些投资与软件的关系都不大。

4.2 需求工程

一切设计都是从需求开始的，电子电气系统作为一个典型的复杂系统，来自各个利益相关方的需求不但千差万别、数量巨大，而且在当今这个行业竞争愈发激烈的时代，各种需求层出不穷。如果没有有效的需求管理，整个系统将变得难以控制。对于电子电气架构的设计者来说，掌握需求工程的原理和方法是基础。本节将简要介绍需求工程的概念和要点。

系统的开发过程可以简化为如下步骤，如图4-8所示。

1) 定义需求并进行项目计划。
2) 设计和实现。
3) 对系统的需求进行验证和验收。
4) 在以上过程中持续迭代，从而保证正确的需求被正确地实现。

图4-8　系统开发过程的简化模型

在图4-8中，系统开发过程的核心是需求的定义、实现和验证，系统开发过程以需求作为主线来开展工作，整个过程中需要保证需求的可追溯性。

结合整车开发过程，任何系统的开发都可以被简单描述为从上游的用户需求开始，逐层开展详细设计，并将需求传递给下游。对于较为复杂的系统，下游在承接了上游的需求之后，进行进一步的设计和分解，从而产生了更细化的需求，这些新需求又被传递给下游，形成了一个需求被层层分解、产生和传递的过程。

在系统的实现环节中，所有的工作都可以被看作先按照上游的需求进行具体的开发和设计，再按照需求进行确认与验证，从而保证系统每个层级的需求都得以实现。在实际的工程开发中，只经过一个瀑布过程（从需求产生到测试验证）就可以交付系统的情况并不常见，系统交付之前，瀑布过程往往会重复多次。经历多次迭代的系统会有更高的质量，用户需求也能够得到更好的满足。

在整车开发过程中，上述有关需求的工作可以被抽象为如图 4-9 所示的整车开发需求流转过程。

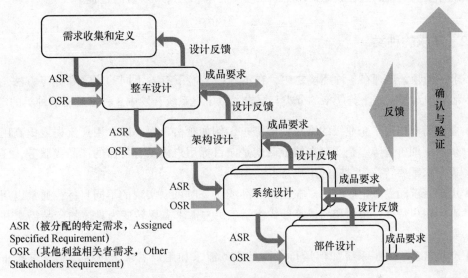

图 4-9　整车开发需求流转过程

在图 4-9 中，整车开发从需求开始，每一个层级又会有新的需求输入，并产生新的需求。这个层级会将部分需求分配到下游，下游承接了上游的需求并进行详细设计，同时又会产生新的需求传递给下游，给上游提供设计反馈，并产生对终端产品的特定需求。在所有的需求被传递给确认与验证环节后，这些验证结果又可能会产生对前面设计环节的反馈，从而促使上游的设计环节进行优化。

4.2.1　需求的定义

关于需求，不同场合下的定义不尽相同。韦氏词典中关于需求的定义是，需求是一种有必要或被需要的事物。在工程领域，NASA（National Aeronautics and Space Administration，美国国家航空航天局）的系统工程手册中对需求的定义更为适用：对在特定时期或在特定时间内的规定数量的人员、设备、设施等其他资源或服务的要求、愿望、需要、能力、容量或需求等以"应该……"作为表达形式的一种陈述。可接受的需求陈述形式是清晰的、正确的、可获得的、意义明确的，并且可以在它所陈述的系统结构的层次上进行验证。一个需求集合中的多条需求不应该是冗余的，而应该在使用的术语方面有充分的联系，并且不相互冲突。

从上述定义中我们可以看出，一条需求就是一种陈述，描述了系统应该完成的某种工作或满足的某种条件。

需求的来源有很多,一个共同点是所有的需求都来自系统的利益相关者。无论是终端用户、系统的设计者、生产者,还是政府,均以某种途径提出了对系统的需求。从某种意义上讲,系统开发与实现的过程就是需求不断产生、分解、分配和实现的过程。

4.2.2 需求的种类

需求一词频繁出现在各种环境之中,在不同的情境下有着不同的定义和界定方法。在工程技术活动中对需求有十分严格的分类与要求。以下是系统开发中 3 种常见需求种类的定义。

- 业务需求描述了企业级的高级业务需求,例如抢占市场、减少用户流失或提高用户的生命周期价值等。企业存在的价值就是向目标用户提供有价值的产品或服务,任何业务需求都要转换为对应的用户需求。
- 用户需求涵盖了企业的用户在使用产品或服务时可以实现的不同目标,通常以用户故事、用户特性、用例和场景等形式表示。用户需求需要转变为具体的产品需求并加以实现。
- 产品需求描述了系统如何运行以满足业务需求和用户需求,包括功能需求和非功能需求。

上述 3 种需求的关系如图 4-10 所示。

对于开发团队而言,由于最终的目的是交付满足用户需求的产品,因此他们更加关注产品需求。产品需求中的功能需求描述了产品应该做什么,定义了特定条件下的基本系统行为,是开发人员必须实现的产品特性。功能需求不仅包含终端用户需求,还包含广义用户的各种需求,如维护人员、生产人员、销售人员等系统使用者的需求。

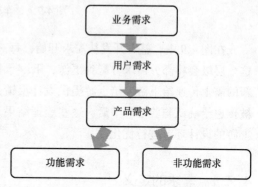

图 4-10 需求的层级和之间的关系

非功能需求指定系统的质量属性,即系统在实现预定功能的同时需要满足的性能。非功能需求定义了诸如可靠性、可用性、安全性、可维护性等非功能标准。例如产品的工作环境温度范围、使用寿命、产生的噪声标准、响应速度等。如果系统不能满足非功能需求,也会导致系统不能满足用户的需求。

一般来说,非功能需求至少包含如下类别。

- 可用性需求

- 可服务性需求
- 可管理性需求
- 可恢复性的需求
- 安全性需求
- 能力需求
- 可获得性需求
- 可伸缩性需求
- 互操作性需求
- 可靠性需求
- 性能需求
- 接口需求
- 物理需求
- 可维护性需求
- 监管/法规需求
- 环境需求

功能需求与非功能需求的区别如表 4-1 所示。

表 4-1 功能需求与非功能需求的区别

比较项	功能需求	非功能需求
陈述形式	动词，如系统必须做……	属性/性能，如系统应该能……
是否必须实现	必须	非必须
获取方式	来自对用例的分析	作为质量属性存在
对应的文档内容	描述产品能够做什么	描述系统如何做或应该实现的能力
目标	可用于验证功能	可用于验证性能
聚焦的领域	用户需求	用户期望
测试的类型	功能测试	非功能测试，如性能测试、压力测试、可用性测试、安全性测试等
测试执行	优先完成	在功能测试之后执行

需求种类如此多，对需求进行正确和准确的描述是保证项目成功的关键。需求的缺失、错误或不准确必然会造成项目延迟和成本超支，甚至导致项目彻底失败。

4.2.3 需求工程的 5 个活动

需求工程应聚焦于发现应该被开发的需求，而不是如何开发。定义、记录和维护需求的过程被称为需求工程，它提供了一个合适的机制来了解用户的期望、分析用户的需求、进行可行性评估、协商一个合理的解决方案、明确解决方案的规格、验证，以及需求管理。相比之下，需求本身则被转移到工作系统中，作为系统的一个重要组成部分。这使得需求工程成为一个被规则约束的活动，并且有自己的原则、方法、工具。需求工程的流程如图4-11所示。

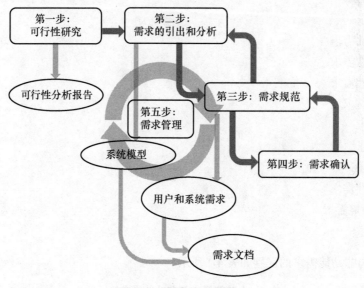

图4-11　需求工程的流程

对于那些较为复杂的系统，往往需要分为多个层级进行开发和设计，每个层级中子系统的开发过程需要进行需求工程的相应活动，各自的范围与关注点有所不同。可以将复杂系统开发中的需求工程活动看作一种循环、嵌套的工作，并且在开发的过程中持续存在。

下面详细介绍需求工程的5个主要步骤。

1. 可行性研究

当用户（指广义上的用户，既包括购买、使用产品的个人或组织，也包括组织内部对产品进行评判的个人或组织）提出需求时，会对产品的功能及需要具备的特性有一个粗略的概念。研发团队在开始设计、开发工作之前，要对这些"粗略的概念"进行可行性研究。

我们可以设想这么一个场景：某天，市场企划部门对研发部门提出了开发一款新车型的要求，这款新车型要能够隐形、不用消耗任何能量。研发人员收到需求后要做的第一件事就是进行可行性研究，得出能否开发这款车型的结论。

市场企划部门提出的要求包含如下几个需求。

- ❏ 研发部门应该开发一款汽车。
- ❏ 这款汽车应该能够隐形。

❏ 这款汽车应该不需要消耗任何能量。

需求1很明确,这正是研发人员擅长的。而需求2、3却是研发人员从来没有实现过的。于是经过各种调研活动,研发人员明确了以下信息。

❏ 目前只能够对雷达探测实现部分隐形,车身对人眼完全隐形暂时无法实现,而且法规也不允许车辆不可见。
❏ 通过基本成熟的太阳能技术,可以实现在不需要输入其他外部能量的情况下驱动车辆前进。

在研发人员将上述信息进行总结,并反馈可行性分析报告之后,市场企划部门将原来对产品的设想修改为设计一辆能够对雷达隐形、完全以太阳能为能量来源的汽车。

上面这个例子解释了产品开发过程的第一步:可行性研究。此过程可以用图4-12来表示。

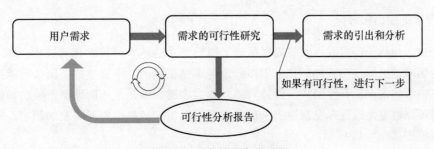

图4-12 可行性研究的过程

完整的可行性研究应该以组织的目标为重点,不仅探讨项目和产品的技术方面,如可用性、可维护性、生产力和集成能力等,还要详细研究、分析当前的组织结构、流程、资源是否可以满足该需求,以及该需求是否符合组织的价值观和目标。

进行可行性研究的主要目的是确认需求的有效性,即需求应该是清晰的、可行的。在研究过程中,一般会去除那些伪需求(不能为产品的最终用户带来价值的需求)和不可行的需求,从而为系统开发确定需求的范围以及需求的优先级。在进行可行性研究的过程中,要针对每一条需求创造用户能够接受的理由并明确实施的必要性,同时尽量保证系统具有足够的灵活性和开放性,并遵循开发和维护的标准。

这一阶段的输出物是可行性分析报告,包含是否进行该项目开发的评价和建议。这种可行性分析不仅包括技术可行性,还包括经济可行性和操作可行性。

(1)技术可行性 通过评估技术可行性,不但可以明确实现需求需要的技术是否可行,还可以明确未来实现需求时的技术方案与各种计划和资源。

(2)经济可行性 对于需求的实现能否为组织带来利润或带来多少利润的评估是非常重

要的一项工作。经济可行性评估可以从短期和长期、显性和隐性两个维度进行。

（3）操作可行性　操作可行性是指利用、支持和执行一个系统或程序的必要任务的能力。操作者包括所有创建、操作或使用该系统的人。要做到操作上的可行性，系统必须满足业务需求。通常评估操作可行性是以问答的形式进行的。

- 产品的终端用户对于这个需求实现有何感受？
- 该需求的实现对组织的开发、测试、验证、生产和维护等环节的流程有何影响？
- 包括管理层、终端用户等在内的所有利益相关者对于需求的实现有哪些意见？
- 开发过程应该采取什么策略？哪些工作需要内部人员来完成，以及如何完成？
- 如果某些利益相关者将受到不利的影响，那么他们会以何种形式来阻挠需求的实现？应对策略是什么？
- 如果开发流程需要改变，那么变革将如何进行？如何评估变革的效果？

2. 需求的引出和分析

这个过程也称为需求收集，一般在明确了原始需求的基本可行性之后进行。通常在这个阶段进行需求的进一步明确和细化。很多原始需求是模糊的、不完整的，而且可能存在上下游理解不一致的情况，开发团队需要针对每一条需求逐一确认，从而确保正确的理解每一条需求，并可以通过此过程来发掘更多未被上游明确提出、却是他们所需要的需求。需求的引出和分析流程如图4-13所示。

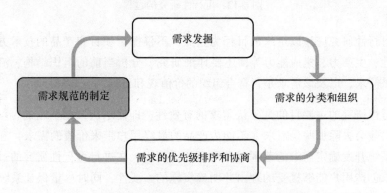

图4-13　需求的引出和分析流程

（1）需求发掘　这个过程的参与者是产品的所有利益相关者，采用的形式可以是访谈、场景化讨论（包括头脑风暴）、产品原型评价等。由需求的收集者收集所有参与者提出的需求。收集者要能够甄别无价值或无法实现的需求，并通过适当的方式挖掘真正有价值的需求。此过程有助于帮助利益相关者对于待开发的产品建立正确的理解和合理的期望。

（2）需求的分类和组织　对于复杂的系统而言，需求的数量是海量的，将需求进行适当的分类,并构建结构化的需求数据库是需求工程中极其重要的一步,也是一项持续性的工作。一般来讲,关联性大的需求要放在一起,较大的系统需求需要被分解为较小的子系统的需求。

(3) 需求的优先级排序和协商　如果一个产品的预期开发周期较长,通常会在交付前经过多个版本的迭代,就需要对需求进行排序。因为产品开发周期和预算的限制,如果一次性开发全部的需求,可能会导致周期和成本超出预期,所以优先级低的需求可以暂缓开发。

开发团队通常需要与客户就需求的优先级达成一致,这个过程通常需要双方作出某种程度的妥协。一般产品的基础功能和重要功能的优先级最高,那些对产品竞争力影响较小、用户不强烈坚持的需求会被赋予较低的优先级。

因为利益相关者的利益诉求不同,所以协商是讨论优先级的过程中不可缺少的工作。高效的协商需要参与方对问题有清晰的认识或其中的某一方具有强大的说服力,否则这个过程将耗费大量时间。

(4) 需求规范的制定　清晰、准确、完整的文档既是开发工作的基础,又是与用户交流和澄清任务内容的重要工具。一般而言,在需求规范确定之后,将持续进行需求挖掘,并再一次开始需求的引出和分析。

通过需求的引出和分析,可以初步建立系统模型,并进行架构级的初步设计,这些设计又会产生一些更加细化的技术需求,这些技术需求将被记录到需求文档中。

3. 需求规范

需求规范是描述产品高层级需求的文档。需求规范中的需求一般用自然语言表达,而且需要将用户的原始需求转换为开发团队容易理解的技术语言。需求规范仅需描述具体的需求,与技术实现无关。需求规范是需求分析的结果,而且需要按照类别进行组织。需求规范可以以文档形式创建,也可以以 UML(Unified Modeling Language,统一建模语言)等模型化的形式创建。无论采用何种形式,唯一的目的就是清晰、准确和完整地表达需求分析的结果。

虽然需求规范看起来只是纯粹的文档工作,却是至关重要的一环。良好的需求规范可以为开发工作打下坚实的基础,并大幅减少因理解错误、需求不完整等造成的返工,从而大幅缩短项目的周期和资源投入。

良好的需求规范应该遵循以下规则。

- 使用标准的需求规范模板。产品开发是团队工作,标准的模板有助于参与者遵守共同的原则,保持输出物的一致性。同时,标准的模板也有助于新加入团队的成员快速上手,减少遗漏需求的情况。
- 清晰的层次结构。无论对于电子电气系统还是其中某个子系统或部件,需求规范的内容一定要层次分明。一般而言,需求规范中的需求要遵守先高层后低层、先宏观后微观、相同层级在一起、同一系统在一起的原则。总体结构可以看作一个树形结构。
- 使用标准化的技术语言。技术文档不是文学作品，它的读者只关心能否理解作者的意图。越是标准化的语言，表达效果越好，如果使用自然语言描述需求，需要遵守如下规则。
  - 尽量避免使用大、小、多、少、高、低、快、慢、正常、可靠等形容词。
  - 使用祈使句来描述需求，如当进入隧道时，车辆应该自动开启近光灯。这里采用的句式是"当……时，……应该+动词+宾语"。
  - 越简单越好，每条需求语句尽量只描述一个独立的需求。
- 确保每个需求都是可测试的。
- 不要描述如何实现需求。
- 从客户的角度编写需求文档。
- 完整覆盖功能需求和非功能需求。
- 在完成质量检查之前，不要发布需求文件。

在高层级的需求规范发布之后，各个需求将被进一步细化，转换为更为详细的用户需求和系统需求。例如需求规范中的需求条目"主驾座椅应该能在水平方向移动"，可以至少被细化为如下的需求。

- 如果主驾座椅的水平位置在预先设置的位置的后方，主驾座椅应该能自动沿水平方向向前移动到预先设置的位置。
- 如果主驾座椅的水平位置在预先设置的位置的前方，主驾座椅应该能自动沿水平方向向后移动到预先设置的位置。
- 主驾座椅应该能沿水平方向向前移动到操作者指定的位置。
- 主驾座椅应该能沿水平方向向后移动到操作者指定的位置。
- 当主驾座椅在沿水平方向移动到该方向座椅位置的极限时，座椅应该自动停止移动，并通过声音提示用户。

需求定义的过程将利益相关者的期望转化为问题的定义，问题的解决方案将以系统模型的形式体现。在系统模型建立之后，系统模型将产生大量的技术需求，这些技术需求将与用户需求和系统需求一起被进一步细化，转换为具体的开发需求，以需求文档的形式传递给下游的开发者。该活动适用于所有技术需求的定义，从计划、项目和系统级别一直到最低级别的产品/组件的需求文档。

需要注意的是，由于每个系统的复杂度不同，各个组织的工作流程不同，从需求规范转换为需求文档的过程也不同，实际操作中上述步骤可能会有所变化。

4. 需求确认

需求规范开发结束后，文档中列出的需求将被逐条确认，即通过某种方式来判断需求是否满足用户的期望。需求确认是需求被开发人员接受的必要条件，没有经过确认的需求可能导致需求规范中的错误传导到实现环节。虽然在开发需求规范的过程中有一系列的规定和原则，但是也不能保证需求规范中的需求全部是正确的，无论设计规范多么完整，也无法保证不会产生错误，需求确认是如同软硬件测试一样必要的开发环节。

开发团队不能仅依靠收到的需求来设计和构建系统，与各种利益相关者的沟通对于确保需求被正确理解至关重要。否则，开发人员将面临由于对待实现需求的不同理解所导致的误解，以及由此产生的解决方案完全错误的风险。

需求确认的主要工作为检查需求规范是否满足如下标准。

- 一致性：需求之间不应产生冲突。
- 完整性：所有的需求都应该是完整的。
- 清晰性：需求要清晰准确，不能有歧义。
- 有效性：需求应切实可行，不应该定义无法实现的需求。
- 可验证性：需求应该能够被某种方法验证。

对需求规范的检查可以通过以下几种方式来进行。

- 人工检查或评审：对每一条需求进行系统的手动分析。
- 原型设计：使用快速原型或模型来检查需求的有效性。
- 测试用例设计：在测试用例设计的过程中可以有效检查需求的可验证性。
- 自动化的一致性分析：现在已经有一些软件工具可以进行自动化的智能分析，以检查需求的一致性。

验证与确认不同，验证的目的是检查设计输出是否满足设计输入的规定和要求，是对开发工作是否按照设计输入执行的检查。而确认是检查最终产品是否达到用户的使用要求和期望。

通过需求确认，利益相关者的期望将被转化为问题的定义，并将业务需求转化为一套完整的经过验证的技术需求。需求确认的过程是一个递归和迭代的过程，它贯穿整个开发过程，在开发的上下游之间持续进行，需要确认的需求既包括涉众的需求，也包括产品需求和较低层次的产品/组件需求等。需求应该能够描述系统所有的输入、输出，以及输入和输出之间的关系，以及与操作员、维护人员和其他系统的交互等。

5. 需求管理

需求不是一成不变的，开发也不是线性的。在需求工程和系统开发的过程中，对不断变化的需求进行管理的过程称为需求管理。需求管理贯穿于整个需求工程的各个环节，而且是保证产品开发目标被成功实现的关键。

需求管理中需要面临的最大问题是复杂性。复杂性来自需求数量众多、需求之间相互依赖，以及需求的动态变化。在实际的开发设计过程中，随着开发的逐渐开展，相关人员会逐渐对业务需求、系统能力等有更好的了解，系统的技术环境和业务环境也可能会发生变化，这些都会导致需求的变更、增加和删除，需求优先级和分类也可能随之发生变化。

需求管理的主要工作是对需求进行分析、记录、跟踪、优先级排序，并确保利益相关者对需求的变更达成一致。这个过程需要关注需求的变化本质，需要将相关需求条目及时更新，确保需求规范及时反映最新的需求变化，从而让任何变更都能有序、可追踪和可控的实施。通过此项工作，利益相关者在工程周期内的交流和协作的效率与质量都将得到显著提升。

汽车电子电气系统子系统各个层级的需求条目可以到达几十万条甚至更多。对于如此庞大的需求，人工采用文档或表格进行管理的效率、质量都是极其低下的。因此，很多车企开始使用专业的需求管理工具进行数字化需求管理。数字化需求管理是捕获、跟踪、分析和管理需求变更的有效方法。能够确保在一个安全的、集中的位置跟踪变更，并且可以加强团队成员之间的协作，提升工作透明度的同时减少了重复工作，并增强敏捷性，有助于确保需求符合标准和合规性的要求。以下是数字化需求管理所带来的收益。

- 降低开发成本。
- 减少缺陷。
- 将与安全相关的开发风险降至最低。
- 提升开发速度。
- 可重用性。
- 可追溯性。
- 需求与测试用例绑定。
- 实现全球配置管理，适合多地团队之间的合作。

4.2.4 需求工程的意义和目的

从客户的声音（Voice Of Customer，VOC）到工程技术人员的设计，再到最终的交付，如果没有良好的需求工程作为支撑，出现偏差几乎是必然的，而且越是复杂的项目出现偏差的概率越大。对于无需求工程的后果，我们可以通过图4-14直观感受。尽管这个例子有点夸张和极端，但是实际工作中类似的情况并不少见。

总之，需求工程可以带来如下好处。

- 在开发者和利益相关者之间，对于系统需要具备的功能和性能达成基本共识。
- 减少重复工作，节约了开发过程中的资源。

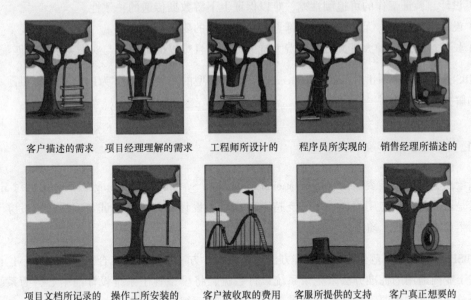

图 4-14 无需求工程的后果

- 提供系统开发成本和开发周期的预估。
- 提供对系统进行验证和验收的基线。
- 有助于知识的积累和传承、系统设计的重用与大规模协作。
- 有助于系统优化。

4.3 基于模型的系统工程

当前很多车企的电子电气架构开发工作仍然采用基于文本的传统系统工程（Traditional System Engineering，TSE），虽然实施简单，但有多种弊端。其中最主要的问题在于各个文档由不同的作者创建，他们从不同的视角描述系统设计，代表了不同的利益相关者。文档的质量依赖工程师的能力，在设计前期很难发现隐藏较深的逻辑问题。虽然已经有一些管理工具和设计工具帮助工程师提升设计质量，但以文本为核心的设计方法始终无法让不同视角的设计有机地结合起来，并实现在设计初期就完成本层级自我验证的目标。

以文本为核心的设计方法有以下缺点。

- 使用自然语言描述需求和设计，导致描述方法无法统一，在经过多级传递后，易出现歧义和偏差。
- 整个组织内部难以形成可靠的技术体系，产品质量过度依赖工程师的经验及能力。

- 设计、验证工作的可追溯性差，难以保证上下游数据传递的一致性。
- 设计变更困难，无法满足灵活部署和快速迭代的要求。
- 长期持续地维护大量文档将耗费大量人力，而且难以保证文档与实际需求完全匹配。

MBSE（Model Based Systems Engineering，基于模型的系统工程）为以上问题提供了一种全新的解决方案。

4.3.1 MBSE 的定义

系统工程国际标准委员会（International Council on Systems Engineering，INCOSE）对 MBSE 的定义是以规范化的应用建模技术来支持系统需求、设计、分析、验证与确认。它贯穿于整个产品生命周期的各个阶段。

MBSE 作为一种规范化的系统工程方法，是流程、方法和工具的集合，它运用数字建模方式，基于业内通用的标准方法来记录系统设计数据，将模型置于系统设计的中心，为系统建立一个单一的真实来源，并将各个领域关联起来，从而解决了复杂系统设计、维护、各方合作以及更新迭代的问题，可以提升系统的设计质量和迭代速度。得益于越来越多的数字建模工具，MBSE 得以迅速普及。

MBSE 的模型可以通过编程进行验证，并强制所有利益相关者使用同样的标准，从而消除模型中的不一致。这种公共建模环境改善了系统的分析过程，并减少了缺陷。数字化系统数据可用于跨学科的分析，为所有利益相关者提供了确保一致性的数据传播通道，并将各种更正数据、新信息和设计决策纳入其中（即一次陈述，自动传播到数据的各种视图）。

MBSE 并没有规定建模流程，无论采用何种建模方式，以下系统工程都会被涵盖。

- 需求/功能。
- 行为。
- 架构/结构。
- 验证和确认。

使用 MBSE 后，系统工程域是在模型本身以建模语言的方式定义的，而不是被定义为一组文档。模型通过标准的、类似编程语言的建模语言进行标准化描述，大幅提升了设计表达的标准化和各种变更的验证速度。

简而言之，MBSE 可以理解为按照系统工程的理念，使用数字化建模代替传统文档进行系统设计，把设计文档描述系统结构、功能、性能、规格的名词、动词、参数全部转化为数字化模型。MBSE 的本质是为了实现系统设计数字化和系统设计可视化，并以标准格式进行表达、存储和交换。

4.3.2 MBSE 模型的 4 个象限

系统的存在是为了解决某个问题，而模型是系统的抽象，那么作为系统的抽象而存在的模型，必须同时描述需要解决的问题，以及作为问题解决方案的系统。这两个方面也可以称作操作视角和系统视角。

操作视角是用户、操作员和业务人员的视角，它表示业务流程、目标、组织结构、用例和信息流。模型操作的一面可以包含对当前现状和未来状态的描述。

系统视角描述的是解决方案。它应该描述系统的行为、结构、组件之间的数据流、功能分配，以及系统如何部署，也可以包含备选解决方案。系统的架构解决了模型操作视角所提出的问题。

每个视角都包含两部分：逻辑和物理。于是，MBSE 模型将包含 4 个象限：逻辑操作、物理操作、逻辑系统和物理系统。它们分别对应于概念问题描述、实际问题描述、概念方案描述、分配的解决方案描述。如果模型建立正确，4 个象限应该紧密连接。MBSE 模型的建立从逻辑操作出发，结束于物理系统，如图 4-15 所示。

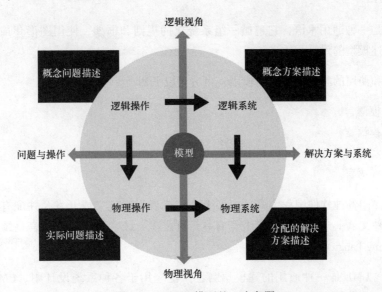

图 4-15　MBSE 模型的 4 个象限

将模型按逻辑视角和物理视角进行区分是管理系统复杂性的有效方法。随着时间的推移，逻辑部分通常很少变化，而物理部分通常会随着技术进步而不断变化。

一个合格的模型应该具有以下特征：

❑ 问题的描述追溯到解决方案的细节，以及分配给物理结构的逻辑元素。

- 模型的用户能够清楚地看到顶层的概念和组件如何被分解为较低级别的特性。
- 用户能够执行系统分析、创建依赖矩阵，并模拟运行。
- 为每个利益相关者生成系统视图。
- 如果系统的物理部分必须更改，那么模型的逻辑方面能确定哪些功能将受到影响。
- 如果必须更改需求或业务流程，模型很容易发现对解决方案的影响。

一个结构良好的模型应该易于理解、高可用和方便维护，这对于复杂系统尤其重要。模型的目标是向利益相关者表明如何满足系统的需求，因此模型应该以一种容易理解的方式展示。可视化是确保好理解的有效方法，将抽象的想法进行形象化表达，使系统具有的优势能够"被看到"。

4.3.3 MBSE 的三大支柱

应用 MBSE 模型的技术基础主要有建模语言、建模方法和建模工具。它们被称为 MBSE 的三大支柱。

1. 建模语言

建模语言是一种通用术语，它遵循一组系统化的规则和框架，使用图形化或文本化的计算机语言来描述模型的设计与构造。

根据需求和使用的特定领域，建模语言可分为以下四类。

- 系统建模语言。
- 对象建模语言。
- 虚拟现实建模语言。
- 数据建模语言。

建模语言如同各种软件编程语言，由各个公司或者组织定义或开发，并配有相应的规范和工具。在各种文献上介绍过的建模语言有数十种之多，最常见的建模语言是统一建模语言（Unified Modeling Language，UML）。

（1）UML UML 是一种通用的建模语言，广泛应用于各种系统设计中。UML 通过标准的、可视化的方式来描述系统的行为和结构，进而完成系统设计。

作为一种标准化的建模语言，UML 由一组集成的图表组成，可以帮助软件开发人员指定、可视化、构造和记录软件系统的设计，可用于业务建模和非软件系统。UML 代表了在大型和复杂系统建模中最佳工程实践的集合。UML 是面向对象软件开发和软件开发过程中非常重要的组成部分。UML 主要使用图形符号来表达软件项目的设计。UML 可以帮助项目团队独立于特定的编程语言和开发过程，进行高效沟通和协作，并验证软件的架构设计。

UML 中的图形符号大致分为两个基本组。

- 结构图：描述系统的静态结构及其组成部分，具体包括以下内容。
  - 类图：通过显示系统的类、方法和属性来描述系统的静态结构。
  - 复合结构图：详细表示类的内部结构及其与系统其他部分的交互。
  - 对象图：描述对象被实例化时的行为，表示某个时间点上类的特定实例以及它们之间的关系。
  - 组件图：表示系统中物理组件的组织方式，描述了系统元素之间的结构关系。
  - 部署图：表示系统硬件及软件的结构关系，包括存在哪些硬件组件，以及运行了哪些软件组件。
  - 包图：描述不同包之间的依赖关系及其内部组成。
  - 配置文件图：为定制特定领域和平台的 UML 模型提供了一种通用的扩展机制。允许以严格的附加方式细化标准语义，防止它们与标准语义产生矛盾。配置文件使用原型、标记值定义以及应用于特定模型元素的约束来定义，比如类、属性、操作和活动。
- 行为图：描述系统的动态行为，即系统是如何工作的，具体包括以下内容。
  - 状态机图：表示系统及其组件在有限时间实例中的状态转换。
  - 活动图：用于可视化描述工作流，说明系统中的控制流程。
  - 用例图：用于描述一个系统的功能或者系统的一部分，表示系统的功能需求及其与外部参与者的交互。
  - 序列图：描述对象之间按顺序进行的交互。
  - 通信图：用于显示对象之间交换的序列消息，主要关注对象及其关系。
  - 时序图：序列图的一种特殊形式，用于描述对象在一段时间内的行为，显示控制状态和对象行为变化的时间和持续时间的约束。
  - 交互概览图：活动图和序列图的混合体，是对一系列操作的建模，能够将复杂的交互简化为简单的事件。

为了支持 UML 的图形化表达方式在各种 UML 工具间进行数据交换，OMG 建立了 XMI（XML Metadata Interchange，XML 元数据交换）格式标准。XMI 是基于 XML（eXtensible Markup Language，扩展标记语言）技术发展起来的一种标记语言，被定义在 ISO/IEC 19509 中，支持在 ISO/IEC 19508 中定义的元对象设施核心，并继承了 XML 的所有特征。作为交换 UML 模型数据的桥梁，XMI 被广泛集成到各种 UML 工具中，用于引入和导出 UML 模型。

（2）SysML　UML 主要应用于软件行业的建模，尤其是结构复杂且无法很好地应用于系统工程的建模，为了更好地应对系统工程建模领域的应用，OMG 开发了系统建模语言（System Modeling Language，SysML）并将其发布在 ISO/IEC 19514 中。SysML 是一种通用的图形化建模语言，用于指定、分析、设计和验证复杂系统。该语言为建模系统的需求、行为、结构和参数提供了图形化表示的语义基础，并可以与其他工程分析模型集成。作为一种建模语言，SysML 用于描述系统工程活动：分析、规范、设计、验证和确认。它从以下几个方面描绘系统模型。

- 结构、分解、关联、清晰度和使用场景。
- 基于功能、基于交互和基于状态的行为。
- 性能分析和约束。
- 结构、行为和约束之间的配置属性。
- 基于文本的需求和追踪关系。

SysML 的基本单元是块，可以表示硬件、软件、设施、人员或其他系统元素。系统结构由块定义图和内部块图表示。块定义图描述了系统层次结构和系统/组件分类。内部块图从部件、端口和连接器方面描述系统的内部结构。

SysML 图包括行为图、需求图和结构图三大类，其中部分图形沿用了 UML 的定义，部分图形进行了变更，如图 4-16 所示。行为图包括活动图、序列图、状态机图和用例图。结构图包括块定义图、内部块图、参数图、包图。这些图提供了描述系统或系统部件之间的交互、所能实现功能等描述手段。

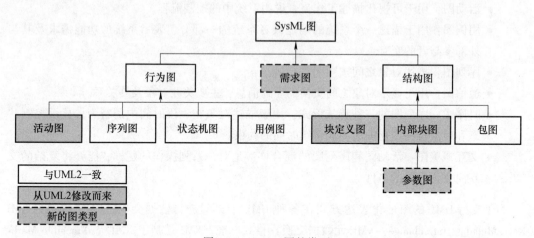

图 4-16　SysML 图的类型

参数图和需求图是新的图类型。参数图使用图形结构表示基于文本的需求，表示了对系统属性值的约束，如性能、可靠性和质量属性等，并作为一种手段，将规格和设计模型与工程分析模型集成在一起。需求图展示了需求的构造、依赖它们的模型元素、验证需求的测试用例之间的关系，提供了需求管理工具和系统模型之间的桥梁。

结构、行为、需求和参数被称为 SysML 的 4 个核心支柱。建模语言对于建模活动至关重要，但它只是一种语言，在系统工程活动中，语言只有与工具和方法结合才能发挥作用。

2. 建模方法

没有正确的工作方法，MBSE 就不可能存在。如果没有工作流定义，MBSE 只是一组选定的、支持工程的工具。

2008 年，INCOSE 发表的对 MBSE 候选方法论的调查报告中涵盖了如下 6 种建模方法。

- INCOSE 的面向对象的系统工程方法（Object-Oriented Systems Engineering Method，OOSEM）。
- IBM 公司 Rational Telelogic 产品线开发的和谐系统工程（Harmony-SE）。
- IBM 公司开发的系统工程统一过程（Rational Unified Process for Systems Engineering，RUP-SE）。
- No Magic 公司的 MagicGrid。
- 喷气推进实验室（Jet Propulsion Laboratory，JPL）开发的状态分析（State Analysis，SA）。
- Dori 等人开发的对象过程方法（Object-Process Methodology，OPM）。

下面简单介绍其中几种常见的建模方法。

（1）OOSEM　OOSEM 具有如下特点。

- 采用基于模型的方式进行从上至下的功能分解。
- 充分利用了面向对象的概念。
- 采用 OMG 的 SysML 支持系统设计规范的制定、分析、验证等活动。
- 旨在简化面向对象的软件开发、硬件开发和测试等活动的集成工作。

根据 ISO-15288 的定义，OOSEM 包含如下活动。

- 分析利益相关者的诉求。
- 定义系统的需求。
- 定义逻辑架构。
- 综合各个备选架构。
- 优化和评估备选方案。
- 验证和确认系统设计。

OOSEM 工作流是线性的，并且在单个项目工具链中结合了需求模型、用例定义、架构设计和实现。

OOSEM 基于功能分解方法，不依赖具体的工具和供应商。它采用自顶向下的方法，建模顺序从宏观到微观逐渐深入。在整个项目开发过程中，建模的主要目的是充分描述项目和待实现的解决方案的架构，建模通常是项目中最耗费时间和资源的环节。

OOSEM 充分改变了传统项目开发中以文档为中心的方法,目前广泛应用于系统工程实践领域。在实施 OOSEM 建模项目的过程中,SysML 语言是首选。

(2) Harmony-SE　Harmony-SE 具有如下特点。

- 属于服务需求驱动的方法。
  - 使用 SysML 的结构图进行描述。
  - 将状态/模式的转变(活动)描述为服务契约。
- 与 V 模型对应。

Harmony-SE 的任务流过程元素包括需求分析、系统功能分析和架构设计,如图 4-17 所示。

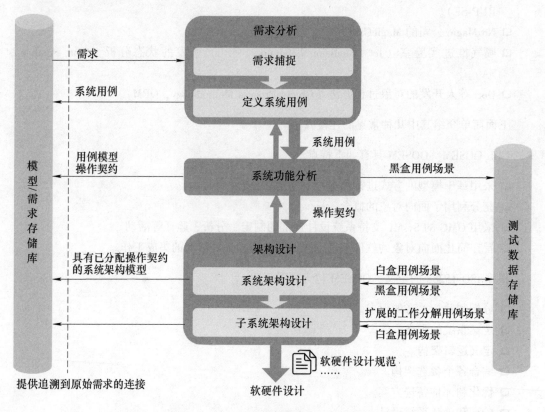

图 4-17　Harmony-SE 的建模过程任务流

Harmony-SE 建模过程主要包括两部分:系统工程和嵌入式实时系统,分别涵盖了系统建模阶段和实时嵌入式系统的开发阶段,整体架构如图 4-18 所示。

(3) MagicGrid　MagicGrid 框架由网格视图中的视点和方面组成,网格的每个单元都是系统工程过程的交付物,如表 4-2 所示。

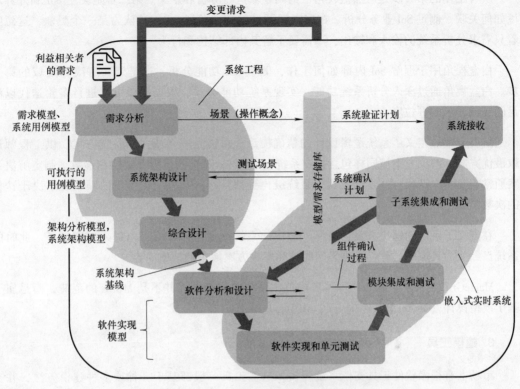

图 4-18 Harmony-SE 在系统开发中的应用

表 4-2 MagicGrid 框架

域			维度			
			需求	行为	结构	参数
域	问题域	黑盒	利益相关者需求开发	用例	系统上下文	效果度量
		白盒		功能分析	逻辑子系统	子系统的效果度量
	解决方案域		架构定义	系统行为	系统结构	系统参数
	实现域		设计定义	软件	电子	机械

MagicGrid 包括 3 个层面的定义：问题域、解决方案域以及实现域。其中问题域完成利益相关者需求开发，解决方案域完成架构定义，实现域完成设计定义。每个域都对系统的 4 个维度进行考虑、捕捉。

问题域关注利益相关者的需求，并使用 SysML 模型元素对它们进行细化，以获得目标系统（System of Interest，SoI）必须被解决的问题，这些描述必须清晰且一致。问题域分为两个视角：黑盒与白盒。

所有工作的第一步是对黑盒视角下的问题域进行分析和定义。第二步是关注 SoI 和外界环境如何关联，侧重 SoI 业务分析。在定义问题域的初始阶段，SoI 被认为是一个黑盒，这意味着只需求分析系统的输入和输出，不需要了解其内部结构和行为。

白盒视角用于理解 SoI 内部如何工作，侧重 SoI 功能分析，这是定义解决方案域的第一步。白盒视角通过深入分析系统功能，实现系统功能分解，根据需要可以进行多轮迭代以满足问题域要求的颗粒度。

解决方案域定义了系统逻辑设计的精确模型，可能是一个或多个备选方案，供工程师选取最优方案。解决方案域同样包含指定系统（不再是 SoI）的行为、结构和参数。制定解决方案通常需要多次迭代，从系统级到子系统级再到部件级，系统结构模型的颗粒度取决于迭代的次数。

在定义了系统的解决方案，选择了最优的系统配置之后，就可以进入实现域了。此时的系统已经变为具象的设计，不再是问题域和解决方案域中的抽象内容。

MagicGrid 定义了系统的物理需求规范，系统的详细设计并不是 MBSE 的范畴，而是属于基于模型设计（Model Based Design, MBD）的工作内容。

3. 建模工具

市场上有很多软件工具支持系统建模，这些工具一般都基于一种或多种建模方法，并支持一种或多种建模语言。它们有各自的特点，大多支持团队协作开发。

多数用于工业控制系统的集成开发环境（Integrated Development Environment, IDE）符合 IEC 61131-3 标准，允许在算法编译成可运行的代码之前，通过离线或实时仿真的方式对其进行验证。

这个世界上并不存在最好的工具，只有在特定时刻对于特定项目最合适的工具。在选择建模工具的时候，要根据项目的特点、人员能力与历史积累来综合评估，选择合适的工具并匹配相应的流程。

4.3.4　MBSE 的实施

任何产品的创新都受到以下 3 个原则的推动。

- 提高生产效率。
- 学习曲线缩减，即终端用户更快地适应产品。
- 保证安全运行或改善整体安全条件。

MBSE 理论及其相应的语言、工具和方法完全满足上述原则。

1. MBD 的 9 个层次

完全采用 MBD 原则是一个耗时的过程，从最基本的使用图形化方式记录需求和解决方案，到全面实施基于模型的设计，组织的流程、方法和工具需要随之改变。从流程迁移时部分工作基于模型，到所有层次（软件、硬件、业务需求等）实现全面模型化，需要投入大量资源。《管理基于模型的设计》一书中将控制算法的 MBD 过程与实施范围分为 9 个层级，其评价维度是代码自动生成过程与验证和确认过程。这两个维度的 MBD 应用各分 3 个等级，如图 4-19 所示。

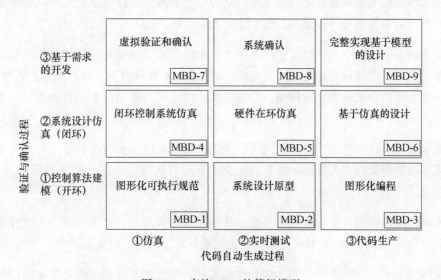

图 4-19 实施 MBD 的等级模型

（1）代码自动生成过程　这一维度包含以下 3 个等级。

1）仿真：代码生成只支持系统和动态仿真计算。

2）实时测试：自动代码生成程序支持实时测试。

3）代码生产：软件开发的最高水平是通过利用工具链来实现的，这些工具链支持直接从系统规范中生成代码。

（2）验证和确认过程　这一维度包含以下 3 个等级。

1）控制算法建模（开环）：无验证支持，设计规范只包括操作级别的信息。

2）系统设计仿真（闭环）：闭环仿真为设计人员提供反馈数据，在将控制系统部署到目标平台之前进行实时测试，可以消除产品的大部分缺陷，且不会有损坏物理组件（如传感器、执行器）的风险。

3）基于需求的开发：需求管理贯穿于系统设计全过程。

实现代码自动生成减少了开发时间,也减少了产品的缺陷。模型在验证和确认过程可以更好地集成业务目标。

当一个组织的 MBD 沉浸度达到 MBD-9 时,研发阶段将采用完全基于模型的设计,MBD-1~MBD-8 的所有活动将被整合到一个全自动的设计过程中。

2. MBSE 的收益

MBSE 的实施改变了工作方法和输出物,将文档撰写变为建模活动,这种形式上的变化带来的是开发模式的变革与业务流程的重组。这种变化的理论支撑是系统工程从传统的系统工程向基于模型的系统工程的转变。工作方法的转变带来了人员关系与能力要求的变化。

在传统的系统工程中,一切以文档为中心,无论是设计规范还是测试验证的结果,各种设计之间的关联只能通过简单的工具来实现。而在 MBSE 的模式下,所有人有共同的数据源,各种设计数据可以在团队中实时传递。借助工具,可以实现模型数据的自动校验,大幅提升工作效率。

如果从架构设计的角度看待开发模式的变化,我们可以认为这不只是一种开发方式的变化,本质上是组织架构中人员连接关系的变化,不同的结构(关系)必然引起系统(组织)效能的变化。

开发模式的转变将带来一些挑战,如工具链投资大幅增加、流程重组、人员技能要求提升等,总体而言,实施 MBSE 是复杂系统开发的最佳选择,带来的收益如下。

(1)全面降低开发风险　应用 MBSE 建模方法,设计人员将在系统开发早期分解系统的需求,并进行设计工作。借助工具可以高效地发现各子系统、模块之间接口定义不一致的问题,各个层级的仿真也可以大幅提升问题被发现的效率。从而减少设计错误,使得最终产品实现与预期要求的偏差更小,大大降低项目开发过程中的成本与质量风险。

(2)迭代速度的提升　虽然建模初期将耗费一定的人力和时间,但当系统设计需要持续迭代优化的时候,采用 MBSE 方法的工作效率将远远高于基于文档的设计方法。因为模型具有天然的设计可见性、数字关联性和可追溯性,这大大节约了维护文档的时间、新人学习的时间,以及变更的关联性检查和验证与确认的时间。在软件需要快速迭代更新的当下,效率已经成为决定竞争结果的关键。

(3)管理效率的提升　工具的应用使得需求追踪、结果追溯和开发成熟度的实现变得简单,各级管理者都可以快速获得自动生成的全流程状态报告。这让管理复杂项目变得更容易,管理也可以更加精细化。同时,数字化的设计平台与传递方式大大提升了团队内部、与外部沟通的效率,并大幅减少了以文字传递需求的不确定性和转换为具体设计的人力消耗,从而实现了从文件驱动到数据驱动的转型。MBSE 还促进了各个利益相关者之间的沟通,由于系统设计是在集成的建模环境中进行的，所有的系统工程师、管理人员和利益相关者都可以在必要时访问生成的信息。

（4）组织能力的提升　传统以文档为核心的开发模式中，文档的质量完全依靠工程师，组织中的大量文档在一定时间之后会逐渐失去维护。通过建模过程中的数据沉淀，组织的整体能力将得以迅速提升。

MBSE 的收益取决于 MBD 沉浸度。在沉浸度最高的情况下，产品的需求集将交织在一起，能够在与最终产品工作条件相似的模拟环境中进行验证。这使得新产品版本的开发更快，向现有产品添加功能更容易，从而可以适应不断变化的市场需求并在竞争中占据优势。然而，MBSE 实施的收益与投入之间的关系也存在着一些不同观点，并非所有的系统开发都适合 MBSE 方法。

一般而言，对基于模型的开发的投资只有在系统是大型的、复杂的、跨领域的，且需要不断更新维护的情况下才是合理的。对于小型的或不需要持续维护的模型系统，概念验证实验要么太耗时，要么太昂贵，无法确保收益和成本符合预期。MBSE 作为一种新的学科所产生的作用已经在众多领域得到认可：尤其是在汽车电子电气系统开发领域，它的价值已经毋庸置疑。

MBSE 的实施涉及多学科和多层面的努力，它定义了整个开发过程中各个参与者的角色、流程、环境和信息流。为了创建一个复杂系统的成功模型，组织必须支持建模过程，保证 MBSE 可以被有效地集成到开发过程中。

采用 MBSE 方法的最大意义在于使用数字化的工具来提升工程师的工作效率与质量，使用的工具不同，也意味着能力的不同。

4.4　本章小结

由于汽车电子电气系统的复杂性，设计一个高质量的架构是一项无比艰难且需要大量知识与经验的工程，整个过程异常艰苦且需要大量专业人员通力合作，本章重点介绍了常见的系统开发方法与工具。

第 5 章
电子电气架构设计的目标与原则

原则第一，行动在后。

——托德·斯托克

汽车电子电气架构包含两部分：电子电气和架构。电子电气是定语，限定了架构一词的范围，指车上所有电子电气部件构成的电子电气系统。

架构师的主要职责是设计电子电气架构，而电子电气架构设计和电子电气系统开发工作的主体并非架构师。在电子电气系统的开发工作中，架构师作为一个重要的角色，主要负责系统的顶层设计。虽然这些工作只是整个电子电气系统开发工作中的一部分，工作量也并非电子电气系统开发工作中最重的，却是最为重要的。

电子电气架构指的是汽车上电子电气系统中各种实体元素之间的结构（关系），以及系统内元素与周边环境构成的结构，也包含了设计这些元素乃至整个系统的设计原则和系统的演进原则。

5.1 架构设计的目标

架构设计的主要对象并不是系统中的组件或元素，而是设计并管理各种结构关系，同时确立并维护各种相关的原则。那么，架构设计的目标是什么？什么才是一个优秀的架构设计呢？

5.1.1 为什么需要架构设计

电子电气系统的复杂度与众多利益相关者的诉求，使得电子电气系统的设计难度极大。架构设计的主要目的就是解决电子电气系统复杂度带来的问题，包括开发成本不断攀升、时间周期越来越长、质量问题层出不穷，以及新功能扩展的难度不断增加等。

我们可以想象一下，在系统非常简单，不需要复杂的设计和方法就可以完成开发的时候，架构设计不需要成为一个专门的工作。当系统变得越来越复杂之后，系统开发失败的风险变得越来越高，而且会带来巨大损失，架构设计此时会变得异常重要。

对于整车厂而言，谈及架构一词的时候，并不一定指电子电气架构。电子电气架构只是汽车中的一种架构，汽车中还有另一种架构：物理架构。物理架构对应车辆中的物理系统，一般包括底盘、动力系统等物理组件。

一般来说，企业开发架构不是为了某一个产品，而是要支撑多个项目、多年发展的需求。也就是说架构要成为定义未来包含多个项目的基础，并有不断演进的能力，如图 5-1 所示。

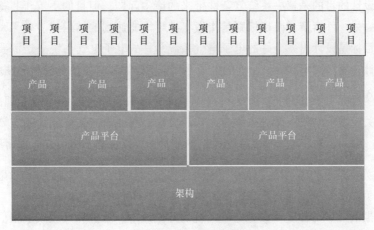

图 5-1　架构与项目的关系

图 5-1 所示的关系既适用于物理架构也适用于电子电气架构，还适用于将物理架构和电子电气架构合为一体所形成的整车架构。

- ❑ **产品平台**：同一个架构上的所有产品，如基于某一个架构的轿车平台。
- ❑ **产品**：一个产品平台上的若干产品，如轿车平台上的不同车型。
- ❑ **项目**：单个车型项目按时间顺序量产的若干辆车型，比如首款车型、改款车等。

因为平台开发是在架构的基础上展开的，所以架构定义并限制了平台开发的边界以及开发的框架（需求、限制和分级别的解决方案）。

从车企的角度来说，架构的设计目标如下。

- 提高模块化、平台化的水平，降低车型开发的成本和时间。
- 提高产品的竞争力。
- 增加对供应链的控制力。

车企管理层在确定架构设计时，需要考虑如下因素。

- 当前人员的能力、数量和各个领域知识的掌握程度等。
- 可用的供应商资源或合作伙伴。
- 可投入新架构研发的资金预算。
- 愿景（企业目标），包括品牌定位、目标客户群、产品的路线图等。

综上，出发点（现在的能力与资源）与目的地（想要实现的目标）共同决定了架构设计。

5.1.2 理想的架构设计

虽然架构设计的目的是解决系统复杂性带来的诸多问题，但目的不等于目标。目的指的是为了什么而去做一件事情，而目标则是指做一件事情要达到的结果或者效果。进行电子电气架构设计的目标是设计出一个好的电子电气系统。好的电子电气系统一定需要一个好的电子电气架构设计，反之则不然，一个好的电子电气系统还需要有好的系统和部件才能实现。

架构设计的目标主要有两个：满足利益相关者的需求和保持架构生命周期的成本可控。不满足利益相关者需求的架构无法被称为成功的设计，而理想的架构设计还应该保持生命周期的成本可控。因此，对于电子电气系统架构的质量，可以从如下两个方面来衡量。

- 利益相关者需求的满足度：如果不能满足各个利益相关者的基本需求，架构设计的基本目标就无法实现，而完全满足所有需求又是一件不可能完成的任务。
- 生命周期的成本可控度：如果电气系统的开发成本、维护和升级成本很低，并且能够在整个生命周期中一直维持较低的成本，那么这个系统的设计就是优秀的。需要注意的是，架构的成本不仅体现在满足当前需求所需要的成本，还包括将来在架构上进行变更的所有成本。如果每一次变更都会提升成本（包括人力成本和物料成本），那么这个系统架构的设计就不够优秀。

如图5-2所示，理想的架构设计在加入需求进行扩展的时候，系统成本可以保持稳定。而实际的架构设计在增加需求的时候，系统成本会大幅增加，而且在某个节点会呈现迅速上升的状态。当设计者发现为了增加某项功能导致系统成本高于重新设计架构的时候，一般就会开始新架构的研发。当实际的架构设计被放弃时，我们把实际的架构设计与理想的架构设计在系统成本上的差异称作"架构设计的智商税"。在现实中，没有人会去统计"架构设计的智商税"的,因为没有人会承认自己的设计不够理想,并且极少有人知道理想的设计是什么。在理论上,这种"架构设计的智商税"是一定存在的。

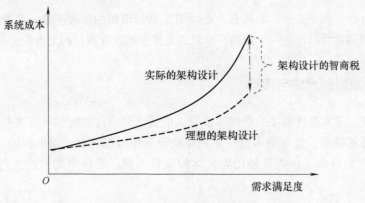

图 5-2 架构设计的智商税

架构设计的终极目标是用最少的成本构建和维护系统,并满足各个方面的需求。

架构设计不可能面面俱到,也不是必须具备高性能、高可用、高扩展等特点,架构是为了解决具体的业务问题而存在的。对于架构设计,确定一个具体的、切实可行的目标是无比重要的。

良好的架构可以促进项目的良性发展,架构设计之初考虑的维度越准确,目标定得越清晰,项目就越顺利。然而,很少有人能将各方面都考虑到,即便考虑到了,也总会有意外发生。技术进步与车型发布的速度越来越快,而架构的开发周期却很难轻易缩短,这对架构的可扩展性和可演进性提出了更高的要求。

5.2 架构设计的原则

确立并维护各种相关的原则是架构设计的主要任务之一。有了这些原则,系统组件之间关系的设计和管理也就有了依据。

所谓原则,指言行所依据的准则。在电子电气架构的设计工作中,如果没有明确的设计原则,那么几百个零部件的选择、上千个工程师的协作就没有一个明确的规则。如果大家各干各的或者事事都要开会,效率低下将让人无法忍受。尤其是当有多个方案需要抉择时,如果没有明确的规则,就只能靠领导决策了。如果能够在架构设计初期就把这些原则收集并固化起来,那么整个团队就变成了可以自主运行的团队——在固定的规则下工作,不需要或极少需要外界介入。

原则一旦确立，就是组织成员要遵守的规则。在原则确立之前，首先要达成共识。一旦有了明确且完备的原则，整个组织的运行和管理就变成了两件事：监督原则的执行和按需修订原则。

在架构设计中，需要遵守的原则有：必须满足目标市场的法规要求、系统要有足够的可靠性等。这些原则的背后还有一个原则：尽量满足并平衡所有利益相关者的需求。

5.2.1 设计原则的产生与传递

原则的本质，无非是代表了一个群体或个人的诉求。任何原则都一定来自某种诉求，并变成了某种具体的需求，这些需求最终要在系统设计中得以体现。而架构团队的工作之一，就是收集这些原始诉求，并将其转化为具体的设计原则。设计原则的产生与传递如图5-3所示。

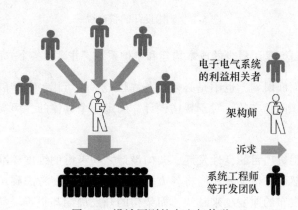

图5-3 设计原则的产生与传递

5.2.2 设计原则的分层

架构的设计原则可以反映车企的造车理念，如成本优先、质量优先、安全优先等，均是一种企业级价值观的体现。价值观则是通过各种诉求发展而来的，并以原则的形式确定。原则最后变成各个层级具体的需求并得以实现。

企业级的价值观或原则被分解到各个车型上，也就是整车层级，然后整车层级的原则会分配到电子电气系统层级，并被细化成为电子电气系统级的原则，而电子电气系统又会根据自身的特点产生电子电气系统特有的原则，再逐渐分解到各个域，继而被分解到各子系统，如图5-4所示。

电子电气系统的基本设计原则有很多，成熟的整车厂都有自己的分类方法，无外乎如下两类。

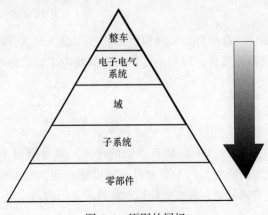

图 5-4 原则的层级

- **技术类**：各种需要通过技术手段实现或保证的原则可以归到此类，如各种质量相关的原则和标准、生产和售后所要达到的标准、保证系统可以良好运转的标准等。
- **管理类**：各种流程、规定方面的原则，如项目开发的流程、文件管理的规定、配置管理的规定等。

无论技术类的原则还是管理类的原则，都会以某种形式在各个层级予以体现，并被固化成为具体的规范或标准。

5.2.3 架构设计的三大原则

以下 3 个基本原则是所有原则都应该遵守的。

1. 简单原则

如果一个系统中的组件比较少，结构关系也比较简单，那么开发和维护这个系统的难度和成本就比较低。对于汽车电子电气系统而言，成本核算是始终要考虑的问题。系统出错率低，意味着系统的可靠性高，对功能的需求一直促使系统的复杂度不断提升。

对于复杂系统而言，系统内部各组件之间相互影响，设计、管理与维护的成本都是非常高的，而且复杂度越高的系统，出问题的概率就越高。复杂与简单是相对而言的，复杂的定义和标准会随着时代变化，而且不同的角色判断复杂与简单的标准也不同。在一个视角看到的简单系统，从另一个视角看可能就是复杂无比的。

很多设计者和产品策划者为了追求所谓的技术领先而给系统增加很多不必要的设计，包括复杂的功能逻辑、不必要的部件等，既增加了系统成本，又降低了系统的可靠性。

系统中的组件之间有连接关系，系统的复杂度与组件数量密切相关，连接关系的增加还意味着通信成本的增加。

为了保证系统的可靠性、鲁棒性，以及以较低的成本投入来实现设计目标，简单原则是最需要遵守的原则。尽量简化设计，用最小的代价去满足需求，这是架构设计首先要遵守的基本原则。

2. 适用原则

从事技术研发的人往往有自己研发所有系统的冲动，领导层对于达到"自主研发"和"业内领先"总是有着执着的向往。汽车研发是一项商业行为，如果所谓的"自主研发"和"业内领先"不能为企业带来效益，那么这些追求就是不适用的。

适用原则可以在以下 3 个方面加以应用。

（1）资源的投入　任何企业的资源都是有限的。如果市场上有成熟的技术可以使用，那么自主研发就是非必要的，应该将自主研发的资源投入到能创造价值的领域。这种战略决策依靠的是决策者的眼光与能力，在不同的时间、对不同的企业有不同的标准，很难一概而论。这里只能给出一个建议：非核心技术或部件，统统购买。

（2）新技术的导入　在何时导入何种新技术，是对决策者战略能力的考验。适当导入新技术可以提升企业的竞争力，并不是所有的新技术都有市场前景。只要能够形成一定的竞争优势就可以了，而且竞争优势往往是整个系统综合性能的体现，很少因为某一个点的创新就能有翻天覆地的变化。

这里并不是不鼓励创新，没有创新肯定就不会有竞争力，但创新要有节制，在产品开发上可以采用有限创新的形式，根据当前的市场情况，适度引入新技术，并且及时收集市场反馈，然后持续迭代更新。相比于一次推出多个创新之后就沉寂，不断推出新技术更能让产品保持热度。在设计新架构的时候，要尽量充分重用现有架构的资源，并考虑在下一代架构上该如何重用现有架构的资源。

（3）生态的适应性　每个整车厂都是汽车生态圈中的一个节点，没有哪个企业可以脱离这个生态圈而独立存在。生态的适应性可以分为以下两个方面。

A. 技术或产品的可获得性

汽车智能化需要各种技术和产品作为基础支撑，比如算力、网络通信、软件等。假设在 20 年前设计一款可以识别各地方言的汽车语音模块，但那个时候云计算的基础设施尚不完善，只能将所有的处理在车内完成，这要求汽车本地语音模块非常强大。虽然存在理论上的可行性，但是无法找到具有如此强大处理能力的芯片。在这个例子中，云计算作为生态链中重要的一环，是影响技术可行性的决定性因素。

类似的情况还有车载以太网。虽然汽车工程师在很久以前就想把以太网应用在汽车上，可是在符合汽车标准的以太网线束、接插件、芯片以及相关的软件协议栈等技术和产品批量化生产前，车载以太网就只能停留在实验阶段。

B. 服务的可获得性

在各种电商平台出现前，谁都无法想象在手机上进行简单的操作，就可以足不出户购买产品。即使有人想到了这个模式，如果没有安全的电子支付体系、快捷的物流体系提供支撑，在线交易还是空想。

汽车设计也一直面临同样的问题，在相关生态圈没有完善的时候，贸然尝试一些理论上可行的新技术，必然是失败的。

3. 演进原则

架构设计的工作不但要着眼当前，更要放眼未来。架构设计团队成员需要理解项目的现状、范围、特征，以及企业的愿景，需要了解在架构关注的范围内，哪些因素是硬性限制条件，哪些因素是可变限制条件，哪些因素是项目当前需要解决的问题。架构设计工作本质上属于项目开发，在管理上一般也是按照项目管理的方式开展的，譬如目标的设定、时间计划、资源的使用等。

一般全新开发项目的限制条件比较少，但需要考虑解决的问题比较多。多数架构设计工作是在已有系统上开展的，原有系统架构可能不再适应当前的情况，而这正是新架构需要解决的问题。原有的架构或许总体依然可用，只是局部需要调整。总之，充分了解原有架构是减少开发工作量与风险的保证。一般来说，环境决定了系统可扩展的范围，而且限制了架构设计。影响架构的环境因素包括架构所支持的商务环境、技术限制等。

架构的开发一定要有边界，也就是限制条件，这些边界的集合被称为架构的带宽。不可能有一种架构满足所有的功能或性能的需求，架构师必须明确哪些属性最重要。然而，许多因素是互相矛盾的。比如，让电子电气系统具备高性能的同时还要实现较低的成本就很困难。在进行架构设计的同时，要处理好各个因素之间不可避免的冲突。

近年来，软件工程的持续发展使我们得以采用软件在现有的架构上拓展电子电气系统的功能与性能，可以站在软件的角度来思考架构要如何变化。对于纯软件架构，理论上可以进行多次快速迭代。汽车上的电子电气系统毕竟还是依赖大量物理部件实现很多基本功能，难以像软件一样随时进行大面积更新，所以纯粹软件迭代的模式无法全面应用在汽车上。

无论如何，软件比重的迅速增加还是为电子电气系统与架构的演进提供了想象空间。面向软件的电子电气架构的演进方式是通过软件更新来实现新功能或者优化现有功能。目前普遍采用的方式是适当预留硬件的处理、存储能力，在不更新硬件的情况下，实现车辆量产之后的持续更新。

演进是一个过程,实现演进需要建立一个能在不断变化的环境中持续运行的系统。电子电气系统的演进能力是衡量一个架构设计优劣的重要指标。

所谓系统的演进能力,指的是当一个系统在交付之后仍然能够以较低的成本(开发成本、时间等)进行扩展,从而支持新需求的能力。架构作为一个抽象的系统,其本身也是需要演进的。因为架构所包含的是结构和原则,而结构和原则也必然需要随着时间和环境的变化不断地演进来适应新的需求。

输入给电子电气系统的需求越来越多,以至于无论我们怎么努力,现有架构也难以应对新的需求。总有一些难以预料的需求出现,导致现有的架构力不从心。既然变化是必然的,那么我们就只能因势利导地利用它。一切都在变化,即便对经验丰富的从业者来说,颠覆性的创新也是难以预测的。然而,演进是一个基本的需求,这个需求需要一些原则去支撑。这些原则可以体现在各个方面,在电子电气系统架构的开发流程、方法论、工具链中,乃至组织机构设置中均要体现出对演进的支撑。如图5-5所示,在开发流程左侧的设计环节中,越是下游的环节,在演进的过程中出现变化的可能性越大,因为它们对技术实现的依赖更强,而上游的需求与架构设计则可以相对稳定,在架构演进中保持较高的重用比例。

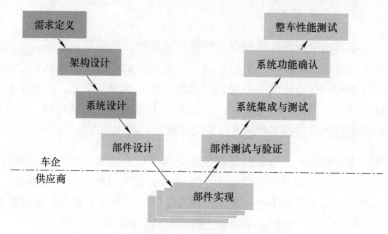

图5-5 电子电气系统开发流程

对于汽车来说,很多基本的需求在过去的几十年中并未发生太大的变化,由于各种非基本的功能性需求不断增加,导致零部件层级发生了翻天覆地的变化,而且这种变化趋势随着竞争者不断加入而愈演愈烈。支持持续的演进(迭代升级)已经成为对电子电气系统的基本要求。随着电子电气系统的复杂性不断增加,如何保证电子电气系统的演进能力成为一个极富挑战的问题。

当今的电子电气系统中,软件已经是重中之重。电子电气系统的设计原则中不得不考虑如何让软件的开发、维护更有效率。在设计原则的演化历程中，软件相关原则的比重在逐渐增加已经是不争的事实。现在电子电气系统的新增功能中大部分依赖软件，而软件的演进速度远远超过硬件。在电子电气架构层面，如何支持软件的演进已经成为架构设计的最大难题。已经有人尝试进行硬件的预埋和芯片算力的储备，而良好的软件架构设计才是让整个电子电气架构能够平滑演进的基础。

良好的架构设计至少包含两个方面：技术与管理。技术层面要根据当前的技术现状和组织的愿景来设计合适的软件架构，同时也需要管理层通过匹配合适的方法论来不断优化流程和组织架构以及资源保障。

在架构设计的过程中可以通过最小投入最大收益的原则来增加电子电气系统的可维护性与降低开发成本，并保证各个利益相关者的需求得到一定程度的满足，而如何保证这些原则的有效落实则让管理者压力巨大。整车的电子电气系统过于复杂，甚至复杂到没有人可以全面理解，这导致有很多事情是无法通过广泛听取意见找到最优解决方案的，只有通过系统化的思维，从电子电气系统的顶层设计入手，才可能设计良好的架构。

衡量架构演进能力的维度很多，除了功能扩展能力之外，维护成本、性能的提升能力也是重要的维度。定义架构演进能力的维度与权重需要持续进行，架构师必须不断跟踪更多的维度，思考系统将如何演进，才能构建出可以不断演进的系统。

各个利益相关者的需求有时候只局限于眼前，架构的设计者要有能力超越所有人看到更远的未来，尽早确立并坚决维护那些重要的原则。

5.3 本章小结

本章介绍了电子电气架构设计的目标，并对架构设计的原则进行了介绍。

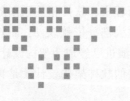

第 6 章

电子电气架构开发方法

> 建筑是艺术之母。如果我们没有自己的建筑,那么我们的文明就没有灵魂。
>
> ——弗兰克·劳埃德·赖特

说清楚如何进行电子电气架构的开发,如同说明怎么样才能造一辆车一样困难。我们还是从电子电气系统和电子电气架构这两个概念出发,来探讨如何进行电子电气架构的开发。

电子电气架构是电子电气系统的架构。电子电气架构的设计工作主要是完成电子电气系统的整体规划,包含电子电气系统的结构和原则。结构设计关注的是电子电气系统中的组件和它们之间的关系,原则是设计结构和实现组件时需要遵守的规定和标准。

根据以上两点,我们可以得出一个结论,电子电气架构的所有工作都是为了保证电子电气系统的交付,以及保证其不断演进,从而能够持续满足客户的需求。这里的客户并不单指终端客户,也包括大量电子电气系统的利益相关者。

一切设计都是从需求开始的,电子电气架构的设计必然也是从需求开始的,没有需求就没有设计的方向。

对于汽车这种商品而言,生产出来是为了卖给终端消费者,那么终端消费者的需求就是汽车设计重要的需求。除此之外,还有各种利益相关者提出的需求。各种需求汇总在一起后成为对汽车设计的需求。电子电气架构工程师就是根据这些需求进行设计的,进而再由更多的工程师将其实现,最终完成电子电气系统的设计和开发。

电子电气架构有 3 个视图：物理视图、逻辑视图和过程视图，开发过程中 3 个视图都有大量的工作需要完成，而且完成不同视图内的工作有着不同的方法。鉴于每个开发电子电气架构的组织都有自己的过程控制方法，因此关于过程视图就不深入讨论了，本章着重介绍物理视图和逻辑视图内的开发工作。

本章将以如何实现用户功能为线索，讨论电子电气架构开发工作中最重要的一条工作链路的方法和逻辑。

6.1 定义产品特性

在讨论细节之前，我们先思考一个问题：用户买车时究竟买的是什么？

我认为正确的答案是产品特性。无论品牌、造型、功能、还是性能，都是一款车型众多产品特性中的一部分。用户购买的是价值，产品只是价值的一种载体。

产品特性是指产品的特征或属性，它们为终端用户提供价值。通过产品特性可以区分产品，产品特性甚至包括视觉特征。

在电子电气领域，产品特性指需要通过电子电气部件实现的特性。本书如无特别说明，所提特性均指电子电气领域的产品特性。

让我们再思考两个问题。

- 用户需要汽车仪表盘吗？用户只是想看到车辆运行时的一些状态信息，仪表盘只是载体。
- 用户需要方向盘吗？用户需要的是控制车辆的前进方向，方向盘只是控制车辆方向的介质。

智能网联汽车发展的本质仍然是通过技术手段来满足用户的需求，并为用户提供价值。满足这些需求的手段就是汽车上的各种产品特性，这些特性通过在特定场景下发挥特定的作用，来满足用户需求。在详细讨论如何进行产品特性设计之前，让我们回归原点，去看看用户的需求究竟有哪些。

6.1.1 用户的需求

无论人们赋予了汽车设计和制造多少意义，有一点是永远无法改变的：汽车制造是一门生意，汽车是一种商品。

商品一定要满足客户的某种需求。不能满足客户需求的商品是没有存在价值的。汽车作为一个诞生仅百年的商品，从诞生之初便发展迅速，最终使汽车工业成了民用工业皇冠上的明珠。这不是一种偶然，而是一种必然。因为汽车诞生之初便解决了人类的一个重要的基本需求——移动。

根据马斯洛需求层次理论，人类有五种需求：生理、安全、社交、尊重和自我实现，如图 6-1 所示。汽车在诞生之初，满足的仅仅是人们的生理需求——移动。随着汽车的不断发展，人们的需求越来越多，逐渐从最基本的需求升级为更高层级的需求。

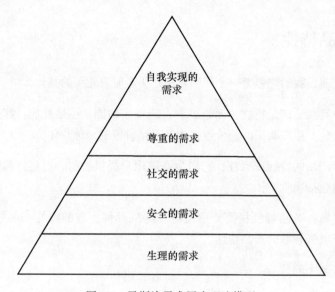

图 6-1　马斯洛需求层次理论模型

1. 生理需求

移动的能力直接决定了人类的发展，各种交通工具的出现极大地促进了人类的经济发展并提高了人类的生活质量。汽车的本质始终是交通工具，无论采用何种动力形式，如果失去了作为交通工具的基本属性，汽车的价值都将不复存在。作为交通工具的汽车，除了可以移动，还需要具备以下几种基本性能。

- 速度。速度始终是汽车设计的重要指标。
- 舒适性。能够遮风挡雨、冬暖夏凉是最基本的舒适性要求。此外，噪声、振动、气味等也是影响体感舒适度的重要指标。
- 环境适应性。无论是寒冬酷暑还是雨雪风霜，人们都希望汽车依旧可以完成它最基本的使命：移动。
- 承载能力。能够运载更多的人或货物，也是人们的基本诉求。

2. 安全需求

在汽车满足了基本的移动出行需求之后，对汽车安全性的需求就成为汽车设计生产方追求的目标。

正因如此，各种安全相关的功能和配置逐渐出现在汽车上。安全分为两个层面：人身安全和财产安全。安全带、安全气囊、坚固的车身和碰撞性能、ABS（Anti-lock Braking System，防抱死刹车系统）、AEB（Autonomous Emergency Braking，自动紧急制动）等各种利用电子技术提供的安全辅助装置用于保障车内成员的人身安全。而发动机防盗系统、方向盘锁、入侵检测报警等装置则是为了保障财产安全设计的。

3. 社交需求

汽车不但满足了人们快速移动、增加社交频次的需求，也逐渐构建起以汽车为核心的社交圈，如车友圈、改装俱乐部、越野俱乐部和拼车群等。随着可供选择的汽车品牌和种类越来越多，选择何种车便成了一件关乎品位和审美的事情。在很多人的眼中，汽车已经超越了基本的交通工具的作用，成为一种社交媒介。

随着移动通信技术的发展，汽车已经成为一个互联网入口，人们可以通过移动通信技术与外部世界进行互联，既可以获取最新的资讯与数据，也可以成为数据的提供方，更可以与外界进行实时互动。移动通信技术在汽车上的应用，大大增强了汽车的社交属性，并满足了人们的社交需求。

4. 尊重需求

曾几何时，汽车还是一种身份与财富的象征，这源自汽车在那个时代的稀缺性与相对的高价值。随着时代的发展，汽车逐渐走进了寻常百姓家，但是那些高价格和个性鲜明的汽车依然是很多人追求的目标。只要社会的层级依然存在，被人尊重的需求就不会消失，而汽车作为一种体现身份的工具也将长期存在。

5. 自我实现需求

自我实现是人精神层面的需求，每个人都渴望充分实现自身的价值。汽车在满足了前面4种需求之后，最高的境界是帮助使用者实现自我实现的需求。一方面，汽车的品牌塑造对车辆所附加的各种价值可以让使用者得到心理上的满足；另一方面，车辆良好的设计和性能可以让使用者获得基本功能之外体验。

6.1.2 从用户故事开始设计

每个开发项目都有目的、目标用户和功能列表，在系统或产品开发的起点，这些功能从概念转化为具体的需求,形成了开发项目的基础,并在很大程度上决定了系统的架构及相应的解决方案。

最初的需求来源于产品设计人员对产品功能的简单描述,这些描述概述了用户希望从系统或产品中得到什么,以及实现什么目标。这些描述将初步定义产品开发的目标。

我们可以通过记录用户故事来描述用户最原始的需求。用户故事是软件敏捷开发时经常采用的方法,从用户的角度对功能进行简单描述的形式。举个例子,"作为一个驾驶员,我希望座椅有按摩功能,从而减轻驾驶时的疲劳感。"这句描述有几个明显的特点。

- 由简短的词语构成。
- 从用户的角度出发。
- 使用通俗易懂的语言。
- 关注的是用户需要什么,而不是系统交付什么。

上述描述虽然简单,但是非常清晰明了,至少包含以下信息。

- 使用者是驾驶员。
- 驾驶员座椅需要有按摩功能。
- 功能的目的是减轻驾驶员的疲劳感。
- 功能的使用不可以影响驾驶安全。

要求终端用户或需求的提出者完整提出上述信息,并不是一件容易的事情,不是所有的用户都能提出条目化且准确的需求。如果需求的提出者遵照下述句式描述需求,则一切都会简单很多。

作为一个"使用者描述",我希望"功能描述",从而"收益描述"。

上述句式为进一步讨论解决方案和系统行为与输出结果留出了空间,能够清晰地记录系统终端用户的期望,从而明确系统的价值。下面的例子说明了使用用户故事比明确的需求更有利于工程师开发出符合用户期望的产品。

如果我们从功能角度来描述用户的需求,那么对于汽车空调的需求就会被记录为车辆需要具有能够对座舱进行加热或制冷的功能。

如果用用户故事来描述:作为一个使用者,我希望能够方便地调节座舱的温度,从而使我能够在适宜的温度中驾驶汽车。

第二种描述方式不但涵盖了功能的需求,还包含性能的需求。

- 在任何情况下,车辆空调系统的制冷、制热能力都要保证车内温度的舒适性。
- 空调系统的噪声水平要尽量低。

- 控制面板的位置与设计要足够友好。

严格来说，如果按照第一种描述进行设计，车辆只要有制冷或制热能力就可以了，只是这样可能会引起部分用户对空调系统的抱怨。

完整的用户故事一般还包含验收方法和标准，形式如下。

当……时，做……动作，应该（期望）有……结果。

通过对验收方法的描述，可以让工程师更加清楚需求的意图，以及如何进行验收。

用户故事的重点是结果和收益，这些才是用户愿意买单的产品的价值。使用用户故事有如下收益。

- 提高交流效率，故事简单而具体，可以清晰明确地传达设计意图。
- 便于收集终端用户的真实需求。
- 需求收集人员不需要有工程经验。
- 不同的人做不同的事情，产品设计人员捕获用户意图，开发工作留给开发人员。
- 需求与实现分离，有助于需求的重用，保证需求的实现不依赖具体的部件和实现方式。

虽然在实际的开发中并不是每一条功能与性能需求都来自用户故事，但是可以采用用户故事的方式来验证需求的有效性。为每一条需求都配上相应的用户故事，也可以大大提升新人的学习效率，并减少出错。

6.1.3 特性

假如一个用户故事是这样描述的：作为乘客，我希望车辆能自动将车内温度保持在一个恒定的温度，从而减少我调节空调的操作。这个用户故事虽然足够清晰、明确，但工程开发中不能每次都引用这个用户故事来描述用户的需求。而且，很多时候，不同的用户故事有很多的共同点。为了简化用户故事，并从不同的用户故事中归纳相同的需求，我们可以将用户故事转换为产品的某个特性。这个用户故事就可以被转换为一个车辆的特性：自动空调，能够自动将车内温度保持在用户的设定值。

特性指事物的特征或属性。关于如何定义车辆的特性，每个车企在归类、颗粒度划分和分级方式上都有自己的一套逻辑和方法，各有特点，无公认的标准。虽然大家定义的特性不尽相同，但是大体上可以分为如下几类。

- 舒适：如座椅加热、空调（乘员舱温度条件）等。
- 安全：如安全气囊、安全带、发动机防盗等。
- 驾驶辅助：如导航、AEB、自动巡航、转向助力等。
- 娱乐：如蓝牙音乐、收音机、车载电话等。

- 车辆基本控制：如外部灯光照明、雨刮、门锁等。

上述分类仅为举例，各个车企会将自己车辆的特性进行更为细致的分类，如车窗的控制至少可以被细化为如下特性。

- 手动车窗。
- 电动车窗。
- 车窗自动上升。
- 车窗自动下降。
- 车窗防夹。
- 无框车窗。
- 车窗的按键、屏幕、语音、远程、钥匙控制等。

有些特性之间是互斥的，如手动控制和电动控制不会同时出现；有些特性是可以共存的，如电动控制、自动上升和自动下降；有些特性是相互依赖、必须同时存在的，如车窗的自动上升和车窗防夹。

由于特性之间的复杂性，在车企内部一般会有专门的团队进行特性管理以及特性开发。

对于终端用户而言，车上的某种特性的确是用户购买的参考因素之一，但不是唯一因素。有和无只是 1 和 0 的区别，特性的性能与质量决定了这个特性的价值，而这是由开发团队的综合能力所决定的。

特性与功能紧密关联，特性需要车辆具有某种功能才能实现。实际上，用户眼中的特性并不只有与功能相关的特性，造型、质量、性能等都可以成为用户选择或放弃某辆车的原因。广义上的特性还包括各种吸引用户或者能为用户提供价值的特征或属性。本书着重讨论与电子电气系统强关联的特性。

在工程开发中，特性经常与功能混淆。特性与功能高度相关，但不尽相同。它们之间最大的区别在于描述的角度不同。

特性是站在用户的视角描述的特征或属性，它面向用户场景，解决用户关注的问题，为使用者提供满足某种需求的服务，通常需要跨多个逻辑功能协同。

功能是指产品或系统的能力，即产品或系统能够完成的任务或起到的作用。功能一般针对系统而言，功能的定义不关注具体实现，只关系到集成和部署。

例如，对于 ESP（Electronic Stability Program，车身电子稳定系统），用户角度看到的是一种能提升车辆安全性和操控性的特性。工程师角度看到的是通过获取轮速和其他车辆行驶信息来控制车轮的转动，而且这种功能需要由多种软件和硬件组成的系统来实现，系统中的每个组件要承担不同的子功能。生产部门看到的是各种部件，包括传感器、控制器和执行器等。

特性的产生需要建立在对用户需求的深刻理解上。一旦我们理解了用户的需求，就可以把它们抽象成某种特性，并转换成工程人员需要实现的一个或多个功能。通常情况下，特性是要印在产品宣传手册上的，也就是说，特性是用来吸引用户，并打造产品竞争优势的要素。

特性一般通过简单的词语进行描述，目的是让用户迅速记住并感兴趣，如自动空调、蓝牙电话、自适应巡航等。对于用户来说，他们只要知道车辆具有这种特性以及如何使用。对于工程师而言，如果仅有一个抽象的名字，是无法进行开发工作的。因此，需要对特性进行详细描述，并转换为工程师可以开展工作的工程语言。这种详细描述通常被称为用例。

6.1.4 用例

用例是系统需求分析中用于识别、澄清和组织系统功能性需求的方法。自从 1986 年 Ivar Jacobson 博士提出用例的概念以来，用例在实践中已经得到了许多改进，被认为是现代软件工程的枢纽。

用例由特定环境中与特定目标相关的系统和用户之间的一组可能的交互序列组成，需要描述用户在实现目标的过程中和系统交互的所有方式，以及所有可能出错的地方。用例的内容以说明文档的形式体现，描述用户完成活动的所有步骤。

说明文档通常由业务（需求）分析人员撰写，以文本的形式来描述系统所需要提供的功能，对参与者与系统之间的交互进行描述。也就是说，它明确了用户如何与系统交互，以及系统如何响应用户的操作。说明文档可以帮助开发团队识别和理解事务的运行过程，以及其中可能发生错误的地方。因为用例通常与产品特性紧密相连，是针对产品特性进行的详细阐述，所以一般来说，用例文档会作为特性文档的组成部分。

以下是设计用例的关键点。

- 用例是系统将执行的服务或行为，用例的名称是一个动词短语（像发送命令）。
- 并非系统执行的所有行为都是用例，用例只是系统行为的子集，是外部执行者能够直接触发或者参与的行为。
- 执行者可以是人或者外部系统，执行者和系统之间存在接口。
- 触发用例的执行者被称为主执行者，参与用例执行的被称为次执行者，主执行者也可以是次执行者。
- 每个用例都代表主执行者的目的。我们要从主执行者的角度而不是系统的角度来为用例起名字。例如，如果一个控制器需要发送命令，那么用例的名称应该是发送命令而不是接收命令。
- 用例名称不会传达大量信息，我们要为每个用例创建用例说明书，以讲述系统和执行者会如何协作来达成用例目标。

关于用例应该包含多少元素并没有统一的规定，一般来说，完整的用例会包含以下元素。需要特别注意的是，这些元素并非都是必需的，可以根据具体的业务需求进行适当调整。

- 用例名称：一个动词短语。
- 范围：拥有（提供）用例的实体（例如，组织、系统、子系统或者组件的名称）。
- 主执行者：触发用例的执行者（用例会代表该参与者的目标）。
- 次执行者：为系统提供服务的参与者（通过执行动作参与到用例中）。
- 利益相关者：和系统行为之间有既定利益关系的人或物。
- 预置条件：必须满足才能让用例开始的条件。
- 后置条件：在用例结束的时候必须为真的条件。
- 触发器：让用例开始的事件。
- 主要成功场景（目标）：没有出现任何错误的场景（一系列步骤）。
- 扩展场景（可置换分支）：可置换的步骤，它们从主要成功场景分支出来。
- 相关信息：项目为了得到额外信息而需要的内容。

用例的写作过程如下。

1) 识别所有系统用户并为每个用户创建一个配置文件，包括与系统交互的用户所扮演的每个角色。
2) 选择一个用户并定义他的目标，或者描述用户希望通过与系统交互实现的目的。将每一个目标都作为一个用例。
3) 描述每个用例通过系统达到目标的过程与步骤。
4) 考虑每一个事件的备选过程和扩展用例。
5) 确定用户在使用过程中的共性，创建公共用例，并编写每个用例的描述。
6) 为其他系统用户重复2)~5)。

从上面的用例写作过程中可以看出，用例包含用户通过系统达到目标的过程与步骤，而且每个用例中还可能包含备选过程。用例中的每个过程可以看作一个个"点"（步骤）所连接的"线"，每条线都代表一个用例中可能出现的场景，而用例就是由多条由场景所代表的"线"所构成的"面"。这个关系可以用图6-2表示。

使用用例描述用户行为和系统的功能性需求具有如下优势。

- 通过展示系统的行为逻辑，单个用例可以帮助开发人员识别开发过程中可能出现的错误。
- 用例编写过程中创建的目标列表可以用来确定系统的复杂性和成本。
- 同时关注用户和系统，可以在设计过程中更早地确定系统需求。

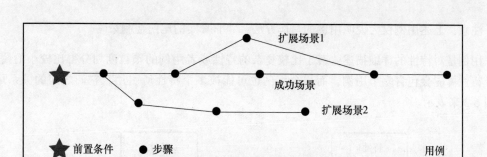

图 6-2 用例、步骤与场景的关系

- 因为用例主要是用通俗语言编写的,所以很容易被受众理解,包括用户和高管,而不仅仅是开发人员和测试人员。
- 创建扩展用例和识别成功用例场景的异常,使定义微妙的系统需求变得更容易,从而节省开发人员的时间。
- 通过识别用例设计中的系统边界,开发人员可以明确开发范围。
- 可以通过关注系统应该做什么而不是如何做来避免不成熟的设计。

表 6-1 是一个用例设计的示例。

表 6-1 用例设计示例

用例名称	电动关闭尾门
参与者	驾驶员或乘客
简要描述	参与者短暂按压尾门上的〈关闭〉按键后尾门自动关闭
触发条件	参与者按压尾门上的〈关闭〉按键
前置条件	□ 尾门处于开启状态 □ 车辆静止 □ 车辆未进入休眠状态
基本事件流	□ 参与者短暂按压尾门上的〈关闭〉按键 □ 尾门以一定的速度自动关闭 □ 在尾门关闭的过程中车辆发出声音提示 □ 尾门完全关闭,提示声音终止 □ 仪表中尾门开启的提示符号消失 □ 车辆所有转向灯点亮 0.8s 后熄灭
可选事件流	尾门关闭过程中遇到行程方向的障碍物,则 1) 立即停止关闭动作 2) 向当前运动方向的反方向运动适当的角度(需要进行标定)后保持悬停状态 3) 在 2) 开始时,尾门运动提示音长鸣 3~5s 后停止
后置条件	□ 尾门完全关闭,提示音终止,仪表中尾门开启的提示符号消失 □ 尾门暂停关闭动作,进入悬停状态
备注	尾门关闭过程中的障碍物检测要符合标准

注意，上述用例仅为说明用例的写作方法，并非真实的尾门控制策略。

用例是对特性的详细描述，对于比较复杂的特性或者用例的颗粒度划分得比较小的情况，一个特性可能会包含多个用例，而一个用例也可能被多个特性所引用。它们之间的关系可以用图 6-3 来表示。

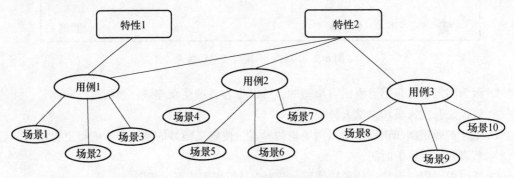

图 6-3 特性、用例与场景的关系

如果一个特性或者系统包含多个用例，那么可以使用用例图来表示各个用例、参与者和系统之间的关系。用例图通常是在开发的早期阶段准备的，主要目的是进行系统建模，除此之外，还可以实现以下功能。

- 指定系统的上下文。
- 捕获系统的需求。
- 验证系统架构。
- 驱动实现并生成测试用例。
- 由分析师和领域专家共同开发。

如图 6-4 所示，每一个椭圆代表一个用例，相应的内容可以采用说明文档的形式呈现，参与者使用"火柴人"的图形进行表示，各个元素之间的连线代表元素之间的关系，系统边界用一个围绕用例的矩形表示。关于用例图的具体细节可以参见 UML 的相关规范。

用例是工程开发的基础，只有在定义了用例之后，我们才能定义各种类型的工程需求，如功能性需求、非功能需求、人机交互等，如图 6-5 所示。

当有了明确的特性定义之后，架构工程师需要将开发工作分为并行的两条线：物理与逻辑。

很难说物理与逻辑哪个先开始，很多时候，对于新电子电气架构的研究，往往从物理形态着手，同时进行逻辑开发。虽然物理与逻辑的研究是独立展开的，可是需求还是来自逻辑功能，只不过在电子电气架构设计的初期，需求往往只是概要性的。很多时候对于新逻辑功能的研究是因为有了新的传感器、执行器和控制器技术。两者既相互独立又相辅相成。如果将电子电气架构看作一个宇宙，那么特性就是这个宇宙的太极，物理与逻辑就是这个太极生出的两仪，物理与逻辑不断地变化和演进，形成了气象万千的电子电气架构。

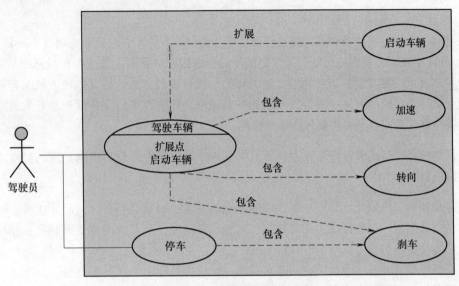

图 6-4 用例图示意图

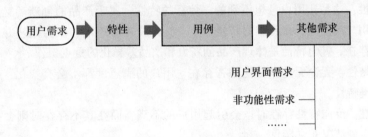

图 6-5 从用户需求到工程需求

6.1.5 卡诺模型

随着汽车电子电气系统的智能化发展，车企之间为了竞争而努力打造差异化的用户体验，各种新特性和功能层出不穷。然而，并不是所有的创新都会受到用户的欢迎，有些特性和功能在设计者眼中是车辆智能化的体现和用户痛点的解决方案，但在大多数用户眼中可能是一种"愚蠢"的设计。由于在当前阶段，车辆的绝大多数功能还无法真正实现定制化，因此考虑大多数用户的感受依然是最好的选择。在投入资源进行开发前的特性评估成为一个必要的工作，以避免出现投入了大量的资源进行开发，结果却不符合用户需求而导致产品竞争力下降和资源浪费。

评估一个特性的价值和用户接受程度的方法是对大量的目标用户进行调查，然而用最小的调查成本有效获取用户的真实感受绝非易事。科学有效的方法可以提升调查的效率和降低成本。

在各种方法中，卡诺模型是一种被广泛接受和使用的方法。它由狩野纪明（Noriaki Kano）教授于 1984 年在研究顾客满意度和顾客忠诚度的影响因素时创立。这是一种对新产品和服务的客户需求（或潜在功能）进行理解、分类和优先级排序的方法，而且这种方法与行业或企业规模无关。卡诺模型也是一种产品或服务开发理论，其主要目的是帮助产品开发者或服务提供者确定在产品或服务中需要包含哪些特性。

卡诺模型将产品或服务特性分为如下五类，其分类依据为提升用户满意度的程度或引起用户不满的程度。

- **期望特性**：期望特性是用户能够明确表达的需求，也是他们在评估产品或服务时考虑的首要问题。这些特性实现得越好、完善程度越高，用户的满意度就越高。相反，如果特性实现得很差或根本不具备，用户的满意度就会很低。
- **必备特性**：必备特性是用户的基本需求，被认为是理所当然需要具备的。当这些特性实现得好时，用户满意度并不会提升，但当这些特性没有被满足时，用户会非常不满意。它们是产品或服务必须包含的特性，也是进入市场的基本前提。
- **魅力特性**：这是让用户意想不到的、惊喜的特性，属于产品的创新。魅力特性可以大幅提升用户满意度，没有魅力特性也不会让用户产生不满，因为用户并没有期望这类特性的存在。魅力特性是体现产品创新力和产品差异化的重点工作。
- **无差异特性**：无论无差异特性是否存在，用户的满意度都不会有变化，应该尽量避免开发此类特性。
- **反向特性**：反向特性存在时，会引起用户的不满，而在其不存在时则会提升用户的满意度。这种情况非常罕见。

为了确定特性的类别，需要进行卡诺模型调查。在调查中，受访者回答问题的结果将被汇总并编译成图表，从而清楚地显示出特性属于哪个类别。通过此类调查和其他一些用户数据，开发团队可以发现产品中的不足，并确定哪些特性需要开发、哪些特性需要完善、哪些特性可以削减、哪些特性应该被排除、哪些特性应该被忽略。从而可以更深入地了解每个特性的重要性并确定开发活动的优先级。

任何需求都是随着时代、地区与目标用户群而变化的，使用卡诺模型必须要考虑这些因素。随着时间的推移，魅力特性会蜕变成期望特性甚至必备特性。移动设备的触摸屏就是一个例子，在该技术刚出现时，属于魅力特性，而在今天已经成为必备特性，无法提高用户的满意度。汽车的遥控钥匙也是同样的，在 20 年前是魅力特性，如今已是必备特性。在不同的国家、地区和文化环境中，同一个特性也可能会被归在不同的类别中。例如座椅加热功能在寒冷地区属于期望特性，在热带地区属于无差异特性。

在产品和服务的开发过程中，卡诺模型特性中有三类是值得投入资源进行开发的，将它们按照优先级顺序进行排序，依次是必备特性>期望特性>魅力特性。对于另外两类特性，即无差异特性和反向特性一定要识别出来，并确保它们不会出现在产品的特性列表中。

6.2 功能开发

当有了各种需求之后，电子电气架构开发进入决定基本形态，即难度最大的部分——功能开发。功能开发之所以复杂且难度大，是因为上层的各个需求之间可能存在高度耦合。这意味着其中任何一个功能的开发和实现都需要从整个架构层面通盘考虑对其他功能的潜在影响，从而导致每个功能的逻辑越来越复杂。功能开发过程中需要各个利益相关者进行深度沟通和协作，实现某种妥协或平衡，这进一步加大了功能开发工作的复杂度。

功能开发是系统架构开发和功能需求分解的主要方法，也是系统架构开发过程中的一个重要过程，主要完成识别、描述各个关联系统应实现的功能，以实现系统目标。

功能开发工作的关键步骤如下。

1）将顶层需求转换为系统应执行的功能。
2）分解功能，并将功能分配到产品结构的较低层次。
3）识别并描述功能和子系统接口。

上述过程包括分析每个特性的需求，从而识别系统为了满足需求而需要执行的所有功能。确保每个功能根据输入、输出、故障模式、故障后果和接口要求进行描述。

下面以门锁的相关特性为例，说明功能开发的过程与难度。

一般来说，车辆与门锁有关的特性可能有如下几类。

- ❑ 遥控钥匙解锁、闭锁：通过遥控钥匙来控制车辆门锁的解锁、闭锁动作。
- ❑ 中控锁：通过驾驶员侧门上的开关来控制车辆门锁的解锁、闭锁动作。
- ❑ 自动重锁：在使用遥控钥匙解锁后，如果1min内没有任何开门动作且没有再次收到控制门锁的指令，则自动重锁所有车门。
- ❑ 碰撞解锁：在车辆发生碰撞后自动解锁。
- ❑ 车速上锁：在车辆从静止到车速首次超过20km/h时自动闭锁。
- ❑ 远程上锁、解锁：通过手机远程控制车辆门锁的解锁、闭锁动作。
- ❑ P挡自动解锁：在车辆的挡位从非P挡的状态切换到P挡后车门自动进行解锁。

- 无钥匙进入：使用射频技术自动判断钥匙的距离与位置，当钥匙距离车辆位置较近时车辆自动解锁。
- 走远解锁：使用射频技术自动判断钥匙的距离与位置，当钥匙距离车辆位置从车辆附近变为远离车辆时，车辆自动闭锁。
- 蓝牙钥匙：通过手机蓝牙功能来控制车辆门锁的解锁、闭锁动作。

将上述有关门锁的特性进行简单分析后，我们可以发现它们有一个共同点：通过判断某些输入信号的状态来实现对车辆门锁的控制。如果将上述特性使用用例的方式进行描述，就可以发现各个特性之间的差异主要在于对应的前置条件和触发条件不同，导致事件流与后置条件不同。

由于目前行业内普遍采用的门锁控制方案是通过电机的正反转来实现解锁和闭锁操作，因此参考IPO模型，我们可以将上述特性抽象为如图6-6所示的功能逻辑模型，图中的每一个动作都可以当作车辆的一个功能。

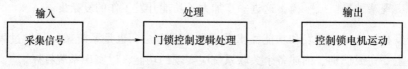

图6-6 门锁相关特性的功能逻辑模型

图6-6所示的模型并没有完全展示门锁控制中的全部功能，很多车辆在门锁状态或操作的同时还有一些其他状态的变化，如门锁中控开关背光的颜色、门内把手上的机械锁开关、隐藏式门把手的状态、外灯等，而且车上有多个门锁电机，对门锁的操作还可能受到车辆某些状态的影响，此模型仅作举例说明。

我们选取门锁相关特性中的两个简单特性——中控锁和车速上锁来举例，探讨功能开发的整个过程。

中控锁特性的使用方式为驾驶员短暂按压驾驶员侧门上的中控开关，控制车辆各个门锁的解锁或闭锁。那么，整个功能的实现步骤如下。

1）"采集信号"功能模块监测中控开关的按键状态。

2）"采集信号"功能模块将按键状态转换为闭锁/解锁命令，并发送给"门锁控制逻辑处理"功能模块。

3）"门锁控制逻辑处理"功能模块根据预定的逻辑，给"控制锁电机运动"的功能模块发送电机运动指令，包括运动方向、运动时间等。

4）"控制门锁电机运动"功能模块在收到指令后驱动相应的电机执行相应的动作。

上述功能实现可以用图6-7来表示，其中"门锁控制逻辑处理"功能模块需要根据闭锁/

解锁的指令，并结合车辆状态信息进行逻辑上的处理，从而决定如何给"控制门锁电机运动"功能模块发出指令。

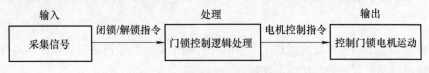

图 6-7 中控锁的功能逻辑模型

车速上锁特性的使用方式为在车辆从静止到车速首次超过 20km/h 时自动闭锁，整个功能的实现步骤如下。

1)"采集信号"功能模块监测车辆轮速信号，将其转换为车速信号后实时发送给"门锁控制逻辑处理"功能模块。

2)"门锁控制逻辑处理"功能模块根据预定的逻辑，给"控制锁电机运动"功能模块发送电机运动指令，执行闭锁操作。

3)"控制门锁电机运动"功能模块在收到指令后驱动相应的电机执行相应的动作。

上述功能实现可以使用图 6-8 来表示。

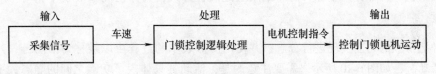

图 6-8 车速上锁的功能逻辑模型

从上述分析可以看出，"采集信号""门锁控制逻辑处理"与"控制门锁电机运动"3 个功能模块的功能有相似之处，尤其是"控制门锁电机运动"功能模块被完全复用了。这种功能的复用性可以推广到门锁的相关特性中。如果将上述两个功能的逻辑结合起来，我们就可以得到如图 6-9 所示的功能逻辑模型。

图 6-9 中控锁与车速上锁的功能逻辑模型

整合后的模型中，"门锁控制逻辑处理"与"控制门锁电机运动"两个功能模块被复用了，只不过因为"门锁控制逻辑处理"要处理更多的输入信息，内部逻辑也会变得更加复杂。

如果将以上情形再进一步推广，我们可以得出一个推论：车辆的特性是由各种基本功能的组合实现的，功能之间通过各种端口进行通信，每个功能都有自己的内部逻辑。在电子电气架构设计中，我们将这种抽象的、存在于逻辑层面的功能称为逻辑功能（Logical Function，LF）。

上面介绍的 3 个功能模块是经过了大量简化后的结果，实际情形远比这复杂得多。例如，控制门锁电机运动时可能要增加以下功能。

- 电机的电流检测。
- 电机的温度检测。
- 门锁动作结果检测等。

这使上述功能模块可以进一步按照 IPO 模型的结构进行细化和分解。在实际的设计与开发过程中，对于这种复杂的设计工作，作为设计方的车企有两种选择。

- 自己提出简化模型，附加一些需求，让供应商来实现完整的设计并交付软件和硬件。
- 自己进行每一个逻辑的详细设计，供应商按照车企给出的设计进行相应的实现，并最终交付软件和硬件。

一般来说，大部分车企都会混合采用上述两种方式，具体情况取决于车企对相应功能的掌握程度。

这种把特性的功能实现进行分解，并使用图形表示的过程可以被称为活动链，其设计结果称作活动链，如图 6-10 所示。需要注意的是，活动链只体现了功能之间的静态关系，无法表示整个活动的动态流程。

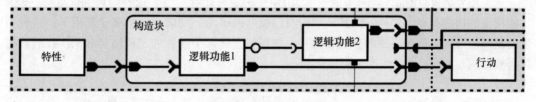

图 6-10 活动链示意图

我们把视野放到整车，由于每个特性都对应一个活动链，而且一个 LF 可能会被多个特性使用，因此整车所有特性的活动链就会组成一张巨大的、复杂的、由 LF 所构成的网，如图 6-11 所示。这张网构成了整车的功能架构。从这一点来讲，功能架构是功能开发工作的一个结果，而进行功能开发时应用的各种原则和方法是架构前期设计的结果。

功能架构既是静态的也是动态的，从其结构上看，各个 LF 之间的接口和它们之间的关系是相对稳定的，这是静态的一面。而 LF 之间接口的数据是动态的，互相发送的消息是根据业务需求进行动态调整的，无论是发送的频率、次数，还是包含的值，都不是稳定不变的。而且 LF 内部的算法（或者称之为逻辑）也是动态的，它们会根据不同的输入内容输出不同的信息。虽然活动链从表面上看并没有体现动态的逻辑，但是附着在每个 LF 上的需求和行为描述把动态的一面展现无遗，如下面的需求描述。

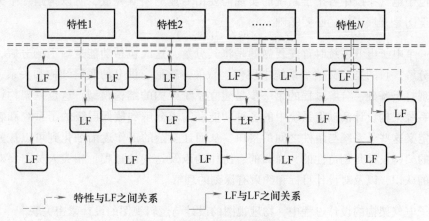

图 6-11 功能架构中的复杂关系

- 当车速大于当前道路的规定限速值时，仪表应该进行图像和声音提示。
- 当车门处于打开状态时，内灯应该点亮。

在进入功能开发之后，架构的设计才算是真正到了执行阶段，前期各种需求分析、架构的原则、方法论设计均是为了功能开发而准备的。功能开发并不是架构设计的终点，而是更多、更复杂工作的起点。一方面，因为从功能开发开始，更多的设计人员加入架构设计开发工作，各种沟通协调工作才真正开始。另一方面，功能才是后续开发工作的起点，所有系统设计、零部件开发、验证工作都是以实现功能作为目标和依据的，从这一角度而言，功能开发的质量决定了后续工作是不是在做正确的事情，这是架构质量的基础。

6.3 架构形态设计

功能开发活动既是一个贯穿架构设计和电子电气系统开发始终的活动，也可以被看作架构设计的开始。当有了相对明确的功能逻辑设计之后，就可以步入架构形态的设计环节了。然而，电子电气架构设计工作的起点是由管理层和技术团队共同制定的目标。管理层给出愿景，技术团队给出可以在目标时间实现的功能、性能和架构，以及可以扩展或演进的方向。

在这个基本目标下，架构团队要收集各种信息，决定很多原则和规范，比如是否采用以太网、拓扑的大致形态以及功能的分配等。电子电气架构设计所对应的电子电气系统包含的组件是汽车中所有的电子和电器部件，不但包括各种控制器，也包括所有传感器、执行器，以及各种线束、电池等。而架构设计的主要工作就是确定这个系统结构和应遵守的原则，也就是系统中各种组件之间的关系、系统与外部环境的关系，以及在实施过程中应该遵循的原则。因为电子电气系统中各个子系统的实现需要由专业的团队完成，所以构建一个大家都可以接受的蓝图是开展工作的必要基础。

面对一个电子电气系统时首先要做的是将其分解，这既包括功能逻辑上的分解，也包括物理上的分解，目的是定义整个系统中硬件、软件、通信、供电的底层结构和关系，为后续的需求实现打下基础。分解过程的第一步是建立系统架构的结构模型，这也是架构设计的重中之重。系统架构设计活动将系统中的各种功能和需求分解到较低层级的子系统和它们的组件上，并定义这些子系统与组件之间的接口，从而让复杂的工作逐渐细化到可以被完成的程度。良好的架构设计是创造性的、递归的、协作的以及迭代的过程，相关人员需要对技术手段有深刻的认识，以及对设计目标和约束有深刻的理解。

在电子电气架构的设计过程中，物理视图的设计与逻辑视图的设计紧密关联。

对于电子电气架构而言，物理形态的设计往往不完全需要详细的功能架构设计。一般而言，在一个架构设计中，物理视图中的关键元素及其需要实现的概要需求会在早期确定下来，从而为后续的逻辑功能和部件的详细设计提供一个蓝图。这个过程很像城市设计初期的街区划分：仅须明确各个街区的位置和大致功能，以及它们之间的关系，更为详细的设计需要在后续的工作中逐渐完成。架构形态的设计正是提供了这样的蓝图，从而给后续的详细设计打下基础。

6.3.1 电子电气系统的物理分解

虽然功能架构决定了电子电气架构所有逻辑层面需要实现的功能，但最终的实现还是要落实到具体的物理部件上。架构的形态是由物理视图的设计决定的，而物理视图的设计则是由电子电气系统的物理分解工作决定的。如果完全遵守正向开发方法，物理设计的最佳时机是在功能架构产生之后，但是实际上因为在某一个特定的时期内，可供选择的物理部件是有限的，工程师完全可以根据当时的情况和已经定义的需求进行初步的物理分解和架构形态设计。因此，物理分解和架构形态设计并不一定在功能开发之后才展开，但一定是在产品特性和相关的需求定义之后。

电子电气架构物理视图中的大部分组件应该存在于汽车工业的生态中，工程师的第一项工作就是选择：根据产品特性和各种需求，选择那些最基本的、必然会使用的部件，尤其是传感器、执行器。

如果将整个电子电气系统看作一个大的 IPO 系统，那么在将 I/O（Input/Output，输入/输出）都确定之后，唯一要做的就是怎么解决P（Processing，处理）的部分。虽然在初始设计的时候不可能也不需要将所有的I/O都确定，但是大部分基本功能都已经有了成熟的解决方案，可以直接拿来参考，不需要全部重新设计。而且，电子电气架构的设计本来就是一个不断迭代的过程（改进的瀑布开发），通过多代电子电气架构的不断积累以及本代设计中的PDCA循环，可以将设计不断完善，最终达到满足设计预期的目的。

在系统架构顶层方案层面，工作量最大的是选择、适配和集成。在这些看似技术含量不高的工作中，选择不但重要性最高，而且对相关人员在技术领域的经验积累和战略判断能力要求也最高。一辆车的设计始终要在各种性能和功能中取得一定的平衡。最好的往往最贵，最便宜的往往性能不足。如何在各种系统方案中作出整体最优的选择是非常难的，因为不同的利益相关者都有各自的诉求，而电子电气架构和项目的管理层作出的选择往往是决定车型成功与否的关键。

造车是平衡的艺术。所谓平衡的最高境界就是在给定目标和资源的情况下实现整体最优，任何追求局部最优的努力都是舍本逐末。

关于如何获得某个系统的设计方案，可以采用如下方法。

- 正向开发。完全从需求出发制定解决方案并实现。这种方法适用于全新的系统或对现有系统的解决方案不满意的情况。优点是开发成功后可能会领先于同行业的其他竞争对手或有效规避他人的专利，缺点是研发的不确定性高，可能最终的结果达不到最初的设想，而且投入大、周期长。
- 逆向工程或对标。通过对已经出现的同类型系统进行拆解和研究，快速获得该系统的设计方案。
- 调研。通过与相关的供应商或合作伙伴进行交流来获得该领域的最新信息或同行的信息，从而快速确定该系统的设计方案。这是车企中很多工程师的日常工作，因为车企的最大优势就是可以获取各种最新的信息。即使在正向开发中，调研也是必不可少的工作。

需要注意的是，从某种意义而言，调研与逆向工程或对标有一定的相似之处，都是通过获取他人的信息来确定自己的方案。它们的不同之处在于，调研需要广泛获取整个行业内的信息后自己确定目标和具体的方案，而逆向工程和对标则是针对给定的对象进行详细分析，将给定对象的参数或者方案作为自己的目标或解决方案。

真正决定架构形态的是IPO模型中的P（处理）部分。这部分难度最大，不但因为这个部分的设计关乎整个架构的性能和功能实现，也因为可供选择的方案非常多。基于芯片、通信与网络技术的发展，似乎控制器可以执行任何逻辑控制工作，也可以实现任何一种传感器的接入和执行器驱动的工作。

这是一种错觉，理论上的可能不等于实际上的可行。首先，没有一枚芯片是万能的。即使有强大的、可以处理任何一种任务的芯片存在，它的资源也不是无限的。即使一枚芯片的资源足够多，也没有办法把整车的传感器和执行器都接到一个 ECU 上。这注定了单个 ECU 的方案是工程上不可行的。既然单个 ECU 不可行，那么如何将一辆车上的众多处理任务分配到多个 ECU 上，就变成了一个不得不面对的问题。电子电气架构的演进路线就是行业内各个参与者对这个问题的解决思路，也是不断发展的通信、芯片和软件等技术在当时环境下对当时所面临的问题给出的解决方案。

对于处理的选择，可以在某种程度上等效为对网络架构和电气架构的选择。我们可以设想这样一种场景：电子电气系统中所有的传感器和执行器都已经确定，而各个 ECU 却完全没有设计方案。那么，我们可以进行一项简单的工作。

首先假设将所有的传感器和执行器都连接到一个超级 ECU 上，那么至少有 4 个信息就可以确定下来。

- 这个 ECU 所需要的所有驱动资源和端口。
- 最大的电流消耗。
- 需要实现的需求。
- 最大的计算处理能力（如果已经有了准确的逻辑功能定义）。

然后，按照系统分解的原则将这个超级 ECU 及各个传感器和执行器进行分解和分类，得到一个个子系统，每个子系统都继承了超级 ECU 中的某些需求。

最后，将每个子系统中从超级 ECU 拆解出来的部分独立为一个个小的 ECU，再将这些 ECU 通过通信总线和部分硬线信号连接起来，就得到了电子电气系统的网络架构和电气架构。

当然，实际设计要复杂得多。进行超级 ECU 的分解进而得到子系统的过程充满了挑战。然而，如果考虑到没有一个电子电气架构是真正从零开始设计的，那么问题就没有那么复杂了。即使是初创企业，也一定会请很多有经验的工程师来进行电子电气架构设计，那些工程师的经验就是以前掌握的电子电气系统的知识。有了这些成熟的经验，电子电气架构的设计就有了基础，超级 ECU 的拆解与子系统的划分也有据可依。

另外，对于很多"成熟"的子系统而言，工程师在设计上可以选择的余地并不大。例如，对于制动和转向子系统，全世界的供应商本来就不多，他们提供的方案又只有那么几种，而且供应商的方案差异性也不大，加之这两个领域的安全性要求非常高，车企自己研发的可能性也不大，所以车企只能进行选择，最多提出一些要求与供应商进行协商。

当整个电子电气系统通过这样的方式进行分解、分析之后，真正需要从零开始设计的系统就不多了。再考虑到每个电子电气架构设计的时候可以选择的通信总线形式、处理芯片的能力，以及每个 ECU 的可选供应商等因素，电子电气架构的可选形态就很有限了。上面的过程可以使用图 6-12 表示，通过这样的分析和分解，我们所需要集中精力关注的只有待设计的部分。而电子电气架构的最终形态完全取决于待设计部分被设计成什么样子。

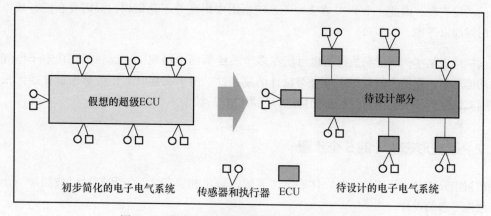

图 6-12　电子电气架构物理设计的分析与分解过程

对于待设计部分，主要的设计工作可以分为两大类：分解和连接。

分解工作分为两个维度：物理和逻辑。物理维度的分解主要解决的是各种传感器和执行器从待设计部分被分配到哪个 ECU 的问题。逻辑维度的分解解决的是逻辑功能初步部署的问题。虽然在这个阶段不会输出详细到每个 ECU 管脚的设计图与逻辑功能部署图，但是主要 I/O 的系统框图是必不可少的。通过各个子系统的框图使整个电子电气系统的主要组件得以一一呈现，如图 6-13 所示。

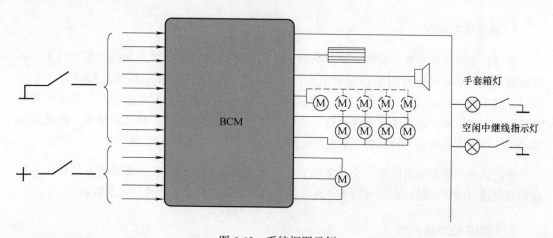

图 6-13　系统框图示例

需要特别指出的一点是，系统框图是系统设计的工作之一，不是系统分解的结果。系统分解中的每个组件都将唯一归属于某个系统。而系统框图是从功能实现的角度将某个或某类功能的实现涉及的系统组件进行组合，从而对功能如何实现加以表述。

通过系统框图可以大致估算子系统的成本与功能实现的成本。由于很多 ECU 都会承担跨系统的功能实现，因此一个 ECU 在多个子系统框图中出现并不是错误，只需要在进行成本估算的时候加以考虑。

同样地，某些传感器和执行器也可能在多个系统框图中出现，这反映了现代电子电气系统中功能之间、系统之间的深度耦合与设计的复杂性。由于在此时架构的形态设计还远未完成，因此此时的系统框图仅为初步的构想，还需要在后续的工作中逐渐完善。

6.3.2　架构形态设计的 5 个步骤

在初步分解各个子系统，并大体确定主要输入输出和负载之后，我们可以按照如下步骤进行架构形态的设计。

1. 确定架构风格

可以选择的架构风格有多种，如何选择最适合的架构风格是一个复杂的问题。架构风格分为硬件架构和软件架构，不同的架构风格对开发周期、成本、能力和供应链的要求有所不同。在不同的时代，有不同的可选项，对于很多车企而言，架构风格既是设计的结果也是选择的结果。由于软件占架构开发的比重越来越大，因此如何选择合适的软件架构对很多车企而言成为和硬件架构一样重要的课题。不论如何选择，是否适合自己永远比是否先进更为重要。

2. 基础技术选择

基础技术的选择在这个阶段主要包括两大类：主要的网络通信形式和电能管理技术。不同的网络通信形式对架构的形态影响很大，以太网、FlexRay、CAN 总线等直接决定了不同 ECU 之间数据通信的速率和数据连接、交换与转发的形式，尤其对网关这个必不可少的功能会产生重大的影响。而且还会对各个控制器的软硬件方案和成本产生很大的影响。电能管理技术的选择也同样重要，将对整车配电系统的形式与成本产生重要的影响。

除此之外，还需要对网络安全、通信安全、车辆配置、软件下载和诊断等基础技术的标准和原则进行确定，从而确保后续不会因为技术的限制对架构形态产生较大的影响。

3. 确定中心节点

中心节点不单指通信的中心节点，还包括各个功能域的中心节点，如车身控制域、信息娱乐域等。依据现有的资源与能力，在确定中心节点的功能边界之后，再确定中心节点间的连接关系。鉴于芯片处理能力的日渐提升，在中心节点的设计中，主要芯片的选择是重中之重，不同的芯片拥有不同的能力并能够完成不同的任务。

在十几年前，芯片可以选择的余地并不大，因为在每个功能领域中符合汽车级质量标准的只有少数的几个备选项，而且由于大部分控制器的设计和开发完全由供应商掌控，因此，车企在很多时候只能关注功能的实现与质量。如今，对主要控制器中芯片的选择成了决定架构风格的关键。虽然，可供选择的芯片数量依然不多，但是各个芯片之间的差异远远大于以前。

4. 逐渐细化

以中心节点为核心，逐渐细化各个中心节点及其所属领域的设计。将小节点连接到中心节点上，并对传感器、执行器和功能部署进行优化，同时更新各个子系统框图。此阶段的设计要着眼宏观，抓大放小，先从最主要的功能模块入手，即那些对成本、功能和性能有重大影响的模块。

另外，在保证可扩展性与配置灵活性的同时要尽量集成，以减少电子电气架构的复杂度，虽然这是互相矛盾的要求，但架构师的能力正是体现在如何在矛盾中找到平衡点。

5. 评估与迭代

根据原始的功能与性能的需求，对每一条主要需求进行虚拟验证，并对整个架构的成本和性能进行评估。此阶段可以由经验丰富的人员完成，也可以结合 MIL（Model In Loop，模型在环）的方式或采用一些架构级评估工具。

需要评估的维度很多，包括成本、周期、功能、性能与质量、ECU 的算力、总线的负载率、功能安全、信息安全、电能消耗、布置可行性等。评估的参与方除了开发设计人员外，还有项目管理人员以及相应的管理层，因为评估的过程中可能会涉及很多决策。

通常而言，评估过程中的很多决策不只需要技术信息，还牵涉产品战略、组织战略等。虽然每个需求都已经经过了可行性评估，但是只有在开发阶段才能真正判断需求实现的代价。而且，如果需求提出的时间已经很久，那么有些需求可能就需要被更新。另外，市场的最新信息也会影响管理层的决策。

以上的种种因素都会影响架构形态的设计。由于这个阶段的工作在系统详细设计的前期进行，因此也将其称为系统选型或系统方案选型。通过将评估后的结果进行反馈和解决，实现了设计的优化与迭代。此步骤可能要重复多次，每次都可能导致架构设计从第一步开始变更。

6.3.3 电气架构与网络架构的雏形

架构的形态设计并不需要确定每个物理部件的详细信息，仅需要完成控制器的概要设计，包括主要功能的部署、部件之间的连接关系、重要系统的初步选型，以及主要部件的选型等。目的是初步完成对电子电气架构物理视图的概要设计，为后续系统开发提供了蓝本。虽然系统开发可能会影响架构的形态设计，但是这个步骤是必不可少的，只有在有了关于物理实体的概要设计之后，系统开发才能有据可依，各个系统之间才能有讨论的基础，系统工程师才能集中精力专注于最需要专注的地方。

体现架构形态的一个标志性输出物是网络拓扑图，它列出了电子电气系统中所有控制器，以及它们之间的通信渠道。此阶段的网络拓扑图一般只是根据各个子系统的信息所进行的架构层级的汇总和初步规划，是进一步讨论和设计开发的基础。网络拓扑图中还可以标注每个控制器的最高功能安全等级、电源供给方式等，如图6-14所示。

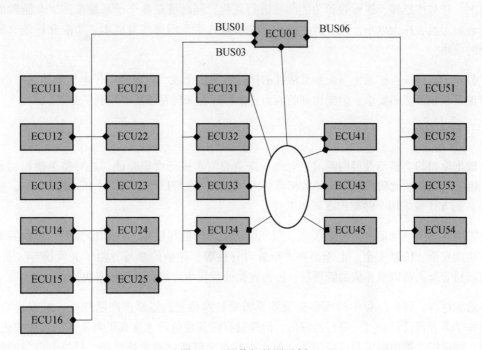

图6-14　网络拓扑图示例

电气架构的初步设计也是架构形态设计的重要步骤，此项工作至少需要包含以下两个方面的初步设计。

一方面是各个控制器与相应的传感器和执行器连接关系的设计，如图6-15所示。

另一方面是整个电子电气系统的电气拓扑及相应的布置。虽然在设计电子电气架构的时候不一定会有明确的车型信息，但在目标车型上进行电子电气部件的尝试是很有必要的。否则，可能会在开发后期出现各种跟布置相关的问题，从而导致架构设计的修改。同时，在进行部件布置时也会产生很多对车辆物理架构的需求或限制，如布置区域、周边空气流场和热场、与其他零部件的间距、相邻部件的温度和电磁辐射等，这些信息可以将被提供给相应的部门，以期尽早避免与车辆物理架构的接口产生不兼容的问题。图 6-16 展示的是某电子部件在车体中的布置。

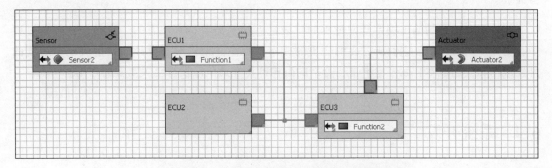

图 6-15　控制器与执行器连接关系图

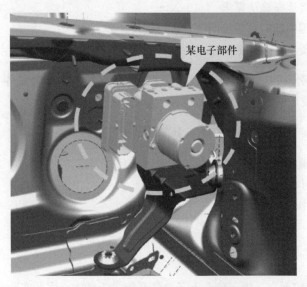

图 6-16　某电子部件在车体中的布置

对于系统来说，最重要的是连接关系，也就是结构。架构的形态设计本质上是对架构中各个组件的连接关系进行设计，这包括物理组件之间的连接关系和逻辑组件的连接关系。当形态确定之后，电子电气架构的结构也就基本确定了。相应地，整个电子电气系统的成本、性能、可演进性也大致确定了。形态的设计从来就不是纯粹的技术活动，还需要结合项目预算、人力资源、时间进度等实际情况，综合各种因素后才能最终确认。

从上述描述中我们可以看出，架构形态的设计类似于雕塑的设计过程：先确定主题和风格，勾勒出整体轮廓和关键部位，然后逐渐细化，最后进行优化。

虽然电子电气架构形态的选择余地不大，但是不同的顶层需求、不同的设计能力与系统分解中的细微差别还是会导致电子电气架构形态的细节有所差异，加之功能架构不同以及各个部件供应商方案与能力不同，最终都会体现在电子电气系统的质量、成本和开发周期等方面。

架构形态设计的输出物是开发过程的阶段性产物。需要特别注意的一点是，在开发过程中，更改发生得越晚，它们所需要的变更的成本就越高。架构形态设计的质量决定了后续的开发成本和应用成本，而经验丰富、合格的架构师将在此阶段发挥至关重要的作用。

6.4 系统开发

当有了架构的基本蓝图之后，架构师要做的就是落实。

- 和利益相关者逐条确认需求。
- 在实现的过程中随时对各种问题、争议进行处理。
- 随时依据需要决定是否更新相应的设计原则或改变设计的细节乃至架构的目标。

这个过程如同房屋设计师在施工过程中也要持续跟进，并随时对各方的诉求进行处理，从而决定是否更改设计图纸一样。

架构设计的落实工作首先体现在系统开发活动中，其启动条件如下。

- 子系统（逻辑系统和物理系统）的划分工作已经完成。
- 架构形态设计已经基本完成。
- 功能开发工作基本完成。

6.4.1 子系统开发概览

对于汽车 EE 系统而言，由于整个电子电气系统过于庞大，因此实际开发过程中不得不将其按照功能逻辑分解为多个较小的子系统进行管理，不同的子系统由各自的系统工程师负责设计和维护。系统开发的对象是子系统，这些子系统在前期的逻辑系统划分中已经确定了功能目标和边界。虽然子系统是按照功能逻辑进行划分的，但大多数子系统的逻辑实现需要依赖相应的物理系统中的物理部件。鉴于逻辑子系统与物理子系统的强关联关系，子系统的设计虽然大多以逻辑子系统为单位展开，但同时也需要对相应的物理子系统或部件提出具体的设计需求。

与电子电气系统相同的一点是，每个子系统也有自己的逻辑视图、物理视图和过程视图。由于每个子系统的特点各不相同，因此它们的 3 个视图也各不相同。

系统设计的具体工作既包含将上游功能开发的逻辑进一步细化，也包含基于架构形态设计对物理实体部件的概要设计。虽然在架构形态设计中已经初步完成了架构物理视图的设计，但其中包含所有物理实体的详细参数和连接关系并未完成，需要在系统开发中进一步细化，即需要将所有的实体部件，如各种控制器、传感器、执行器、线束等的详细参数和它们之间的连接关系进行更加详细的设计，并将设计结果转换为对所有部件的需求和规范。因为系统开发之后的下一步是零部件的设计和开发，所以所有工作的目标可以被描述为将上游的需求转变为各个零部件可以承接并实现的设计需求和具体的方案，以满足电子电气系统所有部件的开发要求。

就逻辑视图而言，子系统的主要组件是逻辑功能，子系统开发中需要对每个逻辑功能进行详细的设计。这包括将每一个分配给逻辑功能的需求进行确认和整合，也包括对子系统内部所有逻辑功能之间的关系进行详细的设计。

对于物理视图来说，子系统的设计主要是整合上游的需求，提出对本物理子系统中的具体设计要求，并转化为对各个部件的要求。由于物理视图中的各种部件可能会被多个系统复用，因此在子系统设计中关注的并非整个部件，而是相应部件中与逻辑功能直接相关的部分。这可以理解为将一个大的部件进行分解，子系统的开发只需要对相关的部分负责。部件的详细设计工作是在部件设计的层级完成的，它将整合对各个子系统在设计层级提出的需求，从而形成对部件的完整需求。

对于子系统设计的过程视图来说，每个子系统的特点不同，因此它们有着不同的设计过程，这些过程属于电子电气系统开发过程中电子电气架构设计的下一层。

在子系统的开发过程中，关于传感器和执行器的系统归属问题经常会让人困惑。我们很难确定它们应该属于哪个子系统，原因如下。

- 任何一个传感器或执行器都可能被多个子系统使用，很难将其划归为某个子系统。
- 传感器提供的是某种状态信息，逻辑功能的输出也可以看作某种状态信息。所有的执行器都是在接收到某种信号之后才执行动作的，而逻辑功能也具有同样的特性。这导致如何定义传感器和执行器会让很多人产生困惑。一般而言，传感器多是指直接获取电子电气系统之外的物理世界信息（如温度、速度、湿度、电流等）的部件，执行器多指对电子电气系统之外的物理世界或车辆上的其他非电子电气部件产生作用的部件。
- 某些智能传感器或执行器也有自己的逻辑，需要软件编程或与其他部件进行信号交互。这进一步模糊了传感器、执行器和控制器之间的边界。

是否将传感器与执行器划入子系统的设计范围、如何在子系统开发中体现它们的存在，完全取决于设计中自定义的规则，难以一概而论。

由于每个系统的复杂度、需求数量以及零部件供应商的能力不同，导致系统设计的工作目标有很大差异，子系统设计的工作深度不同，相应的工作量也不同。对于那些行业内已有的解决方案，系统工程师只需要做如下几件事。

- 在现有的方案中进行选择。
- 选择供应商。
- 将上游的需求传递给供应商。
- 与供应商一起将系统之间的接口确定。
- 保持与供应商的交流，保证系统顺利交付。

虽然这种工作方式在车企中仍然大量存在，但已经不再是主流。系统工程师需要做的事情比这要多很多，对能力的要求也越来越高。简而言之，系统开发中有如下3个主要阶段。

- 收集需求。
- 系统设计。
- 评审和更新。

下面将详细讲解每个阶段系统开发需要完成的工作。

6.4.2 收集需求

任何设计都源于需求。系统开发工作的第一步是收集此阶段所有的需求。

由于任何一个系统都会承接众多需求，因此确认需求是十分重要的。此阶段的重要任务除了尽可能多地收集对系统的需求之外，还需要完成以下工作。

- 需求的接收：确认需求的有效性后将需求列入开发范围。
- 需求的拒绝：对于无法实现或错误的需求明确拒绝，并向相关方进行反馈。
- 需求的更新：包括现有需求的更新和新需求的修改两种情况。

保证以上工作质量的基础是提高对已定义的需求和它们之间关系（例如功能、性能、行为和时间等）的理解。

对于系统开发而言，功能性需求来源于上游的功能开发，并且定义了为了实现目标需要实现哪些功能。由于功能性需求来自不同的特性，因此可能会存在不同的特性对同一个系统的需求互相冲突的情况。系统工程师在发现需求冲突的时候，需要同架构工程师一起与相关方深入沟通，保证所有需求的有效性。同时，功能性需求也可能与非功能性需求之间存在某种冲突，这些都需要系统工程师在收集需求和开发的过程中不断进行识别，并及时解决。另外，在各个系统的设计过程中，需求还会不断地产生和细化，如其他系统或某个部件在设计和开发过程中产生的需求或变化的需求。需求的收集并不是某个阶段就可以完成的工作，而是持续进行的。

非功能性需求可能来源于多个领域的利益相关者，如性能需求、法规需求、生产需求、网络需求、电能管理需求、售后服务需求、架构的派生需求等。由于输入来源众多，很多需求在初期无法判断其合理性，因此整理非功能性需求可能需要更多的时间和经验。

除功能性需求与非功能性需求之外，还有一类特殊且非常重要的需求：接口需求。接口既包括逻辑系统之间的接口，也包括物理部件或系统之间的接口。接口需求是在上层架构设计工作中定义的，有的接口需求属于功能性需求的派生需求，有的则是为了满足非功能性需求而产生的，它们的共同之处在于都是为了满足与其他系统交互而提出的。

需求是系统开发工作的起点，准确而完整的需求是高质量系统开发的前提。

6.4.3 系统设计

当需求明确之后，系统工程师将开始系统开发中最重要的工作：系统设计。此阶段的目标是通过适当的方法从逻辑、物理和部署视角描述如何实现所有的需求。

所谓适当的方法完全取决于系统设计工作下游的具体需求。如果一个子系统的下游——相关部件设计方有成熟的方案，那么系统设计的工作可能就只需要完成该系统与其他系统接口的设计。如果部件设计方无法提供成熟的解决方案或系统工程师不希望部件设计方知道整个系统的全貌和细节，那么系统工程师就需要自己完成设计，将需求传递给部件设计方，从而部件设计方只需要按照需求进行实现。

系统设计中的主要工作方法是通过对各种需求，包括物理/功能逻辑接口、功能/行为期望和相关约束与目标等的全面理解，建立功能、性能和其他技术标准之间的关联，并进一步将上游需求分解为一组逻辑分解模型，以及和它们相关联的派生技术需求集。

学术界有多种指导系统设计的方法论，但无论采用何种方法进行系统设计，完成的工作主要可以分为系统结构设计和系统行为设计，并在上述设计中提出相应的需求。

1. 系统结构设计

我们先回顾一下系统的定义：系统是一个由多个组件组成的对象，并由3个紧密关联的部分——组件、结构与环境所表示的集合。虽然系统中的主要组件和大体结构已经在上层架构设计中完成了初步定义，但对系统的组件和结构尚未进行详细设计，这正是系统结构设计需要完成的工作。

系统的结构设计需要分别从物理、逻辑和部署3个视角完成。由于每个系统的特点不同，很难说哪个视角需要优先于另一个或是同时完成，需要结合实际情况而定。

对于物理组件和结构的设计，一般要根据架构形态设计、本系统上层系统的限制和相应逻辑功能的部署共同决定，包括但不限于以下工作。

- 相应的传感器和执行器的选型。
- 与本系统直接相关的控制器的设计。

此处并非需要完成完整的控制器设计，完成相应功能中与本逻辑子系统的功能直接相关的部分即可，如传感器和执行器接入哪个控制器、对控制器的接口要求、控制器的处理能力和各种性能要求等。

对于子系统内逻辑组件的设计，主要是整合并细化上游分配和分解下来的需求，同时对各种需求进行场景细化，根据功能正常执行的流程和异常处理机制来完善各个组件的设计。这是一个复杂的互相协助的过程，包括系统工程师和架构工程师在内的各个角色需要深度合作，参与到这个工作中的角色还包括需求工程师、系统安全工程师、信息安全工程师、线束工程师、网络工程师、零部件工程师、测试验证工程师、工艺工程师、供应商、项目管理的相关人员等。

系统设计中要完成的主要工作之一是逻辑功能的详细设计。

- 定义 LF 的端口，包括数据类型、数值，以及收发的机制。
- LF 的详细需求，包括应该实现的功能以及相应的逻辑。

一般而言，系统设计还应该完成软件架构的设计——将 LF 转化为相应的软件组件，并完成软件组件在各个控制器中的部署。软件架构设计可以与 LF 的设计一起进行，也可以在全部 LF 设计完成之后再进行。

部署是系统设计的重要工作，包括物理部署和逻辑（软件）部署两个方面，目标是将部件、软件组件和信号等元素与实体进行关联。

物理部署主要完成如下工作。

- 设计传感器、执行器与 ECU 的连接关系。
- 供电关系的详细设计。
- 通信总线关系的详细设计。
- 各种电子电气部件在整车的布署。

上述工作虽然使用了"设计"一词进行描述，但是完成的仍然是将部件关联到其他部件的工作。此处仅为强调"部署"是设计的结果。

在逻辑方面的部署工作主要是软件架构详细设计，即将软件组件部署在相应的控制器中。因为绝大多数逻辑功能都是通过软件实现的，所以对逻辑功能的部署基本等效于对软件组件的部署。

上述工作内容之间的关系可以用图6-17来表示。

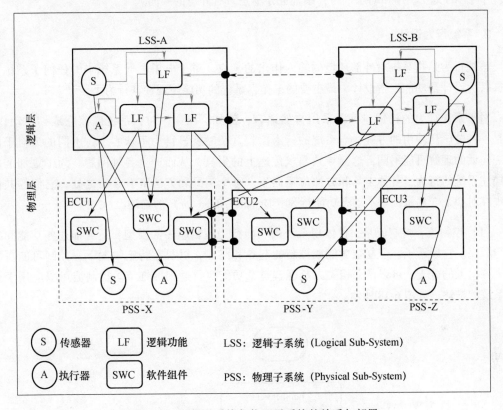

图 6-17　逻辑子系统与物理子系统的关系与部署

物理部件的设计也是系统设计的重要工作，虽然完整的部件设计并不属于系统设计，但系统设计中需要对所涉及的部件提出相应的需求，如性能需求、功能需求、接口需求等。同时，一些重要部件的选择也是此过程中需要完成的。

系统设计工作不限于系统逻辑和物理的设计，还包括仿真分析、FMEA（Failure Mode and Effect Analysis，失效模式和效果分析）、功能安全、信息安全等。而这些工作都会对相应的系统设计产生影响，甚至对前期的功能开发和架构形态设计产生重大影响，导致前述设计的大幅变更。

由于电子电气系统中包括众多的子系统，导致各个子系统的功能有一定程度的耦合，从而相互影响。在设计子系统的时候，可能会对其他子系统产生需求，也可能会接受来自其他子系统的需求，这些需求与系统原本承接的需求相互影响，会进一步增加系统设计工作的复杂性，导致系统内部的逻辑、结构，以及物理部件的变更。虽然很难大幅降低系统的复杂度，但系统的设计质量可以通过系统设计的迭代而不断完善。

上面所述的逻辑设计、物理设计均属于系统静态结构设计的范畴，在图 6-17 中并未展示系统中 LF 的交互顺序和动态行为，系统也并不是只有静态的一面。

2. 系统行为设计

系统行为是指系统对外部环境的输入作出的响应。对于电子电气系统中的任何子系统而言，行为设计是功能逻辑设计中最主要的工作，系统的功能体现在其行为上。

对于系统行为的描述，可以采用自然语言，例如：当……时，系统应该完成……动作。这是一种被广泛使用的方式，当系统的行为比较复杂时就显得力不从心了。不同的人对于同样一句话的理解可能不同，这会导致需求传递上的失真，从而产生各种问题。为了更加准确地描述系统的行为，各种工具和方法应运而生。每个工具和方法都有独特之处，它们的共性体现在对如下 3 种系统基本动态功能行为（Dynamic Behavior）的描述上。

（1）控制流　控制流是一种体现系统内功能行为逻辑顺序的模型，适合描述各功能间的执行顺序。它展示了一个复杂功能或控制的起点和终点，以及在特定情况下，控制可能在另一个方向上的分支。可以帮助相关人员理解整个功能执行过程的细节。控制流可以应用于单一系统的描述，如图 6-18 所示。

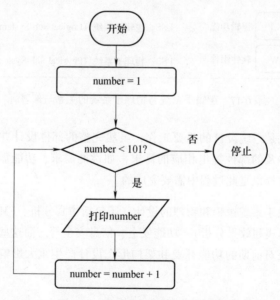

图 6-18　单系统的控制流示意图

当一个功能的执行涉及系统中的多个子系统时，也可以应用控制流描述多个子系统之间的功能逻辑，如图 6-19 所示。

（2）数据流　数据流关注输入和输出之间功能的依赖关系，适用于以数据流驱动的逻辑功能开发。它强调对输入数据的处理，要求一个步骤的输出与另一个或多个步骤的输入有明确联系。该模型不强调步骤的顺序，每个步骤的输入时间由各个输入步骤执行的时间决定。

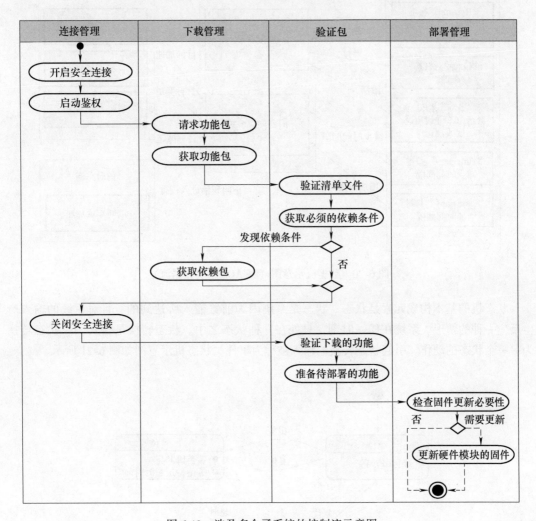

图 6-19　涉及多个子系统的控制流示意图

数据流体现了功能之间以数据互相驱动的行为，如图 6-20 所示。

数据流图也可以用来展示系统结构，如果图中的功能是系统的全部组件，则数据流图与系统结构图基本一致。

（3）状态机　状态机是一种应用广泛的系统行为模型，它由有限数量的状态组成，也被称为有限状态机（Finite-State Machine，FSM）。状态机有多种类型，常见的有 Mealy 机、Moore 机、Harel 状态图和 UML 等。

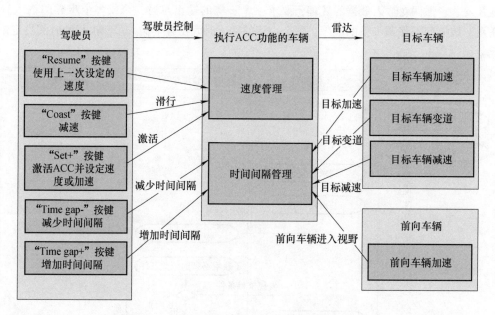

图 6-20　数据流示意图（某 ACC 系统数据流）

状态机的基本构成元素是状态。状态是系统因为前置输入所达到的、且对后续的输入产生反应一种的情形。系统在任一时刻，只处在一种状态之中。状态转换是指从一个状态转换为另一个状态的动作。引起状态转换的输入被称为事件。状态机示意图如图 6-21 所示。

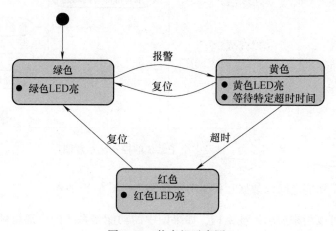

图 6-21　状态机示意图

虽然通过各种行为图可以展现出众多信息，但是无法展现系统的全部细节。很多时候，文字描述依然是必不可少的，可以以文档的形式传递给下游，也可以在工具链中伴随着各种图进行传递。

系统行为描述的目的之一是生成软件架构，在进行架构形态设计时，虽然已经对电子电气架构的软件架构进行初步设计，但详细的设计活动需要在系统设计中完成。对系统结构和行为进行的设计最终会转换为对软件组件的设计。

3. 提出需求

系统设计的目的是形成对零部件的约束与需求。无论通过图表还是文字的形式，只有形成完整且明确的需求，才能说明系统设计的结果是有效的。从某种意义上讲，系统设计的过程也是顶层需求被分解、细化，并转换为对零部件的需求的过程。

在对系统进行设计的过程中，不但要提出对相应部件的需求，同时也要对其他相关联系统提出需求。这些需求包括但不限于以下类别。

- 功能表现。
- 电性能。
- 环境性能。
- 安全性能。
- 时间。
- 输入信号处理。
- 输出信号处理。
- 通信。
- 诊断。
- 故障保护。
- 数据存储。
- EMC 性能。
- 耐久性能。
- 机械性能。

上述需求的完整度、准确度、细化度等在很大程度上能够反映一个组织在相关领域技术知识上的积累。

6.4.4 评审和更新

评审与更新是日常工作中最简单和普遍的保证系统设计质量的工作。由于电子电气系统中的子系统众多，参与开发设计的人员众多，在完成系统设计和零部件开发之前，进行多次评审与更新可以大大提升系统设计的质量。

评审工作的基本要求是所有利益相关者都参与其中，并且认真地检视相应的设计。更新工作的基本要求是所有的活动都能被及时、准确地追溯，且整个工作都能够被有效管控。

6.5 线束开发

随着汽车中电子部件数量逐渐增加,线束变得日益复杂,成本也在不断攀升。线束已经成为电子电气系统中成本最高的部件,在很多车型中是最昂贵的电气部件,仅低压线束的价格就超过了 6 000 元,远远超过了控制器的成本。而且,线束是对整车功能影响最大的部件,无论控制器软件设计得多么强大和鲁棒,只要一根线束出现问题,就可能会影响全部功能的应用。另外,线束的安装是整车装配线上耗时、耗力最多的工序。因此,线束设计虽然不是当前热门的技术,却是最重要汽车电子设计工作。

线束最基本的用途是连通控制器、执行器、传感器,并为它们提供电能和信号的传输通路。线束设计中必须完成的一个工作是收集所有电子电气零部件的信息,包括每个接插件的型号、每个针脚的定义、相应的电流和电压信息、信号类型、各个系统的框图等。有了这些基本信息,就可以设计线束原理图了。

因为线束在车内的布置并非平面,所以线束工程师还需要完成线束的 3D 设计,如图 6-22 所示,即与车辆布置工程师一起设计每根线在车内的布置,并完成相应的卡扣、固定点等设计。

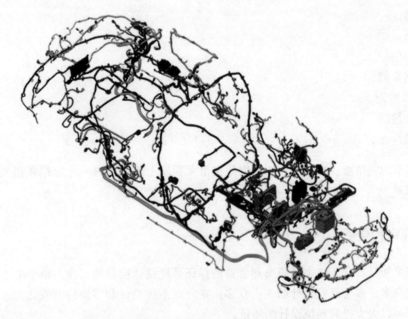

图 6-22 线束 3D 设计示意图

当线束 3D 设计完成之后,就可以开始线束接线图的设计,并交付给线束生产工厂。对于线束工厂而言，仅有线束原理图和 3D 设计图是无法生产的，线束工厂还需要接线图。接线图是在线束原理图中添加短接点、护套、长度、接插件等关键信息后形成的可以用来交付加工的图纸。

实际的线束开发过程十分复杂，因为线束涉及每个供电和用电部件，以及车身的各种相关部件，所以任何一个部件的变更都会影响线束的设计。而且，由于线束对整车成本、重量、功能、EMC 性能、安装和维修等方面影响重大，因此车企为了保证线束设计的质量，对每一步工作都会进行大量的设计规则检查工作。另外，即使对于同一款车型而言，也会有高中低配的差异，因此线束也必须进行相应的变化，这又进一步增加了线束设计的复杂性。

6.6　网络设计

网络设计是传统的架构设计工作。在国内很多车企中，网络设计工作交由电子电气架构部门完成，主要输出物有网络拓扑、信号矩阵和各种规范。

需要注意的一点是，系统开发和网络设计的工作可能会影响最初的网络拓扑，这是由于在开发中会逐渐细化各种消息的时序、控制器唤醒的时序和消息转发时间的限制等，这些都可能导致网络拓扑需要变更，以满足上述需求。

虽然关于各种网络总线已经有了相应的国际标准或者行业规范，但在实际应用中，车企仍然需要细化这些标准和规范，如各种时间参数、网络管理规范、物理层规范等。另外，当一种新的总线形式出现时，国际标准或行业规范也需要经过大量的实际应用和验证，这也是网络设计工作的一部分。

网络设计工作最常见的输出物是信号矩阵。信号矩阵的原始输入是系统设计中的各种端口和信号。一般而言，每个逻辑功能或软件组件都有自己的发送端口和接收端口，当两个有消息发送和接收关系的逻辑功能被分别部署于两个不同的控制器时，它们之间的信号就需要连接两个控制器之间的总线来传输。于是，我们就得到了一个需要被放进信号矩阵中的信号，如图 6-23 所示。

当我们把某一条总线传输的所有信号都汇总在一起之后，还需要逐一编排这些信号，形成消息帧，并为每一帧消息进行编号（赋予 ID）。

以传统的 CAN 总线为例，每一帧消息有 8B，包含 64bit 信号，如图 6-24 所示。由于车内需要传递的消息数量巨大，且不同的信息有不同的长度、不同的目的地，所以如何在每一帧中编排进尽量多的消息并保证消息传递的及时性和高效性是需要工程师认真思考的。

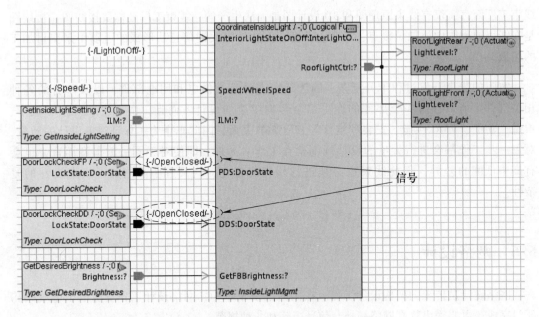

图 6-23 软件组件之间的消息连接

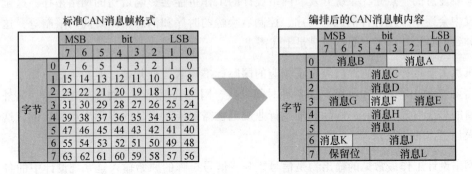

图 6-24 CAN 总线数据帧设计

如果我们把总线想象为一条铁路线，那么每一帧消息就是奔驰在这条铁路线上的一列火车，每帧消息都有自己的使命——将信息传递到目的地。连接在总线上的 ECU 就是一座座车站，每个车站都会有消息放到总线上，也会从总线上读取自己需要的消息。网络工程师如同调度中心的调度员，负责货物的安排与车辆的调度，如图 6-25 所示。

当消息需要从一条总线被转发到另外一条总线的时候，就需要一个连接两条总线的 ECU，由它进行消息的转发。如果一个 ECU 的主要作用是在各个网络总线之间进行消息转发，那么这个 ECU 通常会被称为网关。网关的存在，使得大量消息可以被跨网段转发，这也导致网络路由变得复杂。同时，由于整个网络中的消息数量众多，网络设计需要不断地优化，以满足整车功能和性能的需求。

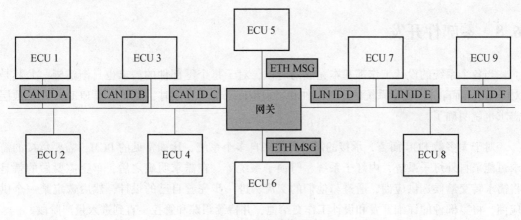

图 6-25　总线网络设计

6.7　基础技术开发

在电子电气架构的开发过程中，除了那些从用户需求角度引入的各种功能之外，各种基础技术的开发和应用也是极其重要的工作。基础技术虽然并不直接实现功能，但与各种功能的实现和电子电气架构的特性息息相关。常见的电子电气架构基础技术可以分为如下几类。

- 通信类：包括各种通信总线的各层协议和标准，如物理层标准、数据链路层标准、物理接口的组件标准等。
- 数据安全类：包括安全访问算法、软件模块鉴权规范、授权/凭证/信任管理、硬件安全模块（Hardware Security Module，HSM）、安全日志等。
- 通信安全类：通信信号的质量要求、安全相关通信的规范和标准等。
- 车辆参数配置类：包括相应的规则、规范，以及工具和管理系统等。
- 诊断类：包括基于各种通信介质的规范、标准、对话建立和管理机制、安全访问算法等。
- 软件下载类：包括软件下载的协议和规范、基于各种通信介质的通信协议、BootLoader规范和标准等。
- 软件平台技术类：如AUTOSAR的配置规范、配置工具、基础软件的开发规范等。

从最初的需求可行性研究到最终的整车层级的验证，基础技术的开发工作贯穿于电子电气架构开发之中。没有基础技术的支撑，电子电气架构就无法实现。基础技术如同城市的供水、供电和通信设施一样，虽然不是城市存在的目的，却是城市正常运转的基础。强大的基础技术可以大大提升电子电气架构的质量，以及相关人员的工作效率。

6.8 零部件开发

当各个系统的设计工作都基本完成的时候,对于每个零部件的需求也日渐清晰。尤其是对于 ECU 而言,当各个系统的逻辑组件和物理组件都部署完成时,能够支持 ECU 开发的顶层需求也就明确了。

对于大多数 ECU 而言,承接的需求可能来自多个系统,比如常见的 BCM,需要承接的需求可能来自外灯子系统、内灯子系统、门锁子系统等。在需求明确之后,车企需要做的就是将需求转交给候选供应商,通过与他们的交流,进一步完善自己的设计,然后选定某一个供应商,将零部件的详细开发和设计工作交给他,并持续跟踪和管控,直到进入量产阶段。

虽然有很多车企已经开始某些零部件的自主开发工作,但是如果我们把车企内部的零部件开发部门看作一个特殊的供应商——由车企投资并直接管理的零部件供应商,那么传统的车企与供应商的关系并没有太大的改变,交互关系还可以套用原来的模式,只不过联系更加紧密而已。

为了完成一个零部件的开发,车企除了提出各种系统对该部件的需求之外,还应包括以下要求。

- 软件要求。
- 硬件要求。
- 材料要求。
- 网络要求。
- 基础技术要求。
- 性能要求。
- 质量要求。
- EMC 要求。
- 测试验证要求。
- 3D/2D 数据图纸。
- 外观质量和感知质量(Perception Quality,PQ)要求。
- 几何尺寸和公差要求。
- 项目的时间计划、样车计划和物料的要求。
- 过程控制要求。
- 责任划分。
- 物流包装要求。

每个零部件都是电子电气系统的一部分,车企只需要负责顶层设计,提出明确的需求,部件的详细设计、开发和验证工作由一级供应商负责完成。而对于供应商而言，每个零部件都是一个完整的系统，包含了硬件、软件和机械部分。对于零部件的开发也应该参考系统工程的开发流程，从需求出发，完成架构设计、子系统设计，以及软件、硬件和机械部分的开发，并且进行相应的验证。

车企中架构设计部门的需求来自车企内部的各个利益相关者，而一级供应商架构设计的需求则主要来自车企。车企绝非零部件需求的唯一来源，供应商内部也有众多的利益相关者，他们也会提出自己的诉求，而零部件架构设计师也需要在这些需求之间取得平衡，再由各个领域的工程师将架构设计转换为各个子系统的设计，直至最终交付。

零部件一般可以分为多个子系统，尤其对 ECU 而言更是如此。每个 ECU 都可以分为硬件、软件和机械部分。各个部分既相互关联，又各自独立，每个部分都有自己的特有的开发流程。无论每个部分的特性如何，都要按照瀑布模型或改进的瀑布模型进行开发。

6.9 验证和确认

验证与确认是系统开发过程中的重要环节。在图 6-26 所示的经典 V 模型中，右侧的活动均与验证和确认相关。

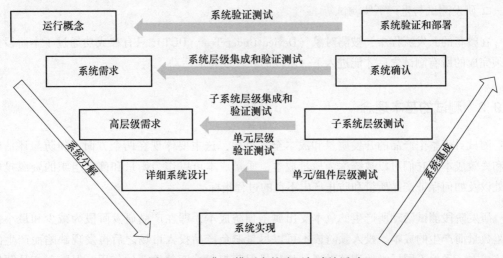

图 6-26 经典 V 模型中的验证与确认活动

6.9.1 测试的种类

在日常工作中，一般习惯将验证与确认统称为测试。测试是一门跨多个专业的科学，测试工程师需要了解软件、硬件、材料、数学、统计学、产品的开发流程与业务知识，以及各种设备的使用方法。在电子电气系统的开发过程中，各种测试活动需要投入大量的资源和时间，而且复杂程度、重要性不亚于前端的设计过程。可以毫不夸张地说：没有高质量的测试活动，就不会有电子电气系统的高质量交付。

一般而言，电子电气系统的测试可分为 3 个层级。

- 部件级测试：对单个部件进行功能和性能的验证与确认。
- 系统级测试：对由多个部件所组成的系统进行功能和性能的验证与确认。
- 整车级测试：对整车级功能和性能进行验证与确认。

不同层级测试的方法、用例和重点虽然各不相同，但共同的目的是保证整个电子电气系统的功能和性能。

上述测试活动可以按照测试的重点或目的分为以下类型。

- 功能测试。
- 性能测试。
- 可靠性测试与 EMC 测试。
- 台架测试与整车测试。
- 模型在环测试、软件在环测试与硬件在环测试。
- 手动测试与自动测试。
- 研发测试与生产下线测试等。

在整车的开发流程中，被测对象（Device Under Test，DUT）只有在成功通过了本阶段所必须完成的所有测试之后才能进入下一阶段的开发或验证活动。

6.9.2 测试的基本理念

测试对于整个产品的开发质量和成本至关重要，这主要体现在两个方面：预防与评估成本和失效成本。它们可以被统称为质量成本。质量成本可以作为衡量和确定组织的资源投向何处以及如何保证产品质量和防止产出不良的过程指标。

研发阶段测试活动所产生的成本支出属于预防成本，即在产品研发阶段为减少和最小化缺陷数量而产生的成本。投入预防成本可以尽量避免产品投入市场之后再发现缺陷而产生的缺陷成本。虽然不同层级的测试对产品的质量保障都起着至关重要的作用，但随着产品开发的不断深入，缺陷越晚被发现，修复缺陷所花费的成本就越高，如图 6-27 所示。在售后阶段对缺陷进行修复的成本远远高于研发与生产阶段投入的成本。因此，尽可能早地发现尽可能多的缺陷是测试最主要的任务。

在研发阶段结束之后所产生的质量成本通常分为两类：评估成本和失效成本。

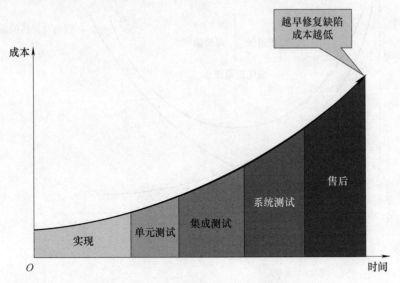

图 6-27　缺陷被发现的阶段与修复成本的关系

评估成本可以被看作企业在识别产品缺陷时所产生的成本，通常可以理解为在产品交付之前对产品进行检验时产生的成本。研发阶段的测试成本也可以被看作一种发生在研发阶段的评估成本。

失效成本分为内部失效成本和外部失效成本。内部失效成本是指产品在被生产出来之后、交付消费者之前被发现有缺陷时所产生的成本，也就是进行产品出厂质量检验时所产生的成本，相应的成本包括原料成本、制造成本和处理缺陷产品时所消耗的直接人工成本。外部失效成本指当有缺陷的产品被交付给消费者之后所产生的保修和退货成本，以及已经产生的制造和人工成本等。

我们的惯性思维是失效成本越低越好，实际上并非如此，降低失效成本意味着产品质量要非常好，也意味着企业在预防与评估工作的投入要非常多。随着质量的提升，预防与评估成本投入的边际效用逐渐递减，即使不断地增加投入，对产品质量提升的贡献也会逐渐变小，总成本反而会逐渐增加，如图 6-28 所示。

理想的情况是将总质量成本控制在一个比较低的水平，即预防与评估成本和失效成本的总和尽量低，也就是将其控制在最优质量成本附近。确定最优质量成本需要大量的数据和经验的支撑，而且会随着各种因素而变动。最优质量成本的左侧可以称为低质量区，该区域的产品预防与评估成本低于理想值，会导致大量的失效成本。最优质量成本的右侧可以称为高质量区，该区域的产品质量较高，但预防与评估成本投入较多。对于汽车产品而言，因为产量巨大，而且用户对质量问题的容忍度较低，所以大多数企业都会采用高质量策略，预防与评估成本较高。

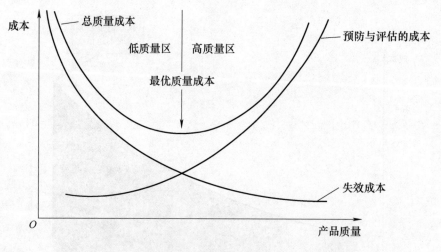

图 6-28　质量成本

虽然各个车企都会采用高质量策略，但测试种类繁多且投入成本巨大，车企仍然希望测试成本尽量低且效率能够尽可能高。测试成本取决于测试时投入的人力和设备。测试效率主要取决于测试策略和人员能力，包括测试方式（手动或自动）的选择、测试用例的选择等。

不同的测试策略对应的测试成本相差很大，例如对于需要重复执行次数较多的测试，使用自动测试的效率较高，对于重复执行次数少的测试，采用自动测试，则会因为测试设备成本较高和测试准备时间过长导致总成本较高。自动测试和手动测试的成本比较如图 6-29 所示。并不是所有的变更都需要执行完整的测试，局部设计变更时如何进行测试用例的选择就成为决定测试成本的重要因素，一般而言，这取决于测试策略制定者的经验和相关企业的规定。

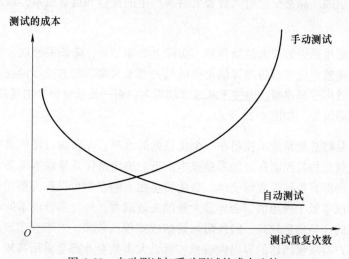

图 6-29　自动测试与手动测试的成本比较

6.10 电子电气架构开发方法总结

虽然本章已经花了大量篇幅介绍电子电气架构的开发方法和相应的活动,但电子电气架构的开发涉及整车开发中的大部分系统、功能与部件,横跨软件开发、硬件开发、机械设计、材料科学、生产工艺、人机交互和造型设计等工程领域,各个车企都有自己的独特之处,加之智能网联领域的迅速发展,不断出现新的挑战与应对方法,任何一本书都无法详尽描述电子电气架构的所有开发活动。然而,万变不离其宗,抛开各种细节之后,电子电气架构开发本质可以视为系统工程理论在汽车电子电气系统开发中的应用。

汽车电子电气系统的开发方法可以简单总结为以下步骤。

1) 按照需求工程的方法收集、确认和管理需求。
2) 将需求进行细化、分解并分配到各个子系统。
3) 将子系统的需求分解到各个部件。
4) 各个部件按照 1)~3) 的顺序进行部件级的设计。
5) 开发部件的软件、硬件和机械等子系统。
6) 进行部件→子系统→电子电气系统→整车等各层级的集成、验证与确认。
7) 电子电气系统交付与持续迭代。

6.10.1 一个源头:需求

一切设计都源于需求,设计的目的是满足需求,需求来自利益相关者。虽然收集需求并不一定是架构师需要完成的工作,但对需求的判断和分析是架构师责无旁贷的义务。通过对各种需求的分析,决定哪些需求被纳入开发范围、以何种方式实现,并将其转化为电子电气架构的具体设计。大部分需求以树状结构的形式被不断分解和拓展,在不同的层级进行不同的细化,变为具体的软件、硬件和机械需求,最终得以实现,并被逐层、逐条验证。

并不是所有的需求都有唯一的来源,有很多下层的需求可能来自上层的多个需求。这些错综复杂的需求构成了一张庞大的网,撑起电子电气架构。尽管电子电气架构的形态可能会大幅变化,但很多需求并不依赖电子电气架构的形态,它们只与原始的功能或性能需求相关。对于任何一个车企而言,积累各个层级的需求就是积累电子电气架构的设计能力。

能够提出正确且全面的需求,就是实力的体现。不断创造出新的需求,就是不断地成长。掌握需求,就是掌握命运。

6.10.2 两条主线：功能与性能

电子电气系统的开发有两条主线：功能与性能。它们均以需求的形式进入电子电气架构开发活动中，是电子电气架构详细设计、开发的起点。

功能的设计多以逻辑设计为主，最终以软硬件结合的方式实现。性能的设计虽然大多以硬件为载体，但在软件占比越来越大的情况下，越来越多的电子电气相关性能需要软硬件结合来实现。例如最为常见的 EMC 性能不但需要硬件层面良好的设计，软件控制逻辑的配合也已经成为必不可少的保障。

6.10.3 两个工作：分解和分配

对于复杂的事物，对其进行合理的分解是一种了解或掌握它的手段。电子电气架构设计过程中主要活动的核心方法可以使用两个词来表示：分解和分配。

鉴于电子电气系统如此庞大和复杂，一般需要将其进行纵向分解和横向分解。传统的开发模式多为先横向再纵向，如先分解为动力域、底盘域、车身域等，再在每个域中分解功能层、系统层和零部件层。如果采用集中式的架构，则需要采用先纵向再横向的分解方式，即首先将电子电气系统分为多个层级，需求层、系统层和部件层等，然后将每层中的组件进行分解。

图 6-30 展示了一种电子电气系统的分解方式，首先按照逻辑功能开发的过程分为 3 个层级：需求层、子系统层和部件层（主要为 ECU，传感器和执行器可被视为 ECU 的一部分）。然后将每一层中的主要组件进行分解：需求层中的组件为特性和功能，子系统层的组件为子系统及其包含的逻辑功能，部件层的核心组件为 ECU。各种性能需求和基础技术的需求将按照实际情况被分解和分配到每一层的每一个组件中。

为了方便管理，每一层中的原子组件被分配到本层中较大的一些组合组件中，如特性和功能会被归类到各个域中，如车身域、动力域等；逻辑功能组件会被分配到各个逻辑子系统中；件层的组件也会被归类到各个域中，或是更小一些的系统中。

总结一下，在电子电气架构的开发过程中，首先进行的工作是收集各种需求，其中的功能性需求（特性和功能）将被细化和分解，转变为对具体子系统的需求。由于每个子系统都会承接来自需求层的具体需求，同时也会收到各种性能和基础技术的需求，这些需求在子系统层进行汇总并整合，进而产生了对每个 LF 的详细需求。同时，每个子系统的详细逻辑设计、软件架构和硬件设计也会完成，并转换为对部件的各种详细需求。将软件组件和对硬件端口的需求部署到各个部件之后，电子电气系统的设计工作就基本完成了，余下的工作就是部件的开发、实现和测试了。

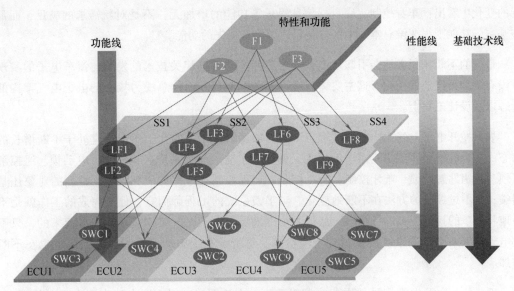

图 6-30　电子电气系统的分层结构

对于任何一个车企而言，如果能够将需求层和系统层的设计全面掌握在自己的手中，那么零部件供应商就只需要按照车企的需求进行软件和硬件的实现。另外，不同 ECU 的差异主要体现在软件与硬件上，相对而言，硬件设计的工作量小于软件。在分层结构中，ECU 的软件主要取决于对软件组件的部署，如果软件组件的设计掌握在车企自己手中，那么 ECU 之间的合并、拆分和控制逻辑就只取决于部署的结果。无论对于集中式架构设计、区域控制器设计，还是车企自己进行软硬件开发，对需求层和系统层的深度掌握都是基础。

6.10.4　两种思路：增量与重构

回顾整车电子电气架构的发展历史，我们可以发现一个现象：架构形态在变化，功能在增加，性能在提升。虽然每隔一段时间，电子电气架构会由于新技术的出现而发生较大的变化，但很少进行彻底的重构。无论软件还是硬件，都是基于以前的基础逐渐发展而来的。

对于车企而言，虽然不同代际的电子电气架构中很多控制器都发生了很大的变化，但这并不意味着进行了重构，因为那些控制器仍然会沿用原有的设计，仅在物理形态上发生一定的变化，内部的很多电路仍然会借鉴甚至沿用原来的设计。

软件逻辑层面更是如此，沿用和移植代码是每个供应商都会采用的方式。升级控制器的主要目的是增加功能与提升性能，增量与变更部分才是资源投入的地方。这个过程如同很多人在共同堆起一座高山，每增加一点高度，其实都是在前人的基础上填了一筐土，只是当山越来越高的时候，填土的成本也越来越高，人们不得不换一种方法继续增加山的高度。域控制器也好，中央计算机也好，无非是将土用新的形式进行了整合。这一点可以从很多领域功能的变化中看出：车身控制、底盘、信息娱乐等功能的增加无一不是对新需求的满足，而那些基本的功能则很久没有本质上的变化了，更鲜有消失的功能。

量变的不断积累必然会引起质变。随着芯片与软件等相关技术的发展，汽车电子的实现手段有了翻天覆地的变化。这主要体现在以各种控制器和通信总线为核心的电子电气架构的形态以及设计工具上。

如果抛开电子电气架构的物理形态，其内部逻辑在过去的几十年中一直处于不断增长的状态。逻辑的增长源于功能需求的增加。例如，车辆的门锁系统从机械锁、电动锁、遥控解闭锁、无钥匙解闭锁、蓝牙控制、NFC 控制、远程控制等一路发展到现在，控制的对象还是门锁；只不过控制的方法在不断地变化。对于锁系统的工程师而言，他所完成的工作就是不断地将简单的控制逻辑进行拓展。从这个角度来看，电子电气架构是逐渐发展起来的，只不过电子电气架构中子系统的数量在不断增加，每个子系统中的逻辑与相应的需求也在不断增加。

理想的正向开发模型虽然看起来逻辑清晰、方法明确，但实际上鲜有完全正向的开发。即使是形态全新的电子电气架构，其中的大量组件也一定重用了以前的设计。

如果我们将视角聚焦在电子电气架构的物理形态上，那么电子电气架构工程师就不得不面对一个现实的问题：使用增量模式还是完全重构的方式来设计新的电子电气架构？虽然两种方式的共同点都是要在新电子电气架构上实现功能和性能的拓展，但其开发难度和成本投入有很大差异。简而言之，两者之间的差异可以类比为城中村的改造与拆迁重建。改造的实施成本低、周期短、资源消耗少，但可扩展的功能与性能有限。而拆迁则可以将一切推倒重来，按照当前最理想的规划重新构建，但必然会投入大量的资源与时间，相应的成本和风险必然要更高。

究竟哪个方式更好，无法一概而论，这取决于企业当前的资源以及目标。如果企业的人力与资金丰富，现有的产品线能够在未来很长一段时间内支撑利润和运营，且其目标是构建领先竞争对手的全新技术平台，那么重构电子电气架构也许可以带来未来几年的领先优势。

如果不是以上情况，在现有电子电气架构能够支撑的范围内进行增量开发或适度的调整也是一个不错的选择。毕竟，开发新电子电气架构的目的始终是满足企业追逐利润与发展的目标，虽然开发电子电气架构属于工程技术领域的活动，但终究还是商业行为。

在进行两种方式的选择时，还有两个重要因素无法回避——电子电气架构相关技术的可获得性与电子电气系统的总成本。如果将实现一个完美电子电气架构所需要的技术能力的总和定为 100 分，那么无论车企还是供应商都无法凭一己之力达到要求，但车企和供应商合作却可能达到这个要求。

评估电子电气架构的成本及其收益，不能单看开发成本或系统 BOM 成本，而是要将二者结合起来，并考虑该电子电气架构所能搭载的车型的销量，以及电子电气架构带来的其他附加收益，如功能的增加、质量的提升、品牌美誉度的提升、数据量的提升、各种生产和售后成本的下降等。对于如此之多的因素，很难进行完整的评估，因此，实际情况是大家仍然较多地采用系统 BOM 成本作为主要的评估标准。

6.10.5　一个问题：架构设计是技术还是管理

架构设计无疑是一个对技术能力和经验要求很高的工作，但架构设计工作的范围该如何确定，不同的车企有不同的看法。架构设计、系统设计与开发和各种基础技术开发一直有剪不断理还乱的复杂关系。以下架构设计的工作内容是目前行业内可以达成共识的。

- 架构设计是电子电气系统的顶层设计。
- 架构定义了平台开发的边界以及开发框架。
- 架构设计是电子电气系统设计的一部分，着重于系统结构方面。
- 各种设计原则的制定也是架构设计的重要工作。
- 架构设计的工作不直接包括具体子系统和部件的开发实现，但与上述组件的实现紧密相关。
- 基础设施（如软硬件平台选择、通信总线、中间件等）的选择同样是架构设计的主要工作内容。
- 相关流程、方法论和工具的设计和管理也是架构设计工作中的重要内容。

以上各项工作中，设计工作无疑是占比最大的，设计工作也有管理的成分，顶层设计的结果必然会影响人、事、资金的配置与走向。管理是指在特定的环境条件下，以人为中心，通过计划、组织、指挥、协调、控制及创新等手段，对组织所拥有的人力、物力、财力、信息等资源进行决策、计划、组织、控制，以期高效地达到既定的组织目标。按照上述定义，可以将架构设计定义为一种技术管理工作。

架构在设计过程中对各种方案所做的决策，本身就是一种管理工作。对电子电气系统结构的设计更是决定了参与者的工作内容与工作量。而且，由于电子电气架构开发的复杂性，缺少权威与管理职能的架构团队是难以完成任务的。即使电子电气架构的设计最终得以落实，其开发效率也必然差强人意。

我们再来简单总结一下架构师的主要工作。

- 完成电子电气系统的顶层设计，设计的对象为给定的电子电气系统的结构（关系）与原则。
- 原则的确定要先于结构的设计。
- 在电子电气系统的开发过程中，架构师需要参与项目开发的全过程，包括需求开发、架构设计、系统设计、零部件开发、系统集成、各个阶段的测试等，负责对技术活动和技术规范进行指导和协调。
- 架构师在项目开发过程中要担当技术权威的角色，需要协调所有的开发人员，与开发人员保持沟通，保证开发者依照架构意图去实现各项功能。
- 任何一个具体的零部件或者系统都不是架构师的交付物，架构师的交付物是整个电子电气系统。为了完成交付，架构师还需要设计很多供各个系统和零部件公用的原则和规范，包括但不限于开发工作的方法论、流程和工具。
- 架构师不仅要保持与开发者的沟通，也需要与项目经理、需求分析员，甚至最终用户保持沟通。对于架构师来讲，不仅有技术方面的要求，还有沟通交流能力的要求。
- 在架构实施的过程中，架构团队还有一件最重要的任务，就是知识与经验的积累，从而为整个组织的下一次架构设计活动提供支撑，并让整个组织的能力得以提升。
- 无论确定目标系统的结构还是设计各种原则，本质都是进行决策，这也是架构设计与开发过程中最难的工作。

6.11 本章小结

本章按照电子电气架构开发的逻辑对每个环节展开介绍，详细介绍了电子电气架构的开发方法。

正向开发方法从需求入手，本章在需求方面引入了经典的马斯洛需求模型，分析了汽车在不同的需求层级可以提供的价值。功能实现需要架构来实现，这也是架构开发的开端，整车功能太多了，必须将电子电气系统进行物理分解，然后进行架构形态设计。系统开发与架构开发不可分割，在具体功能实现方面，还需要各项系统来实现。

本章完整介绍了电子电气架构的开发与产品开发相关的各项技术，希望能让读者了解全局。

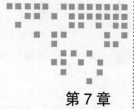

第 7 章

电子电气架构管理

> 必须有一个主宰,否则任何事情都不会达成一致。
>
> ——亚伯拉罕·林肯

架构师虽然负责电子电气架构的设计工作,但是并不负责全部电子电气系统的设计和工作。架构师作为一个重要的角色,主要从事系统的顶层设计,而这些工作只是整个电子电气架构开发工作中的一部分。

回顾架构一词的含义,我们会更加清楚架构设计的工作重心。由于电子电气架构指的是车上电子电气系统中各种实体元素之间的结构或关系,以及系统之内的元素与周边环境所构成的结构或关系,也包含了设计这些元素乃至整个系统的设计原则和系统的演进原则,因此电子电气架构设计的管理工作也很重要。

7.1 电子电气系统 4 类关系的管理

架构设计的主要任务并不是实现系统中的组件或元素,而是设计并管理各种关系,前者是系统设计和零部件开发团队的主要职责。虽然架构团队并不需要管理零部件,但是零部件之间结构关系的设计和管理需要架构团队投入大量的时间和精力。另外,环境虽然不是系统内部固有的组成部分,但是深刻影响着系统的设计工作和运行状态,电子电气系统与外部环境关系的设计和管理,也是架构开发的工作内容之一。

电子电气系统之中的关系，具体可以分为如图7-1所示的4个象限。

象限Ⅰ：电子电气系统内部物理结构的关系通过部件之间的物理连接来体现。

象限Ⅱ：电子电气系统与外部环境的物理关系包括如下两方面。

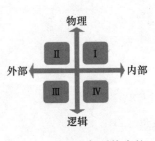

图7-1 电子电气系统中的关系分类

- 电子电气系统与所在车辆的物理结构关系。通过系统中的每一个部件与车辆本身的物理连接、相对位置体现。
- 电子电气系统与车辆外部所有相互作用的物体构成的物理关系，通过系统中的每一个部件与车辆外部的物理连接来体现，如开关、屏幕等与操作者之间的连接，充电接口与充电桩的连接等。车辆的电气系统与车外的直接连接较少，尤其是传统的非智能汽车更是如此。在车辆进入智能网联时代之后，这种连接越来越多，如通信基站与车辆的网联系统通过电磁波进行连接；路上各种物体与车辆雷达直接或间接连接等，均属于汽车的电子电气系统与车外环境的物理关系。

象限Ⅲ：电子电气系统与外部环境之间的逻辑连接，如通信基站与车辆的网联系统通过电磁波进行物理连接，而车辆与基站和后台服务器之间通过这种物理连接又进行了逻辑上的连接。车辆将数据上传到服务器，而服务器可以通过数据指令对车辆的功能和行为进行控制，这种数据交换的行为本质上属于车辆与环境之间的逻辑连接。

象限Ⅳ：电子电气系统内部组件之间的逻辑连接关系。

以上列举的所有结构关系，都是电子电气架构设计工作的内容，甚至可能是工作量最大的内容。对于电子电气这个含有上百个电子部件的复杂系统，参与开发设计工作的人可能有几千人，结构关系的设计和管理既是一个复杂无比、费心费力的劳动，又是一种技术与艺术的追求，也是项目成功的关键。

虽然汽车行业在长期实践中形成了相对完善的流程和机制来保证项目能够有序地推进下去，但是所有的流程设计都是基于过往的经验，当开发一个全新的电子电气架构时，相比于原有的架构，一定会出现如下变化。

- 组件（包括物理零部件与逻辑部件）的数量发生变化。
- 结构关系发生变化，可能电子电气系统中的4种关系都发生了变化。
- 电子电气系统所处的环境发生变化。

如何应对这些变化，是架构师团队面临的最大挑战。上述变化所带来的不仅是开发工作量，还有组织机构与人员的调整。每种变化都会改变已经稳定的结构关系（包括人与物），如何快速建立新的、稳定的结构关系,已经超越了技术可以解决的范围。

在传统的以中央网关为数据交换核心的架构形式中,各个控制器基本上是独立的,不存在从属关系。在域控制器出现之后,域控制器与下一级控制器之间的关系就变成了中央与地方的关系,虽然在形式上还是一个个独立的控制器,但是在功能逻辑上已经有了层级的分化,而且物理连接也更加复杂。当云端也参与到车辆的控制后,车与云的关系也将不断地变化。架构形式的变化,必然会导致组织中人与人之间关系的变化。

如果架构所包含的关系仅仅是技术层面的,那么架构师团队的工作就不会那么复杂。每个需求、每个部件和每个原则都代表着背后由人组成的组织,他们作为利益相关者有着各自的诉求。虽然有了架构的设计原则,但原则反映的是利益相关者已经识别到的诉求,对于开发过程中所产生的诉求和问题,已经制定的原则并非都可以解决,这要求架构师团队不断更新和扩充原则。

7.2 电子电气系统的利益相关者

当我们谈到架构设计的时候,一定要明确架构是为谁设计的。如果做个问卷调查,一定可以得到很多答案,其中最多的回答应该是为了公司或者为了老板。这样的回答不能说不对,公司和老板是架构最大的利益相关者,但他们不是唯一的利益相关者。架构设计的过程中,所有的利益相关者都或多或少地对架构的设计产生了影响,并受到架构设计的影响。

7.2.1 利益相关者的分类

在 ISO 9000:2015 中利益相关者的定义是能够影响一个决定或活动、被决定或活动所影响、感知到自己将被决定或活动所影响到的个人或组织。一般来说,在汽车电子电气系统的开发过程中,利益相关者包含如下两方面。

- 能够影响系统设计和开发过程的人或组织,我们可以用 Team A 来表示。
- 被系统设计和开发过程所影响的人或组织,我们可以用 Team B 来表示。

实际上,有些利益相关者在不同的阶段会处于不同的位置。比如乘客这个角色一般情况下属于 Team B,是被系统设计所影响的人。如果在汽车设计之初进行客户调研,则乘客的意见就可能影响系统的设计,那么乘客就又出现在了 Team A 中。另外,系统的开发者也会被自己的决定影响,一个决定可能会导致工作量大幅增加,那么开发者既属于 Team A 也属于 Team B。很多时候,大部分人都是处在图 7-2 所示的 Team C 的位置——既影响系统的开

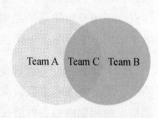

图 7-2 利益相关者的分类

发和决策，也被系统的开发和决策所影响。

7.2.2 常见的6类利益相关者

在汽车电子电气系统的生命周期中，有着众多的利益相关者，每个利益相关者都或多或少地影响着电子电气系统的设计或者被电子电气系统的开发过程所影响。常见的利益相关者如下。

1. 终端用户

车辆驾驶员与乘客关注的是车辆的功能、性能以及质量，这也是我们设计车辆的原始需求。除此之外，车辆的安全性、功能的可用性、购置成本和维护/使用成本也是重要的关注点。虽然用户的需求是最应该被重视的，但是用户是一个极其分散的非专业群体，既无法直接提出自己的诉求，往往也不能提出具体的要求。

2. 需求提出者

在整车厂中，产品策划部门（或团队）是电子电气系统的主要需求来源方，他们会根据产品的定位——包括价格区间、目标客户群、市场、竞争对手情况等给出相对明确的产品定义，一般以车型配置表来体现。在软件相关功能越来越多的时候，车型配置表这种用来表示硬件配置的输入文件就无法全面描述车辆的功能了。很多整车厂增加了车辆功能表来更好地描述软件功能的需求，从而给开发团队更加明确的开发要求。他们不但关心产品的功能、性能，也关心产品的开发周期、成本、生产和售后等全生命周期的情况。而这些关切点，都将以某种具体的需求或原则的形式传递给电子电气系统的开发团队，尤其是架构团队。

3. 开发者

开发者团队人数众多，关系也复杂，不同角色的关注点差别巨大。

（1）功能开发工程师　功能开发工程师站在终端使用者的角度设计车辆的功能。对他们来说，设计出吸引用户的功能或者让功能更合理才是最重要的。功能的可用性也是他们的关注点。可用性指的是产品对用户来说有效、易学的程度，即用户能否用产品完成他的任务、效率如何、主观感受怎样，实际上是从用户角度所看到的产品质量，是产品的核心竞争力。

（2）架构师　架构师最关心如何让电子电气系统更好地满足各方提出的需求，包括功能需求、质量需求、生产需求等，而且还要在各方需求中找到平衡点。同时，他们还关心整个架构生命周期内的各种潜在需求，从而保证电子电气系统能够以较低的成本得以实现，并能有良好的可扩展性。

（3）系统工程师　系统工程师负责电子电气系统中的一部分，他们的主要职责是设计具体的实现方案。他们最关注的是如何从技术层面使自己负责的系统满足从上游工作中分配下来的各种需求，并将其落实在具体的零部件设计中。

（4）零部件工程师　零部件工程师最关心的是如何让自己负责的零部件能够满足设计要求，按时交付并如期量产。

（5）诊断工程师　诊断工程师最关注的是如何与相关人员合作，从而找到电子电气系统中问题的解决途径和手段，并能通过诊断的方式为维修人员提供问题的详细信息。

（6）供应商　供应商是一个重要的利益相关者，负责详细的零部件设计和生产。对他们来说，技术的可实现性、可生产性、成本的可控性是最重要的。

（7）测试工程师　测试工程师最关心的是如何验证电子电气系统，系统的可测试性是他们最关心的。可测试性包括测试的成本与有效性。而且，他们也是产品能否到达下一个阶段的验收方。不同阶段的测试工程师关注的重点不一样，零部件测试工程师关注的是具体的零部件，而系统测试工程师关注的是具体的系统。他们既关注逻辑的功能，也关注物理的特性。

（8）性能工程师　性能工程师的关注点是电子电气系统对性能目标的实现程度，如空调性能、人机交互的友好性、按键的手感等。

4. 生产者

（1）制造工程师　制造工程师最关心的是产线上的生产活动能否顺利进行，并保持一定的生产节奏。主要是不同的部件和系统如何能够和谐地安装在一起，为了达到这一目标，有很多需要考虑的问题，比如物理的布置位置和次序、软件下载的时间和数量、标定工作的时间和数量，以及产品的变量数目等。

（2）质量工程师　质量工程师最关心的是产品生命周期内的质量，无论零公里（车辆下线前）还是售后的质量问题，都会让他们的工作量大增。

5. 维护方

维修人员最关心如何能够快速识别问题并解决。

6. 系统和部件的采购者

采购工程师最关心的是零部件的价格、开发的费用、供应商的能力和经验，以及整车厂与供应商之间的责任分工。另外，供应链的安全也是他们所关注的。

7.3 架构团队：利益相关者之间的平衡器

在电子电气系统的开发过程中，利益相关者的数量众多，角色各异。充分考虑并平衡利益相关者的诉求，是一项艰巨的任务。正是基于这个原因，架构团队所设计的各种原则才有其必要性与合理性。否则，如果各方站在不同的立场提出完全不同的诉求，那么整个系统的开发将无所适从。只有有了明确的规则，各方才能高效地合作。从这个角度来讲，架构的开发过程也是一个收集利益相关者的诉求，并将其转换为具体的设计原则的过程。

确定设计原则的过程往往也是不断抗争的过程。架构团队必须从公司的长远利益出发，与其他部门深度协同，建立并维护各种原则，成为各个利益相关者之间的平衡器。

在庞大如整车厂的组织中，某些诉求可能是冲突的，如实现某项质量部门的要求将导致某个零部件的制作成本大幅增加，或是某个设计变更将导致某个部件的交付周期晚于计划等，这个时候，总要有人站出来，组织各相关方来讨论具体的解决方案，在质量、成本与交付（Quality、Cost、Delivery，QCD）之间找到平衡。

架构团队作为电子电气系统的责任人，往往要承担解决冲突的责任。解决方法可能是让当事人作出适当的妥协，也可能是提出一个全新的解决方案。无论如何都要让架构团队的成员有可以遵守的原则，否则不但架构团队内部无法可依，在架构团队外部的利益相关者也会迷惑——不知道自己应该在遇到此类问题的时候如何决策。

QCD 是任何项目都无法逃避的问题，其关系如图 7-3 所示。资源是有限的，无论是时间、人力还是资金。对于架构团队来说，在评估是否接受某种诉求的时候，QCD 是一个有力且有效的工具。QCD 围成的三角形的面积被称为项目的范围，当这个范围变化的时候，QCD 三者之中的一个甚至全部都会受到影响。而 QCD 其中的一个因素变化的时候，也可能影响整个项目的范围。很多时候，一个项目费用超标、周期超标的根本原因是项目的范围没有被有效地控制。虽然每个人都想把

图 7-3　QCD 三者的关系

项目做得尽善尽美，但是资源总是有限的，怎么能够让 QCD 得到一定程度的平衡，并始终在可控范围内，是架构师最重要的工作。

影响电子电气系统的 QCD 的因素有很多，图 7-4 仅列出一些常见的因素。

这些因素相互交织，互相影响，如造型与可制造性和成本之间就经常发生冲突：一个视觉上非常美观的方案，可能会造成极大的生产困难或者成本大幅提升。类似的冲突还长期存

在于项目经理与架构师、架构师与系统工程师、系统工程师与零部件工程师等角色之间,以至于处理这种冲突变成了工程人员日常工作的一部分,而且是占比很高、非常重要的一部分。

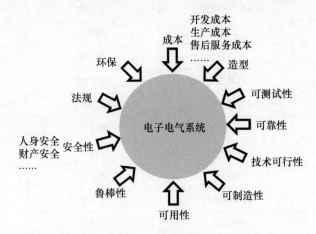

图 7-4　电子电气系统设计的影响因素

有效地处理各种冲突,需要的不只是情商和同理心,更重要的是技术能力。这里所说的技术能力不仅是对自己所在专业的精通程度,还要有相关专业的知识和经验。电子电气架构开发的最大难点在于极高的复杂度,这种复杂度不但来源于部件数量众多和利益相关者众多,更来源于其跨学科和多方协作的特点。

对于架构师来说,只有电子相关知识是不够的,更要有系统思维的能力,即将每一个部件、每一个功能、每一个设计都放在电子电气系统、整车、环境甚至整个行业中思考。架构师不但要懂得功能逻辑设计,还要了解软件开发、通信、硬件设计、机械设计、生产装配、可靠性验证、EMC、测试,乃至财务和管理等众多领域的知识。而且,要能够将各种知识在适当的时候应用到适当的场景中,只有拥有了这种能力,才能从容面对各种挑战与冲突。

在表 7-1 中,列出了系统需要满足的部分质量属性。可以看出,要完美满足每个属性是不可能的,而且很多特性并没有严格的标准。一个好的架构一定要尽量努力朝着完美的方向前进,虽然这是一个无法达到的目标。

表 7-1　系统的部分质量属性

可移植性	过程可控性	可预测性	故障透明性
可证性	可靠性	相关性	可安装性
可负担性	自治性	可审计性	可管理性
兼容性	正确性	可配置性	高效性
可定制性	可确定性	可降级性	可升级性

(续)

可信赖性	分布性	可发现性	可用性
安全性	标准合规性	稳定性	可信度
可持续性	及时性	可测试性	可演示性
有效性	可扩展性	可用性	敏捷性
容错性	可检查性	灵活性	可组合性
完整性	可维护性	可部署性	可调试性
移动性	可操作性	模块性	可管理性
重现性	可复用性	简单性	可服务性
可访问性	适应性	准确性	可修改性
可生产性	自我维持性	无缝性	可追溯性
可重复性	精确性	正交性	伸缩性
耐久性	可恢复性	稳健性	可裁剪性

开发人员最怕听到的句子是"既要……，还要……"，世界上很难存在两全其美的事情，而造车就是平衡的艺术，在各种因素之间如何找到平衡点是一个永恒的话题。

一个系统复杂性的增加往往是因需求不断增加导致的，而需求的增加和变更是日常工作的一部分。更多的功能、更好的性能、更佳的鲁棒性、更大的灵活度、更低的成本……这是每个人都想得到的，却也是互相矛盾的。在各种需求、各个利益相关者的诉求之间如何妥协，是一门平衡的艺术。

造车是一个商业活动，离开了商业的可行性谈技术是无意义的。这个世界会不断出现新技术，如果不能把这些技术应用于产品，从而产生价值，那么这些技术对电子电气系统开发而言就是没有意义的。如何在令人眼花缭乱的技术世界中找到有利于提升车辆价值的技术，需要的是智慧的决策。

7.4 架构师的 8 项基本能力

从架构设计的讨论中我们可以得出一个结论：架构设计是一项高复杂度的工作。既然如此，对从事架构设计的人——架构师的要求就非常高。虽然架构师最终都可以交付一个完整的架构设计，但车企付出的成本（时间和资源）和架构的质量可能与预期大相径庭，优秀的架构师可以用尽可能少的成本交付优秀的架构设计。本节介绍架构师需要具备的 8 项基本能力。

7.4.1 洞察业务本质的能力

没有业务，架构也就无从谈起，架构是为了业务而设计的。好的架构一定是随着业务的发展逐步进化的。懂业务是对架构师最基本的要求。架构师如果缺乏对业务的理解，就无法设计出好的架构。优秀的架构师一定是从实践中成长起来的，只有实践中的历练才能造就出一个对行业趋势、公司战略和目标有深刻理解的架构师。

对于汽车电子电气系统的架构师而言，不仅要懂架构设计的相关理论，要对电子电气系统有深刻的理解，还要对企业的目标与市场竞争情况有正确的认识。不但要懂得如何将一个架构开发出来，更要懂得产品的生产、质量控制、销售乃至售后服务等环节的过程和需求，要有将业务需求转化为技术需求的能力。

如果企业的竞争力来源于不断创新，那么架构就必须能支持快速的迭代与新功能的迅速部署，如果企业是通过良好的客户服务赢得市场的，那么如何保证对服务的支持——数据收集、个性化的配置等就是架构师需要优先保证的能力。如果企业是靠高质量的产品吸引客户的，那么对质量的要求与保证就是架构师在进行设计和原则制定时需要优先考虑的。

架构师之所以是架构师，源于他在庞大系统面前仍然能够敏锐发现其底层逻辑，这一定是基于多年、多领域的知识和经验的沉淀，更需要有深入思考和洞察的能力。

7.4.2 强大的学习能力

对于架构师来说，在各个领域的长时间实践是必不可少的历练。无论架构师来自哪个领域，在某一个领域的技术深度是最基本的要求。只有技术深度是不够的，还要有跨领域的知识与思维。虽然没有人可以掌握所有的电子电气系统知识，但是可以在精通自己领域知识的基础之上通过触类旁通的能力来迅速理解、掌握其他领域的知识。

一个好的架构师一定是 T 型人才，甚至是 π 型人才，如图 7-5 所示。

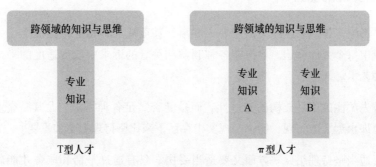

图 7-5　T 型人才与 π 型人才

在汽车电子与IT技术不断融合的今天，深耕传统汽车电子行业的架构师需要迅速学习IT行业的最新技术，并将其应用到架构的设计工作中。在这个学习与应用的过程中，既不能畏首畏尾，也不能盲目冒进。

7.4.3 高瞻远瞩的能力

一名合格的架构师设计出来的架构要有前瞻性，要能够帮助组织在未来更上一个台阶，在满足当下需求的同时能够适当扩展。

技术前瞻性体现在技术选型上，哪些技术适合自己，哪些不适合，哪些在未来可以适当引入是需要全盘考虑的。学习成本、开发成本、维护成本、硬件成本、潜在风险等也是架构师需要考虑的。

架构师与技术专家的区别在于，架构师不仅要解决具体的技术问题，还要了解设计或原则可能对系统造成的风险。

架构师不但需要了解领域现状，还要能够对本领域的技术在未来如何发展有自己的判断，并对整个行业的未来发展趋势有深刻的见解。架构师必须具备技术前瞻性和业务前瞻性，要先于大多数人了解最新的技术和行业动态。只有站在技术的山顶向前眺望，才能具备前瞻的设计眼光。

架构设计是过程，并非结果。架构设计是架构师洞察内部与外部结构、原则、规律与逻辑的过程，架构师要清楚理解系统，并能够简洁描述，这是分析整合能力的体现。

架构既看重前瞻性，又看重落地，落不了地的架构只是空中楼阁，如何将架构落地，考量的是架构师的综合素质和系统思考的能力。合格的架构师都是好的战略家，具备前瞻性眼光是起码的要求。

7.4.4 适当妥协的能力

架构几乎影响了与该系统相关的所有人和事，甚至从某种角度来说决定了一个企业的命运，以及企业中每个人的命运。如何在各种利益相关者的诉求中取得适度的平衡是既是一种能力也是一种艺术。

架构师首先关注的不是架构的先进性，而是能否满足各种需求，尤其是企业的需求。理想中的设计也许永远无法实现，能够在现实中存活下来比坚持理想更加重要。

一方面要适当坚持理想，一方面又要适当妥协。只有通过平衡和取舍才能确保架构在现有资源约束下是最合理的。

因为架构的规划和落地依附于现有的环境因素，所以合格的架构师要能够尽可能全面地将对架构有影响的因素考虑进来，然后作出权衡，通过适当妥协来保证架构能够得以实现，从而支撑企业的目标能够尽可能实现。

7.4.5 高度的抽象能力

抽象是指出于某种目的，对一个概念或一种现象包含的信息进行过滤，移除不相关的信息，只保留与某种最终目的相关的信息。例如，将苹果、香蕉、荔枝、葡萄、芒果进行抽象后可以得到更一般性的概念，也就是"水果"。得出水果概念的过程，就是一种抽象。从另外一个角度看，抽象就是简化事物，抓住事物的本质。

架构设计是一门高抽象级别的学科，需要对系统进行全面了解，包括所有的组件、结构关系和内外部环境。这种了解使架构师成为电子电气系统开发团队的核心部分，因为他们了解"为什么"，而不仅仅是"做什么"。

在架构设计过程中，抽象是一种每天都要使用的能力。首先，需要根据公司战略制定技术方面的战略，并将其分解为指导思想和原则。其次，在具体的开发过程中，要随时对复杂的事物进行抽象处理。例如，对一个系统、一个逻辑功能或者具体的零部件进行命名。命名看似简单，一个简单并能反映本质的名字可以给后续工作带来非常多的便利，将那些具有类似属性的物理部件或逻辑部件进行归类，将其合理地划归到不同的系统或模块中也需要高度抽象能力。

制定架构设计原则也是一种将具象化的需求进行抽象的过程。例如功能安全等级中，ASIL A~D 就是一种将具体的设计需求抽象为少数几类具体规则的典型范例。类似的例子还有电源模式、网络模式、辅助驾驶等级等等。试想一下，如果没有这些成功的抽象，工程师在讨论问题的时候将不得不罗列出无数具体的需求才能将问题表述清楚。

抽象就是在思维活动中，通过对事物整体的科学分析，从纷繁复杂的事物中提炼本质，舍弃非本质、非主要的内容而形成概念和范畴的思维能力。抽象要以分析、综合、比较为基础，抽象为判断和推理提供前提条件。

抽象能力有助于将复杂系统中的组件、关系和规则进行高度简化，从而产生一些通用的规则，让设计工作简单一些。抽象在架构设计中是一种解决系统复杂性的有效方法。抽象是有层次的，抽象层次越高，内涵越小，外延越大，扩展性越好；反之，抽象层次越低，内涵越大，外延越小，扩展性越差，但语义表达能力越强。越是顶层的设计，需要的抽象层次越高，需要从事设计的人员具有越强的抽象能力。

7.4.6 系统思考的能力

新架构的设计目的一定是为了解决某些当前面临的问题。可是在实际操作过程中经常出现解决了一个问题却引入更多问题的现象。这种现象的产生往往是因为设计者缺乏系统思考的能力。

所谓系统思考的能力，是指设计者综合考虑利益相关者的诉求、所有系统中的所有元素（组件、环境与结构关系），以及整个系统的各种属性之间的关系后，提出一种或多种解决方案，或者作出一种或多种最适合当下情形的决策。

拥有系统思考能力的前提是对系统有深刻的了解。一般来说，经验越丰富、站位越高、眼界越宽、考虑的维度越多、将各个因素之间的关系认识得越深刻，系统思考能力就越强，提出的解决方案的可行性也越高，风险也越小。

7.4.7 良好的沟通能力

作为一名架构师，日常工作中至少要完成以下几种沟通交流。

- 解读并传递企业的策略。
- 解读并传递架构的设计方法与原则。
- 解读并传递各种方案的设计思路与要求。
- 倾听来自各方的信息与诉求。

架构师必须参与项目开发的全过程，他们沟通交流的对象包括但不限于利益相关者。因为交流的对象众多、所处的角度各异、诉求各不相同甚至互相冲突，所以要求架构师有良好的沟通能力。

所谓沟通能力，就是要针对不同的沟通对象有不同的交流方式，并能用对方可以理解的语言解释问题、站在对方的角度思考问题，争取达成共识，从而保证架构开发顺利进行。可以毫不夸张地说，架构师的沟通能力直接影响架构开发的进度与质量。

对于大多数架构师来说，除了具备一般意义上的沟通能力之外，专业的文档表达能力也至关重要。因为在系统分析和建模过程中，不仅需要不断传达决策、规则和原则，还要对它们加以解释和记录，以确保规则的一致性和强制性。因此，架构师很多时候要输出大量的设计文档给相关方，而且这些文档会被广泛使用。如果文档的表达能力不足，必然会大大降低信息传递的效率甚至导致误解。除了传统的文字形式之外，图形化的表达能力有助于将复杂的逻辑关系进行形象的表述。而且，由于人类对图形的理解远大于对文字的理解，因此架构师的绘图能力也是沟通能力的一部分。

在当前的汽车行业中，已经有多种近乎标准的图形化表述方式，如流程图、UML图或SysML图等，有助于架构师描述设计意图，从而提高沟通效率。

7.4.8 强大的领导力

虽然在很多企业中架构师并不是一个管理职位,但是架构师一定要具有领导力。成为一名架构师意味着成为技术方面的领导者。架构师是为整个系统的开发打下基础的人,职责之一是制定架构风格和指导系统开发的原则,同时确保这些原则在系统的整个生命周期内都被遵循。这些工作不但需要管理力量的保证,更需要架构师自身具备领导力。

如果没有领导力,架构的设计开发将举步维艰。所谓领导力,是激励一群人朝着一个共同目标而努力。著名的领导理论大师沃伦·班尼斯曾经说过:"领导力就像美,它难以定义,但当你看到时,你就知道。"

在架构的开发过程中,架构师与项目经理的领导力有很多共同点,又有本质的不同。表 7-2 列出了架构设计与项目管理的对比。

表 7-2 架构设计与项目管理对比

架构设计	项目管理
由技术专家完成	由管理专家完成
聚焦于技术	聚焦于项目的范围
聚焦于质量	聚焦于成本
聚焦于需求的实现	聚焦于工作产品的实现
聚焦于解决方案	聚焦于资源
追求最大化的功能性	追求最小的成本

领导力的五要素包括感召力、前瞻力、影响力、决断力、控制力。领导力的应用主要体现在各种设计方案的确定、各种原则的确立与电子电气系统开发实施过程中流程的建立与维护。虽然行政权力也是流程、规则得以被遵守的保障,但是仅靠行政权力的支撑是不够的,人与人之间的日常交流不能全靠行政权力的推动,强大的领导力是效率与质量的有效保障。

很难想象一个在技术上没有权威、缺乏领导力的人如何影响企业高层的决策,并领导一个参与人数众多、投资巨大的架构的设计与开发。架构的设计绝对不是灵感闪现,而是日积月累的实战经验加上深入的思考,而且需要在工作中逐渐落实和完善才得以实现。

7.5 电子电气架构的哲学思考

随着汽车产量和保有量逐年增加,汽车市场逐渐从增量市场向存量市场转变。生产商为了应对日益激烈的市场竞争,只有尽快满足用户个性化的需求。通过电子技术提供的功能要比通过物理零部件产生的个性化功能更加容易实现,成本也相对更低。而且,随着车身、底盘和动力系统相关技术日渐成熟，汽车电子逐渐成了各个汽车生产厂商竞争的主战场，电子电气架构的设计也因此成为关乎车企生死的重要工作。

对于电子电气架构设计和开发这样一个看似纯工程类的工作，因其涉及的技术范围广、参与者众多，以及极高的复杂度，所以在研究电子电气架构的时候从工程哲学的角度切入要更加合适一些。

7.5.1 忒修斯之船与系统结构

在电子电气架构不断演进的历程中，最直观看到的现象是电子电气系统中组件的变化，即数量和功能的增加。不同电子电气架构之间的最大差异在于其对应的结构，即组件之间的连接关系。我们可以从一个著名的哲学悖论——忒修斯之船入手，探讨一下连接关系对系统的重要性。罗马帝国时期哲学家普鲁塔克提出：忒修斯有一艘船，可以在海上航行几百年。船体如果有木板腐烂了，会被马上替换掉，久而久之，这条船上所有的木板都被换过一遍。那么问题来了：这艘忒修斯之船，还是原来那艘吗？

对于这个问题，不同的人有不同的答案。让我们再来看看架构的演变，以目前主流的分布式架构为例，虽然大多数汽车都采用这个架构形式，但在这类架构中没有哪个 OEM 的网络拓扑图和别人的完全一样，即使在同一个车企，网络拓扑图也会随着车型的配置而变化。即使拓扑图不变，其中 ECU 的软件、硬件也在不停地变化。那么，这些架构是同一个架构吗？

回到系统的定义：系统不是一堆事物的简单集合，而是由若干部分相互联系、相互作用，形成的具有某些功能的整体。任何一个系统，都由 3 种要素构成，分别是组件、结构关系和环境。如果将忒休斯之船看作一个系统：船的组件是一堆木板，结构关系就是这些木板的相对位置和铆合关系。虽然船的组件更新了，但是它们之间的结构没有变化，整个系统的功能也没有变化。虽然组件很重要，但结构是系统中最重要的元素，它决定了一个系统的本质。因此，关于忒修斯之船的结论是，由于它的结构和功能都没有变化，因此它仍然是原来那条船。

把这个结论引申到电子电气架构中，即使把电子电气架构里面的控制器都更新了，也只是更新了组件，在结构和功能没有本质变化的前提下，架构还是原来的架构。无论 ECU 之间如何进行整合、无论 ECU 的芯片如何升级，只要各个 ECU 之间、系统与环境之间的连接关系没有本质的变化，架构还是同一个架构。

关于电子电气系统的结构，可以从两个层面进行探讨。

- ❑ 可见的结构：如网络拓扑、电气拓扑等。从分布式架构到域控制式架构的演进中最显著的变化就是在可见结构层面发生了改变。
- ❑ 不可见的结构：如逻辑功能的连接关系与部署。从分布式架构到域控制式架构的演进中在不可见结构层面也发生了重大的改变，分布式架构中各 ECU 的逻辑处理功能被转移到各个域控制器里面。

忒修斯悖论还暗含了一个陷阱：当系统出现了问题，我们最容易发现的就是组件层面的问题，首先会想到去更换组件。这种解决问题的思路，对一条木船可能是适用的，对于电子电气架构这样一个复杂的系统，就不适用了。

电子电气架构设计所做的工作既包括组件层面的宏观设计，也包括整个系统结构（组件间的相对关系）的设计，而且结构设计工作更重要。

7.5.2 熵增原理与架构发展

熵是一种热力学量，是系统随机性的度量，或者是孤立系统中能量或混沌的度量。热力学第二定律指出：在所有的能量交换中，如果没有能量进入或离开系统，状态的势能将小于初始状态的势能，即在封闭的系统中熵总是增加的。

根据热力学第二定律，可以得出 3 个结论。

- 如果没有外部能量输入，封闭系统将越来越混乱（熵越来越大）。
- 如果要让一个系统变得更有序，必须有外部能量的输入。
- 当一个系统变得更加有序，必然有另一个系统变得更加无序，而且无序的增加程度将超过有序的增加程度。

引申到电子电气系统中，我们可以得到如下启示。

- 如果没有良好的维护，架构将变得越来越混乱。
- 如果要让一个架构变得有序，必须要投入大量的能量（资源）持续维护。
- 当一个电子电气系统的架构变得有序，相应的组织机构（与电子电气系统强关联的系统）就可能变得非常复杂甚至无序，为了降低组织的无序程度，需要投入大量的能量（资源）来克服无序程度的增加量，将导致整个组织的综合收益下降。

从上面这些启示中可以看到每个架构的宿命：走向"无序"，被全新架构彻底替代。延缓架构走向"无序"的唯一方法就是架构维护。架构维护管理是一项要耗费很多精力的工作，但又是必须的，否则架构将迅速变得越来越混乱。这一点可以从架构诞生到应用的过程来理解：当架构诞生的时候，各种规则被严格遵守，整个电子电气系统处于一种良好的、有秩序的状态。

然而，随着架构在各个车型项目中应用，越来越多的需求被增加进来，为了快速应对这些需求，被迫实施各种非全局最优的方案，从而导致架构的"无序"持续加剧。当架构无法通过扩展来满足新需求或者架构中增加功能的成本过高时，唯一的解决方式就是设计一个全新的架构来彻底解决所有问题。然而，全新的架构又会经历同样的宿命。

无论是架构的维护还是全新架构的开发，都必然要消耗大量的人力、资金和时间。这些是为了维护架构有序和减缓熵增的代价。在热力学第二定律中还有一个推论：虽然能量可以转化，但是无法100%利用。在转化过程中，总是有一部分能量会被浪费掉。这就意味着随着架构的发展，组织机构必然越来越庞大、效率越来越低，也就是变得无序。然而，这是所有系统的宿命——为了发展，只能不断地壮大，壮大后又带来了新的问题，如果解决了，就能继续发展一段时间。每隔一段时间就必然会遇到危机，这是所有的组织都无法避免的。

盛极必衰，电子电气架构也是同样的命运。在无法沿着原来的轨迹继续发展的时候，唯有勇于颠覆才能继续生存发展。

7.5.3 电子电气架构的评价

正如每个建筑师都希望自己能够设计出世界上最好的建筑物一样，每一个架构师及其所在组织也希望正在设计的电子电气架构是世界上最好的，并且也会尽力来证明自己实现了这个愿望。

那么，谁的架构才是最好的？是否是世界上最好的，其实无关紧要。每个设计者都像母亲一样对自己的孩子情有独钟。对于电子电气架构这样复杂无比的事物来讲，如何评价其好与坏也是一件无比复杂的工作。

让我们暂时忘记各种让人目眩神迷的技术术语，从设计电子电气架构的目的来思考电子电气架构的评价标准，一切都将变得豁然开朗。设计电子电气架构的目标只有一个：取得商业上的成功。如果你也认同这个标准，那么我们就可以顺理成章地得出一个结论：好的电子电气架构要符合车企当下的能力水平、产品定位和战略。

先进的技术不一定总能取得商业上的成功，这已经是被无数历史证明的事实。商业上成功需要各种因素的叠加。正如木桶效应所描述的：一只木桶能装下多少水，完全取决于最短的那块木板。如果把影响商业成功的因素当作木桶上的一块木板，那么整车设计中的各种技术只是众多木板中的一块，而电子电气架构又只是这块木板的一部分而已。产品定位、造型、管理、生产、营销、服务等都是能够决定木桶能够装多少水的木板。

电子电气架构开发的投入巨大，影响范围远远超过电子相关的领域。盲目追求所谓的先进是没有意义的，只有适合自己的才是最好的。

7.6 本章小结

本章主要讨论了电子电气架构工作的内容。首先对汽车电子电气架构的设计目标和三大设计原则进行了讨论。然后对电子电气系统常见的六类利益相关者进行了介绍。接着通过类比城市的设计和建造过程介绍了电子电气系统开发中主要角色之间的关系，提出了从物理视图、逻辑视图和过程视图3个维度展开的电子电气架构设计的主要工作内容。本章也详细讨论电子电气系统中的四类关系，介绍了架构团队如何成为各个利益相关者之间平衡器。最后，总结了架构师需要具备的8项基本能力。

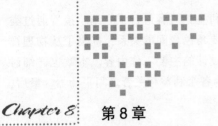

第8章　"新四化"与软件定义汽车

> 生活的关键是接受挑战。有人一旦停止这样做，他就死了。
>
> ——贝蒂·戴维斯

8.1　汽车行业的"新四化"

对于整个汽车行业正在经历的变革，有业内人士用"新四化"进行概括，即智能化、电动化、电商化和共享化。各个车企都在努力朝着"新四化"前进，各种变革也都是为了实现"新四化"。然而，在这场轰轰烈烈的"新四化"建设中，大家对于"新四化"的定义有着不同的理解。

8.1.1　"新四化"概念的诞生

贾可博士指出：智能化和电动化是汽车行业未来发展的两大重要支柱性技术，电商化和共享化是未来汽车产业在商业模式上的两大重要趋势。电动化指汽车动力系统的能量来源与驱动形式转为电池并通过电机进行驱动。智能化指汽车的控制系统逐渐变为更加智能的趋势。电商化指的是汽车销售模式将从传统的线下销售转变为线上销售。而且，不仅新车销售，二手车和零配件等市场的电商化也正在兴起。共享化指的是共享汽车出行业务的发展，共享出行平台开启了汽车共享化时代，提升了汽车资源的使用率。

汽车已经不只是汽车行业的事情，"互联网+"这一概念已经开始深刻影响整个汽车行业，汽车这个"传统产业"正与互联网逐渐结合。不但传统的汽车行业开始用互联网思维推动产业发展，更有众多互联网公司开始积极投身汽车行业，如谷歌、百度、阿里巴巴等互联网巨头均以不同的形式入局。这些改变成为汽车产业无法回避的重要议题，也是未来发展的重要趋势和重构的重要原因与方向。

"新四化"的提出标志着汽车行业进入崭新的时代，传统的汽车"四化"概念——平台化、模块化、国际化、轻量化已不再适应当下汽车产业的发展趋势。智能汽车的研发、新能源车的普及推广、电商平台对传统4S店的冲击以及汽车资源的共享，已经引起了越来越多的关注。

8.1.2 "新四化"的演进

随着汽车行业在"新四化"道路上的发展，"新四化"的定义和内涵也在悄然改变。在"新四化"中，最先退场的是电商化。如今，这个词在汽车行业中已经很少有人提及。究其原因，可能是电商的方式虽然被部分车企采用，但并非主流，而且电商与车辆技术的发展并不相关，仅仅是商业模式的创新。

汽车"新四化"的含义逐渐向汽车技术领域演进。

1. 网联化的出现

随着电商化的退场，取而代之的是网联化，即通过将车辆连接到互联网，实现车辆的在线化和基于网络的各种服务应用与相应的数据采集。

得益于移动互联网的发展，越来越多的汽车通过 Telematics 技术实现了与互联网的联通。Telematics 是无线通信技术、卫星导航系统、网络通信技术和车载计算机的综合产物。Telematics 是 Telecommunications（远距离通信）与 Informatics（信息科学）的合成词，可定义为通过内置在汽车、航空、船舶、火车等运输工具上的计算机系统、无线通信技术和卫星导航装置，实现交换文字、语音等数据信息技术的服务系统。

根据使用目的，Telematics 可提供的服务分为三类：交通信息与导航服务、安全驾驶与车辆保护及故障诊断的维护服务、娱乐及通信服务。车辆内负责 Telematics 通信的控制器通常被称为 T 盒（T-Box）。随着移动通信技术的发展以及越来越多的车上数据应用需求，车辆联网技术早已经超越了最初 Telematics 的范畴。

网联化的另一个显著作用是让车辆成为一个可以不断成长的工具，通过 OTA（Over The Air，空中下载）技术让车辆的功能和性能持续迭代。而且，联网使车辆信息娱乐系统可以获得在线的数据和服务，使车辆成为继计算及手机之后的又一个互联网世界的入口，并使得大量采集车辆运行时的数据成为现实。

Upstream 发布的《2021 年全球汽车网络安全报告》预测，2025 年联网汽车将占全球汽车新车市场的近 86%，这意味着网联化的速度将远超电动化。

然而，虽然网联化看似发展迅速，但目前仍然处于起步阶段，车辆仅实现了接入网络，尚未真正地融入网络。只有当车辆的实时运行可以被网络直接控制，且车辆的绝大部分数据可以与云端进行实时交换时，才是网联化成熟之时。

2. 共享化悄然退出

最初共享化指的是共享出行，即通过移动互联网技术实现车辆共享使用。所谓共享出行，根据车辆的产权归属与车辆在提供服务时是否有专职司机，可以分为如图 8-1 所示的 4 种模式。

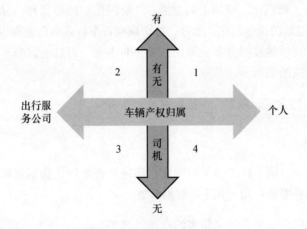

图 8-1 共享出行的 4 种模式

模式 1：车辆产权归属于个人，且车辆在提供服务时有专职司机。这种情况等同于个人将自己的车辆以营利为目的来营运，同时自己始终作为车辆驾驶员。模式 1 相当于个人拥有的出租车。

模式 2：车辆产权归属于出行服务公司，且车辆在提供服务时有专职司机。这种情况等同于传统的出租车模式，采用此模式运营的公司目前占行业主流。模式 2 与模式 1 仅是用户服务入口端的创新，利用当前移动互联网行业的发展，采用了一种新的运营模式，并非车辆技术本身的创新。

模式 3：车辆产权归属于出行服务公司，且车辆在提供服务时没有司机。此种情况可以被细分为两类：

- RoboTaxi（无人出租车），用户可以通过移动设备召唤车辆，车辆具备完全自动驾驶能力，可以根据用户设置的起点与终点自主完成运输任务，在整个过程中不需要用户驾驶。虽然有众多实力强大的公司在此方面进行着不懈的努力，但受限于无人驾驶技术的发展，短时间内只能在某些特定的区域运行，且必须配备人类"安全员"，以便在紧急情况下接管车辆，保证人员安全。
- 共享汽车，此模式相当于租车过程无人化，等同于共享单车的模式，车辆须具备自我定位功能并支持通过手机的解闭锁和启动功能，不需要无人驾驶能力。用户需要自己找到车辆，自己完成驾驶任务，并在用后将车停放到指定地点。

模式 4：车辆产权归属于出行个人，且车辆在提供服务时没有司机。这种模式尚未出现，只存在于某些构想中。模式 4 的应用类似于模式 3 的 RoboTaxi，面临的问题也完全相同。无人驾驶技术尚未成熟，目前无法实现车辆自主行驶。而且"安全员"对于个人提供的车辆而言，既没有办法实现，也没有意义，因此短时间内无法实现。另外，即使无人驾驶技术足够成熟，个人是否有意愿将自己的车辆在无人监督的情况下供陌生人使用也值得商榷，尤其在车辆的安全与卫生尚无法得到有效保证的情况下。

车辆的共享化看似非常美好，大众却越来越多地怀疑其是不是未来汽车发展的方向。目前共享化仍然是移动互联网、大数据与人工智能等技术在传统出租车行业的应用。理想中的共享化更多的是基于车辆无人驾驶能力而实现的共享，这种理想目前看来有些科幻。近些年共享出行板块未能取得突破性进展，所以汽车行业也普遍不再将共享化当作发力重点。

尽管汽车"新四化"的提法仍然被广泛应用，但实际上只有汽车"新三化"真正被重视。

8.1.3 "新四化"的最新定义

虽然汽车"新四化"的提法未曾被真正定义过，但这个词伴随着汽车行业的变革，不但被数不胜数的文章、论坛和知名人士提及，更被众多的企业作为未来发展的纲领所使用。"新四化"唤醒了众多的业内人士，整个汽车行业在大家共同的努力下，正在向未来加速演进。

当前被广泛提及的"新四化"可以总结为如下几个方向。

- 电动化（Electrification），指的是车辆动力系统的电动化，即采用电力驱动系统代替传统的内燃机动力系统。
- 智能化（也被称为无人化，Autonomy），原指无人驾驶技术在车辆上的应用，后来业内将座舱的智能化发展也划归智能化的范畴。
- 网联化（Connectivity），指的是通过将车辆连接到互联网，实现车辆的在线化和基于网络的各种服务应用，并进行相应的数据采集。
- 共享化（Sharing），指的是将车辆作为一种出行工具通过移动互联网进行共享。

如果将以上几个词汇对应的英文单词首字母提取出来，则"新四化"可以缩写为CASE。

鉴于当前的行业现状，"新四化"中的电动化和网联化是目前最为明确的方向，新能源汽车销量与联网车辆数量节节攀升就是最好的证明。共享化已经黯然离场，有些人使用服务化（Service）来替代共享化。一种解释是将移动出行作为一种服务，与共享化的含义基本相同。另一种解释是将车辆的各种功能作为服务，这与将软件作为产品销售的趋势大致相同。如果将"新四化"（CASE）中的S看作Software，即软件化，则更加符合当前行业中被广泛认可的发展趋势：软件定义汽车的灵魂，并改变整个行业的格局。

所谓智能化，指的是无人驾驶技术的发展趋势。虽然大家都相信未来的汽车一定会实现无人驾驶，但现实是这条路依然很漫长，真正的无人驾驶远未实现，现在所谓的"自动驾驶"只是实现了某种程度的驾驶自动化，远未达到"智能"的要求，被称为高级驾驶辅助系统（Advanced Driving Assistant System，ADAS）更为恰当。至少那种全天候、全场景可用的"无人驾驶"尚未可见。

根据《智能的本质》一书的说法："AlphaGo的峰值功率可以达到440kW，但除了下围棋外，AlphaGo还能做些什么？什么事情也做不了。人类大脑的功率消耗只有20W左右，而人类除了打游戏之外，还能完成做饭、洗车等无数的事情。对于一个使用了比你多2万倍的资源去做同样一件事的人，到底该如何定义呢？"

自动驾驶的真正成熟要通过人工智能技术去实现和突破，单靠汽车行业的努力是远远不够的，而这种突破肯定不是短时间内可以实现的。智能化或无人化依然有很长的路要走。毋庸置疑的是，真正的智能化一定会到来。鉴于实现无人驾驶的路还很漫长，将智能化对应的英文单词修改为Intelligence会更加符合现状：无论自动驾驶还是智能座舱，发展的共同点仍然是努力地提升智能化水平。

基于以上讨论，我们将"新四化"整理如下。

- 软件化（Software）。
- 智能化（Intelligence）。
- 电动化（Electrification）。
- 网联化（Connectivity）。

上述"新四化"简称为SIEC。其中，智能化是汽车长期演进的目标，软件化是实现智能化的主要方法和手段，网联化和电动化是实现智能化的催化剂。

8.2 软件定义汽车

伴随着轰轰烈烈的汽车"新四化"浪潮，软件定义汽车（Software Defined Vehicle，SDV）

作为一个崭新的概念登上了历史舞台，并迅速在世界范围内引发无数讨论。

8.2.1 软件定义汽车的起源

软件定义汽车一词最早出现在中国公众视野是 2016 年 5 月百度与芜湖市政府无人车运营签约仪式上。时任百度高级副总裁、无人驾驶事业部负责人王劲提出了这个全新的概念。据他介绍，决定未来汽车灵魂的是以人工智能为核心的软件技术，而不再是传统的技术与性能指标，以后的汽车主要由软件定义，汽车的先进性、核心竞争力都来自软件。

2019 年，大众汽车首席执行官赫伯特·迪斯表示：大众汽车将成为一家软件驱动的汽车公司。这一表态被公认为标志着面向软件的汽车工业转型开始。

真正点燃国内软件定义汽车热情的是特斯拉，它通过 OTA 技术升级车载控制器的软件，并将其中的部分软件功能作为商品单独销售。FSD（Full Self-Driving，自动驾驶）功能在 2019 年为特斯拉带来超过 5.6 亿美元的收入。这令众多在亏损边缘徘徊的国内汽车企业看到了希望，由此开启了对软件定义汽车的追逐。

软件定义汽车一词在 2016 年被首次提出时，其核心是人工智能技术，而 2019 年之后，其含义扩大成了与汽车软件相关的各种技术，如操作系统、中间件、软件标准、SOA、OTA、云服务、电子电气架构等。随着含义范围的扩大，国内各种汽车论坛和媒体逐渐开始讨论什么是软件定义汽车及其对汽车行业的影响，欧美媒体中也逐渐出现关于软件定义汽车的讨论，这种现象说明了以下几点。

- 概念也是有生命的，可以不断地自我演进和变化。
- 软件定义汽车已经成为世界级的概念。
- 全世界的汽车企业都越来越重视汽车中软件的作用。

对于传统车企而言，软件虽然早已存在于汽车之中，并越来越受重视，但大多数情况下仍然被看作控制器的一部分。虽然车辆因为软件有了更多的功能和更好的性能，但软件长期未得到应有的重视，因为车辆成本中占比最多的始终是硬件，众多主机厂将为软件开发所付出的成本与为机械部件所付出的模具费一样看待，在进行车型宣传时也很少宣传车辆所具有的软件功能。而用户在选择车辆的时候，也更看重车辆的硬件配置和造型，只有当软件出现缺陷或体验不好时才会注意到其存在。就连汽车专业媒体在对车辆进行评价时，也更注重性能参数、硬件配置与内饰。

随着车辆控制器的数量从几个发展到近百个，软件的代码量也发展到超过 1 亿行，甚至超过了一架飞机中软件的数量。随着智能座舱与无人驾驶等技术的持续发展，软件在整车开发中的重要性越来越高。对于车企而言，软件逐渐成为一个不容忽视的车辆组件，这主要体现在如下几个方面。

（1）软件成本占比增加　车辆中软件的开发与验证成本迅速攀升，据相关预测，软件相关成本将从现在平均占 BOM 成本的不到 10% 发展到超过 50%，尤其是信息娱乐和自动驾驶功能的开发成本太高。车企发现，在车型销量不高或迭代速度过快的时候，已经很难只靠硬件销售收回成本。这必然让车企开始探索如何让高昂的软件投资得到更好的回报。

（2）软件是新功能的主要来源　在车辆的硬件技术日臻成熟的当下，仅靠硬件难以形成明显的差异化。大众汽车的 CEO 迪斯曾公开表示："未来汽车 90% 以上的新增功能将与软件相关。"

（3）软件是性能的重要保证　传统车辆的性能以被动安全、动力和舒适性为主，而智能网联时代的汽车除了这些传统性能以外，用户体验、无人驾驶和动力与储能系统的安全均依靠软件来保证，软件也是减少交通事故的重要手段。

（4）软件是车辆开发周期的重要影响因素　非软件相关的部件有着严格的开发周期，而软件开发的周期难以准确估算，即使在量产之前，一个复杂的控制器中仍然可能有缺陷尚未被解决，或者是某些功能无法实现。

对于用户而言，功能和性能是选购时的重要参考。对于车企而言，成本、功能、性能和周期都是关键因素，对软件的重视程度可能直接决定谁可以在"新四化"的浪潮中存活下来。

软件定义汽车从最初的一个模糊概念，已经逐渐演变为整个汽车行业的共识，并渐渐清晰，最终成为汽车行业变革的重要推手。

8.2.2　软件定义汽车的含义

"软件定义"一词在 IT 行业中应用已久，如软件定义网络（Software Defined Network，SDN）、软件定义存储（Software Defined Storage，SDS）、软件定义无线电（Software Defined Radio，SDR）等在很多年前就已经被广泛应用。软件定义指的是在标准的硬件平台上，通过软件来实现各种功能。软件定义汽车一词也是受到了此类词汇的启发。

在 IT 行业中，所谓软件定义，核心是软件与硬件的分离，即硬件提供基础的能力支撑，软件实现所有的功能与性能，就是用软件去定义硬件的功能，用软件为硬件赋能。软件定义的核心是 API（Application Programming Interface，应用编程接口）。在 API 之上，一切皆可编程；在 API 之下，"如无必要，勿增实体"。其核心思想是软件和硬件在逻辑上是等价的，以充分且必要的硬件为基础，通过软件可以实现丰富的功能。API 解除了软硬件之间的耦合，使得两者可以各自独立演化，有助于软件向个性化方向发展，硬件向标准化方向发展。

1. 软件定义的技术发展方向

软件定义有两大技术发展方向，一是平台化，二是智能化。平台化的核心要素是开放系统架构与软硬件解耦。没有开放的系统架构，就无法提供足够的可扩展性；不解除软硬件之间的耦合，软件定义就无法可持续发展。只有在平台化解决方案的基础上才能走向功能的深度融合，出现功能更强、范围更广、应用数量更多的开发平台。智能化的核心是算法，随着算法的进步，智能化的水平将逐渐提升。

IT 行业的核心硬件是服务器和数据交换设备，由于整个行业中互联互通的基本需求，其接口的平台化已经非常完善。这使得不同厂商的设备在通信协议层就能相互兼容，加之各种软件厂商的共同努力，各种应用的跨平台部署已经成为基本要求。因此，IT 行业实现"软件定义"相对容易一些。虽然是软件定义的功能，但基础的硬件是不可缺少的，没有了硬件的支持，软件的功能和性能就无法实现。而且，软件也无法独立于硬件存在，所有的软件开发都必然要考虑硬件的限制。

所谓的软硬件解耦，只能是在由软件中间件支持下的上层软件与硬件的部分解耦。现在还不存在完全不考虑硬件平台的全栈软硬件解耦，但软件中的逻辑的确可以跨硬件平台实现。因此，软硬件解耦可以作为一个目标来追求，但其核心应该是软件逻辑与硬件的解耦，而非代码与硬件的全面解耦。

2. 汽车中的软件定义

对于汽车而言，软件定义的依然是功能和性能。对于这一点，我们可以使用遥控钥匙的功能进行举例。此功能的实现至少需要几个硬件：遥控钥匙、车端射频接收器、车身控制器和门锁电机。基本功能逻辑如下。

- ❏ 按遥控钥匙的解锁键，车辆的门锁解锁。
- ❏ 按遥控钥匙的闭锁键，车辆的门锁闭锁。

如果 BCM 的软件逻辑增加一些，就可以实现更多的功能，如解闭锁时后视镜展开/折叠，解闭锁时灯光闪烁，解闭锁时喇叭鸣笛，长按解闭锁键车窗自动下降或上升等。这些都是通过纯软件实现的增值功能。在这些功能之外，遥控的安全、抗干扰、遥控距离等性能，则需要软件与硬件共同配合才能实现。

"软件定义汽车"并非最近几年突然产生的事物，也不是在智能座舱域无人驾驶的概念之后才产生的，而是一直存在，直到最近几年才被广泛关注。汽车行业在软件方面的努力一直没有停止过，如定速巡航、ESP（Electronic Stability Program，车身电子稳定系统）、ABS（Antilock Brake System，防抱死制动系统）、发动机的电子喷油控制等功能，无一不是软件的功劳。汽车行业在软件平台化方面的努力也从来没有停止过，AUTOSAR 标准的诞生就是一个最好的证明。

与 IT 行业不同的一点是，汽车的硬件标准化程度并不高，无论执行器、传感器，还是控制器。一方面，因为汽车的结构极其复杂，在设计汽车的时候不得不根据车型的特点选择不同的硬件。另一方面，各个车企均努力地打造从产品定义开始的差异化，以期构建自己的"护城河"，并借此来实现一定范围内的垄断，从而获得尽可能多的利润。这导致汽车行业长久以来以各个车企为核心的"封闭"体系，车辆中数百个电子电器部件大多只能在本车中使用，因为它们的接口不同，质量标准也有差异。

复杂的硬件，让软件的平台化遇到了极大的阻力，车企之间的合作也极少发生。而各个供应商也乐于看到这种车企间的差异化，因为唯有如此，才能源源不断地从车企中获取研发费用。也正是由于这样的"非平台化"，才塑造了汽车市场的多样性与庞大的汽车产业链，并奠定了其在国民经济中的重要位置。

随着智能座舱和自动驾驶的发展，传统的软件开发模式已经难以应对新趋势下的挑战。这两个领域面临的共同难题是代码量巨大和功能模块众多，供应商已经难以独自完成整个软件的开发。

智能座舱的核心是多媒体主机，其软件的复杂度超越了智能手机，既要具有车载系统安全可靠和与车辆硬件深度融合的特点，又要具有互联网各种生态应用广泛、生态依赖和迭代速度快的特点。例如，操作系统、地图、音乐、语音控制等功能均非一家供应商可以独自实现。座舱的生态已经向智能手机的方向发展，并与之逐渐融合。

尽管市场上可以获得的技术来源较多，但这些技术需要在一个良好的产品定义和优秀的架构下才能发挥作用。座舱中硬件所提供的基础能力取决于主要芯片，由于高算力芯片的开发成本和难度较大，可供选择的芯片种类很有限，因此座舱硬件平台将如同智能手机一样具有较高的标准化，加之其操作系统同质化严重，未来座舱的竞争将主要集中在 HMI（Human Machine Interface，人机交互界面）设计、应用软件功能、软件质量和性能方面。

对于自动驾驶而言，核心是感知、决策和执行的算法。算法的执行效率、可靠性均依赖软件的质量，算法迭代又需要海量数据的支撑，而海量数据的存储与处理依然需要强大的软件平台。当前众多软件和芯片技术的发展都是为了应对自动驾驶所带来的一系列挑战：高实时性、高安全性、高可靠性、大数据量和高运算能力等。

虽然有众多公司投入其中，但由于技术门槛高、投入巨大、收效缓慢，且未来尚不明朗，企业或望而却步，或中途放弃，只有极少数企业能够持续投入。

据相关预测，未来车辆中无人驾驶系统将成为整个电子电气系统内代码量最多、算力需求最大的单一系统。我们可以简单地推论：因为自动驾驶将成为未来车辆竞争的核心技术，而且自动驾驶的核心是软件，所以软件将定义未来汽车最核心的技术，软件能力将成为未来车企最重要的能力。

3. 软件定义汽车究竟是什么

软件定义汽车无疑是当今汽车行业最火热的话题。然而关于软件定义汽车一词，业界一直没有标准的解释。综合各个方面的思考与实践，我们可以从以下角度理解软件定义汽车。

1) **软件定义汽车首先是一个技术概念。**

软件定义汽车应该是一个技术概念，对应于软硬件分离的理念和技术，即将汽车中的硬件作为基础平台，通过软件的配置和部署实现相应的功能和性能。对于如何实现软件定义汽车始终没有一个标准的答案，有些人将SOA作为实现软件定义汽车的方式，但并非所有业内人士都认同这种观念，他们在技术方面达成的唯一共识是：全新的电子电气架构和域控制器是实现软件定义汽车的基础。

2) **软件定义汽车也是一种理念。**

当前汽车行业已经将软件定义汽车当作一种理念，超越了其原本的技术概念。大家相信软件定义汽车必然实现，未来的汽车中，软件将占据主导地位，成为车企之间竞争的主要因素。从车企到供应商，纷纷进行相应的投资布局和组织机构改革，以期能够从全产业链来构建自身强大的软件开发能力。

无论软件定义汽车究竟是什么，行业内对以下几点已经达成了共识。

- 软件在整车成本中的比重将逐渐增加，并占据重要的位置。
- 软件对整车功能和性能的实现至关重要，未来汽车功能的创新将主要依靠软件实现。
- 软件将越来越多地影响汽车产业链，最终引起汽车产业链关系的重构。
- 汽车行业的商业模式将被软件和相关技术的应用逐渐改变，软件将成为重要的利润来源。
- 未来的汽车将因软件的迭代而不断更新。
- 汽车将从一个主要基于硬件的产品转变为以软件为中心的移动智能设备。

软件定义汽车的内涵已经远远超越了某种具体的技术，汽车制造商将不再仅通过马力和扭矩使自己与众不同，而消费者也越来越多地被软件定义的功能所吸引，车辆已经成为物联网的一部分。

无论在车端还是云端，都有大量数据需要软件来处理、管理和分发。软件带动汽车技术的革新，引领汽车产品差异化发展潮流，已经成为汽车"新四化"发展的基础和核心。软件正在引起整个汽车行业产业链格局、组织架构、开发流程体系等的变革，而且这个变革将不断深化。

在这场由软件引起的变革中，电子电气架构成为最先引起业界注意的技术。整个行业最大的改变体现在对电子电气架构从忽视到重视的过程中，只有改变电子电气架构，才能实现软件定义汽车的目标。这无疑是一个正确的决定，软件绝不等于代码，只有面向软件的架构才能支撑起软件定义汽车的理想。而电子电气架构的灵魂也不是代码，良好的网络架构、功能架构、电气架构和软件架构才是决定电子电气系统功能与性能的核心因素。代码只是电子电气系统中的一个重要组件，软件定义汽车时代的架构设计既要面向软件，又必须考虑硬件。

毋庸置疑的一点是，软件在这个世界中将发挥越来越重要的作用。手机已经被改变，汽车也正在被改变，还会有更多的事物将被改变。

8.3 软件定义汽车实现的基础

汽车用软件在过去的几十年中始终是配角。虽然某些车企已经开发出了一些付费使用的软件功能，并且能够通过软件赚取额外的收入，如车载导航软件的地图升级、间接式胎压监测等，但因为软件收入与巨额的车辆销售和售后服务收入相比微不足道，所以始终未能成为主流。车型之间的竞争一直是功能、配置、性能和品牌影响力的竞争。同时，由于种种因素的限制，汽车行业无法在短时间内实现"软件定义汽车"的目标。

8.3.1 技术条件

在车联网技术被广泛应用之前，车辆控制器软件的更新并不是一件容易的事情，一般只能通过 4S 店等售后服务渠道进行。4S 店的工作人员需要通过电话、短信等渠道通知用户到店，并由专业人员使用诊断仪等设备进行相应的操作，从而产生大量的人工费用。对于车机等软件包较大的控制器，则需要在设计时预留接口，但软件更新过程也必须由专业人员操作。

随着移动互联网的大面积普及和 OTA 技术的应用，车辆可以如同手机一样通过移动网络自动下载需要更新的软件，在用户进行确认后自动安装。这大大方便了软件的更新，不但用户省去了往返 4S 店的麻烦，车企也节约了售后服务的成本。

然而，由于过去分布式架构中控制器之间的通信多是基于 CAN、LIN 总线的，数据传输的速度很低，而且经常需要同时更新多个控制器才能完成一次软件的更新，又受 12V 蓄电池电量的限制，车辆每次 OTA 可以刷新的控制器数量有限，因此用户体验并不是很好。

于是，车企逐渐放弃传统的分布式电子电气架构，期待能够更好地满足软件频繁更新的需求。

8.3.2 量产后软件更新的成本

尽管实现 OTA 技术并不难，但广泛应用的车企并不多。造成这种现象的原因如下。

首先，实现可靠且高效的 OTA 需要电子电气架构和相应控制器的支持，这可能会增加制造的成本。

其次，成本高昂，周期不可控。由于对一个功能的修改经常涉及多个控制器，因此需要协调多个供应商。如果软件的更改是供应商的开发质量所导致，则更新的全部费用一般由供应商承担。可是，如果更新的目的是解决车企在产品设计中的失误或增加功能，则车企需要付给供应商相应的费用。

大多数供应商是按照项目制进行管理的，在产品量产后，原研发团队可能立刻被投入到其他的项目中。如果为了应对车企的需求而重新组织团队，就必然会影响新项目，而供应商所能获得的开发费很有限，也没有动力在量产后还继续去更新软件。车企可能为了一个简单的变更付出巨大的成本，并经历漫长的等待期。于是，大多数车企习惯在车辆量产前将硬件所能支持的软件功能尽可能做全、做好，以此来避免量产后的软件变更。

8.3.3　用户为软件付费的意愿

在互联网的几十年发展历程中，网络中的大部分资源是免费的，大多数用户已经习惯了只有硬件才需要花钱购买，为网络内容和软件付费的意愿并不高。

随着网络的普及，尤其是移动互联网的迅猛发展，越来越多的用户接受了为非实体的物品付费。与此同时，在售后改装市场中有很多用户愿意为了提升车辆动力而付出几千元的软件刷新服务费，或是为了更新车辆多媒体主机或音响而付出上万元的改装费。为车辆中的软件功能付费也不再是一件不可接受的事情。

"90后"这些伴随着互联网付费风潮成长起来的一代人对为软件付费不但没有太多的抵触情绪，反而觉得这是天经地义的。于是，将部分车辆的软件功能进行单独售卖就成为可能。

8.3.4　车载半导体技术

英特尔创始人之一戈登·摩尔所提出的定律——微芯片上的晶体管数量大约每两年翻一番，但计算机的成本减半，准确地预测了芯片技术的发展，汽车行业也因为半导体技术的飞速发展而产生大幅收益。

即使在20年前，由于车载半导体昂贵的成本和有限的存储空间与算力，MCU（Micro Controller Unit，微处理单元）中可以承载的代码数量非常有限。大多数MCU的ROM（Read Only Memory，只读存储器）和RAM（Random Access Memory，随机存取存储器，通常称为内存或主存）的大小都是以kB（千字节）来计算的，主频大多只有4MHz。为了尽可能降低成本，程序员需要尽量优化MCU中的代码，以减少对存储空间与内存的占用。

如今，车载芯片的主频普遍提升到几百兆赫兹甚至更高的级别，存储空间也早已不是问题。在控制器设计时预留一定比例的算力和存储空间供后续升级使用已成为可能，且不会对成本产生显著的影响。

芯片算力与存储空间的大幅提升,不但为硬件预埋提供了可能,也使智能座舱和无人驾驶等需要大量算力与存储空间的车载应用有了更广阔的发展空间。

8.3.5 观念

在车企中,大多数管理人员缺乏软件相关的经验。而且,传统汽车行业的主要竞争都在各种硬件设计与制造上,即使汽车电子已经越来越受重视,软件仍然不是车企中最重要的技术。

对于大多数车企而言,软件开发是供应商的工作,车企只需要完成对产品的定义,不会像重视发动机和底盘一样来投入大量人力物力进行开发工作。车企中的绝大多数人员都与软件无关,组织机构设置中也很少会把软件开发考虑进来。即使某些车企中设置了软件开发部门,但职责更多是专注于某个控制器的开发,极少会从整车层面考虑软件架构的设计,角色相当于企业内部的控制器供应商。

随着智能座舱与无人驾驶技术的发展,车企逐渐意识到未来的竞争不再是纯硬件领域的竞争。众多新功能实现的主体是软件,而硬件将转变为软件的支撑平台。在"新四化"的浪潮中,软件的开发将同发动机与底盘一样,是一个车企的命脉,软件能力才是决定未来生存状况的基础。

新能源汽车的崛起,导致汽车市场竞争加剧。纯电动汽车降低了造车的门槛,让很多来自互联网和其他行业的企业进入造车领域。这虽然加剧了生存资源的争夺,但也让这个传统行业有了新的动能。

一些新势力让保守的老一代汽车人见识了创新的力量。通过软件可以赚钱的思想已经被广泛接受,这让软件定义汽车的发展有了基础,传统车企不约而同地将软件能力建设提升到了战略的高度。

大多数人相信股市会下跌的时候,股市就真的会下跌。当这个世界的大多数人相信一个观点的时候,这个观点就可能变为现实。既然大家都相信软件会改变汽车行业,那么他们就会不计代价地在软件上投入资源,从而推动这个想法尽快实现。当今汽车行业在软件能力上的竞争如同一场军备竞赛:你如果不参与,就一定会落后;你如果参与,那么一定要投入巨额的资源。在大家的资源都有限的情况下,一定会有人因为短时间没有明显回报而无法坚持下去,也一定会有人因此而受益,成为最终的赢家。

8.4 软件定义汽车面临的挑战

一辆汽车在离开工厂时通常处于整个生命周期中的最佳状态。随着软件可以被不断优化,在未来，汽车在离开工厂后可以通过更新软件，持续增加功能和改善性能。软件解决方案将成为汽车制造商在未来实现差异化和吸引用户的重要手段。这种模式转变之所以成为可能，首先是因为电子电气架构的变化，其次是因为硬件和软件的分离。

我们也可以使用系统思维来分析这个变化：电子电气架构的变化为整个行业带来了巨大的商机，无数芯片、控制器、线束、接插件和软件供应商拥有了全新的业务。一方面，这让整个行业的研发类投资迅猛增长；另一方面，也导致很多供应商在传统领域业务的萎缩。考虑到众多车企开始自己开发部分软件和硬件，整个行业出现了重新洗牌的现象。

软硬分离带来的绝不仅仅是技术层面的变化，还包含技术在内的一系列改变。在汽车电子电气这个复杂的系统中，软件与硬件将分离为两个相互依赖又各自独立的组件，并且随着软件的重要性不断提升，必将引起整个系统内部和外部的各种连锁变化。

在车企实践软件定义汽车的过程中，最先改变的是电子电气架构，软硬件分离与电子电气架构密不可分，从电子电气系统的三视图入手就可以比较全面地看清软件定义汽车对整个行业带来的影响。

8.4.1 物理视图的挑战

电子电气架构的形态变化已经成为有目共睹的事实，从分布式走向集中式带来的变化也已经远远不只是网络拓扑的变化。控制器的硬件、总线形式和配电系统等实体部件都在发生着巨大变化，这是软件定义汽车所引起的最显著的变化。除此之外，电子电气架构的物理视图还有一个尚未实现但正在发生的变化：硬件的平台化和硬件能力的预留。

让手机成为被"软件定义的手机"的基础是硬件的平台化。平台化的硬件才能支撑操作系统的平台化，才有可能实现应用软件的平台化。对于汽车而言，由于硬件的高复杂度和各个车企的封闭性，平台化的道路非常漫长，实现通用化更是遥遥无期。在车企内部，如果能够很好地实现架构化设计，在架构范围内实现车型之间的平台化就是可行的。

手机上可以随意安装软件的另外一个基础是硬件能力的预留，即在出厂时有足够的硬件能力（算力、存储等），可以支持软件更新与增加。而在传统的汽车行业中，车辆出厂时的硬件能力基本上刚刚够用，在软件无须扩展的情况下，预留硬件能力没有任何意义。当 OTA 技术发展起来后，用户希望自己的汽车能够像手机一样"常用常新"，硬件可供扩展的能力就不再是一种浪费，而是基本的需求。

目前的车身控制器、传感器和执行器的能力预留并没有多大的意义，因为这些领域的功能和性能都已经比较成熟，可提升空间很小，即使预留也很难增加车辆的功能和提升性能。车载信息娱乐系统和无人驾驶系统的情形完全不同，这两个领域仍在蓬勃发展中，功能与性能有较大的提升空间。

由于这两个系统很少有专属的执行器，因此可以不考虑执行器的能力预留。对于系统中使用的传感器而言，由于大多数系统在设计的时候已经将现有传感器的能力利用到了极致，因此也没有能力预留的空间，只有是否使用的差异，其目的无非是两种：一种是在车辆量产时该传感器的相关功能尚未成熟，导致无法使用；另一种是为了将相关功能单独标价售卖，期望用户能够额外付费，从而获取更多的利润。这两种方式都不同于手机硬件能力预留，可以称为能力预置。

当前汽车中的硬件能力预留大多发生在车载信息娱乐系统与无人驾驶系统中，能够预留能力的只有控制器的算力、内存和存储空间，以期将来可以持续不断地进行软件的迭代，从而实现提升用户满意度和增加收入的目标。

当前硬件的能力剩余并不多，大部分车型在出厂的时候就已经将主要芯片的算力消耗得差不多了。虽然内存和存储空间的问题都可以通过增加成本来解决，但算力问题并不是花钱就能解决的。作为硬件核心的车载芯片决定了控制器的算力，而现在可以获得的芯片算力尚不能满足当前软件的需求。

软件的需求在以几何级数飞速增长，而硬件的迭代速度已经接近摩尔定律的极限。软件与硬件发展的不同步，导致硬件能力预留的有效期只有两到三年。在此之后，很多软件无法部署到那些已经"过时"的硬件平台上，用户所能获得的软件功能提升越来越少。如果考虑到车企中大部分软件人员已经不再对硬件平台上的软件进行维护，那么硬件能力预留就只是将车辆硬件的保鲜期延长了一点，而代价却是成本的大幅增加。

理想中的硬件能力预留应该是可以支持车辆生命周期中大部分软件更新和扩展的（图8-2中的阶段C），而目前软硬件发展速度的不匹配大大限制了这种愿望的实现（图8-2中的阶段A），软件能力需求需要超越硬件能力供给的阶段（图8-2中的阶段B）。

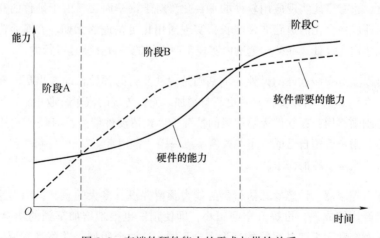

图8-2　车端软硬件能力的需求与供给关系

另外，由于芯片平台的每次切换都会导致海量开发费用的投入和漫长的时间成本，甚至导致很多硬件平台上的软件不再适用，因此所谓的硬件能力预留所产生的成本远远超过 BOM 中的物料成本。这个问题只有在软件能力大幅提升（图 8-2 中的阶段 C）、同质性越来越高，并且软件所需的硬件资源增长速度大幅降低之后，才能够得到彻底的解决。

然而，不能因为硬件还没有发展到相对稳定的状态，就不去做新架构，也不能因为软件目前还不是主角就不去做软件。罗马不是一天建成的，所有的主角都是从配角成长起来的。

8.4.2 逻辑视图的挑战

在电子电气系统的逻辑视图中，主要包含功能架构与软件架构及相应的组件。由于新架构物理视图中的组件（相应的控制器、通信和电源等）与传统的架构差异巨大，因此功能架构与软件架构也会发生剧烈的变化。尽管从外部很难看到这种变化，但对于开发人员而言，这种变化带来的影响远远超过了控制器等物理部件的变化，具体体现在以下两个方面。

1. 工作分工

传统的分布式架构开发过程中，车企与各个供应商已经形成了稳定的分工体系：车企负责提出需求和验收，供应商负责开发并将软件和硬件打包交付。在集中式架构的开发过程中，这种成熟的模式被彻底打破了。车企不得不进行部分软件模块的开发和总体集成，这种变化主要基于两个原因。

- 车企试图自己掌握部分核心部件的开发主导权，并将相应的利润留在车企内部，从而形成自研并可控的目标。
- 市场上已经难以买到车企需要的控制器，只能自己开发。

这种变化将原来的二级和三级供应商等变成车企的直接供应商，并将原本属于一级供应商的利润留在了自己手中。原来一级供应商近似模块化和标准化的产品逐渐失去市场，作为客户的车企需要的不再是完整的部件，而是其中的某些组件或能力。结果是车企在产业链中话语权提升，一级供应商在产业链中话语权下降并且盈利模式发生改变。这必将导致整个产业链中的利益被重新分配，进一步导致产业链重组。必然会有众多企业被迫改变生存方式，甚至进行业务与商业模式的重新定位，因为它们的客户已经改变了需求和规则。

2. 人员能力

对于车企而言，由于要自己承担从未涉足过的设计与开发工作，因此受到的影响最大，尽管这种变化是车企自己主导的。这种影响直接体现在新的组织机构设置上：需要增加电子电气架构开发和软件开发部门。

对于那些尚未进行电子电气架构开发的车企来说，迅速建立强大的架构开发部门是当务之急，因为这个工作难以完全外包给供应商。即使在短期内无法补足此方面的能力，与外界合作开发也需要大量架构工程师来负责协调工作。而且，为了将来不再依赖供应商，也必须尽快建立架构开发部门。

虽然软件开发能力在短时间内可以依赖各种供应商，但这并非长久之计，只有自己掌控的开发团队才能实现快速而持续的迭代，并构建与众不同的竞争力与产品力。但这种方式的代价巨大，而且也非常困难。

首先，一个新成立的软件开发团队的战斗力短时间无法达到理想状态，需要长时间的历练与磨合。其次，汽车行业的软件工程师数量有限，那些熟悉汽车电子软件的软件工程师大都供职于各个供应商，而这些供应商有自己的产品平台，可以用较少的人力为多家车企服务。当车企自建软件队伍的时候，这种人员与产品的共用性就逐渐消失了。

新功能的需求与新硬件平台的应用导致软件开发的工作量大幅增加。汽车行业的软件工程师立刻成为紧俏资源，由此引起了汽车行业内软件人才从各个供应商流向车企。汽车软件的迅速发展与从业者待遇的提升也吸引了其他行业的软件从业人员加入其中。这些跨行业而来的人带来了很多全新的理念和方法，一方面为汽车行业的发展注入了新的活力，另一方面也引起了传统汽车行业人员与新入者之间众多理念上的冲突。

除了对软件工程师的需求大幅提升之外，车企中电子相关领域对系统工程师的需求也大幅增长，大部分软件开发人员擅长软件编码，但并不熟悉汽车电子电气系统中各个领域的专业知识。

正向开发是从需求开始的，经历了架构设计和系统设计之后才到达软件编码的阶段。如果前面几个环节无法输出全面而准确的设计和需求，那么，无论软件编码阶段的质量多高，最终的产品都无法达到预期效果。因此，需求、架构和系统设计的工作质量决定了软件开发环节能否得到正确输入，也间接决定了系统的质量。

在电子电气系统的开发过程中，从需求到软件开发各个环节的人员需求几乎是几何级增长，对软件开发人员的需求最多，其次就是系统工程师。对于那些原本大部分设计工作都依赖供应商完成的车企而言，电子电气系统中开发部件工程师的数量往往是最多的，因为即使没有足够的系统工程师，供应商也会非常乐意帮它们去完成详细的系统设计工作。当车企自己开发软件后，系统设计工作就只能靠自己来完成了。这导致整个行业对系统设计人才供不应求。于是，大量部件工程师主动或被动转型成为系统工程师。同时，由于供应商的工程师大多在某个具体的领域有丰富的知识和经验，因此他们成为车企眼中理想的系统工程师人选。由于种种原因，大量原本在供应商那里工作的工程师也被吸引到车企中成为系统工程师。

8.4.3 过程视图的挑战

正如系统中的某个组件发生较大变化之后，整个系统的行为也会随之发生变化一样，当工作的内容或重点发生变化之后，相应的工作过程也必然随之改变。引入全新电子电气架构，必然会引起电子电气系统相关开发过程的变化，而整车开发流程也必然会因为电子电气系统开发流程这个重要的子流程的变化而发生变化，从而导致一系列的变化。

1. 整车开发流程

由于 OTA 技术的引入，软件在 SOP（Start Of Production，开始量产）之后依然可以持续迭代，而硬件则已经固化。这种 SOP 之后软硬件更新的解耦迫使传统的整车开发流程不得不进行改变。

以前，所有的开发活动在 SOP 之后就全部结束了，后续只有质量问题的管理活动在产品的生命周期中持续运行。普遍应用之后，OTA 不只用于解决软件质量问题，也用于新功能的持续发布。这导致 SOP 之后的所有软件开发与验证不再包含在传统的整车开发流程中，从而引起一系列的问题。

传统的车型开发多是以项目组作为开发主体，在 SOP 之后该项目组会被解散，相应的人员投入到新的项目中。当 SOP 之后还需要持续维护时，原项目组的成员已经不再属于该项目。尽管当前各个车企已经在进行持续的 OTA，但相应的管理、考核等机制并不健全，缺乏有效的流程与体系来保证整个车型生命周期内的软件迭代，因此持续迭代成为一个灰色地带，如图 8-3 所示。

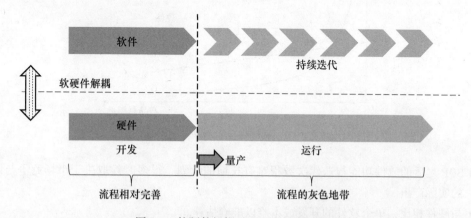

图 8-3 软硬件解耦对 SOP 后流程的影响

车企对于 SOP 之前的流程设计通常以阀门为标志，也就是将每个大的项目里程碑节点设置为固定的阀门，对相应的交付物和结果以固定的标准进行评价，整个过程中的版本发布被严格的计划所管控。这种管理是以硬件为主的时代的产物，不一定适用于 SOP 之后以软件为主的时代。

软件的特点是可以"柔性生产"，其发布具有频繁、不确定性高的特点，需要随时根据市场竞争情况和软件开发进度进行相应的调整，而且周期短则几天或数周，长则以年为单位。虽然阀门制度可以在 SOP 前继续使用，但 SOP 后如何持续迭代？因此，如何设置阀门、以何种方法判断是否通过阀门、是否设置阀门，从而补足 SOP 后的软件迭代流程，成了车企面临的新问题。

SOP 之前的项目计划和过程管理面临着一系列全新的挑战。其中最典型的是车型项目的成本与收益计算方式。以前，在每个项目前期进行产品经济性测算时，可以相对精准地计算出项目的投入成本，以及基于销量预测而测算出的项目收益。当软件成为 SOP 之后的商品时，这种成本与收益的计算方式就不再适用了，原因如下。

❏ 软件的开发成本很高，但边际成本趋近于 0。单车的硬件成本可以被准确估算，而单车的软件成本完全取决于销量，如图 8-4 所示。

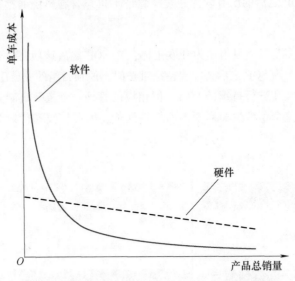

图 8-4 单车产品的软硬件成本与产品总销量的关系

❏ SOP 之后的软件功能与迭代次数很难有长期的计划，很多时候取决于市场竞争与团队的实际产出。
❏ 与硬件相比，单个软件的开发成本难以准确估算。
❏ 软件成为商品之后，用户的购买比例很难估算。
❏ 多个车型共用的软件成本分摊比例难以确定。

上述问题看上去仅仅是财务上的数字，却深刻影响到项目决策与相关人员的绩效。如果一个项目在立项的时候无法被证明是可以赢利的,那么它就很难被批准。造车是一个商业行为,持续的软件迭代会让开发成本不断增加,而收益却存在着非常大的不确定性。

除此之外,车企与各级供应商的关系也因为车企自己做软件而发生了显著的变化。一方面,车企与众多供应商的关系从甲方和乙方的关系,转变为既合作又竞争的关系,供应商会担心车企在能力提升后将不再依赖供应商而包揽全部的工作。同时,车企对软件相关人才的旺盛需求导致供应商的人才可能会流向车企,加剧供应商的困难。另一方面,车企也担心自己的技术或创意被供应商提供给第三方,从而导致自己的竞争力下降。

在供应链的管理方面,大多数车企缺乏对纯软件供应商的管理经验,包括如何确定价格、如何进行过程管控和质量评估等。

一方面,这些亟须解决的问题需要车企自身能力的提升与相关流程和方法的更新。另一方面,只有通过电子电气架构的硬件与软件平台化才能有效降低软件开发的成本,并降低SOP之后软件更新的管理难度。传统的项目管理方式已经无法适应新时代的挑战,只有将软件开发独立出来并交给具有相关经验与能力的人进行管理,同时建立合适的商业模型,才是唯一的出路。

2. 方法与工具

在企业的竞争中,工具的种类和数量往往决定了企业的运行效率与产品质量。对于车企而言,做软件的一个基本前提是拥有相关的工具。无论代码开发、配置管理、测试管理,还是需求管理、架构设计、模型开发、网络设计、线束设计,都是必不可少的生产设施。

良好的工具可以大大提升相应工作的效率与质量。尤其是在人才数量不足与人力成本不断提升的当下,将工程师从繁重的文档与例行工作中解脱出来,让他们能够聚焦在设计与创造性工作中,本身就是一种降低成本的举措。

当工程师深入详细的系统设计,并需要给软件开发人员提供足以支持代码开发的设计时,系统设计的复杂度呈几何级增长,仅依靠文档已经难以完成这些复杂的工作。电子电气架构的设计需要多个工具完成架构级统筹,从而将各系统内部的设计完整关联起来。至少要实现整车级别的信号矩阵、电气原理图等输出物的自动生成,并将软件架构的相关输出物以标准的输出格式导出给相应的供应商,保证他们能够快速获得上层的设计并高效协调。这也正是基于模型的系统工程的目的之一。

另外,域控制器的软件代码量和复杂程度远远超过传统的 ECU,而且其迭代的需求也更高,需要持续不断地集成来自多方的软件代码,并实现快速测试和发布。因此,很多车企和供应商都开始借鉴来自互联网行业敏捷开发的思想,采用 DevOps 方法构建 CI/CD 平台,以期提高软件发布的频率,并更快地将产品新功能推向市场,提升发布成功率。这种做法是对《敏捷宣言》中 12 条原则的第一条"通过早期和持续的软件交付使客户满意"的实践。

DevOps 是开发（Development）和运营（Operation）的组合，是一种文化，也是一种实现自动化和平台设计的方法，旨在通过快速、高质量的服务交付来增加业务价值，提高响应能力。DevOps 强调软件开发、测试、运维的一体化，目标是降低部门之间的沟通成本，从而实现软件的快速高质量发布，如图 8-5 所示。通过自动化"软件交付"和"架构变更"的流程，我们能令构建、测试、发布软件更加快捷、频繁和可靠。

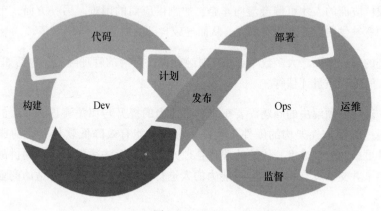

图 8-5　DevOps

CI/CD 代表持续集成（Continuous Integration）和持续交付/持续部署（Continuous Delivery/Deployment），是源自软件工程的术语。CI/CD 是一个从软件构建到部署的过程，通常被看作一个管道，结构如图 8-6 所示。

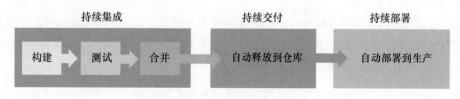

图 8-6　CI/CD 管道

CI 是开发过程的自动化。成功的 CI 意味着应用程序代码的变化会被定期构建、测试和合并到一个共享的存储库，解决了应用程序在开发时有太多分支可能引发相互冲突的问题。

持续交付和持续部署都是关于管道的进一步自动化的。持续交付通常意味着开发人员对应用程序的修改会自动进行测试并上传到存储库，由运营团队通过预设的机制或流程自动部署到实时生产环境。持续交付的目的是确保花最少的精力来部署新代码。持续部署指的是自动将开发者的修改从仓库释放到生产中，在那里代码可以被客户使用，解决了运营团队因为手动流程负担过重而导致应用程序交付缓慢的问题。

作为 DevOps 的支柱，CI/CD 通过将软件的集成、发布和部署过程进行全面的自动化，大幅提升了软件开发到部署的效率。然而，在汽车行业中，由于软件最终将被部署到每一辆汽车中，而不是如同互联网行业一样部署到统一的服务器中，因此汽车软件的部署和运维工作与互联网行业有着本质的差异。同时，由于汽车对安全性的高度重视，高度自动化的软件测试、发布和部署必然存在着一定的安全隐患，因此在汽车行业借鉴互联网行业做法的时候，需要结合自身特点进行相应的调整，直接照搬的做法是不负责任的。构建 CI/CD 需要大量的前期投资，无论软件工具的部署还是自动化测试用例的编写都需要大量的人力和资金支持。

仅依靠自动化工具来提升软件的交付效率是不够的，应用系统思维来优化软件交付方式才是最重要的。一方面，软件架构中模块之间的耦合度要尽量低，这样才能保证不同团队能够专注于自己负责的部分且高效合作，从而实现更快的交付。另一方面，开发和运营流程的改变也是必不可少的。

总而言之，新方法与新工具的应用是应对新挑战的有效方式。如何建立匹配新方法和新工具的流程，并保证相应的人员能够熟练运用，则是比引入工作更加复杂的问题。

8.5　不变的基本价值

无论"新四化"的概念如何演变，"新四化"如何影响汽车产业的发展，"新四化"的本质仍然是围绕汽车的变革。在这场变革中，电动化是对已有汽车动力系统的替换和改进，智能化和网联化是增量，是对现有汽车能力的拓展，软件化是实现智能化和网联化的基础。

在车企和供应商眼中，"新四化"既是时代的变革，也是新的挑战和机遇。在终端消费者眼中，他们看重的始终是汽车的价值，而汽车的价值从其诞生之时起就一直没有大的变化。汽车作为一种消费品的价值可以分为以下几个类别，如图 8-7 所示。

1. 工具价值

这是汽车最基本的价值，汽车在任何时候都要能够实现交通工具的价值。正如手机虽然有各种功能，但其作为通信工具的功能永远不会缺失，而且也必须满足基本的性能要求。一般而言，作为交通工具的汽车需要至少满足动力、经济、制动、操控等多方面的要求，也要有良好的可维护性、可用性和可靠性等。

2. 空间价值

汽车具有空间封闭性，人们对于自己所拥有的空间的最基本要求是安全和舒适。空间的安全性主要指乘员的人身安全，如安全气囊等主被动安全配置都是为了保证车内人员能够尽可能少地受到外部的伤害，而内饰、座椅、空调、屏幕、音响和灯光等设计都是为了打造独具特点的舒适性。安全性与舒适性都具有明显的时代烙印，不同时代对安全与舒适有着不同的定义和要求。

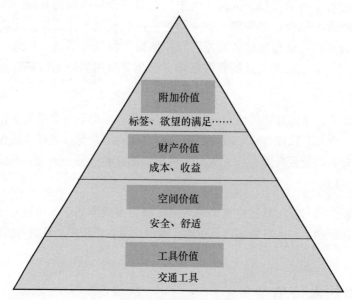

图 8-7　消费者眼中的汽车价值金字塔

3. 财产价值

汽车对于大部分家庭来说是单体价值较高的消费品，属于重要的财产，增值和保值是财产拥有者深度关注的。汽车作为财产的价值主要体现在两方面：一是车辆的拥有成本，包括保养、维护、维修、保险等；二是将车辆再次售卖转让时的现金收益（车辆残值）。在消费者眼中，车辆的拥有成本越低，售卖时的收益越高，这辆车作为财产的价值就越高。

4. 附加价值

任何一个消费品的价值都不只来自其本身的基本功能，尤其对于汽车这种高价值消费品。除了基本功用之外，汽车还拥有众多的附加价值。其中最为显著的就是作为标签的价值，汽车的造型、性能、种类和品牌等都是其拥有者的审美、价值观、爱好、身份和财务状况等的综合体现，也是拥有者个人或家庭对某种欲望的满足。在各个品牌和车型的基本属性日益趋同且无显著差异的情况下，附加属性就成了用户选择时的主要关注点。

汽车的发明极大地改变了人类的生活方式，而人类也在不断地改变着汽车。从某种角度而言，"新四化"既是一种技术发展的必然结果，也是对消费者需求升级的一种满足方式。人们已经不再满足于传统汽车所能带来的价值，希望汽车也能够如同其他消费品一样不断提升基本价值的范围和能力，"新四化"就成为当前最现实的选择。

电动化对汽车的改造，不但提升了汽车的动力性能，也提升了汽车的经济性、环境友好性、可维护性等性能。

无人驾驶将汽车从一种手动工具变为自动工具，大大提升了其安全性，减轻了驾驶员的劳动强度，并减少了驾驶员在驾驶任务上的时间投入。智能座舱则提升了汽车空间价值中的舒适性。网联化通过将汽车融入广阔的互联网世界，为用户带来了全新的功能体验，也将汽车变为一种新的互联网入口设备。

软件化不但使智能化和网联化成为现实，而且增加了汽车作为财产的价值，所谓常用常新不但是对用户体验的提升，也使汽车作为财产得以增值和保值。同时，"新四化"也对汽车附加价值的提升有巨大的贡献，电动化既是环保精神的体现，也曾经是时尚的象征。智能化和网联化则代表着崇尚科技的精神，同时也是一种个性化的体现。

在上述4种价值中，工具价值始终是基本价值。所谓基本价值，就是必须拥有的价值，如果失去了这种价值，其他价值也将不复存在。其他3种价值都建立在工具价值的基础之上。无论一辆汽车是否联网、是否智能，如果其作为工具的价值无法保证，那么这辆汽车就没有存在的价值。车企忽视"新四化"是绝对的战略错误，但因为"新四化"而忽略对车辆基本价值的重视则是舍本逐末。

在传统汽车的竞争中，我国发动机和变速器技术一直不占优势。当汽车产业的发展重心转移到新能源和智能网联时，我国的优势则迅速体现出来。在国家的大力支持和巨额补贴下，新能源汽车迎来了举世瞩目的高速发展，智能网联相关技术与产业链也走在了世界前列。我们不得不清醒地看到，自主品牌的平均质量和产品竞争力与国际一流水平还有一定的差距。

要实现中国从汽车大国到汽车强国的转变，车企就必须参与到高水平的国际竞争中。而参与顶尖高手之间的对决，我们就必须保证自己没有任何明显的弱点。因此，对自主品牌汽车基本价值的提升应该成为每个车企持续追求的目标，这个目标不能因为"新四化"的出现而发生改变。

无论何时，汽车的工具价值、空间价值、财产价值和附加价值的叠加，始终决定了汽车的价格和销量。

8.6 本章小结

本章重点介绍了汽车的发展趋势，首先详细介绍了汽车"新四化"的基本概念，然后对软件定义汽车进行了系统的分析。对于实现软件定义汽车的前提，本章也做了详细的介绍。最后，本章综述了软件定义汽车所面临的挑战，并按照物理视图、逻辑视图、过程视图3个方面进行分析，为企业如何面对软件定义汽车的挑战提供了参考。

第 9 章

智能网联汽车新技术

> 毫无疑问,创造力是最重要的人力资源。没有创造力,就没有进步,我们将永远重复同样的模式。
>
> ——爱德华·德·博诺

汽车作为民用工业领域中大规模生产的最为复杂的产品,其自身的发展与各种新技术的发展息息相关。汽车行业的综合性极高,其上游行业包括绝大多数制造业,如冶金、电子、化工等。汽车行业的发展既依赖于整个产业链的共同进步,也促进了整个产业链的发展。在汽车行业发展的历史中,不断引入各种新技术,让汽车从一个单纯的交通工具逐渐转变为具有交通工具属性的智能化终端与移动生活空间。

我们从电子电气架构的演变历史中可以得出一个结论:每一次新技术的引入都会带来电子电气架构的变化。这一点在介绍 IPO 模型的时候已经有所讨论,汽车"新四化"使汽车的电子功能不断增加,主要体现在网联化和智能化方面。而网联化与智能化的实现依赖于车端对各种海量数据的采集与处理,这必然要求电子电气系统具备海量数据的传输与处理能力。是否具备对图像、语音和各种雷达数据进行处理的能力,已经成为衡量一辆汽车是否"智能"的基本标准。这导致对车内数据传输带宽和算力需求的几何级增长,极大促进了高速传输网络与高性能芯片在汽车行业的应用与普及。

这些伴随互联网行业发展起来的技术不断导入,促进了电子电气系统形态的变化与能力的演进。与此同时,众多新需求又因为新技术的应用而得到满足。

本章介绍促进智能网联汽车发展的新需求和相应的新技术。

9.1 智能座舱

汽车中的座舱通常指用来进行方向控制、领航或驱动的空间或舱室。从这个定义可以看出，汽车座舱指的是驾驶员所处的空间，而非其中的各种设备。现在汽车行业所谈论的座舱一词可以被理解为广义的座舱，即车辆内部乘员（包括驾驶员与乘客）所处的空间，以及该空间中可以被乘员直接使用的各种部件（包括电子部件与非电子部件）所构成的系统。座舱中的设备按照用途大致分为四类。

- 驾驶控制设备：指驾驶员为控制车辆行驶而直接使用的各种设备，包括转向、制动、挡位控制以及获取驾驶相关的车辆信息所使用的设备，如方向盘、踏板、换挡设备、仪表等。
- 安全性设备：指用于保障驾乘人员安全的设备，如安全带、安全气囊、紧急呼叫（E-Call），以及各种安全提示设备。
- 舒适性设备：指用于提高驾乘人员舒适度的设备，如座椅及各种控制设备、舱内温度和空气质量控制设备、车内各种灯光设备，以及各种可以为舱内人员提供便利的附件。
- 娱乐设备：指供驾乘人员娱乐的设备，如收音机、音乐播放器等。

关于什么是智能，一直没有统一的标准。一般而言，如果一个设备或者机器能够根据外界环境和条件的变化或以往的经验，自主采取相应动作或进行状态的改变，那么这个设备或机器就具备一定的智能。

对于座舱而言，如果其中的设备能够根据环境的变化或者乘员的动作、状态等作出一些自主的状态改变或进行回应，那么就可以将其称为智能座舱。鉴于目前所谓的"智能"还是某种程度的自动化，即根据固定的输入条件组合而输出相应的动作，座舱智能化的道路将非常漫长。同时，由于智能是一个没有止境的追求，因此可以预见智能座舱的概念将会持续发展，有非常大的提升空间与想象空间。

需要注意的是，各种设备之间功能的界限正在变得模糊。如同手机从只能打电话和发短信的纯粹的通信工具，逐渐整合了多种功能并发展成为个人移动数字终端，座舱内的各种设备也不再仅承担单一的功能，各种设备之间功能的融合与交互在不断增多，而且座舱已经成为新时代衡量车辆差异化的主要指标之一。

9.1.1 激烈的竞争

在传统的燃油车时代，动力性能是车辆市场的重要竞争力，是衡量一辆汽车档次的重要标尺。动力性能不同，售价也必然不同，发动机有几个缸是最为有力的差异化指标。座舱的配置虽然也是衡量车辆是否"豪华"的重要指标，但多是与动力性能相匹配的，即动力性能越好，座舱配置越高。

然而，进入电动车时代后，座舱俨然成为各厂家竞争的主要阵地，成为除整车造型之外最大的创新点。电动车的加速性能已远超燃油车，增加动力性能最简单的方法就是增加电机的输出功率和数量，而电机作为一种成熟的、近似标准化的产品，任何一家车企都可以从市场上获得。这使得动力系统的竞争已经不再是技术能力的竞争，传统车企最大的"护城河"已经消失了。而且，对于绝大多数的消费者而言，百公里加速的时间不再是选车的主要考量因素，市场上的大部分电动车都可以做到百公里加速时间在7s以内。而且，只要客户有需要，这个时间可以被轻易地缩短。另外，由于电池技术的不断进步，续航能力也不再是电动汽车性能的瓶颈，一般用户的日常用车需求均可以得到满足。

以上种种因素造成电动车的基本属性同质化严重，要想从竞争中脱颖而出，吸引更多的消费者，座舱成为一个主战场。

事实上，座舱中的各种设备、功能的同质化情况也并不乐观，其中原因主要是硬件设备的生产与制造大多还是由供应商完成，各个车企都可以获得。于是，竞争的焦点转移到座舱的设计上：如何在各种硬件设备的使用上既别出心裁，又能充分体现品牌调性，而且还能满足车型成本限制。从图9-1所示的调研结果中可以看出，智能座舱已经成为影响中国用户购车的主要因素之一。

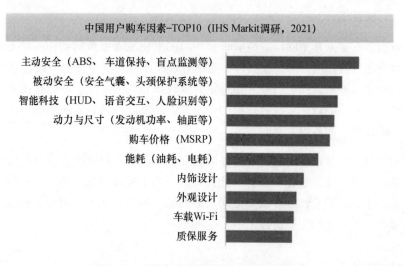

图9-1 座舱智能配置对购车决策的影响

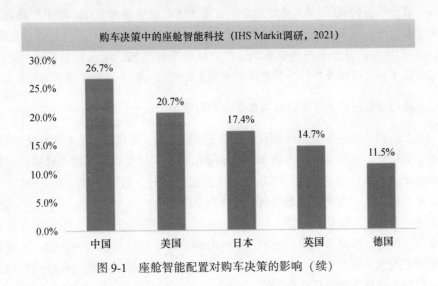

图 9-1 座舱智能配置对购车决策的影响（续）

相比于汽车中的其他系统，座舱成为竞争热点也是情理之中，这主要源于两个方面的原因。

从终端用户的需求看，座舱是驾驶员及乘客最容易感知车辆功能和性能的场景，也最容易体现汽车的智能化的水平。尤其对于年轻的消费者而言，设计良好的座舱是最容易吸引其注意力的。智能座舱已逐渐成为近年来的营销卖点，同时基于消费者对手机等消费电子产品的依赖，座舱也成为在驾驶与乘坐这个特定应用场景中最值得期待的智能化空间。

从车企的主观意愿看，智能座舱在技术实现上的难度远低于智能驾驶，而且不同于智能驾驶有相对严格的法规约束、等级划分与巨大的安全风险，座舱中的功能与性能不良虽然也会引起用户抱怨，但不会引发安全事故。另外，由于 OTA 技术的逐渐普及，各种现有功能的改善与新功能的增加也变得非常容易，能为用户带来新鲜感。因此，OEM 更愿意在座舱上投入资金以快速打造自己的差异化战略。

9.1.2 发展历程

从汽车发明伊始，座舱就成为被关注的对象。囿于技术的限制，最初的座舱甚至不具备仪表盘。

第一个诞生的仪表盘组件是速度表，它是出于安全考虑而引入的。在此之前，驾驶员没有具体的方法来判断行驶的速度。第一个速度表于 1902 年获得专利，并于 1905 年进入大规模生产。到 1910 年，车企开始将速度表作为标准设备。早期大多数速度表安装在仪表盘上，这就是如今的组合仪表的基础。第一个汽车里程表在 1903 年获得专利，然后逐渐成为标准设备。在 1914 年发明油表的时候，我们今天所熟悉的组合仪表就形成了。

然而，直到最近的 60 年里，座舱里面的设备才逐渐发生重大变化，电子产品被越来越多地应用于座舱之中。从 20 世纪 60 年代由福特和摩托罗拉推出的 8 声道卡式音响发展到 20 世纪 70 年代丰田推出的首个车内导航系统，一直到触摸屏系统、语音识别系统、蓝牙、Wi-Fi 和移动通信技术的应用以及各种应用程序在车机上的集成，初步奠定了座舱智能化的基础。

汽车座舱的发展历程大致可以分为如下 4 个阶段。

- 机械化阶段：无任何显示设备与电子设备，座舱内仅提供基本的车辆行驶控制设备。
- 电子化阶段：逐渐有了基本的车辆状态显示设备，如仪表盘上的指针和指示灯。车内的电子开关数量逐渐增加，驾乘舒适性也逐渐提升，诸如空调、娱乐设备（收音机、音响系统等）和车内灯光等设备逐渐出现在座舱中。
- 数字化阶段：高性能处理器芯片应用于座舱，数字化液晶仪表、中控屏等设备也逐渐普及。同时，借助移动通信技术，车内的娱乐设备可以与互联网联通，从而获得实时数据并与云端进行交互。车内蓝牙、Wi-Fi、USB 等提供了手机与车机的互动通道，车内设备不再只为驾驶任务服务。
- 智能化阶段：基于摄像头、话筒和各种传感器技术的发展，以及人工智能的广泛应用，语音交互、手势交互、AR（Augmented Reality，增强现实）显示等技术逐渐在车内应用，各种设备之间的互动日益频繁、功能界限日益模糊，座舱的智能化程度日益提升，座舱从驾驶为主的空间转变为移动生活空间。

在上述的 4 个阶段中，座舱内各个设备的功能从分散和独立，逐渐发展为相互耦合与集中，控制逻辑逐渐整合到控制器中。座舱配置的功能越来越丰富，逐渐实现与车内的其他控制器以及外部网络世界的融合。

从硬件层面看，高端座舱中的人机交互设备越来越丰富，主要体现在以下几个方面。

- 屏幕数量的增加。座舱内的屏幕数量可能超过 5 个，包括仪表盘、中控屏、副驾驶屏、后排娱乐屏等，如果再加上电子后视镜屏幕、透明 A 柱（A-pillar）屏幕、流媒体后视镜屏幕等，座舱内的屏幕数量可以超过 10 个，部分屏幕还具备触控功能，用以替代传统的实体开关。
- 新型显示设备的出现。抬头显示（Head Up Display，HUD）、流媒体后视镜等显示设备的应用，在提升驾驶安全和减轻驾驶员负担等方面提供了新的思路。
- 摄像头的应用。配备驾驶员监测系统（Driver Monitoring System，DMS）、车内乘员监测系统（Occupant Monitoring System，OMS）的摄像头提供了对乘员进行监测的途径，并可以在一定程度上实现座舱系统与车内人员的智能互动。
- 话筒数量的增加。语音识别、主动降噪（Active Noise Cancellation，ANC）等技术的应用增加了车内话筒的数量，为乘客提供了更加智能和舒适的乘坐体验。
- 实体开关的减少。由于应用了更多屏幕触控技术，包括空调、音响等设施的传统控制开关逐渐被屏幕触控这种"软开关"所取代。
- 域控制器的应用。车内众多屏幕和各种智能化交互技术的应用对控制器的处理能力提出了更高的要求，而域控制器是减少座舱内控制器最好的方法。与此同时，也使得座舱内的控制从分散变为集中，并为更多的应用提供了可能。

从软件层面看，最大的变化在于手机端的应用生态逐渐被移植到座舱内，包括导航、语音助手、人脸识别、在线音乐、游戏等。同时，丰富的应用与众多的输入、输出设备也要求操作系统变得更加强大和复杂。QNX（Quick UniX）、Linux 和安卓等操作系统相继应用到座舱内的控制器中，由于这些相对成熟的操作系统的引入，语音识别、人工智能等技术得以在车内环境中应用，从而让座舱的智能化水平可以紧跟 IT 行业的发展。

上述变化也明显地体现在汽车制造的成本上。20 年前，一个座舱的制造成本大约占一辆汽车总成本的 2%~3%。由于对座舱智能化、舒适性、安全性的需求不断增加，现在座舱的制造成本已经增加到总成本的 11%~12%。

正如技术改变了人们沟通、获取食物和开展工作的方式一样，座舱的发展正在改变我们对汽车的认知。座舱在实现更智能、更个性化的乘坐体验方面扮演着至关重要的角色。这种体验来源于软件和服务、网络，以及良好的人机交互设计。

为了更多体现座舱的科技感与智能化水平，车企和供应商对汽车内饰和舱内布局进行了优化，将各种显示屏放在了显要位置，并在座舱控制器中进行了大量的软件集成，以增加个性化功能，并提高了安全性和娱乐性。很多业界人士预测，未来的座舱将是一个一体化的产品，主导着汽车的内饰，将为乘坐者提供与汽车互动的新方式。

5G、边缘计算和云计算、自动驾驶等技术已经在汽车行业产生了重大的影响，智能座舱可以成为这些技术的接入点。尤其在高级自动驾驶得以应用之后，驾驶员从驾驶任务中解放出来，车已经变成了一个移动的私密空间。人们在车内有更多的闲暇时间进行休息、娱乐或其他活动，座舱成为人们的第二个办公室、第二个客厅，这将强力刺激智能座舱的普及。除了驾驶之外，任何能够想到的事情都可以在车内完成。于是，座舱的设计将不再以驾驶和乘坐为主，屏幕的数量反而可能会减少，但尺寸应该会越来越大，也可能被投影、AR 眼镜等彻底取代。对于消费者来说，车将是一种可以乘坐的数字产品，而且是整个数字世界的一分子。

9.2　座舱技术

在座舱中的四类主要设备——驾驶控制设备、安全性设备、舒适性设备和娱乐设备中，驾驶控制设备与安全性设备在最近的几十年中虽然也有变化，但一直缺乏革命性的创新。舒适性设备中，空调设备虽然有了更加智能的控制，如热泵、正温度系数（Positive Temperature

Coefficient，PTC）和集成化等新的技术应用，但是难以借此打造显著的差异化。这些技术满足的是用户的基本需求，只有好与不好的区别，只能提升用户的满意度和防止用户抱怨，无法成为品牌的竞争力。

只有能够被用户明显感知且能构成品牌调性的娱乐性设备才是车企塑造竞争力的核心，而这些功能的实现得益于控制器技术的进步。传统座舱中的控制功能是由几个分散的子系统共同完成的，每个子系统像孤岛一般，这种架构无法支持多屏联动等复杂的座舱功能，因此催生出座舱域控制器这种域集中式的计算平台。座舱域控制器已经成为座舱的中央计算机，在它的支撑下，许多技术的发展和应用成为可能。

9.2.1 显示设备

座舱中最能体现"智能化"的设备就是各种屏幕。座舱中的显示屏将从小型平面矩形屏逐渐向大型曲面屏或多屏联动转变，功能也会更加丰富。通过座舱域控制器可以将全数字仪表、信息娱乐、环视摄像头以及驾驶人监控和面部识别等功能无缝衔接。

1. OLED

在各种屏幕技术中，OLED（Organic Light-Emitting Diode，有机发光二极管）是较新的一种，相比于传统的 LCD（Liquid Crystal Display，液晶显示）技术和 LED（Light-Emitting Diode，发光二极管）技术，OLED 具有更广阔的视角、更鲜艳的色彩、更高的对比度和更低的能量消耗。因为不需要背光，所以当画面需要黑色时，OLED 会关闭，从而产生真正的黑色。另外，由于 OLED 不需要额外的 LED 层，制造商可以将面板制作得非常薄且易于弯曲，从而实现曲面屏甚至折叠屏。由于 OLED 具有更高的响应速度和分辨率，因此可以实现 4K 分辨率、高动态范围（High Dynamic Range，HDR），以及高色彩精度。

凭借这些特性，OLED 成了车载屏幕的新宠。虽然 OLED 在显示效果方面有强大的优势，但本身仍然存在着一些劣势，如屏幕老化速度快、老化速度不均匀等。

2. HUD

HUD（Head Up Display，抬头显示）是近年来迅速普及的一种显示技术。它是利用光学反射的原理，将重要的行车信息投射在一片风挡玻璃上面，投射的高度大致与驾驶员的视线水平，投射的文字和影像调整在焦距无限远的位置上，驾驶员透过风挡玻璃往前方看的时候，外界的景象与 HUD 显示的信息会融合在一起。HUD 技术使驾驶员不需要低头便可以查看仪表的信息，从而提升了驾驶安全性与舒适性。

HUD 技术最初用于战斗机中，后逐渐转移到汽车行业。目前应用较多的 W-HUD（Windshield Head Up Display，风挡玻璃抬头显示）原理如图 9-2 所示。

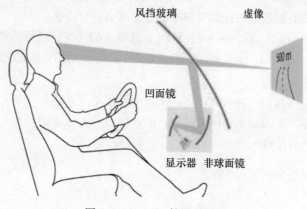

图 9-2　W-HUD 的显示原理

HUD 的主要目的是减少驾驶员低头查看仪表的次数，显示的信息与传统的仪表有部分重复，主要是驾驶中需要驾驶员持续关注的各种信息，如行车基本信息（车速、转速、油量和电量等）、部分报警信息、简单的导航信息（转弯方向、距离、路名等）、蓝牙电话信息、驾驶辅助系统信息（启用功能、与前车的距离、前车标记、碰撞预警等）、车道线信息（颜色、类型等）等。

除了上述信息之外，HUD 在设计中有几个重要的参数，如图 9-3 所示。

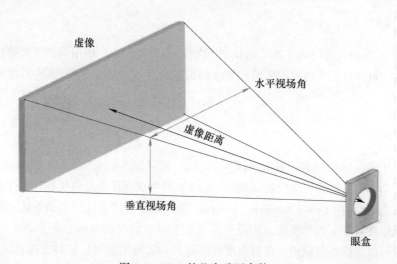

图 9-3　HUD 的几个重要参数

- 眼盒（Eyebox）：光学设计中定义的一个矩形区域，指人眼所处的中心位置。眼盒的尺寸一般是 130mm×50mm，水平方向是 130mm，竖直方向是 50mm。在眼盒范围内，眼睛可以看到 HUD 投影出的全部图像。超出这个范围后，就只能看到部分投影图像，甚至完全看不到图像。为了兼容不同驾驶员的身高，眼盒在竖直方向上有±50mm的调节范围。因此，HUD的投影图像需要根据眼盒的高低进行调整。

- 虚像距离（Virtual Image Distance，VID）：驾驶员的视线到投影图像中心的距离，也称为投影距离。W-HUD的投影距离一般是2.5m，AR-HUD的投影距离则可以到达5~7m。
- 成像视场角（Field Of View，FOV）：投影图像水平方向边界与驾驶员视线所成的夹角是水平视场角（Horizon Field Of View，HFOV），垂直方向边界与驾驶员视线所成的夹角是垂直视场角（Vertical Field Of View，VFOV）。

HUD出现后，经历了如下几个阶段。

1. C-HUD

C-HUD（Combiner Head Up Display，组合式抬头显示器）通过放置于仪表上方的一个半透明的树脂板作为投影介质反射出虚像。因安装便利，成本较低，C-HUD曾在售后市场引起一阵风潮。弊端亦较为明显，主要呈现在3个方面。

- 成像区域小、显示内容有限。
- 成像距离近，位置较低。
- C-HUD置于仪表上方，在车辆碰撞时可能会对驾驶员产生二次伤害，不利于车内安全。

2. W-HUD

W-HUD（Windshield Head Up Display，风挡式抬头显示器）使用前挡风玻璃作为投影介质来反射成像，可支持更大的成像区域和更远的投影距离。W-HUD光学结构相对复杂，成本相对较高。

3. AR-HUD

AR-HUD（Augmented Reality Head Up Display，增强现实抬头显示器）跟W-HUD一样，使用前挡风玻璃作为投影介质来反射成像。AR-HUD在生成图像信息的时候使用了AR技术，将通过ADAS（Advanced Driver Assistance System，先进驾驶辅助系统）感知系统获取的各种实时路况、导航信息与基本的驾驶信息相结合，并且有更大的视场角和投影距离，使得增强过后的显示信息可以直接投射在用户视野角度的道路上，实现了显示信息与交通状况的实时融合，从而带来了更好的用户体验，如AR导航、超宽视场角、有标记的车道违章警告、行人警告、前车距离警告、变道引导等，如图9-4所示。

另外，AR-HUD利用眼球追踪技术，使重要信息可以随着驾驶员的视线移动，并突出显示驾驶员所关注区域的重要信息。

图 9-4　AR-HUD 显示示意图

HUD 本质上是一种显示技术,虽然提供了一种新型的显示途径,但最终用户的体验还是由显示的内容和质量决定。而且,HUD 技术本身还存在着一些需要解决的问题,如成本高、体积大、亮度控制难等。

9.2.2　多模态交互

随着各种 IT 技术逐渐应用到汽车座舱中,人与车辆交互的途径越来越多,从最初的仅依靠肢体动作输入指令,到今天的多种形式混合(动作、语音、表情、眼神、姿势等),人控制车辆的方式逐渐增加。车辆给人的反馈已经从最初的部件运动,增加了多种途径:声音、灯光、气味、温度等,而且表现形式也越来越丰富。这让座舱控制系统的软硬件越来越复杂,对处理能力的要求也越来越高。

1. 定义

模态一词在生物学中指一种特别的感官感知形式,如听觉、嗅觉等。在被引申到计算机科学领域后,模态指计算机连接物理世界的通道。多模态是指系统通过不同类型的交流渠道与用户进行交流,并自动提取和传递信息。对于多模态,可以从如下两个视角来理解和分析。

- 以人为中心的视角:指多种感官融合,研究的重点是多模态感知和控制,包括如何将外界的输入信息转换为更高层次的感受或认知的过程,以及如何将自己的感受或意图向外界输出。
- 以系统(机器)为中心的视角:指系统对多种输入设备的并行输入信息进行融合处理或单一输入设备获取信息的多重解读,以及通过多种输出方式对外界输入给予反馈。

在汽车座舱中,多模态交互(MultiModal Interaction,MMI)是指人通过多种输入和输出模态与座舱内控制系统利用多种交流通道进行交互。目前被广泛应用于智能座舱的交互设计中,驾驶员可以通过语音、手势、表情等模态输入信息,控制系统通过计算机视觉、听觉等通道的响应。通过语音识别和手势控制空调的温度和风向、风量就是一种应用在空调控制中的多模态交互。

从生物学角度，人的感官模态可以分为7组。

- 内部化学（血氧、葡萄糖、pH值）。
- 外部化学（味觉、嗅觉）。
- 躯体感觉（触摸、压力、温度、疼痛）。
- 肌肉感觉（拉伸、紧张、连接位置）。
- 平衡感。
- 听觉。
- 视觉。

多模态交互指的是人与系统之间通过上述模态进行交互，一个典型的多模态交互过程如图9-5所示。

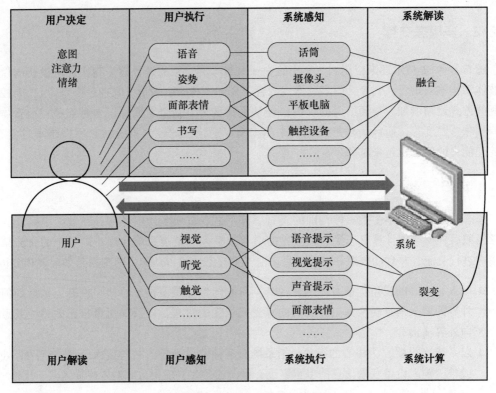

图9-5 多模态人机交互模型

图9-5展现的多模态人机交互过程如下。

1）用户决定：在用户做出决定之后，会产生相应的意图、注意力和情绪的变化。

2）用户执行：用户的意图、注意力和情绪的变化会通过某种行动展现出来，包括语音、姿势、面部表情或书写等。

3）系统感知：系统通过多种传感设备对用户的行动进行感知，这些设备包括话筒、摄像头、平板电脑、触控设备等。

4）系统解读：系统对各种传感设备获取的信息进行解读，并进行数据融合处理。

5）系统计算：系统感知到的数据经过计算后会产生裂变，系统将其分解为对各种输出设备的控制。

6）系统执行：系统控制各种输出设备给予用户反馈，途径包括语音提示、视觉提示、声音提示、面部表情（指系统中虚拟形象的表情变化）等。

7）用户感知：用户通过视觉、听觉、触觉等感知系统的行为。

8）用户解读：用户通过多种模态的感官输入形成对系统行为的解读。

多模态交互的优势如下。

- 效率高：用户可以自己选择对目标任务最适合的使用模式。
- 冗余：因为有多种途径可以完成任务，所以增加了人机交互的便利性。
- 可感知性增加：根据任务的上下文，用户可以通过多种途径感知任务的执行结果。
- 更加自然：交互形式灵活，使得人机交流更加自然。
- 准确度提高：当一种模态能够比主模态更准确地指示对象时，准确度就会提高。
- 多模态协同：多种沟通渠道可以帮助系统完善表达、减少歧义。

以上既是应用多模态交互所能带来的优势，也是多模态设计中应该去努力实现的目标。

2. 应用

当今智能座舱的发展重点之一就是实现座舱交互从单模到多模的转变。人工智能技术的发展为体验设计带来了挑战和契机，在新技术下，人们与产品的互动已经由单一模态向多模态转变，脱离了单一的视觉和触觉通道，开始融合嗅觉和听觉等多模态的交互方式。该趋势的原动力之一是车内集成的功能模块越来越多，在丰富汽车驾驶体验的同时，也给驾驶员带来了更多的操作负担。

通过多模态交互的应用，车内成员可以通过语音、触觉、触控、嗅觉、视觉、手势、体感等多种模态与座舱系统交互，以更接近人类交互的方式，使人车交互变得更加自然和轻松。

驾驶员、乘客可以通过语音、手势等多种方式为车辆下达指令，而车辆也具备智慧感知功能，能够通过多种途径准确判断用户的意图。以方向盘控制为例，在传统单模态交互中，不同车型的方向盘力度和敏感度不一样，驾驶员需要适应方向盘的操控。而现在则可以通过视觉识别技术和方向盘触觉感知系统，来判断驾驶员的年龄和习惯，从而调节至适合该驾驶员的方向盘力度和敏感度。除此之外，车辆还可以通过视觉和触觉相结合的方式来监测驾驶员的注意力,并通过声、光、振动等多种形式对驾驶员进行提醒,保障驾驶的安全性。

当前已经得到应用的车内多模交互技术如下。

(1) 语音　语音控制是最先应用到座舱内的新型交互技术。一般而言,语音控制的使用过程如下。

1) 车内用户按压指定的按键或者说出指定的唤醒词激活车载语音交互系统。

2) 车载语音交互系统给予用户以声音反馈,如回答"我在""有什么可以帮您?"等,或者仅为"滴—滴"的提示音。

3) 用户说出需要执行的指令,如"播放×××歌曲""给×××打电话""导航去×××""打开天窗"等。

4) 车载语音交互系统在接收到语音指令后执行相应的操作。

5) 如果需要进一步确认指令,车载语音系统会继续进行与用户对话,直到准确无误地理解用户的意图。

6) 执行后给予用户以声音反馈,表示执行成功或失败。

在没有语音控制之前,用户需要执行任何操作都只能通过车内按键进行,这导致在行车过程中驾驶员会被迫将视线从路面转到座舱内部,从而带来安全隐患。语音控制将一些复杂的操作通过简单的语音交互实现,因此很多车企将这项功能称为语音助手。

语音助手在技术实现上主要有以下难点。

- 准确拾音,也可称为消除噪声、语音信号增强(Speech Signal Enhancement,SSE),因为车辆内部的噪声源较多,尤其在发动机运转或车辆行驶的过程中,各种车辆本身和外部产生的噪声会极大地影响语音识别的准确率。车内人员的交谈和音响系统也可能造成语音助手的误唤醒(非预期启动),从而降低用户体验。
- 深度学习训练模型的语料问题。用户的语种不同、语音和语调不同、用词不同也会降低语音识别准确率。另外,即使语音助手准确识别了用户的意图,对用户的反馈是否能够显得"智能"也是一件极其复杂的事情——不同的用户对"智能"的理解也不同。由于智能程度不足和语料的缺乏,目前的语音助手大多只能支持两三轮人机对话,即用户——助手——用户——助手。当对话轮次增加后,大多数语音助手难以应对。很多时候,用户只能被迫重新唤醒语音助手并再发出命令。
- 安全性问题。由于语音识别的准确率、对用户意图判断的准确率仍然较低,很多涉及安全的操作无法交给语音助手来执行。目前,语音助手的应用范围仍然以信息娱乐为主,如拨打电话、播放音乐等,虽然部分车企已经将语音命令的控制范围逐渐扩展到了座舱内的一些设备调节,如天窗、车窗、氛围灯、空调系统甚至是座椅,但对于驾驶安全直接相关的操作(如刹车、加速、转向等)仍然是语音控制的禁区。

语音助手并非仅限于用户对车辆的控制，也是一种有效地对用户操作给予反馈的方式。如用户通过手势或其他输入方式对车辆下达命令后，语言助手可以提供执行结果反馈，将车辆的一些状态信息（故障告警、油量或电量信息等）告知用户。然而，过多的语音信息也会增加驾驶员的听觉负担，甚至导致用户反感。另外，由于语音交互的任务完成效率不高，因此在一些需要快速执行的操作中，应该尽量避免使用语音控制。这些都需要在人机交互设计的时候格外注意，避免弄巧成拙。

虽然面临着种种困难，但得益于人工智能和语音识别技术的不断发展，以及车辆自身运算能力和与云端通信速率的提升，车内已经可以完成大量的语音交互工作，而且可以使用云端的语音、语料库和识别引擎同用户进行更智能的交互。同时，深度融合了语音、唇部图像、手势和姿态等信息的多模语音技术可能是语音助手的一个可行性较高的解决方案，该技术仿照人类交流时的视觉关注与听觉相结合的特点，通过引入图像信息，大幅降低误唤醒率，并可以增加音区。

（2）手势交互　借助特定的传感设备、触控表面、屏幕或摄像头等，可以实现车内成员通过手势与座舱控制系统进行交互。目前的研究与应用主要集中在如何通过对用户的手势进行识别来执行相应的命令。

手势交互的技术方案主要分为两类：基于可触控表面的方案和基于图像视觉的方案。

可触控表面可分为触控屏幕和触控板，实现原理可以分为电容式、电阻式和光电式等。它们共同的特点是用户需要接触这些表面，而且可以实现较为精确地控制，以及力量、速度、方向等检测，对误操作的抑制能力较强。

基于图像视觉的手势识别过程主要包括手势分割、手势特征提取、静态手势识别、动态手势识别。相应的技术主要是图像处理、模糊识别等。由于在开车过程中可能有意或无意地使用各种手势，因此，如何避免误触发是一个重要的设计难点，需要基于对使用场景、用户的语言、身体姿态和视线焦点等进行综合判断。

（3）视线交互　视线交互技术可确定人的注视位置，获得眨眼频率以及瞳孔对不同刺激的反应。该技术已经在智能手机、AR/VR游戏等领域的人机交互中得到初步的应用，具有广阔的应用前景。视线交互技术具有方便、快捷的特点，但对座舱内控制器的处理能力和算法要求较高。在汽车座舱中，可以利用各种已经存在的车内摄像头来实时监测车内成员的视线。以下是几种可能的应用方式和场景。

- 驾驶员视线盲区监测：通过实时监测驾驶员的视线，结合对驾驶员视野盲区的模拟和车外各种感知设备的信息，及时提醒驾驶员可能存在的危险。
- 驾驶员疲劳和注意力监测：当驾驶员出现困倦和走神等可能影响驾驶安全的情况时，给出及时提醒。

- HMI（Human Machine Interface，人机接口）交互优化：根据用户在数字屏幕或按键等设备上的注视时间，判断用户使用该设备时耗费的认知成本（包括学习成本、使用难易程度等），结合大数据优化 HMI 的交互设计（包括位置、用户界面和体验设计等）。当用户的视线停留在某个位置一定时间，结合对用户使用意图的判断，突出显示该部位所对应的功能或进行相应的语音提示，从而方便用户操作。
- 自动驾驶车辆的控制：这个应用可以分为两个方面，一个是通过对车辆前进方向附近的人员的视线判断该人员是否已经注意到了车辆，从而决定车辆是否需要采取制动或者转向，另一个是通过对驾驶人员对车外事物的关注程度和表情来决定是否加减速、变道或转向等。
- AR（Augmented Reality，增强现实）的实现：当用户的视线停留在某个位置时，通过 AR 技术显示该位置的相关信息，既可以是车内的位置也可以是车外的位置。

（4）情绪识别　研究表明，人类 90% 以上的交流是通过非语言的形式完成的，而情绪是交流中的重要因素。机器如果能够对人类情绪进行有效识别（也称为情感计算），将会极大地促进人机互交的体验。一般来说，人类主要有 7 种情绪：快乐、悲伤、惊讶、恐惧、愤怒、厌恶和蔑视，它们大都可以通过面部表情来表达。目前座舱内的情绪识别主要集中在通过摄像头对人脸部的图像进行处理，进而识别面部表情的阶段。实际上，人类表达情感的方式多种多样，除了面部表情，还有言语、手势、文字等，还可以体现在心率、血压等生理信号的变化上。如果座舱内的各种感知设备能够将数据融合，并结合语音、图像的定位技术，则可以更好地完成情绪识别的任务。

情绪识别的结果可以应用到多个方面。

- 交互方式的自适应调节：根据用户的情绪来调整语音、音乐、灯光、图像、文字、气味和温度等用户可感知的交互行为。
- 驾驶安全性提升：通过监测用户情绪来调节驾驶控制参数，如手动驾驶时制动、转向的灵敏度和力度；自动驾驶时的驾驶风格等，并对可能影响驾驶安全的不良情绪进行适当的干预，从而提升驾驶的安全性和驾乘体验。

目前座舱中控制器的处理能力与技术尚未成熟，情绪识别尚未得到大规模应用。而且，对不同情绪进行干预或反馈，需要良好的设计和大量的实验数据来支撑，否则反而会造成用户的反感。

3. 挑战

虽然多模态交互被认为具有灵活性，并提供了一个理想的界面以适应驾驶过程中所遇到的各种需求，但是关于驾驶任务中工作量和注意力分散的研究表明，增加基于多模态交互的复杂性可能会带来更大的认知负荷与学习成本。过多的任务和模态会消耗用户的心智资源。多模态交互要避免数据过载和错误地突出非主要信息，以免导致用户处理信息能力下降。如何真正做到用户想要的、可感知的智能是所有座舱设计者面临的巨大挑战。

多模态交互的一个挑战来自技术本身，虽然当前语音识别、计算机视觉等技术发展迅速，但距离理想的效果仍然有很大的发展空间。如何融合多个摄像头、话筒和各种传感器等输入设备，以及如何在多个显示设备中应用，从而实现多通道输入集成和多模态组合，让用户获得更好的体验，是需要持续研究和解决的问题。

用户通过动作或命令产生多模态输入，座舱通过多模态进行输出，各种模态之间耦合日益加深，当输入输出有多种途径时，出现歧义就是不可避免的。座舱域控制器的发展虽然已经结合专业的人工智能芯片，可以及时有效地存储、传输、处理海量数据信息，有助于大幅提升信息转化效率和用户体验，但图像处理和深度学习等技术仍然处于尚未成熟的阶段，对复杂情况的处理仍然有待提高，这对域控制器的处理速度和存储能力提出了进一步的要求。

多模态交互面临的另外一个挑战是安全及私隐问题。一方面，基于语音和图像的控制难以保证安全性；另一方面，对用户隐私的保护也是法律和道德的硬性要求。过多的感知设备必然面临着安全性与隐私保护的挑战。

无论如何，多模态交互提供了一种透明、灵活、有力的人机交互表达方式，而且更容易学习和使用，令系统更加鲁棒和稳定，并且可以降低培训用户的成本，必然会被更加广泛地使用。未来的座舱必将具备进一步"读懂用户"的能力，与驾乘人员有机结合并形成一个具有"情感"的整体。

座舱是为用户服务的，用户才是车辆的主宰。一切设计都要做到以用户为中心，围绕用户的目标、任务和能力，以及用户处理信息和决策的方式研发技术，以确保系统提供了准确的信息和良好的用户体验，并保证驾驶安全性。

9.3 自动驾驶

自动驾驶（Automated Driving）也被称为无人驾驶（Autonomous Driving，AD），汽车行业关于其含义有多种描述，一般是指车辆在有限或没有人为干预的情况下部分或完全自主驾驶的能力。

在当今汽车行业的发展中，自动驾驶无疑是最火热的话题。关于自动驾驶的各种研究和相应产品也是当今汽车行业投入最多、关注度最高的。

在驾驶不具有自动驾驶能力的汽车时，驾驶员需要时刻关注道路、环境和车辆的状况，并据此完成包括路径选择、车辆的横向（通过方向盘）和纵向（通过刹车、油门和挡位等）控制等一系列任务。驾驶的安全性必然会受到驾驶员的熟练程度、注意力等因素的影响。而且，当执行驾驶任务时，驾驶员无法完成其他工作，并会消耗很多能量和精力。纵观汽车行业的百年发展史，让汽车具有某种程度的自动化，甚至是能够完全自动驾驶，从而将人类从繁重的驾驶任务中解放出来，并提高行车的安全性，始终是整个行业共同的目标。

9.3.1 自动驾驶汽车的历史

自动驾驶汽车的梦想几乎和汽车的发展历史一样古老。

1914年，法国展示了第一架基于陀螺仪稳定器的飞机自动驾驶仪。20世纪20年代，人们发明了用于船舶的无线电控制装置。这些航空电子设备和无线电领域的发明激发了人们对自动驾驶车辆的早期设想。

1918年，《科学美国人》杂志发布了一篇文章，配有题为"驾车者的梦想：一辆由一组按键控制的汽车"的图片，展示了一辆自动驾驶的有轨电车，如图9-6所示。文章认为"将来，带方向盘的汽车将像今天带有手动泵的汽车一样成为历史！"

图9-6　驾车者的梦想：一辆由一组按键控制的汽车

1921年10月，美国无线电公司在俄亥俄州的代顿首次展示了一辆遥控汽车，这个三轮装置由另一辆车上的无线电设备控制。

1933 年，《大众机械》报道称，汽车已经实现了自动化，并认为最近的一些突破，如自动车库门打开器和动力转向器，是迈向全自动汽车的第一步，"改造一辆汽车，让它在适当的时间自动启动，打开车库门，然后自动倒车，这很简单。"

雪佛兰在 1935 年的电影《最安全的地方》中预言，"如果制造商能为每辆汽车配备自动驾驶装置，那么当汽车上路时，它就会做它应该做的事情。有了这样的驾驶控制系统，汽车就不会在驾驶员不打信号或不回头看其他车辆的情况下驶离路边。有了这样的驾驶控制系统，汽车将保持直线行驶，而不是在车流中穿梭。有了这样的驾驶控制系统，汽车总能在转弯前进入正确的车道，并且遵守林荫大道的停车标志。有了这样的驾驶控制系统，汽车在驶入车流前就会停下来。在危险的弯道上，它不会超车，而且总是在穿过铁路之前停下来。"

1938 年，《大众科学》杂志在一篇题为《未来的高速公路》的文章中预测：在 50 年后，汽车碰撞将是不可能的，车与车之间的通信将使用红外线，电缆将控制汽车的速度以及汽车的转向。

在 1939 年的纽约世界博览会上，通用汽车在短片《未来世界》中向游客展示了他们对 1960 年的设想：在多车道高速公路上运行的自动汽车。

1953 年，《机械画报》问道："为什么我们没有为那些疲惫不堪、容易出事故的司机配备自动驾驶仪？如果发明家要为汽车提供自动驾驶仪，请考虑这样一个设备的安全价值。"

1956 年，美国电力公司在广告中写道："有一天，你的汽车可以在电动高速公路上高速行驶，它的速度和转向由嵌入道路的电子设备自动控制。高速公路将变得安全——没有交通堵塞、没有碰撞、没有驾驶员疲劳。"

在 1956 年的 Motorama 汽车展上，通用汽车公司制作了一部音乐短片《未来之匙》，这部短片预测了自动驾驶汽车的未来。

1962 年，在西雅图 21 世纪博览会上展出了"火鸟三号"：一辆被电缆引导的汽车，其纵向运动由车辆与基础设施的通信所控制。

1967 年，《大众科学》报道称："一项由美国支持的、耗资 10 万美元的研究项目，正在世界著名的实验室里进行，研究内容是设计一种未来的通勤汽车——往返城市之间的电动轨道车。"

从某种角度而言，无人驾驶汽车时代早在 100 年前就开始了。各种杂志、报告和电影都描述了自动驾驶汽车的美好愿景，不断有人预测：无人驾驶技术在未来 20 年左右就会成熟，直到今天，人们仍然这么乐观地估计。

显然，"20 年"已经成为自动驾驶汽车历史上的一个时间常数。进入 21 世纪后，随着计算机科学、人工智能的蓬勃发展，车辆已经可以在某些情况下实现自主运行，人们切实地看到了实现完全自动驾驶的希望,并继续进行不懈的努力。

9.3.2 自动驾驶的等级

在自动驾驶发展的历程中,各种各样的自动化功能被陆续发明,从简单的控制车速到自动转向控制,从驾驶员需要时刻监督到偶尔接管。为了规范自动驾驶中的相关概念和引导自动驾驶技术的发展,制定国际标准成了一个必不可少的行业需求。

2013 年,美国交通部下辖的美国国家公路交通安全管理局(National Highway Traffic Safety Administration,NHTSA)率先发布了自动驾驶汽车的分级标准,定义了汽车自动化的 5 个等级,如图 9-7 所示,并将自动驾驶中驾驶员与车辆自动驾驶系统(Automated Driving System,ADS)的责任进行了区分。

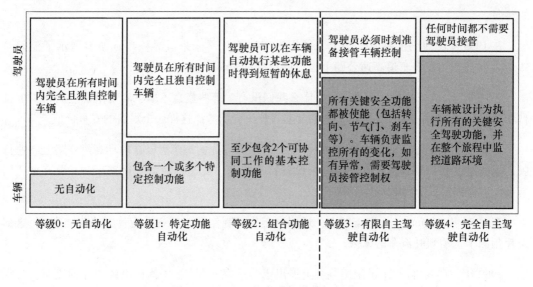

图 9-7 NHTSA 的自动驾驶等级划分

2014 年 1 月,国际自动机工程师学会(Society of Automotive Engineers International,SAE)发布了 SAE J3016《标准道路机动车驾驶自动化系统分类与定义》,描述了持续执行部分或全部动态驾驶任务(Dynamic Driving Task,DDT)的机动车驾驶自动化系统,提供了从无驾驶自动化(0 级,简称 L0)到全驾驶自动化(5 级,简称 L5)共 6 个等级的分类和详细定义,如图 9-8 所示,用以明确不同等级自动驾驶技术之间的差异。

一辆汽车可能配备了一个能够提供不同等级的驾驶自动化功能的驾驶自动化系统,在给定的情况下,自动驾驶等级是由实际使用的功能决定的,也就是根据 3 个主要参与者(用户、自动驾驶系统和其他组件)在执行驾驶任务中所扮演的角色来定义的。

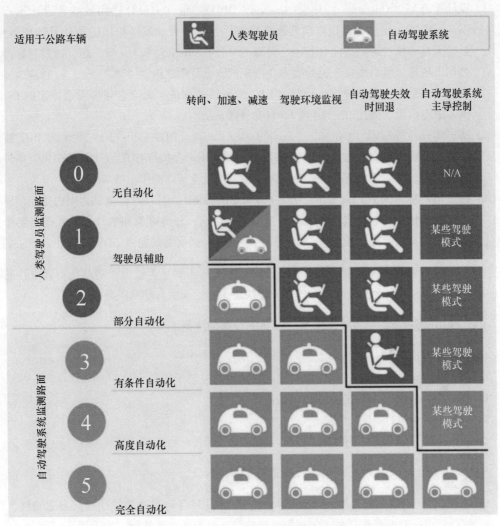

图 9-8　SAE J3016 自动驾驶等级划分

角色指的是主要参与者的预期角色，基于自动驾驶系统的设计而定。例如，在使用 L1 功能自适应巡航控制系统时，即使驾驶员未能监测到路面情况，他仍然是驾驶员，需要承担相应的责任。

在进一步解释 SAE J3016 自动驾驶等级之前，需要先澄清几个概念。

❑ 动态驾驶任务（Dynamic Driving Task，DDT）：指汽车在道路上行驶所需的所有实时操作和策略上的功能（决策类的行为），不包括行程安排、目的地和途径地的选择等功能。例如，通过转向进行横向车辆运动控制，通过加速和减速进行纵向车辆运动控制，监控驾驶环境等。

- 设计运行域（Operational Design Domain，ODD）：也称为设计适用域或者设计运行范围。ODD 是一组参数，指自动驾驶系统按照预定的设计发挥作用的条件及适用范围，包括天气环境、道路情况（直路、弯路的半径）、车速、车流量等信息。通过对这些参数作出规定，可以确保系统的能力在指定的安全范围之内。
- 自动驾驶系统：能够持续运行整个 DDT 的硬件和软件，无论它是否限于特定的 ODD。该术语专门用于描述 L3、L4 或 L5 自动驾驶系统。
- 动态驾驶任务回退（Dynamic Driving Task Fallback，DDT Fallback）：发生与 DDT 性能相关的系统故障或因超出 ODD 条件而退出时，用户在执行 DDT 或达到最小风险条件时的响应，或在同样的情况下，ADS 为实现最小风险条件而作出的响应。
- 感知和判断（Object and Event Detection and Response，OEDR）：也称为周边监控，属于 DDT 的子任务，包括监控驾驶环境（检测、识别、分类对象和事件，并根据需要作出响应）以及对此类对象和事件执行适当的响应（根据需要完成 DDT 和 DDT Fallback）。

由于 ADS 中可能包含多个特性，因此当判断 ADS 属于哪个等级时，需要先对其支持的特性进行分级。ADS 所包含的最高等级的特性便决定了这辆车的自动驾驶等级。

SAE J3016 将以下判断条件作为对 ADS 进行分级的依据。

- ADS 是否执行 DDT 的纵向或横向车辆运动控制子任务。
- ADS 是否同时执行 DDT 的纵向和横向车辆运动控制子任务。
- ADS 是否也执行 DDT 的 OEDR 子任务。
- ADS 是否也执行 DDT 回退。
- ADS 是否受到 ODD 的限制。

SAE 根据以上定义及判断条件将 ADS 进行了等级划分。

- 等级 0，无自动驾驶（No Automation）：车辆没有自动驾驶功能或任何自主特性。驾驶员负责所有的操作任务，如直行、转向、加速等基本驾驶所需的一切。
- 等级 1，驾驶员辅助（Driver Assistance）：车辆只能执行横向或纵向控制任务，如车道保持、自适应巡航控制或自动制动，但不能同时执行两项或以上的任务。驾驶员需要自己决定何时使用或不使用自动驾驶系统，需要时刻观察驾驶环境并监督自动驾驶系统，在必要时进行干预，以保持车辆安全运行。此级别的自动驾驶功能大多以安全为导向，能够代替驾驶员先行处理某些情况，但 ODER 的任务仍由驾驶员完成。
- 等级 2，部分自动驾驶（Partial Automation）：在驾驶员完成 OEDR 任务并对自动驾驶系统进行监督的情况下，由自动驾驶系统持续执行 DDT 的横向和纵向车辆运动控制子任务。驾驶员仍然需要时刻观察驾驶环境并监督自动驾驶系统，在必要时进行干预，以保持车辆安全运行。此级别的自动驾驶系统通常被称为高级驾驶员辅助系统（Advanced Driver Assistant System，ADAS），可实现自动车道保持、自动泊车等功能。

- 等级 3，有条件自动驾驶（Conditional Automation）：车辆能够在满足 ODD 要求且没有驾驶员操作的情况下，从起点行驶到目的地。在紧急情况下，驾驶员需要接管车辆的控制权。
- 等级 4，高度自动驾驶（High Automation）：在某些条件下，车辆可以完全自动驾驶，不需要人工干预就能完成一次旅行。但自动驾驶的实现仍然受到地理位置的限制，且不能超过特定的速度，也不能在恶劣天气下驾驶。这种级别的自动驾驶汽车仍然需要具备驾驶员控制装置，如方向盘、刹车、转向信号等。
- 等级 5，完全自动驾驶（Full Automation）：这是自动驾驶汽车的终极目标，车辆不仅可以在没有交互的情况下运行，还能够在状态未知或严重故障且完全没有人为介入时运行。车辆不再需要驾驶员控制，可以在任何情况下以任何速度安全地行驶在任何地方。

SAE 对分级的说明十分详细，描述也颇为严谨，且更好地预见了自动驾驶汽车的发展趋势，最终成为大多数国家和企业使用的标准。2016 年 9 月，美国交通运输部发布了关于自动化车辆测试与部署的政策指引，明确将 SAE J3016 标准确立为定义自动化、自动驾驶车辆的行业参照标准，用以评定自动驾驶技术。此后，全球诸多汽车行业相关的企业也采用了 SAE J3016 对自身相关的产品进行技术定义。

9.3.3 自动驾驶系统

所谓驾驶，就是控制车辆实现从 A 点到 B 点的过程。当人类自己驾驶车辆时，需要完成的动作如下。

1) 设定目的地和途径点。
2) 时刻观察环境信息，并作出判断。
3) 随时根据各种信息来进行车辆的运动控制。

当将上述动作交由自动驾驶系统完成时，就实现了某种程度的自动驾驶。整个驾驶过程的原理可以使用图 9-9 来表示。

就 DDT 性能而言，等级 1 的自动驾驶包含了内环运行功能的部分自动化功能，即车辆横向运动控制或纵向运动控制，以及与给定的车辆运动控制相关的有限 OEDR。等级 2 包含内环完整运行功能。等级 3~5 包含完整的中环战术功能。

请注意，DDT 并不包括驾驶的战略功能，如决定是否、何时和到何地旅行等。

当我们进一步分解动态驾驶任务过程中的活动时，就会发现这个过程也可以使用 IPO 模型来描述。当驾驶员在驾驶时，输入、处理和输出分别如下。

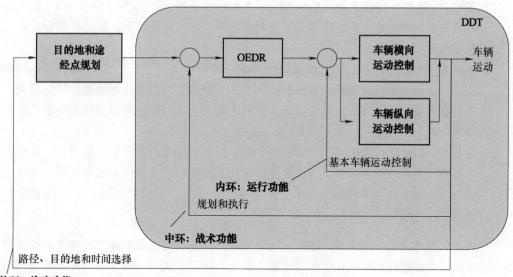

图 9-9 从驾驶任务原理视角展示 DDT

- 输入：驾驶员通过眼睛、耳朵和手接收外部信息。
- 处理：驾驶员通过外部信息决定转向、加减速、前进和后退，以及对车辆附属设备如何控制（如灯光、雨刮、空调、音乐等）。
- 输出：驾驶员通过手和脚控制车辆运动，并实现对车辆附属设备的控制。

当驾驶任务由自动驾驶系统执行时，输入、处理和输出分别如下。

- 输入：ADS 采集的各种环境数据和驾驶员的指令。
- 处理：ADS 通过对各种数据的处理和预设的算法来决定转向、加减速、前进和后退，以及对车辆附属设备的控制。
- 输出：ADS 通过指令控制相应的执行器来控制车辆的运动，并实现对车辆附属设备的控制。

上述的过程也可以被描述为感知→决策→控制，如图 9-10 所示。

感知是指通过各种传感器来获取环境数据，即数据输入，相当于驾驶员感知环境数据，所使用的传感器一般包括摄像头、毫米波雷达、激光雷达、全球卫星定位系统（Global Navigation Satellite System，GNSS）等。不同等级的自动驾驶系统需要不同种类的传感器。传感器的数量、参数和布置位置由自动驾驶系统方案而定。另外，对于自动驾驶系统而言，车辆本身的各种状态信息也是必不可少的，如当前的速度、航向、横摆角速度、动力与底盘系统的参数等。

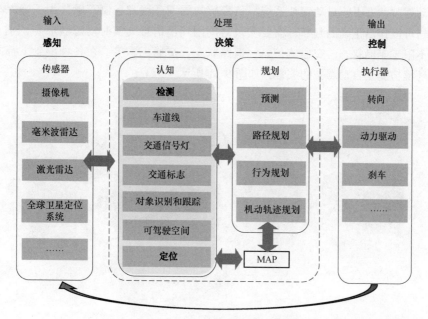

图 9-10 自动驾驶系统技术架构

决策包括两个子过程：认知和规划。认知过程通过对各种传感器输入信息的处理，实现对重要驾驶关注点的检测和识别。检测的关注点包括车道线、交通信号灯、交通标志、对象（如行人、车辆、障碍物等）识别和跟踪、可驾驶空间等。认知过程中还需要根据 GNSS 卫星信号、地图等信息实现车辆自身位置的定位。规划过程指的是自动驾驶系统根据系统对环境和车辆自身状态的认知，对各种可能性进行预测，并最终转换为对车辆行驶路径、机动轨迹、需要采取的行动（加减速、转向等）等一系列规划结果。简而言之，决策过程解决的是知道自己在哪里、周边有什么、要到哪里去，以及如何去的问题。

控制过程也可以被称为执行过程，指自动驾驶系统通过各种接口来驱动各种执行器件，实现规划目标。一般而言，自动驾驶系统通过控制车辆的转向系统、动力驱动系统、刹车系统等来控制车辆的运动速度和轨迹。同时，自动驾驶系统也可能会通过车内的各种屏幕、音响为用户提供实时信息，也可能会与被动安全系统（如安全带、安全气囊等）进行功能上的关联，在车辆可能出现碰撞等事故时提前启动被动安全的保护措施。

9.3.4 自动驾驶感知设备

在当前的技术条件下，让汽车实现自主运动并不是一件困难的事情，困难的是让车辆在运动的同时还保持安全。实现自动驾驶，需要先解决行车安全的问题。

在手动控制车辆时，驾驶员时刻关注周边环境和车辆，并避免与其他道路使用者发生碰撞。在自动驾驶状态下，自动驾驶系统将负责感知周围环境和控制车辆。为了确保车辆在不同场景下均可以作出正确的判断，需要实现对周围环境信息的实时动态获取和识别，这些信息包括但不限于车辆状态、交通流信息、道路状况、交通标志等。在各种场景下都能安全可靠地进行环境检测是自动驾驶的关键，如图9-11所示。

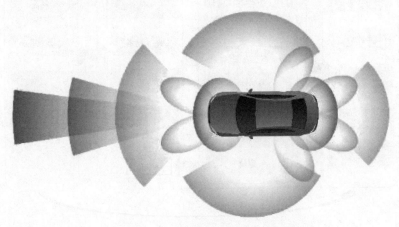

图9-11 自动驾驶车辆感知范围示意

现代汽车配备了各种各样的感知设备，用于探测周围环境，从而实现替代驾驶员执行某些任务以减轻他们的负担，甚至是让驾驶员不再需要关注驾驶中的任何信息。换言之，环境感知起着类似人类驾驶员"眼睛"和"耳朵"的作用，是实现自动驾驶的前提条件。

为了满足环境感知的需求，自动驾驶汽车往往装备了诸多摄像机、激光雷达、毫米波雷达、超声波等车载传感器。在这些传感器以及V2X和5G网络技术的协作下，通过相关控制器的数据融合，可以实时获取汽车所处的交通环境和车辆状态等多源信息，为自动驾驶汽车的决策规划提供支持服务。

下面简单介绍实现自动驾驶所需的各种感知设备。

1. 摄像机

驾驶员在驾驶过程中主要的感知方式是视觉，基于看到的信息判断物体的形态、性质、距离和大致的速度。虽然人眼只能分辨出视线中央10°左右的物体，但人眼的焦距可以快速变换，且视线可以随时移动。在后视镜的协助下，人眼可以观察车辆周边360°的环境信息。

在自动驾驶系统中，摄像机作为模拟人眼感知的重要设备，是实现预警、识别类ADAS功能的基础，在各个等级的自动驾驶系统中都有所应用。

当前，摄像机已经可以很容易地完成静止和运动物体的检测和识别，包括车辆、行人、交通标志和信号、桥梁和护栏等。通过在车辆多个位置布置摄像机，能够实现对外部环境的

360°视角，从而为自动驾驶决策子系统提供周围交通状况的图片。

摄像机还可以用于检测司机的精神状态、有没有系安全带等，这对于 L3 及以下的自动驾驶系统格外重要，因为在很多自动驾驶功能中，需要驾驶员时刻准备好控制车辆。

摄像机感知技术基于图像处理和被动测量原理，物体只有在被照亮的情况下才会被检测到，摄像机的可靠性在恶劣环境下是有限的。此外，单一的摄像机不能提供距离信息。为了获得 3D 图像，需要至少两台摄像机和很高的计算性能。

根据镜头和布置方式的不同，摄像机可大致分为 4 种：单目摄像机、双目摄像机、三目摄像机和环视摄像机。

（1）单目摄像机　单目摄像机由一个相机镜头和一个图像传感器组成，可提供 2D 图像，主要用于自动驾驶过程中的路况判断。单目摄像机在测距范围与距离方面有一个不可调和的矛盾：摄像机的视角越宽，探测的距离越短；视角越窄，探测的距离越长。

（2）双目摄像机　双目摄像机也被称为立体摄像机，由两个相机镜头和两个图像传感器组成。相近的两个摄像机拍摄物体时，可以生成 3D 图像，并得到物体像素偏移量、相机焦距、两个摄像机的实际距离等信息，根据这些信息即可计算与物体之间的距离，进而估算速度。双目测距原理对两个镜头的安装位置和距离要求较多，在相机标定方面存在一定难度。

（3）三目摄像机　三目摄像机由 3 个不同焦距的单目摄像机组合而成，兼具双目摄像机和单目摄像机的优点，可以提供全向的环境感知能力，较好地解决了感知范围与感知精度的问题。

（4）环视摄像机　环视摄像机使用鱼眼镜头，安装位置是朝向地面的。优点是视野广阔，缺点是图像畸变严重，主要用于车身 5~10m 内的障碍物检测、自主泊车时的库位线识别等功能。

一般来说，摄像机的优点是分辨率高、包含色彩信息、鲁棒性、性价比高、测距距离长和范围广。缺点主要是对环境依赖高，无法直接生成 3D 信息。而且，由于摄像机对图像的识别需要海量的数据进行训练，在数据不足的情况下容易出现对场景解读和物体类别的判断错误。

2. 激光雷达

激光雷达是以发射激光束来探测目标空间位置的主动测量设备，其探测原理有如下两种。

（1）飞行时间法　飞行时间法（Time Of Flight，TOF）用光脉冲在目标物与激光雷达之间的飞行时间乘以光速来测算距离，原理如图 9-12 所示。TOF 激光雷达一般采用脉冲振幅调制（Amplitude Modulation，AM）技术。

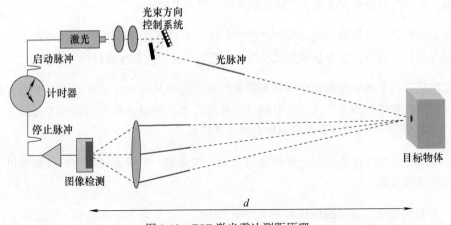

图 9-12 TOF 激光雷达测距原理

（2）调频连续波法 调频连续波法（Frequency Modulated Continuous Wave，FMCW）主要通过发送和接收连续激光束，对回光和本地光进行干涉，并利用混频探测技术来测量发送和接收频率的差异，再通过频率差换算出目标物的距离，原理如图 9-13 所示。

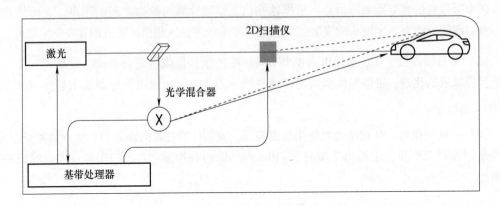

图 9-13 FMCW 激光雷达测距原理

根据多普勒效应，激光束击中目标物后被反射，目标物的速度会影响反射光的频率。如果目标物向车辆走来，反射光的频率会升高；如果目标物和车辆同方向行走，反射光的频率会降低。因此，FMCW 雷达可以直接检测目标物速度。

在自动驾驶系统中，激光雷达主要有两个功能：3D 环境感知和同步定位与建图。

激光雷达传感器每秒可以发射 100 万次激光脉冲，并将返回结果汇总成高分辨率的 3D 点云数据，形成环境地图。激光雷达传感器不仅可以识别物体，还可以对物体进行分类，例如，可以区分行人和骑自行车的人。激光雷达传感器性能强大，可以提供不受环境因素影响的可靠数据，使自动驾驶系统能够作出正确的驾驶决策。

根据激光雷达的结构特点，我们可以将其分为以下两种类型。

- 机械旋转激光雷达：机械系统使用齿轮和电机旋转激光二极管，将激光脉冲引导到环境中，雷达视野可以达到360°，但结构复杂且成本很高。而且，由于采用机械旋转传感器的设计，对振动也更敏感。
- 固态激光雷达：基于半导体技术，没有任何机械运动部件。系统更简单，更紧凑，无须维护，成本更低。

根据探测原理，激光雷达还可分为单线激光雷达和多线激光雷达。

- 单线激光雷达：通过发出一束激光扫描线对车辆周围区域进行旋转扫描，并根据区域内各个点与激光雷达的相对距离与方位，返回测量值。单线激光雷达的数据缺少一个维度，只能描述线状信息。
- 多线激光雷达：通过发出两束或两束以上的激光扫描线对车辆周围区域进行旋转扫描。能够检测目标的空间距离与方位，并可以通过点云来构建三维环境模型，提供目标的激光反射强度信息以及详细形状描述。目前，市场主要有4线、8线、16线、32线、64线和128线激光雷达，激光雷达发出的线束越多，每秒采集的点云越多，对环境的还原就越好，同时造价也越高，对处理器的要求也越高。

目前自动驾驶系统应用的传感设备中只有激光雷达能够在高速度和长距离范围内提供可靠、高分辨率的3D数据。过去，激光雷达非常昂贵，随着固态设计日益成熟，激光雷达的制作成本也在大幅降低。

总体而言，激光雷达的优点是基本与环境因素无关（可以适应绝大多数的气候条件）、可靠性高、鲁棒性、分辨率高、测距距离长等。缺点是造价高、无色彩信息等，在沙尘等恶劣条件下无法正常工作。

3. 毫米波雷达

毫米波雷达主要用于障碍物检测、距离探测等功能，是一种被广泛采用的技术。主要测量原理是以电磁波的形式发射短脉冲，当电磁波击中物体时，就会被反射并被接收器采集。根据电磁波的飞行时间可以计算物体的距离，从而实现精确定位。将反射波的频率与发射波的频率进行比较后可以根据多普勒效应测定目标物的速度。

毫米波雷达可以分为以下两种。

- 近距雷达（Short Range Radar，SRR）：主要用于探测近距离（30m以内）的物体，其频段通常为24GHz。近距雷达体积紧凑，价格较低，视场角（Field Of View，FOV）较大。主要用于泊车场景、监控盲点等功能。

- 远程雷达（Long Range Radar，LRR）：用于探测长距离（250m 以内）的物体，并测量它们的速度。目前使用的频段为 77GHz，具有比近距雷达更高的性能，但分辨率低。

如果根据毫米波雷达的天线数量，可以将其分为以下两类。

- 单输入多输出（Single Input Multiple Output，SIMO）雷达：单天线发射，多天线接收，也被称为相控阵雷达。因为角度分辨率取决于接收天线的数量，所以想要提高雷达的角度分辨率，必须增加接收天线的个数。这导致雷达体积变大，硬件设计变得复杂，成本也会增加。
- 多输入多输出（Multiple Input Multiple Output，MIMO）雷达：多天线发射，多天线接收。每个发射天线独立于其他发射天线发射不同波形的信号，每个接收天线都能接收这些信号。由于波形不同，回波信号可以重新分配到单发射机。具有 n 个发射机天线和 k 个接收机天线的 MIMO 雷达，相当于虚拟孔径的 n 个具有 k 个接收机天线的 SIMO 雷达，从而在不显著增加成本和雷达体积的情况下提高了空间分辨率，并显著提高了抗干扰能力，但设计和开发难度显著增加。

毫米波雷达具有如下优点。

- 成本低，易于大量使用。
- 对环境因素不敏感，对雾、烟、灰尘的穿透能力强，具有全天候（大雨情况除外）全天时的特点，可以应对激光雷达应对不了的沙尘天气。
- 可以同时完成精确的测距、测速任务。
- 体积较小。

毫米波雷达具有如下缺点。

- 数据分辨率低，在识别和区分物体方面有很大的困难。
- 无色彩信息。
- 对金属极为敏感，路面的金属广告牌在很多场景下会被认为是障碍物，导致误判。
- 无法提供目标物准确的高度信息。

4. 超声波雷达

超声波雷达的工作原理是通过超声波发射装置向外发出超声波（工作频率在 20kHz 以上），通过接收器接收回波的时间差来测算距离。常用的工作频率有 40kHz、48kHz 和 58kHz。一般来说，频率越高，灵敏度越高，但水平与垂直方向的探测角度就越小，因此一般采用 40kHz 的探头。

超声波的能量消耗较缓慢，在介质中传播的距离比较远，穿透性强，因此具有防尘、防水的特点。而且成本低，技术成熟。

超声波雷达的主要缺点是在速度很快情况下测量距离有一定的局限性。这是因为超声波的传输速度较慢，而且很容易受天气的影响。当汽车高速行驶时，超声波测距无法跟上汽车车距的实时变化，误差较大。此外，超声波散射角大，方向性较差，在测量较远距离的目标时，回波信号会比较弱，影响测量精度，而且无法获得颜色信息、精度较低。在短距离测量中，超声波测距传感器具有非常大的优势，因此多应用于自动泊车、盲点监测（Blind Side Detection，BSD）和自动紧急制动（Autonomous Emergency Braking，AEB）等功能。

5. 定位技术

对于驾驶员来说，确定位置基于对环境的感知和地图信息。对环境的感知可以得到当前所处的物理位置信息：方向、速度、绝对地理位置和相对于周边物体的位置。地图信息可以帮助驾驶员知道行动的路径。下面介绍几种常见的定位技术。

（1）GNSS　通过 GNSS 获取车辆的地理位置坐标，并通过预存在控制器中的地图信息获得车辆的位置和周边信息。现在的高精度地图中包含道路的各种几何参数（曲率、宽度、坡度等）和信息参数（道路的性质、限速值、交通信号位置、路口位置等）。

实现定位的基础是坐标系统，从 GNSS 信号中获取的信息和静态地图中的位置均是全局坐标，车辆需要将周边的静态和动态物体相对于车辆的位置转换到以车辆为中心的坐标系中。所谓"定位"，可以看作全局坐标与车辆坐标不断对照和转换的过程。

在获得准确的定位之后，如果道路上没有其他可能影响驾驶的对象，那么车辆就可以按照设定的参数实现自动驾驶了。然而，路况是动态变化的，这导致车辆周边的信息时刻在变化。地图无法获得任意时刻车辆周边的动态信息，因此需要通过摄像机、雷达获取车辆周边的实时信息，包括气象条件，车辆周围每个物体的尺寸、速度和可能的移动轨迹等。

自动驾驶决策系统必须为接下来一段时间内的每个时间点规划路线，从而在保证安全的前提下向着目的地前进。这意味着，车辆必须考虑周围的动态对象和静态对象，并在遵守交通规则的前提下避免与之发生碰撞，从而完成一个人类驾驶员能做的一切。而这一切动作都建立在精准定位的基础上，即车辆对某一特定时间自己所处的确切位置的感知。广义的定位还包括对车辆在未来某个时刻位置的推算。对自动驾驶汽车而言，定位是导航和路径规划的基础，没有定位，就没有自动驾驶。

接收 GNSS 信号和使用地图虽然简单，但是还有一些不足。

- 精度不够：民用导航系统的精度一般在 10m 级左右，无法实现车道级别的导航。
- 易受环境影响：如果车辆周边有高大的物体（如楼房、立交桥、树木），则可能会无法接收卫星信号。地磁风暴等极端气象也会影响信号强度。
- 更新频率低：一般 GPS 模块的更新频率在 1~10Hz，无法用于快速移动场景下的准确定位。

为了使车辆在复杂的动态环境中安全行驶，车道级或厘米级的定位精度对于 L2 和更高级别的高级驾驶辅助系统至关重要。将来自各种传感器和技术的数据结合在一起，可以使导航规划和决策的置信度和可靠性大大增加，提供安全、精确和可预测的结果。

（2）RTK　RTK 是目前厘米级高精度定位的主要方法。GNSS 的观测误差具有较强的空间相关性，RTK 的工作原理是对于相距不远的两个基站，若其中一个基站已知精确坐标（基准站），则可求得 GNSS 观测误差对基站坐标的影响，通过数据链路将求得的误差改正数发送给用户终端接收器，用户终端利用基准站播发的误差改正数对定位结果进行修正，就能够消除大部分相同的观测误差，从而提高定位精度。

RTK 的优点是可以提供精确的绝对位置，缺点是仍然需要依赖卫星信号，受大气电离层的影响较大，而且需要大量的基站作为定位的基础设施，在城市中的定位精度依赖于基站的数量和位置。

目前广泛采用的做法是将 RTK 与惯性导航系统和传感器融合，可以提高导航定位的准确性和完整性。在车辆行驶过程中，即使卫星信号中断，系统也可以使用惯导系统提供的航迹推算保证持续的高精度和快速收敛，从而保证车辆安全行驶。

（3）惯性导航系统　惯性导航系统（Inertial Navigation System，INS）是一种可以提供滚转角、俯仰角、偏航角、相对位置和速度的导航装置，一般由以下部件构成。

- 惯性测量单元（Inertial Measurement Unit，IMU），一般由 3 个加速度计、3 个陀螺仪、3 个磁力计组成。IMU 在 3 个轴上测量欧拉角，从而获得相对于初始值的滚转、俯仰和偏航信息。
- 微处理器，将 IMU 的线加速度和角速率数据进行积分运算，利用这些数据对时间进行积分运算，从而得到相对于初始值的速度、相对位置和姿态等信息。同时，通过运行扩展卡尔曼滤波器（Extended Kalman Filter，EKF），可以进行轨迹预测。
- 如果系统运行时的数据后续还会使用，则需要一个内部数据记录器。

INS 和 GNSS 技术相辅相成，提高了现代导航系统的精度和可靠度。GNSS 数据补偿了 IMU 提供的数据中由于小误差累积而产生的漂移，进而提高了 INS 数据的精度。INS 可以保证车辆在无法使用 GNSS 的区域（如城市、峡谷、桥梁、隧道、山脉、停车场和茂密的森林）继续得到高精度的定位信息。

具体来说，惯性导航系统属于一种推算导航方式。即从已知点的位置根据连续测得的运载体航向角和速度推算出下一点的位置，因而可以连续测出运动体的当前位置。

（4）SLAM　即时定位与地图构建（Simultaneous Localization And Mapping，SLAM）也称为并发建图与定位（Concurrent Mapping and Localization，CML），是一种用于自动驾驶定位与绘制地图的方法，车辆可以在绘制未知环境地图的同时利用地图信息来执行路径规划和避障等任务。SLAM 常用于自主导航，特别是在 GNSS 无信号或无详细地图信息的地区。

目前主要有两种 SLAM 方式。

一种是基于视觉的 SLAM，车辆使用简单相机（广角相机、鱼眼相机、球面相机）、复眼相机（立体相机和多相机）、RGB-D 相机（深度相机和 ToF 相机）和其他图像传感器获取的图像，得到一个简单的三维坐标数据，从而实现相对定位。将图像与历史地图中的数据进行比较，即可完成绝对定位。视觉 SLAM 可以用相对便宜的相机以较低的成本实现。此外，相机提供的大量信息可以用来检测地标。地标检测还可以与基于图像的优化技术相结合，实现地图的更新。

另一种是基于激光雷达的 SLAM，将通过激光雷达获取的点云图像与高精度地图进行坐标匹配后确认车辆位置与状态。与相机、ToF 和其他传感器相比，激光雷达的精度更高，更适合高速行驶的车辆。

激光传感器的输出值一般为二维或三维点云数据。激光传感器点云提供了高精度的距离测量，可以有效利用 SLAM 进行地图构建。对于激光雷达点云匹配，采用了迭代最近点（Iterative Closest Point，ICP）和正态分布变换（Normal Distribution Transform，NDT）等配准算法。

点云无法保证提供足够的特征来匹配，导致在障碍物较少的地方，点云很难对齐，可能会丢失车辆位置。此外，点云匹配一般要求较高的处理能力，需要对流程进行优化以提高速度。由于这些挑战，自动驾驶汽车的定位可能需要融合其他测量结果，如车轮里程计、GNSS 和 IMU 数据。

虽然 SLAM 已经有大量的实际应用，但仍面临着一些技术挑战，如定位误差、计算成本等。目前普遍将激光雷达和相机的图像、深度数据融合，并结合高清地图，根据已知的静态地标和物体，计算车辆的实时位置。

6. 路线之争

目前，自动驾驶的环境感知技术有两种实现方案，一种是以摄像机为主导的多传感器融合方案，另一种是以激光雷达为主导的多传感器融合方案。两种方案的区别在于是否使用激光雷达。

以摄像机为主导的多传感器融合方案的主要目的是降低感知设备的成本，因为激光雷达目前仍然非常昂贵，而且由于体积较大，对车辆造型的影响也非常大。

目前的机器学习能力和数据训练的结果尚不足以支撑机器达到人类的认知水平。虽然以摄像机为主导的多传感器融合方案会辅以毫米波雷达等感知设备，但当前毫米波雷达的精度也未达到理想的水平，而且受到毫米波雷达自身缺陷（对金属物体的敏感、同频干扰等）的限制，其在感知中的可靠性仍有较大的提升空间。

环境数据是复杂且动态变化的，驾驶员在驾驶车辆时主要依靠视觉获取信息，如路况、交通信号灯、周边的车辆和行人等。自动驾驶系统必须能够准确获取这些信息，并及时进行相应的处理。

用自动驾驶控制器来替代人类的大脑，最大的难点就是机器智能还没有办法达到人类的水平，即使一个几岁小孩的大脑也比现在最先进的控制器要强大得多。通过前面的分析，我们可以得出一个简单的结论：任何一种感知手段都存在着适用场景的局限。既然如此，多传感器融合就是一种必然的手段。

虽然多目摄像头可以构建类似人眼的立体视觉，但其精度、景深、对光线剧烈变化的反应时间等仍与人眼相距甚远。对于这些视觉方案存在的缺陷，激光雷达是一个很好的补充，不但可以直接生成三维点云（准确测量周边环境与车辆的相对距离），还可以对识别到的物体进行分类。但是激光雷达本身也存在着点云密度远远低于图像像素、无法获取色彩信息等缺陷。

虽然以上的缺陷可以通过多传感器融合加以弥补，并通过相应算法的提升而减少误判、漏判，但这需要大量的数据收集、模型训练和超高的算力。

当车辆遇到未知情况时，谁都无法预料究竟会发生什么。感知错误可能会为自动驾驶系统创造一个更大的错误，甚至危及驾驶者的安全。

无论如何，不同等级和功能的自动驾驶系统对感知系统的要求不同，技术也在不断地发展，各种新的感知通信技术、AI算法、芯片等都将进一步完善感知系统和决策系统的准确度和覆盖范围。每种传感器技术都有优缺点，绝对的安全只是一个目标，为了确保驾驶者的安全，一切可以减少自动驾驶车辆风险的方式都是必要的。

9.3.5 自动驾驶控制器

自动驾驶控制器是自动驾驶系统的大脑，主要完成自动驾驶的决策工作，也就是将各种感知到的信号和数据通过既定的算法进行处理，从而完成对车辆周边环境进行认知、对车辆下一步行动进行决策并输出指令给执行器。

自动驾驶系统的种类繁多，自动驾驶控制器的结构各不相同，其中数据处理过程大体可以分为如图 9-14 所示的几个步骤。

图 9-14 自动驾驶系统中的数据处理过程

1) 原始数据：指自动驾驶系统中各种感知设备和定位所采集的原始数据。这些数据格式和种类各不相同，无法被直接使用。
2) 预处理数据：通过初步的算法处理，将有效数据进行初步识别和标记。
3) 数据融合：初步识别出的目标统一放入车辆自身的坐标系中，构建车辆周边环境。
4) 决策：根据数据融合的结果完成决策，对车辆下一步的动作进行规划，并将指令发送给执行系统。
5) 执行：系统按照收到的指令执行动作。

自动驾驶控制器主要完成2)~4)的功能。在功能分立的系统方案中，2)一般是由与感知设备集成在一起的控制器单独完成。而在集中式控制系统中，所有的原始数据都将被传送给智能驾驶域控制器，由其来完成所有的数据处理和决策工作。

自动驾驶控制器在性能方面的基本要求为安全、可靠、实时性高、处理能力强。对于高等级的自动驾驶而言，要对多达十几个甚至几十个感知设备的海量数据进行实时处理并保证绝对的安全和可靠是一项极高的要求，目前整个行业都在进行相应的研究和探索，这也是至今市场上尚未出现真正的L4级别自动驾驶系统的原因。

自动驾驶控制器的最大难点在以下两个方面。

- 人工智能技术尚不成熟。虽然现在的神经网络和深度学习已经广泛应用于智能驾驶领域，但其成熟度尚不足以支撑车辆在任何情况下安全地自动驾驶。无论对模型的训练，还是模型本身的成熟度，都有很长的路要走。而且，对于人工智能如何满足功能安全的要求也尚无明确的解决方案。
- 算力的限制。无论是通过对海量数据处理和数据融合实现对周边环境的有效感知，还是对路径进行规划，都需要强大的计算能力。在自动驾驶系统中，对计算能力要求最高的3个模块依次是图像识别、多传感器数据处理和融合决策。当前受制于芯片技术的发展以及摩尔定律的限制，单颗SoC的计算能力将很快达到极限，采用多颗SoC堆积也有大量的技术问题需要解决。也许达到理想中的自动驾驶只能依靠未来芯片技术的突破了。

9.3.6 自动驾驶执行器

对于自动驾驶系统而言，通过控制器直接控制车辆的运动是一个基本的需求。否则，无论感知决策的环节做得多么完善，也无法实现对车辆运动的控制。

车辆运动控制主要是对动力、转向和制动的控制。

对于车辆纵向的控制，传统方式为驾驶员通过加速踏板和换挡装置来控制车辆的驱动力，再辅以制动踏板，实现对速度的控制。而车辆横向的控制则是通过方向盘调节前轮的偏转角度来实现的。由于上述功能通过机械和液压结构直接连接，所以只能由驾驶员手动控制。

随着汽车电子技术的快速发展，集成化、模块化、机电一体化以及智能化是必然的趋势。传统的汽车机械控制方式正在逐渐被电子化控制所取代。由于电子化控制的接口是各种线缆，因此新的系统也被统称为线控系统，如线控底盘、线控转向和线控制动等。汽车底盘系统线控化正在从部分子系统线控化逐渐演进到全局线控化，多系统多控制器将逐渐被域控制器取代。对于动力系统，电喷控制器早在几十年前便已出现，加之新能源车的动力系统以电机为核心，实际上早已实现了"线控"，因此很少有人再将其称为线控动力了。

线控底盘是实现自动驾驶 SAE L3 及以上级别的基础，是实现自动驾驶的核心功能模块，线控底盘的快速响应、精确执行以及和感知系统、决策系统的高度协同是自动驾驶的必备能力。

线控底盘的实现是基于各个传感器将物理量转化为电信号，传导至控制器后由电机驱动执行器完成相应的动作。

线控底盘系统取消了大量的机械连接装置及液压/气压等辅助装置，具有如下优点。

- 具备响应速度快和控制精度高的特点，有助于提升车辆的安全性。
- 减少了力在传递过程中的能量损耗，未来将不存在液压系统液体泄漏的问题，节能环保。
- 结构简单，可磨损部件少，维护成本低。

线控底盘技术的发展将提升汽车能量利用率，提升新能源汽车的续航能力。新能源汽车底盘经过重新设计，可以更好地适应线控装置的布局。更高的电气化水平可以有效保证线控底盘系统的功能安全。

线控底盘系统也面临着众多的挑战，其中之一是如何满足高等级自动驾驶功能安全的需求。在 L3 及以上的自动驾驶系统中，驾驶员将不再负有主要的驾驶责任，当车辆在行驶过程中底盘系统失效时，可能会出现严重的安全事故。

出于功能安全的考虑，底盘系统的冗余就成了基本的要求，也就是当主制动和转向系统失效时，备用系统能够及时提供基本的功能，保证车辆不会失控。这不但要求底盘系统的失效率要非常低，而且两个系统间的协调控制将导致整个控制系统非常复杂，结构也更加复杂，生产成本也更高。对于动力系统也有着类似的要求，其目的在于保证主动力系统失效后车辆能够实现最小安全风险，能够自主行驶到安全区域或维修地点。

9.3.7 自动驾驶的挑战

任何一种技术的发展与应用都必然面临着众多挑战，自动驾驶作为一种未来可能彻底改变人类出行方式和交通状态的技术，面临的挑战是十分复杂的。无论是整个行业现有技术基础、基础设施的改造与升级，还是相关法律和社会规范的匹配，都需要长时间的探索与积累才能逐渐满足高等级自动驾驶的要求。

1. 技术

自动驾驶相关技术的应用是从辅助驾驶员开始的，主要目的是减少事故，提升道路交通的安全性。现在技术的目标是将驾驶员从驾驶任务中解放出来，并且安全仍然是最基本的要求。

在美国，涉及汽车交通事故的死亡率约为每 100 万小时的行驶时间 1 人死亡。如果驾驶员都能保证在驾驶时足够专注并遵守交通规则，死亡率可能会下降 10 倍。将方向盘交给自动驾驶系统，就意味着自动驾驶汽车造成的死亡率不能高于每 10 万小时 1 人。

目前自动驾驶系统感知能力的可靠性与这个目标相距甚远。感知设备无法时刻保证性能，人工智能算法也无法做到精确识别道路上的一切风险并作出正确的决策。如果再考虑道路的其他车辆和行人并不都能遵守交通规则，以及道路的基础设施不完善，自动驾驶系统所面临的挑战将更大。

增加感知设备虽然可以提升安全性，但副作用是，自动驾驶汽车将收集大量数据。这些数据虽然可以被用来创建个性化的服务和产品，但也可以被用来监控我们的行动和生活方式。汽车可能因此成为无处不在的"间谍"，个人隐私和公共安全都将面临巨大的挑战。

车辆联网也存在被黑客攻击的风险，可能会让自动驾驶汽车成为恐怖分子的工具，引发绑架或故意造成事故等严重问题。

只有在充分证明自动驾驶车辆的安全性之后，自动驾驶车辆才可能得到广泛的推广。在未来很长的一段时间里，自动驾驶只能应用于有限的场景和特定的路段。

除此之外，自动驾驶汽车还面临着实用性的挑战。如果车辆开得很慢，虽然非常安全，但实用性就降低了。自动驾驶决策系统需要作出合理的决策，包括选择驾驶速度和换道时机。前提是"合理决策"的界限一定要明确，以便汽车制造商能够对汽车进行规划。这也可以为自动驾驶汽车发生事故时的责任认定建立一个法律框架，如果决策系统没有遵守合理决策的界限，那么自动驾驶系统将承担责任。

作为一种商品或服务，自动驾驶技术面临的一个不可回避的挑战是成本。如果性价比不高，大多数消费者仍然会选择自己驾驶车辆。

2. 经济和商业

自动驾驶汽车的普及将显著影响交通相关的经济领域，其积极影响包括以下方面。

- 减少因为驾驶员注意力不集中或技能不足所导致的交通事故及相关成本。
- 通过优化的驾驶风格、路径规划和减少人为拥堵节省车辆的燃料（能源）消耗。
- 将驾驶员从驾驶任务中解放出来，人们因此获得更多的可用时间。人们可以利用这些时间进行休息、娱乐、阅读或学习新技能。这可能会促进人类社会总体生活水平的提升和进步，也将促进移动互联网的进一步发展。
- 提高老年人、残疾人和其他无法驾驶车辆的人的独立性，从而提供更多的社会机会。
- 汽车可以实现24h行驶，提升了汽车运行效率，因此也减少对停车空间的需求。

在带来各种积极影响的同时，一些行业与人员可能受到一定程度的损失。

- 最可能受到影响的是卡车司机和出租车司机等以驾驶为职业的人群，他们的技能将被自动驾驶系统取代。
- 由于保有量下降，汽车设计、制造、销售和售后服务等行业将会出现下滑趋势，现有的运营模式也将被迫调整。
- 能源行业在交通领域的销售额可能下降。

3. 法律和政府

现有的车辆设计大部分依据1968年维也纳《国际道路交通公约》的规定进行设计的。该公约规定：驾驶员必须始终控制车辆，并对其在交通中的行为负责。而在自动驾驶车辆中，驾驶员在高等级（L3~L5）驾驶任务中将不再承担驾驶的职责，这导致签署该公约的国家不得不修订该公约和相应的法律。

从某种角度而言，自动驾驶汽车的时代已经开始。世界各地的城市正在与汽车公司建立合作关系，允许在公共道路上进行自动驾驶汽车的测试。这也带来了许多法律问题，尤其是谁应对事故负责的争论。未来还会出现不同自动驾驶等级的汽车在道路上长期共存的情形，这是事故发生后追究责任的另一个难点。

如果自动驾驶汽车是自主学习的，那么我们无法知道车辆的行为是自主学习的结果还是由原始设计造成的。而且，自动驾驶系统的决策结果包含车端、云端与路端的各种设备甚至从周边车辆通过V2X获取的信息，以及恶意干扰，这增加了事故认定责任的难度：究竟哪一方应该来承担责任？车辆制造商需要负全部责任吗？

诸如此类的问题还有很多。

- 如果交通警察执法时遇到了一辆没有乘客的自动驾驶汽车将如何处理？
- 如果有人篡改了自动驾驶系统的控制逻辑而造成事故，那么应如何举证和认定责任？
- 如果自动驾驶系统被黑客控制而做出危害公共安全的事情，那么汽车制造商是否也要因为防护不足而成为被告？

目前，许多国家已经采取措施，使在公共道路上测试的自动驾驶汽车合法化。2017年，德国通过法律，允许汽车公司在公共道路上测试自动驾驶汽车，条件是有驾照的驾驶员在必要时接管方向盘，美国和中国也制定了类似的法律。这又带来了一个新问题，各个国家的法律有不同的要求，对于自动驾驶系统如此复杂的产品，如何快速适配不同国家的要求？

除此之外，所有政府面临的共同问题是如何既保证自动驾驶技术的快速发展，又保护车内成员和车外环境的隐私和安全。由于自动驾驶汽车需要采集大量的高精度数据，而且还具有高度的自主能力，那么如何确认车辆制造商和供应商能够完全遵守对隐私数据的保护，从而不产生相应的道德和安全问题，就是一个横跨法律、技术与道德的难题。而且，从技术角度而言，这不只是汽车行业需要解决的问题，也许需要上升到国家安全和社会层面才能找到一个合理的答案。

4. 道德与公众认知

自动驾驶汽车面临的巨大挑战之一是公众的看法，如果自动驾驶技术被认为具有破坏性，那么自动驾驶汽车的发展将遇到极大的阻力。为了避免这种情况的发生，汽车行业和政府都需要公开和务实地讨论自动驾驶汽车的相关问题。既要清醒地认识到可能存在的危险，也要强调潜在的好处，更要系统地研究相关的技术和法规，保证自动驾驶汽车能够在可控的范围内有序地发展。

伦理道德也是自动驾驶技术发展中一个不可回避的难题。当车辆不得不在行人和乘客之间作出选择时，自动驾驶系统应该优先保证哪一方的安全？

如果L5级自动驾驶被广泛应用，这类问题随时可能发生，决策基于预先编程的算法，而作为决策依据的伦理也必须事先设定好。道德决断只能由人来作出，这必然会导致法律问题，设定道德规范的人是否应该承担责任？即使不设定道德规范，由机器自己学习来决定，那么机器中的人工智能是不是应该负责？对于此类问题，想简单地给出一个标准是不可能的，不同的文化、不同的制度和不同的人都会有不同的标准，而这个标准的制定者肯定不应该是汽车制造商。

5. 展望

无论未来发生什么，有一点是肯定的，自动驾驶汽车将从根本上改变我们的出行方式。曾经只出现在小说里或银幕上的科幻场景即将成为现实。从社会层面看，我们需要解决的既有道德问题、法律问题和技术问题，也有财务问题。实现自动驾驶，需要的不只是汽车行业的努力，还包括政府在内的各方共同努力和支持。

最后，我们必须思考一个问题：因为我们能做到，就必须要做到吗？这正如人类社会在生物基因领域的诸多选择一样，能够做到的事情并不等于应该做的事情。

9.4 人工智能与大数据

在当今时代，智能已经成为各种产品都努力追逐的目标，汽车智能只是这些目标中的一个。如何定义并实现智能仍然是各方都在努力探讨的问题。在实现智能的道路上，数据已经成为公认的基础。

9.4.1 人工智能

关于什么是智能，一直没有准确的定义，不同的时代、不同的人有不同的理解。马文·明斯基认为智能是"解决难题的能力"。雷·库兹维尔认为智能是"利用有限资源（包括时间）达到目标的能力"。

人类自从能够制造机器以来，就一直梦想着制造一种具有智能的机器来替代人完成各种工作。虽然计算机的发明已经从某种程度上实现了这个愿望，但人类永远不会满足，各种智能机器人的出现就是一个例证。

对于汽车行业，追求"智能"的努力从未停止过，从各种控制器开始，到智能座舱和无人驾驶，过去几十年中汽车的智能化水平不断提升。然而，我们不得不清醒地认识到，目前可见的大多数智能功能，仍然只能称之为自动化，并非真的智能。即使是情绪识别等看起来很智能的功能，与理想中的智能也相距甚远，只能称为使用了智能技术。因为部署在车上的控制功能已经将算法固定下来，无法实现自我学习和成长。

目前可以不断提升车辆智能水平的方式只有两种：通过OTA等方式进行软件升级，或将数据发送到云端进行处理。

一般而言，由机器和系统所表现出来的智能被称为人工智能。它们的共同特点是将人类对现实世界的某种认知固化为软件算法，并通过某种形式表现出来。

学界公认的人工智能有3个层次。

- 狭义人工智能：目前最先进的人工智能技术，利用软件将传统的人类活动自动化，在某个特定领域的效率和耐力往往超过人类，比如棋盘游戏、预测销售情况或预测天气。自动驾驶也是一种狭义人工智能的应用，尽管它比目前所有可用的应用程序要复杂得多。
- 一般人工智能或人类水平的人工智能：指机器理解环境、理性并据此行动的能力，贴近人类所具有的科学创造力、一般知识和社交技能。
- 超级人工智能：人工智能的最高水平，当人工智能在绝大多数的领域都比人类大脑更聪明时，就实现了超级人工智能。超级人工智能可以对未知环境进行推理。关于能否、如何达到这一状态，以及它将带来什么影响，存在着许多不确定性和争论。

当前实现人工智能的主要方法是机器学习，指对于数据的隐性属性或潜在规则的自动学习。机器学习是实施人工智能的主要组成部分，当今大多数 AI 系统都是基于机器学习实现的。机器学习通过大量的样本数据来不断优化训练算法，以优化其在特定任务上的性能，从而使机器获得更强大的能力。

机器学习的训练方法主要有 3 种。

- 监督学习：人工智能系统提供带有标签的输入数据，这些数据类似于系统应该学会预测的数据。这种方式虽然学习效率高，但需要大量的人工标记数据，而且学习的范围取决于输入的数据。
- 无监督学习：输入的数据不包含标签，人工智能系统需要根据数据中的识别结构找到自己的度量和分类，学习效率较低。
- 强化学习：人工智能系统选择自己的行动以达到最大化收益。机器在特定环境下自动决定行为，使用试错机制来不断优化性能。

人工智能的一个重要分支是深度学习（Deep Learning，DL）。它的核心由多层神经网络组成。过去几年中，深度神经网络（Deep Neural Network，DNN）一直是许多领域中最成功的人工智能方法。深度神经网络可以应用于上述 3 种类型的机器学习，只要有足够的训练数据，就可以在不改变算法的情况下很好地完成许多模式的识别任务。由于这些特性，深度神经网络可以应用于从视觉对象识别到复杂的产品特征模拟的多种任务。

虽然距离理想中的人工智能还有很长的路要走，但汽车行业的制造商已经意识到了人工智能应用的重要性，他们正在将越来越多的人工智能解决方案应用到汽车中，以满足消费者对汽车智能化的需求。人工智能在汽车工业中的应用主要包括以下几个方面。

- 驾驶员辅助。基于各种传感器获得的数据，使车辆可以在某些危险即将发生前发出声光警报，预防在驾驶过程中发生事故。也可以通过获取的外部交通信息等方式实现智能导航，从而提升安全性、节约能源和减少拥堵，并为交通管理部门提供实时数据以监控交通流量。
- 无人驾驶汽车。随着人工智能技术的应用，自动驾驶汽车的发展速度正在逐渐加快。这是人工智能在汽车行业的主要应用之一。
- AI 云服务。联网车辆或自动驾驶汽车需要越来越多的数据采集和处理来完成预定的任务。汽车在运行时采集和生成的海量数据在车端难以全部处理。而且，通过云平台可以汇集大量车辆数据，在进行人工智能处理之后，可以实现更多的智能功能，如部件故障预测和处理方案推送，用户使用习惯和驾驶风格的自动学习与适配等。还可以通过与其他生态系统的联通，为用户提供全方位的服务。

- AI 汽车保险。人工智能可以在发生事故时加速理赔过程，保险公司通过收集用户的驾驶数据对用户发生事故的概率进行预测，人工智能驱动的汽车损坏评估程序可以通过用户上传的照片和车辆数据对损坏的部件进行快速且准确的评估。
- 驾驶员监控。通过监视驾驶员，人工智能技术可以判断其注意力是否集中、是否处于疲劳状态、情绪和健康状态是否正常等，进而作出适当的提示，并采取相应的措施，保证人员与车辆的安全。

对于自动驾驶而言，当前大多数功能还是依赖固定的算法，将各种传感设备获取的信息转换为执行指令。也许只有高等级（L4 及以上）的自动驾驶才能真正算作智能。

真正实现自动驾驶不仅依赖于汽车行业自身的努力，还依赖于人工智能等相关技术的发展。自动驾驶汽车在交付到消费者手中之时必须保证在限定的驾驶条件下是绝对安全的。然而，由于机器学习本身的复杂性导致无法对其进行有效的安全确认，从而难以证明是符合安全预期的。而且，用于机器学习训练的各种场景数据的完备性是否满足要求，也尚无可以遵循的标准。

无论如何，汽车的智能化都还有很长的路要走。

9.4.2 大数据

大数据是指庞大且复杂的数据集，尤其是来自新数据源的数据集。这些数据集是如此庞大，以至于传统的数据处理软件无法管理它们。这些海量数据可以被用来解决以前无法解决的业务问题，可以通过计算和分析来揭示数据来源中的潜藏模式、趋势和关联，尤其是与人类行为和交互相关的部分。

大数据的特点可以概括为数据的多样性，需要更大的容量和更快的处理速度。

多样性指的是可用的数据类型多种多样。传统的数据类型是结构化的，适合于关系型数据库。随着大数据的兴起，数据出现了新的非结构化数据类型。非结构化和半结构化数据类型（如文本、音频和视频等）需要进行额外的预处理，以便获得其含义并支持元数据。

容量指的是在使用大数据时，不得不处理大量低密度、非结构化的数据，以至于需要超大容量的存储空间来临时或永久存放这些数据。

处理速度是指接收和处理数据的速度。由于需要接收和处理海量的数据，数据流进入内存和被写入磁盘的速度要远远高于通常的计算任务。

使用大数据的步骤如下：

1) 集成：将来自不同应用程序的数据进行集成和处理，将其转为结构化的形式。
2) 管理：以合理的形式存储数据，并将需求和流程引入数据集，从而实现对当前计算需求的支持。

3）分析：可视化分析各种数据集，获得新的清晰度，方便进一步探索数据并获得新的发现。

一个典型的大数据技术栈由许多层组成，包括数据分析层、数据建模层、数据仓库和数据管道。

- 数据分析层是大数据技术栈中最重要的一层，为用户提供了一个平滑、无缝的界面与分析引擎进行交互。
- 数据建模层允许用户利用 SQL、Dataform 等工具来结构化、组织和选择数据进行查询，通过创建分析基表（Analytical Base Table，ABT）进行数据建模。ABT 允许以平面表的形式清理和聚合来自多个数据源的数据。有了 ABT，数据科学家就可以处理干净、一致和准确的数据，从而作出稳健和精确的数据驱动决策。
- 数据仓库层允许用户在一个集中的位置整合来自多个数据源的数据。借助该层，企业可以利用各种商业智能工具和数据分析软件，对数据进行操作、转换、建模和分析。随着云技术的出现，越来越多的企业利用强大的云数据仓库来存储和分析数据。
- 数据管道提供了一种机制或通道，允许用户选择数据来源，并将数据复制到其他地方。有了健壮的数据管道，用户可以集成来自不同数据源（如数据库、应用程序、文件等）的数据，然后利用数据管道将这些数据轻松地传输到数据仓库或数据湖中。

下面简单介绍一下大数据的应用。

- 产品开发：很多公司已经利用大数据来预测客户需求。它们通过对过去和当前产品或服务的关键属性进行分类，并利用这些属性进行建模，构建预测模型，并通过数据分析来计划、生产和发布新产品。
- 预测性维护：通过对诸如设备年份、制造商和型号，以及日志和传感器数据、错误消息等非结构化数据的分析，可以预测设备故障概率。通过在问题发生之前分析这些问题的迹象，企业可以更有效地为客户提供设备维护服务，并最大限度地延长设备正常运行的时间。
- 客户体验：在产品日趋同质化的时代，客户体验已成为影响商业成败的重要因素。大数据能够从社交媒体、网页访问、呼叫日志等来源收集数据，用于改善交互体验，最大化交付价值。我们可以通过收集用户的使用数据，来更好地提供个性化的服务并主动处理问题，减少客户流失。
- 欺诈与合规：安全环境在不断变化，大数据有助于识别欺诈行为的数据模式。
- 机器学习：在无人驾驶领域，海量数据的收集和对相应模型的训练是实现机器学习的基本工作。没有大量数据的支撑，就无法不断提升感知和决策算法。
- 运营效率：通过大数据分析预测用户未来的需求，并制定满足市场需求的决策。
- 驱动创新：使用大数据分析并制定决策，对市场趋势进行判断，从而确定用户需要的产品和服务。

可以毫不夸张地说，未来的世界是人工智能与大数据结合的世界。无论智能座舱、无人驾驶，还是传统车辆功能的改进与开发，通过人工智能与大数据的结合，将创造出无限的可能。智能网联汽车的未来就是人工智能与大数据结合应用的未来。

9.5 系统安全

汽车作为一种广泛使用的交通工具，安全性是最重要的基本属性。无论一辆汽车具有多少功能、是否能够自动驾驶，安全是必须要保证的。随着汽车电子的高速发展和众多智能网联功能的快速发展，汽车电子电气系统在安全性方面面临着日益严峻的挑战，系统设计更为复杂，更加注重如何减少系统故障，产品开发周期越来越短，行业内既希望能够降低各种安全风险，又需要控制成本并追求高效益。同时，各项关于安全的标准正在向量化方法转变，意味着要从风险的角度来看待产品，并应用标准来降低风险，从而保证产品在设计阶段就能防止或减少未来使用时因出现故障而导致的危险。

以前，关于安全的标准大多是为单个应用程序编写的，没有在完整系统安全的背景下进行规范和审查。虽然这些标准产生了许多安全理念和需求，但它们主要面向简单的组件和系统，专注于特定故障模型，而忽略了整个系统。在如今系统越来越复杂的趋势下，我们应该从系统的角度来思考安全。

9.5.1 系统安全的概念与流程

从系统的角度而言，安全是一个关键属性，依赖于系统在特定环境中以特定方式使用和维持的行为，安全管理应该是系统工程中不可分割的一部分。对于如汽车电子电气系统这样的复杂系统而言，仅从单个组件的层面保证安全已经无法满足系统的安全需求。

从安全角度入手有助于我们理解系统的本质。此处所说的系统不只是汽车电子电气系统，还包括研发生产体系、供应链中的参与者、监管机构，以及相关的产品、服务供应商和最终使用者。

根据 INCOSE 的定义，系统安全是系统工程中的一个专业，它支持优化安全的程序风险管理，是工程和管理原则、标准和技术的应用，在整个系统生命周期内，在操作有效性、适用性、进度和成本的限制下，实现可接受的风险。系统安全涵盖了环境、安全和职业健康等范围，在整个系统生命周期的不同阶段都需要特定的支持。

系统安全是系统视角下对可接受的事故风险的理性追求，是一种整体的对待系统的方法，考虑系统各组成部分之间的交互作用，以期满足利益相关者对系统的期望。它利用传统和现代的风险评估机制来考虑所有风险的原因和在系统内传播的途径，从而完整且可信地识别和分析事故场景中有可能导致的不良后果。

系统安全的核心是系统安全的流程，它主要包含如下几个主要活动，如图 9-15 所示。

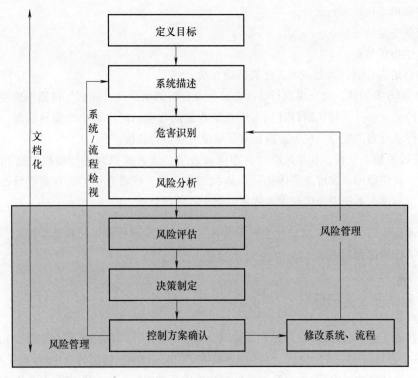

图 9-15 系统安全流程

1) 定义目标。系统安全过程的第一步是定义被审查系统的目标，这些目标通常被记录在业务计划和操作规范中。

2) 系统描述。对人、程序、工具、材料、设备、设施、软件和环境之间相互作用的描述，以及可用数据的描述。

3) 危害识别。从系统内部和外部确定潜在的危险。一般来说，首先将危害及危险场景导致的后果在初步危害清单（Preliminary Hazard List，PHL）上列出，然后按功能等效性进行分组分析。

4) 风险分析。分析并描述危害的可能性和严重程度，以确定什么时候会发生什么。风险分析既可以是定性分析，也可以是定量分析，即使无法量化或缺乏关于某一危害的历史数据，也需要对危害进行分析。通常使用某种类型的风险评估矩阵来确定风险水平。

5) 风险评估。整合并对风险进行优先级排序，将在风险分析中风险要素的影响结合起来，并与可接受标准进行比较。风险评估时会将风险按照场景、类别等合并到不同的风险集中。

6）决策制定。收到按优先级排序的风险列表后，从优先级最高的风险开始处理。处理风险有 4 个基本选项——转移、消除、接受、减轻（Transfer, Eliminate, Accept, Mitigate, TEAM）。一般来说，设计工程遵循安全优先顺序。

- 按照最小风险进行设计。
- 配备安全装置。
- 提供报警装置。
- 制订培训计划，并形成可替代的行动方案。

7）控制方案确认。对所采取行动的有效性及分析的结果进行评估，包括识别要收集的数据和相应的触发事件，然后制订计划来审查所收集的数据。确定每个风险的状态，此时可能需要其他行动计划的配合，也可能需要对系统或流程进行修改。

8）修改系统、流程。如果风险的状态应该改变，或者如果减轻行动没有达到预期的效果，则必须确定原因。这可能是因为错误地识别了危害，或者系统、流程需要修改。两种情况都需要重新进入系统安全流程中的危害识别步骤进行分析。

上述流程中的 5）~7）被统称为风险管理，是将风险评估结果与政治、社会、经济和工程考虑相结合的过程。

9.5.2 系统安全的母标准

作为在电工技术工程领域开发和制定国际标准的组织，国际电工委员会（International Electrotechnical Commission，IEC）于 1997 年发布了 IEC 61508，标题为《电气/电子/可编程电子安全相关系统的功能安全》。这是一个针对功能安全的国际标准，为安全生命周期活动提供了一个框架。IEC 61508 自发布之后经过多次更新，逐渐成为安全相关的数字系统的主流标准，并成为各种功能安全标准的总括，也是特定行业相关标准的来源。

IEC 61508 基于如下两个基本原则。

- 通过安全生命周期提供发现风险并消除错误的最佳实践。
- 采用基于概率的故障预测方法，假设设备必然会发生故障，因此需要保证设备在出现故障时依然安全。

IEC 61508 提出了一个框架，具体应用如下。

- 评估机械设备、工艺设备的风险水平，并确定该风险是否可接受。
- 如果发现初始风险水平过高，可以衡量实施安全功能所提供的保护措施是否在可行的范围内降低了风险，并使风险降低到可接受的水平。

❑ 使用于实现安全功能的设备能够展示可以提供的保护措施。

IEC 61508 所定义的活动涵盖了系统的安全生命周期，描述了最先进的安全方法，是最佳工程实践的总结与指导。作为功能安全的母标准，其与多个特定行业标准直接相关，包括核能工厂、铁路应用、过程工业、汽车行业、机械行业、医疗和家庭等。

汽车行业功能安全方面最重要的标准 ISO 26262 是从 IEC 61508 继承和发展而来的。

IEC 61508 中对安全相关的各种概念进行明确定义，以此来规范相关的讨论和开发中的活动，其中最基础的概念如下。

❑ 伤害：直接或间接地对人的身体或健康造成的伤害，是解释安全概念的基础。
❑ 危险事件：导致伤害的危险情况。
❑ 危险情况：一个人暴露于危害的情况。
❑ 危害：潜在的伤害来源。
❑ 风险：伤害发生的概率与这种伤害严重程度的组合。
❑ 可容忍的风险：在给定的环境下，基于当前的社会价值观是可接受的风险。"可接受的"是指可能被接受，或已经被接受。
❑ 安全完整性：IEC 61508 中的一个核心概念，被定义为一个安全相关系统（Safety Related System，SRS）的可靠性，即在规定的时间内，与安全相关的系统在所有状态条件下均能执行安全功能的概率。
❑ 安全完整性级别：属于一种离散级别，用于指定分配给电气、电子、可编程电子等安全相关系统的安全功能的完整性要求。SIL 评级与危害的频率和严重程度相关，决定了维护和实现安全功能以及出故障的概率。SIL 包含 5 个级别，从低到高分别为 SIL 0、SIL 1、SIL 2、SIL 3 和 SIL 4，其中 SIL 4 用于防范最高的风险。不同的 SIL 有相应的设计、实施、操作和维护要求。

对于一个高要求或连续操作模式的系统，SIL 是根据每小时发生危险失效的概率决定的。

系统的设计应该在相关生命周期阶段，采取适当和充分的功能安全管理措施避免故障，这些措施包括但不限于以下内容。

❑ 在所有生命周期阶段保证完整的设计文件和应用质量管理（Quality Management，QM）。
❑ 系统中需要有故障检测和控制措施。
❑ 确保危险故障的残余概率小于可接受的极限。

简而言之，IEC 61508 是一个面向安全系统设计、实现和运维的质量管理规定，指定了供应链中所有环节应遵循的流程，这样有关系统的信息就可以使用通用术语和系统参数进行交流。

对于功能安全而言，错误的质量措施直接导致系统故障率上升。功能安全必须在产品开发过程中通过设计实现，而不是在设计之后再解决。作为设计安全控制系统的主要标准，IEC 61508 已成为世界公认的通用功能安全标准。

系统安全要求基于识别、分析危害和应用基于系统的补救控制的风险管理策略。而传统的安全策略依赖于事故的产生条件和原因。在功能安全方面，对产品的审查不是看它有多安全，而是看它有多危险。基于系统的安全方法要求在整个系统或产品的生命周期中，对危害进行识别、分析、消除、控制或管理。为了降低每一个风险，需要实现相应的安全功能，不同的安全功能共同组成了安全系统。

IEC 61508 的优点如下。

- 描述了先进的安全工程，并考虑了完整的安全功能。
- 减少了复杂系统的开发风险。
- 通过生命周期模型减少了产品开发和发布期间的延迟。
- 独立于产品和应用程序。
- 采用以概率和风险为基础的安全方法，优于定性评价。
- 为特定行业标准中特定应用安全相关产品的开发提供了标准。

IEC 61508 是一个复杂的综合性标准，开发过程中将产生大量的文档，增加了产品和系统的开发难度。而且，它并不是一个全球统一的标准，属于推荐标准，其应用和遵守是自愿的。

9.5.3 功能安全

智能驾驶相关的新功能，实现难度大，功能逻辑尚处于探索期，如果从系统设计初期就应用相关标准并以业内最佳实践作为指导，则产品的安全性将大提升。

在汽车电子行业，当我们谈到功能安全时，一定会涉及一个被广泛应用的标准 ISO 26262。这是一个适用于道路车辆电子电气系统的功能安全标准。整车厂和零部件供应商都需要遵守这一标准。ISO 26262 的母标准是 IEC 61508，ISO 26262 继承了大量 IEC 61508 的概念和规定，又有所不同。

虽然 ISO 26262 本身并不是强制标准或法律法规，但目前已被一些强制标准和法规引用，如 GB 17675、ECE-R79、ECE-R157 等。

1. ISO 26262 简介

ISO 26262 的主要目标是避免"由于电子电气系统的功能异常表现引起的危害而导致不合理的风险"，其中的风险主要指由以下原因引起的对人员（包括车内和车外）生命健康的危害。

- 错误的规范或实践中的错误。
- 运行期间的故障。
- 可合理预见的操作错误。
- 可合理预见的误用。

需要特别指出的是功能安全与安全功能的差异,功能安全主要考虑的是由于电子电气系统功能异常表现引起的危害而带来的不合理的风险,而安全功能是为了保证在某种情景下减少人员的危险而设计的功能,如安全气囊是为了减少在车辆碰撞时对人员的伤害,属于安全功能。而安全气囊由于系统的功能异常而非预期点爆则属于功能安全需要考虑的范围。

功能安全应考虑的可能受到伤害的人员包括但不限于:驾驶员、车内乘客、后车和对面来车内的成员、其他的道路使用者、生产线上的人员、售后服务人员和参与车辆报废处理的人员等。

正确地应用 ISO 26262 可以实现以下目标。

- 通过对设计、研发、生产阶段中各种活动的规范,避免出现系统性失效。
- 避免在产品运行过程中出现控制系统失效。
- 在产品运行过程中,实现对随机硬件失效的控制。

ISO 26262(2018 版)包含 12 个部分,对整个系统从概念、开发、生产与运行,以及维护和支持阶段的各种活动进行了定义,覆盖了整个产品生命周期。

① 词汇表。
② 功能安全管理。
③ 概念阶段。
④ 产品开发:系统层级。
⑤ 产品开发:硬件层级。
⑥ 产品开发:软件层级。
⑦ 生产、运行、服务和报废。
⑧ 支持过程。
⑨ 面向汽车安全完整性等级和面向安全的分析。
⑩ ISO 26262 指南。
⑪ ISO 26262 应用在半导体上的指南。
⑫ ISO 26262 对摩托车的适配。

该标准的总体架构如图 9-16 所示。

在图 9-16 中,③~⑦覆盖了产品从概念到生产与运行的全生命周期,与系统工程中的 V

模型完全匹配。⑤、⑥分别对应于产品开发中的硬件和软件开发，可以看作两个独立的、由多个小 V 模型组成的大 V 模型。

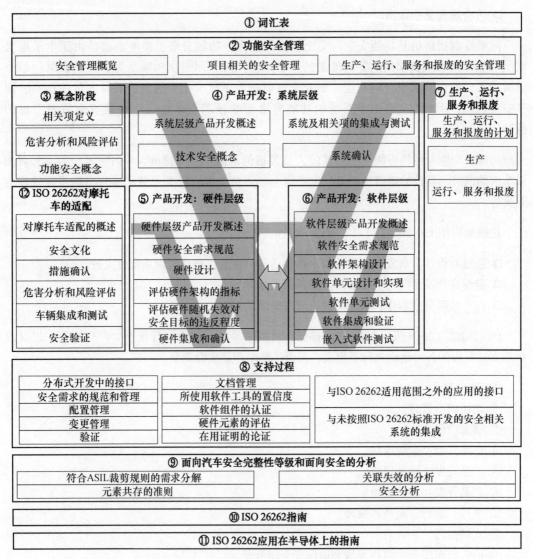

图 9-16　ISO 26262（2018 版）总览

ISO 26262 的安全生命周期包含了概念阶段、产品开发、生产、运行、服务和报废期间的主要安全活动，如图 9-17 所示。其中关键的管理任务是计划、协调和记录安全生命周期的安全活动。安全生命周期可以根据实际情况进行调整。

主要开发活动如下。

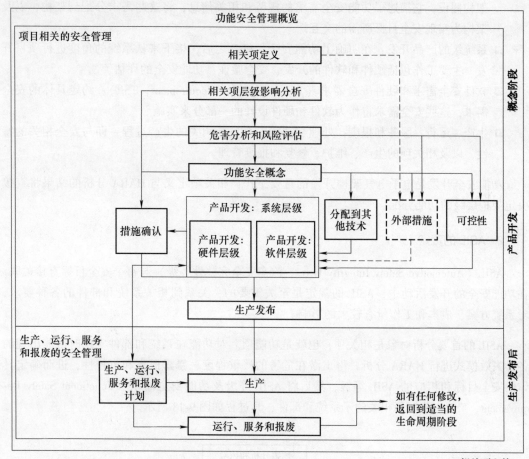

图 9-17 ISO 26262 安全生命周期中的管理活动

- 相关项定义：这是安全生命周期的初始任务，包括对产品功能、界面、环境条件、法律要求、已知危害等进行描述，确定相关项的边界及其接口，以及关于其他项目、元素、系统和组件的假设。细节需要经过对产品特性、功能和系统方案的分析。该活动的主要目的是识别由电子电气系统实现的功能及其相关的系统边界，从而进行进一步的功能安全分析和设计。

- 危害分析和风险评估（Hazard Analysis and Risk Assessment，HARA）：根据需要预防、减轻或控制的危害和危险事件发生的概率、可控性和严重性评估危险事件的 ASIL，并确定相关项的安全目标（Safety Goal，SG）。安全目标是相关项的最高安全要求，可以理解为当某种可能导致危害的系统失效时，系统应该实现的目标，如车辆不能非预期加速。

- 功能安全概念（Functional Safety Concept，FSC）：基于安全目标而定，从而进行初步的架构假设，它描述了功能安全需求的规范和相关信息，将这些需求分配到架构，以及架构为实现安全目标所需的交互。
- 系统级的产品开发：在明确了功能安全的概念之后，接下来从系统的角度进行项目开发。主要工作包括硬件和软件的开发、安全验证、功能安全的评估等。
- 软件安全需求和硬件安全需求（Technical Safety Requirement，TSR）：约定具体的安全需求，这些安全需求将作为软件和硬件设计的一部分来实施。
- 生产、运行、服务和报废：处理与功能安全目标相关的生产过程，即与安全相关的特性，以及相关项的生产、维护、修复和报废管理。

功能安全开发是电子电气架构开发的重要工作，相关项定义与 HARA 分析的结果将直接决定架构层级的功能分配。

2. ASIL 的裁定

ASIL（Automotive Safety Integrity Level，汽车安全完整性等级）与每个安全目标直接关联。在功能安全的开发活动中，ASIL 的裁定是至关重要的，关系到相关系统和部件的各种要求，对系统方案、成本和工作量有较大的影响。

ASIL 的首要分析对象是相关项，也就是功能项。对功能在系统和部件实现时可能出现的各种失效模式进行 HARA 分析，得出潜在危害的严重程度、暴露概率和可控性，进而确定具体的安全目标和相应的 ASIL 等级，然后将 ASIL 等级及功能安全需求（Functional Safety Requirement，FSR）分解到相关的子系统和部件，其过程如图 9-18 所示。

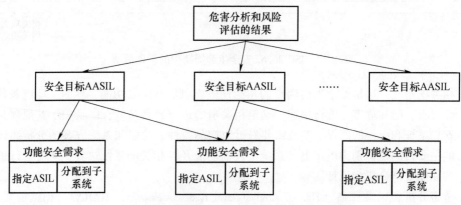

图 9-18 功能安全从 HARA 开始的分解过程

HARA 分析主要依据以下 3 个方面进行评估。

（1）严重程度 严重程度指危险发生后对相关人员的危害程度，可划分为 S0、S1、S2 和 S3 共 4 个等级，如表 9-1 所示。

表 9-1 严重程度等级分类

等级			
S0	S1	S2	S3
描述	无伤害	轻度、中度伤害	严重、有生命危险的伤害（可能存活）	有生命危险的伤害（不一定存活）、致命的伤害

（2）暴露概率　暴露概率指危险事件的发生概率，需要根据危险事件的定义和操作情况并基于目标市场操作情况的代表性样本进行估计。暴露概率可划分为 E0、E1、E2、E3 和 E4 共 5 个等级，如表 9-2 所示。

表 9-2 暴露概率等级分类

等级				
E0	E1	E2	E3	E4
描述	几乎不可能	极低概率	低概率	中等概率	高概率

（3）可控性　可控性指危险事件的可控性，应根据危险事件的定义进行估计。可控性可分为 C0、C1、C2 和 C3 共 4 个等级，如表 9-3 所示。

表 9-3 可控性等级分类

等级			
C0	C1	C2	C3
描述	一般均可控	简单可控	通常可控	难以控制或不可控

根据危险事件的严重程度、暴露概率和可控性，可以确定 ASIL，如表 9-4 所示。

表 9-4 ASIL 与严重程度、暴露概率、可控性的对应

严重度等级	暴露概率等级	可控性等级		
		C1	C2	C3
S1	E1	QM	QM	QM
	E2	QM	QM	QM
	E3	QM	QM	A
	E4	QM	A	B
S2	E1	QM	QM	QM
	E2	QM	QM	A
	E3	QM	A	B
	E4	A	B	C

(续)

严重度等级	暴露概率等级	可控性等级		
		C1	C2	C3
S3	E1	QM	QM	A
	E2	QM	A	B
	E3	A	B	C
	E4	B	C	D

表9-4体现了ASIL的4个等级：A、B、C和D，其中A等级最低，D等级最高。QM表示不要求符合ISO 26262。

在明确系统和部件的ASIL等级之后，ISO 26262提供了对应各等级的开发方法与流程指引。一般而言，ASIL的等级越高，系统设计、软硬件设计需要达到的可靠性就越高，流程中需要完成的活动也越多，相应的成本也就越高。

总体来说，功能安全的本质是安全相关的质量管理，无论对于系统设计还是部件设计，乃至后续的验证、生产和维护阶段，不同的ASIL等级需要遵循不同的流程规定。功能安全工程师的工作之一是依据对ASIL裁定的结果提出各个层级设计与开发的需求，并通过管理手段确保需求可以实现。

9.5.4 预期功能安全

车辆驾驶辅助功能越来越复杂，自动驾驶等级越来越高，很多安全问题并不一定是系统故障或失效引起的。对于一些依赖环境的电子电气系统，尽管并不存在需要ISO 26262解决的故障，但仍可能存在由预期功能引起的潜在危险行为。造成这种潜在危险行为的原因如下。

- 由于技术参数的限制而导致相应功能无法正确感知环境。
- 由传感器输入的变化、人工智能在数据融合领域的应用、复杂的环境条件等导致的功能、系统或算法缺乏鲁棒性。
- 由决策算法和需求变更而产生的意外行为。

针对ISO 26262不能覆盖的安全风险，ISO 21448应运而生。ISO 21448于2022年6月正式发布，提供了一个一般性论证框架，是一个关于确保预期功能安全（Safety Of The Intended Functionality，SOTIF）相关措施的指南。SOTIF指的是不存在由于下列原因造成危害的不合理风险。

- 车辆预期功能的（设计时所确定的）不足。
- 电子电气组件不足或性能受限。

对于道路车辆而言，安全水平的最低要求是避免因功能及其实现造成的不合理风险，特别是那些不是由故障而是由不够规范或性能限制造成的危险。

这些危险可能由特定的场景条件触发，包括对功能的误用（如某项功能已经关闭，驾驶员却认为其仍然是激活状态），或该功能与其他功能的误用（如自动驾驶时，驻车制动被用户手动拉起或由系统自动激活）。

SOTIF 不适用于以下情况。

- 已经被 ISO 26262 覆盖的故障。
- 由系统技术造成的危害（如激光雷达对人眼的伤害）。

为了避免上述可能存在的危害，SOTIF 在以下产品开发和验证阶段推行消除危害或减少风险的措施。

- 规范制定及设计阶段：根据已识别的系统限制或未知的危险情况对车辆功能或传感器性能进行修改。
- 验证阶段：在选定的 SOTIF 相关场景的在环测试中进行技术评审、高覆盖率的测试用例设计、潜在触发条件的注入，例如 SIL（Software in the Loop，软件在环）、HIL（Hardware in the Loop，硬件在环）和 MIL（Model in the Loop，模型在环）等。
- 确认阶段：长时间的车辆测试、基于模拟方法的测试等。
- 运行阶段：对 SOTIF 事件的现场监控。

ISO 21448 的核心内容如下。

- 范围。
- 引用标准。
- 术语和定义。
- SOTIF 活动的概览和组织。
- 规范和设计。
- 识别和评估危害。
- 识别和评估潜在的功能不足和触发条件。
- 解决 SOTIF 相关风险的功能修改。
- 定义验证和确认的策略。
- 评估已知危险场景（区域 2）。
- 评估未知危险场景（区域 3）。
- SOTIF 发布的准则。
- 运行阶段的活动。

在 SOTIF 中，场景被分为如下 4 个类别。

- 已知的无危险场景。
- 已知的危险场景。
- 未知的危险场景。
- 未知的无危险场景。

未知区域与以下场景相关。

- 潜在的触发条件（如极端低温、特殊的驾驶场景等）被明确定义了，但系统的行为是未知的。
- 触发条件未知。

SOTIF 活动的最终目标是评估潜在危险行为，并提出相关论据，以说明这些区域已经是最小的，即满足可接受的标准，风险足够低。虽然已知场景的风险可以被明确评估，但未知场景的风险只能通过行业最佳实践来解决，比如系统分析或专门的实验，具体的过程如图 9-19 所示。

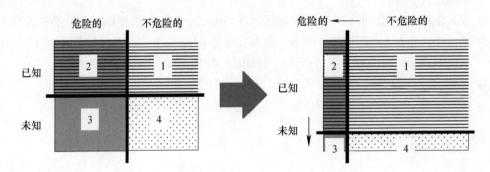

图 9-19 由 ISO 21448 活动产生的场景类别的演变

SOTIF 的主要工作是将 4 个区域进行转化。

- 基于对预期功能的分析，对区域 2 进行潜在风险接受度评估。
- 在必要时，通过改进功能或限制使用，将危险场景从区域 2 移至区域 1，从而将区域 2 内已知情况造成危险行为的可能性降低到可接受的风险水平。
- 尽可能将区域 3（未知风险）最小化，从而将未知情况造成潜在危险行为的可能性降低到可接受的风险水平。将区域 3 最小化的一种手段是验证活动，将每一个检测到的危险场景都转移到区域 2。
- 如果发现未知的无危险的情况（区域 4），可以记录并报告。

随着区域 1 中设定场景的增加，剩余风险（区域 2 和 3）将会减少，安全的置信度将会增加。

与 ISO 26262 不同的是，在分析与 SOTIF 相关的风险时，并没有针对危险事件定义如何确定 ASIL。然而，确定 ASIL 的参数依然可以用来调整 SOTIF 的验证工作。ASIL 中的暴露概率可以在选择验证场景时使用，可控性可用于评价 SOTIF 相关危害是否可控。

虽然 ISO 21448 标准在 2021 年发布的草稿版中覆盖了 ASIL 所有级别的自动驾驶功能，但是目前仍然有如下亟须解决的问题。

- ❏ 与 ISO 26262 和其他相关标准之间的接口和边界需要进一步澄清。
- ❏ 对人工智能领域的指引尚待加强。
- ❏ 对驾驶员在各种相关分析中的指引不足。
- ❏ 对验证与仿真工作的指引不足。
- ❏ 对如何在功能和实现层面进行应用需要进一步澄清。
- ❏ 在 SOTIF 相关的安全分析中的指引需要更加明确。
- ❏ 对 SOTIF 活动的工作输出物需要进一步明确。

9.5.5　对系统安全的思考

当前已经广泛应用的两个汽车电子系统安全标准——ISO 26262 和 ISO 21448，虽然不够完善，但已经极大地提升了汽车的安全水平。尤其对于国内的汽车行业而言，这两个标准代表了国际最先进的安全要求，是提升汽车电子设计与开发能力的重要指引。

功能安全与预期功能安全是业界最佳实践的总结和方法，按照相关标准开发仅能证明开发者按要求开展了相应的活动，不等于开展的活动都是完全正确且充分的。

当前，功能安全与预期功能安全大多由专人负责，他们都接受过专业培训，对相关流程与标准非常熟悉。功能安全与预期功能安全的开发工作需要对技术细节非常熟悉，仅熟悉标准与流程无法保证产品一定是安全的。

对于自动驾驶而言，目前尚无机器学习算法的应用标准。如何使复杂的机器学习算法应用于功能安全的要求，将是未来很长一段时间内整个行业需要共同面对和解决的问题。

9.6　网络安全

未来的智能网联汽车将不再是一个独立的系统，而是涉及车与车、车与人、车与云端、车与路侧设备、移动设备、卫星设备的信息交换、智能决策及协同控制。汽车的网络入口包括至少三类网络：车内的实时网络（如 CAN 总线、以太网、USB 等）、近场网络（如蓝牙、Wi-Fi、射频等）和车辆与基础设施之间的网络（4G/5G、V2X）。随着汽车网联化的发展，汽车开放了众多端口，在带来便利的同时也带来了安全隐患。一方面，黑客可能通过干扰或破坏自动驾驶系统对车辆本身进行破坏和控制;另一方面,随着车内外数据采集设备的增加,个人和企业敏感数据泄露的风险也大大增加。作为车企,需要审慎考虑如何应对新的威胁,构建包含云端、传输管道的云管端一体化网络安全架构,保障车辆在使用过程中的安全。

网络安全指保护关键系统和敏感信息免遭数字攻击。对于汽车而言,是指保护车辆中有价值的资产,防止外界的攻击或入侵,以保证车辆的功能可以安全、可靠地运行。网络安全包括可靠性、可用性、保密性、完整性、不可抵赖性、可控性、可审查性和真实性等。

9.6.1 ISO/SAE 21434 简介

根据联合国欧洲经济委员会(the United Nations Economic Commission for Europe,UNECE)世界车辆法规协调论坛第 29 工作组通过的网络安全管理系统(Cyber Security Management System,CSMS)法规 UNECE R155 要求,从 2022 年 7 月起,汽车制造商必须遵守 UNECE R155 法规的规定,才能在签署了《关于统一条件批准机动车辆装备和部件并相互承认此批准的协定书》(简称《1958 年协定书》)的国家中销售。

为了支撑 UNECE R155 的落地实践,2021 年 8 月,国际标准化组织和国际汽车工程师学会发布了 ISO/SAE 21434:2021《道路车辆-网络安全工程》,对整个汽车供应链中实施 UNECE R155 进行了指导,并产生了至关重要的影响。该标准将标准化与监管结合起来,强制汽车行业管理网络风险。

ISO/SAE 21434 标准侧重于道路车辆电子系统中的网络安全风险管理,规定了车辆的网络安全风险管理的要求,加强了汽车生命周期各个阶段的安全保障。同时为网络安全的工程开发和管理流程提供了框架,使车辆制造商和供应商能够使用通用的网络安全要求,同时不对技术解决方案施加限制。

ISO/SAE 21434 标准的前身是 SAE J3061《网络物理汽车系统网络安全指南》。SAE J3061 定义了一个类似于 ISO 26262 描述的流程框架,建议对潜在威胁进行初步评估,同时对与网络安全相关的系统进行风险评估,以确定是否存在可能导致违反安全规定的网络安全威胁。

ISO/SAE 21434 标准共 15 章,其核心内容分布在第 4~15 章,重点内容如图 9-20 所示。在该标准的附录中提供了相应的示例、信息和指南。

ISO/SAE 21434 标准与功能安全标准也有一定的联系。在 ISO 26262 中有针对网络安全与功能安全之间相互作用的指南和建议,旨在尽量避免因系统设计问题导致的功能失效,保证系统在遭受外界攻击时能够正常运行,财产不受损失,个人隐私不受侵犯。二者均专注于系统级功能,且彼此的定义和过程相互关联。

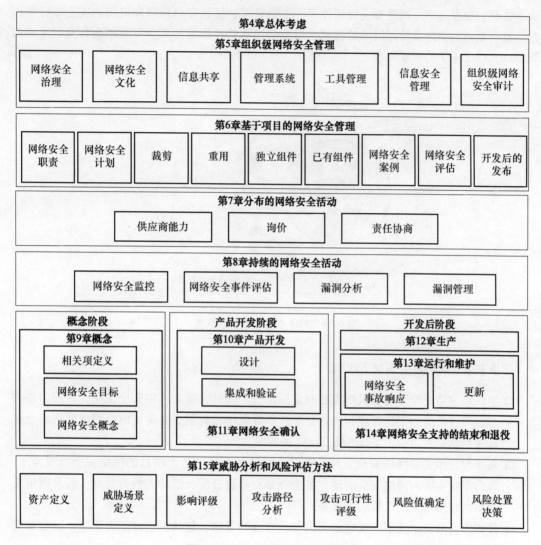

图 9-20 ISO/SAE 21434 标准概览

9.6.2 网络安全管理

网络安全工程的实施是一个复杂的系统工程。活动参与方众多，包括了汽车供应链中的每个相关者。网络安全的保障不但需要在开发阶段投入大量精力，还需要在产品的整个生命周期中持续监控、维护和管理，如图 9-21 所示。这是因为车辆在出厂后将处在一个随时变化的网络环境中，各种网络威胁将不断出现和升级。

实施网络安全工程，首先需要在组织层采取一系列活动，包括建立网络安全治理、网络安全文化、信息共享、网络安全管理体系、工具管理、信息安全管理和组织的安全审计等体系。这一系列活动涉及公司层面的流程、组织架构和管理措施，车企需要结合自身情况来匹配 ISO/SAE 21434 的相应要求。

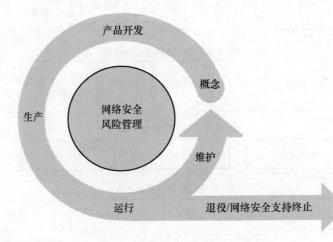

图 9-21　网络安全风险管理概览

网络安全管理可以分为如下四类。

- 组织级网络安全管理：组织需要制定网络安全方针、建立网络安全文化，以及信息共享、管理系统、工具管理和信息安全管理等规则和机制。通过实施组织级网络安全审计来判断是否达到了 ISO/SAE 21434 的要求。
- 基于项目相关的网络安全管理：规定一个通用性强、基于项目的网络安全管理要求，包含需要实施的网络安全活动、各项活动的职责分配、活动的裁剪原则，以及网络安全案例和网络安全审核的要求等。
- 分布式网络安全活动：规定如何进行供应商的管理，包括供应商能力评估、询价和责任分工 3 个方面。
- 持续的网络安全活动：规定产品生命周期的持续性网络安全活动。车企不但需要在开发阶段进行必要的风险分析、设计、开发和测试，还要在项目的全生命周期持续收集和监控与项目有关的网络安全，建立信息监控和漏洞管理机制，保证产品的网络安全。

9.6.3　网络安全开发

网络安全开发工作可分为 3 个阶段：概念、产品开发、开发后。通过威胁分析与风险评估（Threat Analysis and Risk Assessment，TARA）方法，定义产品生命周期内的网络安全活动和相关要求。

概念阶段的主要活动是识别网络安全相关项,并通过 TARA 方法确定网络安全目标,产生相应的网络安全概念,如图 9-22 所示。

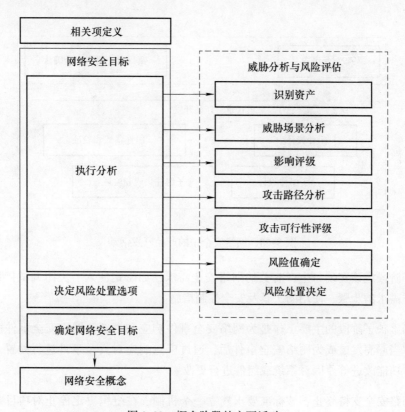

图 9-22　概念阶段的主要活动

- 相关项定义:相关项指的是为实现车辆某个功能所需要的电子器件及软件。
- 网络安全目标:根据 TARA 的评估结果,确定需要实现的网络安全目标。
- 网络安全概念:针对网络安全目标所采取的网络安全控制措施,也就是定义网络安全需求,并形成设计规范。

概念阶段的工作通常由网络安全开发部门负责,在项目早期识别项目的范围,对网络安全相关的系统/功能进行评估,识别风险点,制定相应的网络安全控制措施,形成网络安全需求输出给对应的开发部门。

产品开发阶段的工作主要是根据网络安全需求进行产品的设计和开发。在将网络安全需求自上而下逐层分解后逐渐细化需求,并制定设计规范,从而进行架构设计和详细设计,完成各组件的开发工作,如图 9-23 所示。

开发后阶段包括从生产到运行和维护,直至产品退役的产品生命周期。对各种应急响应和更新,以及相应的网络安全支持终止提出了相关的要求,也是产品全生命周期中网络安全活动持续最长的阶段。

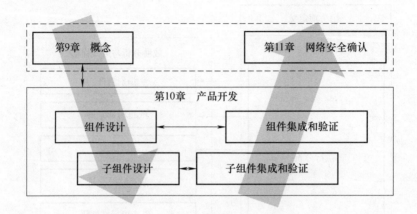

图 9-23　网络安全中的产品开发活动

生产子阶段应该实现与生产有关的网络安全需求,如密钥注入、关闭调试接口等,并规定实施这类需求的步骤、使用的工具及安全控制措施。

运行和维护子阶段的主要工作是为网络安全事件响应和更新。网络安全事件由漏洞管理流程触发,当漏洞发展成为网络安全事件后,通过应急响应对安全事件进行处置。更新指因漏洞修复、功能改进等原因对系统或组件进行更改。

对于网络安全支持终止,该标准要求建立一个机制,在组织决定停止对项目或组件的网络安全支持时向客户通报。对于退役,要求在制定开发后阶段的网络安全要求时考虑停用的影响。

网络安全工程中,TARA 是一套核心的方法论,主要用于确认所受威胁的影响程度,包括如下主要工作。

- 识别资产并明确其网络安全属性。
- 评估资产受攻击时的损害情况。根据威胁场景(欺骗、篡改、抵赖、信息泄露、拒绝服务、特权提升)下的攻击路径、可利用的攻击路径的难易程度(分为高、中、低、非常低等 4 个等级)、威胁场景的风险值,分析其对道路使用者的潜在不利后果(包括安全、财务、运营和隐私等),确定损害等级(分为可忽略不计、中等、主要、严重,共 4 个等级)。
- 为每个威胁场景选择适当的风险处理决策,如规避风险、减少风险、分担风险和保留风险等。并据此形成整车或零部件的网络安全需求,匹配相应的网络安全措施。

9.7 本章小结

本章讨论了智能网联汽车相关的新技术，指出了新技术与电子电气架构之间的关系。

本章还对人工智能与大数据进行了简单的介绍，重点罗列了人工智能技术在汽车工业中的应用。

针对无人驾驶中最重要的话题——安全，本章从系统安全的概念与流程出发，介绍了 IEC 61508、ISO 26262 和 ISO 21448 标准中的基本内容。

Chapter 10

第 10 章

汽车行业的变革与机遇

创新的机会不是随风暴而来的，而是随微风而来的。

——彼得·德鲁克

作为民用工业领域中大规模生产的复杂产品，汽车的发展与各种新技术的发展息息相关。汽车行业是一个高度综合的行业，它的上游几乎囊括了制造业的所有行业——冶金、电子、化工等。它的发展依赖于整条产业链的共同进步，同时也促进了整条产业链的发展。在汽车的发展历程中，各种新技术的不断应用让汽车从一个单纯的交通工具逐渐转变为具有交通工具属性的智能化终端与移动生活空间。

电子产品、软件产品和其他相关技术的飞速发展，为整个汽车行业注入了新的活力，也有力地助推了汽车行业的又一次变革。

10.1 变革——历史的必然

天下熙熙，皆为利来；天下攘攘，皆为利往。作为社会最重要的组成部分之一，企业本质上不断追求利润的商业组织，企业与个人的共同点之一是对利益最大化的追逐与永不满足的进取之心。对于任何事物而言，达到稳定状态便意味着不再变化，而这个世界上没有任何事物能够保持绝对的稳定状态，无论主动求变，还是被动应变，唯有不断地自我革新才能保持活力。那些能够顺应潮流且具有足够能力的个体总是能够抓住新的机遇并将其转化为自己的新增长点。

对于处在变革风暴中心的车企而言，这场变革既是严峻的挑战，也是巨大的机遇。"新四化"带来的首先是产品的变革，产品的变革则会进一步影响商业模式，进而重塑整个汽车产业格局。如果能够穿越重重迷雾，厘清目标，打造新时代所需的能力，就可以在这个百年未有之大变局中占得先机，开启新的增长之旅。

10.1.1 第二曲线

当代管理哲学家查尔斯·汉迪有一本广为人知的书——《第二曲线：重塑社会的思考》（*The Second Curve: Thoughts on Reinventing Society*），其核心思想如图10-1所示。

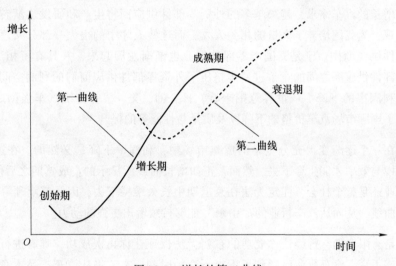

图 10-1　增长的第二曲线

图10-1展现了事物的增长与时间的关系。事物的增长曲线通常呈S形，为了保持较高的整体增长率，必须在还有能力投入时间和资源时开发出第二个S形曲线，从而能够在进入第一曲线衰退期前开始新一轮增长。

对于汽车行业而言，可以从多个角度来理解和应用这个第二曲线理论。

首先，对于汽车的动力系统而言，如果将内燃机看作第一曲线，则可以将电动机看作第二曲线。传统的内燃机已经发展了上百年的时间，成熟度已经非常高，无论相关技术还是配套产业链，几乎是完善的。虽然还有众多公司在努力地提升其燃烧效率和减少其排放量，但收效甚微，至少在目前阶段无法看到任何取得革命性突破的希望。而且，由于内燃机系统日渐复杂，新进者难以超越已有的"守江山"者，这造成了如今燃油车市场相对稳定的市场格局：产品相对固化、行业内很难有新的竞争者加入。这也导致了燃油车市场难以有重大创新出现。

然而，成熟便意味着即将衰退。汽车作为一种商品，其同质化日趋严重，利润率也日渐下滑。20世纪90年代初，一辆普通的桑塔纳轿车在国内的价格为20万元人民币左右，而那时的人均GDP还不到2 000元人民币。而现在的桑塔纳轿车虽然性能更好、配置更丰富，但价格只需要10万元人民币左右，已经与一个普通城市家庭的年收入基本相当。这种变化出现的原因众多，但其中首先要感谢政府的政策扶持与众多自主品牌的不懈努力：没有自身的强大，就没有议价的权力。即使考虑到通货膨胀和生产率提升等因素，整车利润率的大幅度降低也是不争的事实和难以逆转的趋势。

其次，汽车电子零部件的各层级供应商同样面临着同质化日趋严重和利润率日渐下滑的困境。由于整车利润率下降，大部分零部件厂商的利润率也必然被不断挤压。同时，为了应对我国日益增长的汽车需求，越来越多的外资零部件供应商将生产和研发逐渐转移到我国进行。这在客观上为我国培养了大量的相关人才，而这些人才中的很大一部分又逐渐转移到一些国产零部件供应商中。于是，国产零部件行业也渐渐发展起来，并具有了相当的竞争力。我国本土零部件供应商之间的竞争进一步挤压了外资零部件供应商们的利润空间，并进一步促成了整车利润率的下降。从世界范围来看，日、韩、美、德等传统汽车强国之间的竞争，也加快促成了国际市场汽车价格的下降以及质量与性能等的提升。

总之，在一个逐渐变得充分竞争的成熟市场中，利润率下降是必然的。在这种情况下，只有依靠规模与效率才能生存下去。然而，正如增长曲线所显示的：成熟期之后便是衰退期。无论汽车产业还是整个社会，注定无法在衰退期中长久维持下去，因此都亟须寻求新的突破来开启第二曲线，从而让汽车行业的"引擎"能够持续输出更强的动力。

成长总是有限度的，曾经让你成功的东西无法保证让你再次成功，唯有进行变革，才有可能保证长盛不衰。汽车行业已经到了不得不变的时刻。本节将从汽车产品本身、商业模式和产业格局的角度来探讨汽车行业正在经历的伟大变革。

10.1.2　产品的变革

在汽车行业所有的变革中，最易为人所感知的一点是汽车这个产品本身的变革。

1. 电动化的变革已经不可逆转

作为一种交通工具，汽车最显著的变革来源于动力系统。

传统的汽车行业竞争中，发动机是关键，因为发动机的成本在整车成本中占比较高（可超过15%），所以发动机技术的优劣也直接决定了车企的盈利能力。虽然内燃机的制造技术接近成熟，但其复杂的工艺和越来越高的性能与排放要求让众多后来者望"机"兴叹。而且，众多汽车企业为了保证对核心部件的掌控，纷纷自己研制发动机，并很少将技术提供给竞争对手。

而将电池作为能量存储介质，将电动机作为驱动部件的电动汽车，则由于近乎标准化的动力系统，大大降低了造车的门槛。再加上各国政府的大力扶持，使得各方新势力车企有机会登上舞台与老牌传统车企势力一决高下。所谓电动化的变革，指的就是这种将汽车动力系统从内燃机转变为电力驱动的趋势与现状。

狭义的电动汽车多指完全采用电池作为能量来源的汽车，即纯电动汽车（Electric Vehicle，EV），也称为电池车（Battery Electric Vehicle，BEV）。而广义的电动汽车则包含所有以电池为能量存储介质并有电机参与驱动的汽车，其动力来源包括油电混合（Hybrid）、燃料电池（Fuel Cell，FE）等。广义的电动汽车通常被统一称作新能源汽车。

2021 年，全球电动汽车销量达到 675 万辆，相比 2020 年增长了 108%。电动汽车在全球轻型汽车销售中所占的份额为 8.3%，而 2020 年为 4.2%。其中，纯电动汽车占电动汽车总销量的 71%，插电式混合动力汽车占 29%。在中国市场中，新能源汽车的销量更是高歌猛进：2021 年 12 月，新能源乘用车⊖市场零售量达到 47.5 万辆，同比增长 128.8%，环比增长 25.4%，总体零售渗透率达到了 22.6%。2021 年全年，新能源车零售量达到 298.9 万辆，同比增长 169.1%，月均渗透率 14.8%。

汽车动力系统从燃油机到电动机的变化对用户的影响是多方面的。

（1）日常使用成本降低　由于燃油价格持续走高，能源成本早已经成为用车成本中最为重要的一部分。而电动汽车则可以显著降低能源的成本。根据相关测算，电动汽车每百公里的能源成本可以比相同等级的燃油汽车低 80% 以上，考虑到电价的峰谷差异，如果选择在用电低谷时进行充电，使用成本可以进一步降低。另外，电动汽车没有发动机，无须定期对发动机进行保养和维护，且电动机的故障率也更低，这又进一步降低了用户的使用成本。

（2）驾乘体验提升　电动机在低速区就可以输出强大的扭矩，而且可以通过软件控制实现无级调速，使电动汽车具有响应速度快、加速性能好以及无因换挡而引起的顿挫等优势。同时，由于电动机的噪声小，舱内人员会感觉更加安静。

电动化不只影响着乘用车领域，对于商用车领域，其影响也在逐渐扩大。商用车的特点是空间大和载重能力强，这两点对于电池和电动机等的布局非常有利。而且，对于传统商用车，燃油使用成本占了运营成本的很大比例，二氧化碳的排放量也非常高，因此新能源商用车的逐渐普及也必然是大势所趋。鉴于很多商用车需要连续运营，不太适用乘用车的充电方式。因此，以氢燃料电池为代表的其他新能源技术可能更适合商用车。在公交车领域，众多

⊖ 乘用车涵盖轿车、微型客车以及不超过 9 座的轻型客车。

国家大力鼓励零排放公交车的推广，制定了相应的规定并提供补贴。

对于整个社会而言，电能的生产、存储和输送的设施已经比较完备。相比于燃油，电能的安全性、可获得性以及可利用率更高。而且电能的来源途径多种多样，除了传统的火力发电，还有水能、风能、太阳能、核能发电等，这对环境造成的污染要小很多。另外，由于燃油属于化石能源，其储藏量必然是有限的，注定了依靠燃油的汽车无法长期存在。

对于中国而言，燃油车的持续发展对于国家"双碳"（碳达峰和碳中和）目标的达成是一个巨大的威胁和挑战。而且，每年为了维持国内的能源供给，需要进口大量的原油，造成了我国对外的严重依赖。大力发展新能源车（包括电动汽车和氢燃料电池车等）成为国家战略的必然选择。

不得不注意到的一点是，由于目前电池技术的限制和充电设施发展的不完备，电动汽车在续航、充电便利性以及使用寿命等方面依然表现得不够理想，这些问题的改善有赖于相关技术的持续发展。另外，电池回收技术与相关体系尚不够成熟，产生的污染和资源浪费问题仍然有待解决。

无论如何，在排放法规与能耗的双重压力驱动下，电动化已然成为全球汽车产业公认的未来演化方向。从电池材料的技术之争，到技术提供商与整车制造企业的潮流控制权之争，再到以国家为界线的竞争博弈，整个产业都在如火如荼地加速落地电动化战略。电动化所带来的不仅是新的研发流程、制造工艺，也带来了全新的造车理念，以及汽车产业百年来最深刻的变革。新能源汽车对燃油汽车的替代效应已经显现并逐渐加速，用户通过市场化选择证明了消费需求的变化，拉动了汽车产业加速向新能源化转型的步伐。虽然距离实现全面电动化依然有很长的路要走，但这种变革已经成为不可阻挡的潮流。

2. 智能化的变革刚刚开始

汽车的智能化还有非常大的可提升空间。它主要发生在两大技术领域：座舱和无人驾驶。

对于座舱而言，虽然当前上市的车型中已有很多具备了语音交互与控制、驾驶员监测、手势控制、情绪识别、遗留物品检测提醒等功能，但无论配置率，还是功能的可用性、可靠性、准确度和用户体验，均处于比较初级的阶段。

成本是制约座舱智能化普及的一个重要因素，无论语音还是图像识别，都需要大量前期研发阶段的设计，包括交互设计、场景设计、数据训练等，其研发费用动辄达几百万元、几千万元。而且，在车内部署时还需要多媒体主机具有强大的处理能力，并需要配置相应的传感器。此外，语音处理、图像处理以及其他相关技术本身的成熟度尚有待提升，虽然可以应对大多数场景，但无法做到百分之百的可靠与可用。

无人驾驶仍然是目前对于汽车而言最重要的智能化体现，也吸引了最多的注意力。但整个行业仍然在 L3 等级以下持续徘徊，并在场景拓展和性能提升上进行努力。尽管已经有众多车企和供应商实现了在某些特定场景下的 L3 甚至 L4 的功能，但受限于其可靠性和性能，极少看到哪个车企或供应商愿意对终端消费者宣称自己的汽车已经实现了 L3。因为这样的宣传等同于给所有消费者以承诺，即你可以不需要在这些情况下关注汽车了，如果出现了问题，汽车能够自我解决。当前的法律法规也不允许这样的情况发生，对于汽车这种关系到生命安全的工具，在无法充分证明某项功能的安全性之前，搭载此功能的汽车就是一种可能带来危险的产品。作为商业组织的车企为了商业目的宣传可能带来危险的产品，必然是不合适的。

虽然汽车行业足够庞大，但当前汽车智能化的水平并非由汽车行业自己决定，诸多相关技术仍然不得不受限于整个时代的技术发展水平。而且，汽车作为一个复杂的移动工具，其使用场景之复杂，对可靠性和安全性要求之高，已经远远超过了任何其他日常消费品。加上汽车的总价格往往较高，用户对其所出现的问题的容忍度相对较低，也导致了传统的主机厂和供应商大多不敢冒险去过度承诺。

10.1.3　电子电气架构的变革将持续进行

随着电动化与智能化的不断推进，加之电子技术的进步和消费的升级，汽车的电子电气架构变得愈加复杂。在汽车发展历史的大部分时间里，机械系统都是最复杂的部分，但电子电气系统的复杂程度也在不断提高。发动机管理、制动、转向、娱乐以及其他各种提升舒适性和便利性的功能都依赖于电子电气系统，尤其是当辅助驾驶和无人驾驶成为车辆的基本功能之后，大数据量传输的要求，以及电能消耗、功能安全、信息安全等的需求，使电子电气架构发生了重大变化，使其从分布式向域控制式和集中式进行迅速演进。

电子电气架构的变革与汽车电子相关领域的变化相辅相成。电子功能的增加和更高性能的需求需要电子电气架构的变革才能够支撑，而电子电气架构的变革又大大促进了新功能的产生和更高性能的实现。

由于电子电气架构需要承载更多的功能和更强的性能，架构的规模和复杂度都在不断提升。虽然可以通过整合部分控制器来遏制控制器数量上升的趋势，但其中软件的规模和复杂度却在呈现几何级数的增长，对整个电子电气系统存储与计算能力的要求也在飞速提高。

电子电气架构的变革势在必行，然而究竟什么样的电子电气架构才能满足未来的需求？不同的人可能会给出不同的答案。对于处于汽车产业链顶端的车企而言，它们有自己不同的战略目标、能力特点、客户群以及特有的生态链，因此无法简单地给出一个普遍适用的结论。

集中式的架构固然有很多好处，但丧失硬件配置灵活性也必然会带来很多问题。这些问题对于那些产品线单一的车企而言是无所谓的，因为它们可以专注于持续维护一套电子电气架构，不用担心有过多的硬件变化。而这些问题对于那些拥有众多产品线的超大型车企而言就很麻烦，因为如果电子电气架构不能灵活适配其广阔的产品线，其规模优势将立即变为劣势——研发队伍将随产品线的增加而增大，研发成本无法迅速被多个产品线所摊薄，容易导致研发与管理成本达到无法承受的地步。而且，对于终端用户而言，电子电气架构的"先进"与否并不一定能够带来直接的感受与收益，控制器集中化程度的高与低也无法代表产品的竞争力，用户最关心的是产品的质量与性价比。

无论如何，车企对于电子电气架构的重视仍在持续增加，这已经明显地体现在行业内电子电气架构相关主题研讨会与论坛的数量以及各个咨询公司的相关业务量的大幅度增长上。在车企内部，电子电气架构相关工作人员的数量也大幅度增加，团队的业务范围也从传统的网络总线设计、电气设计等逐渐扩展到功能架构和软件架构等。

对于电子电气架构而言，其物理形态将持续演进，集中化和区域化已经是很明显的趋势，各个车企都在类似的方向上努力着。而软件架构的演进才刚刚开始，源于互联网的 SOA（Service-Oriented Architecture，面向服务架构）俨然已经成为最热门的话题。全面服务化成为众多车企的口号，大家都期望 SOA 这个"外来物种"成为终结汽车软件高复杂度，提升软件自主化率和迭代速度的利器。

然而这种演进意味着要将过去几十年中所逐渐积累、打磨而成的软件在短时间内进行全部重构，而且还要在保证其各种性能的前提下进行自主开发，这对整个行业都将是一个重大的挑战，因为现有的电子电气架构是在漫长的时间中由众多参与者采用增量模式逐渐构建的复杂系统，将其进行重构的前提是有足够的资源（人才与资金）和良好的技术积累，而这些是我国大部分车企所缺乏的。

对于国际上的各个大型车企而言，虽然技术积累和资金并不是非常大的问题，但同样面临人才的缺乏以及对组织架构进行彻底重构的压力。而且，任何新生事物都需要相当长的时间进行不断的完善，复杂如电子电气架构的事物更是如此。无论对电子电气架构进行彻底重构还是部分改良，能否快速解决新架构中的各种问题，将成为各个车企在新竞争中能否迅速取得优势的关键。

可以确定的一点是，新电子电气架构中将包含更多软件，而且软件在新电子电气架构中的重要性将大幅度提升。在实现硬件和软件分离的路上，车企的组织架构必将随之发生变化，整车的开发周期将有可能缩短，加快汽车迭代更新的速度，并可以借助 OTA 技术实现在产品上市后持续更新和创造新的商业模式。同时，由于硬件和软件的分离，采购模式也将发生重大变化。整个汽车行业的生态系统将发生彻底的变化。

10.1.4　性价比——产品普及的根本动力

汽车，无论是现在作为一种交通工具，还是将来转变为一种移动智能化终端，其本质仍然是消费品。既然是消费品,那么性价比终究是决定其普及程度的重要因素。关于性价比,虽然没有明确的计算方法,但具体到某种商品时,消费者心中会有自己的计算方式与标准。针对汽车这种高价值消费品,大多数消费者对性价比的追求更是明显,在满足基本的功能和性能要求后,价格成为重要的选择因素之一。虽然消费者的经济能力相差巨大,但绝大多数消费者的消费能力集中在中低端。对于车企或具体的车型而言,没有巨大的销量支撑,是无法保证盈利的。如果没有利润,任何企业都无法长期存活下去。

新能源汽车市场的发展是在政府的大力支持下起步的。2013 年,中国政府对新能源乘用车的补贴为最高每辆 6 万元。而且,在众多对汽车牌照进行总额度控制的城市,购买新能源车还能享受免费上牌的待遇,这相当于购车的总价又下降了数万元。而此后的时间内,随着新能源车的销量逐渐攀升,补贴逐渐减少。2022 年,新能源乘用车补贴已经降为最高每辆 1.26 万元。再加之购置税等的减免,购买新能源车可以比同等价位的燃油车在购置成本上下降了最高十万元以上。虽然早期新能源车的成本较高,但这些来自政府的补贴大幅降低了其购置成本,从而大幅提升了其对终端消费者的性价比,因此成就了今日的繁荣。

新能源车产量迅速提升的结果之一是成本下降,而成本下降又促进了产销量的进一步提升。根据莱特定律,某种产品的累计产量每增加一倍,成本就会下降一个恒定的百分比。根据相关统计,在汽车领域,从 1900 年开始就一直遵循着这一规律:产量累计增加一倍,成本就会下降 15%。比如美国著名的福特 T 型车,它从 1909 年到 1923 年的产量和价格变化曲线就符合莱特定律,1909 年的产量约为 1 万辆,价格近 4 000 美元,而 1923 年的产量为 800 万台左右,价格则下降到接近 1 000 美元。

莱特定律同样适用于新能源汽车。以特斯拉 Model 3 为例,其成本变化曲线如图 10-2 所示。

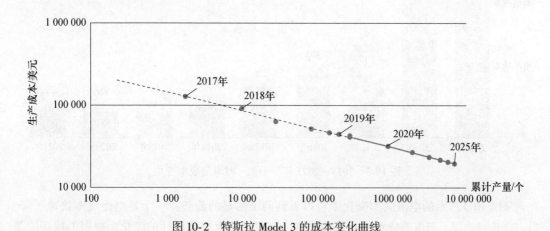

图 10-2 特斯拉 Model 3 的成本变化曲线

莱特定律必须根据一个包含性能改进的指标来评估。在汽车行业,这个指标是每马力

(Horse Power，HP，约等于 0.746kW）的成本。汽车在诞生之初，其动力仅有几 HP，而如今的汽车，其动力已经达到了几百马力。在这个发展过程中，每马力的成本一直在持续下降。由于燃油车的累计产量已经达到 25 亿辆以上，即使未来的年产量能够稳定维持在 9 000 万辆左右，实现总产量翻番也需要将近 30 年，因此，从时间维度来看，燃油车价格下降的速度将非常缓慢。

对于新能源车而言，这个性能改进的指标可以被定为 kW·h（千瓦·时，即"度"），因为这个指标对于续航能力、动力输出性能和成本至关重要。2010 年，电动汽车的锂离子电池的价格为每千瓦·时超过 1 200 美元，而 2021 年的价格则仅为 132 美元左右，相比 11 年前下降了近 90%。

电动汽车电池的高成本仍然是制约电动汽车普及的主要障碍之一，按照 2021 年的电池价格计算，特斯拉 Model 3 使用的 82 千瓦·时的电池组成本高达 10 824 美元（约合人民币 68 500 元），仍然远远高于燃油车动力系统的成本。考虑到特斯拉的超大采购规模和独特的电池封装技术，其实际成本应该会低于行业平均水平，但相比于燃油车动力系统的成本，仍然很高。

图 10-3 展示了彭博新能源财经统计的 2013—2021 年每千瓦·时电池成本的变化情况（计价货币为美元），其中电池的总成本被分为了封装（Pack）成本和电芯（Cell）成本两个部分。

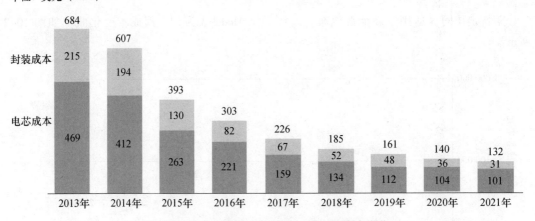

图 10-3　2013—2021 年每千瓦·时电池成本变化

从图 10-3 所示的电池成本变化中可以看到两个明显的趋势：一个是电池成本快速下降，另一个是封装成本与电芯成本的比例的下降，这源于电池封装设计的变化。根据彭博新能源财经的预测，虽然 2021 年下半年电池价格受到大宗商品价格上涨和电解液等关键材料成本上升的影响有所升高，但长期来看，电池价格将稳定下降，到 2024 年将低于每千瓦·时 100 美元，而到 2030 年将低于每千瓦·时 60 美元。下一代电动汽车电池技术（包括硅和锂金属阳极、固态电解质、新的阴极材料等）和新的电池制造工艺等将在促进价格下降方面发挥重要作用。

根据莱特定律，可以得出另外一个结论：新电动汽车的性价比将持续提升，而这将大幅提升电动汽车的普及速度。每千瓦·时 100 美元的电池价格会使得电动汽车的生产成本与燃油汽车的生产成本大致相同，这将使更多消费者负担得起电动汽车。

莱特定律还可以应用在汽车的智能化发展上。激光雷达作为高等级无人驾驶技术的主力感知设备，其价格虽然已经从最初的上万美元迅速下降到了 1 000 美元左右，但如果一辆车上安装 4 颗甚至更多激光雷达，则该成本也较高。

高算力芯片作为无人驾驶技术的"大脑"，其价格也是远远超过普通的 MCU。英伟达于 2019 年年底发布的自动驾驶芯片 Orin 的价格高达 320 美元以上，而其于 2021 年年底推出的自动驾驶模块 Jeston AGX Orin 的价格是 1 499～1 799 美元。如果再加上其他传感器（毫米波雷达、摄像头等）、执行器以及软件开发和验证等的成本，一套高等级无人驾驶系统的总价格将可能高达 10 万元以上。而这仅是车企的采购成本，终端消费者付出的价格将可能达到 20 万元以上。

持续维持在高位的成本将成为无人驾驶在推广中面临的一个重大阻碍，如果无人驾驶无法得到广泛应用，那么相应设备的价格必将无法迅速下降，导致向更高等级无人驾驶的演进将因为无法充分收集数据而发展缓慢。针对这种情况，我们只能期待相关技术的辅助节点迅速取得技术突破，从而让低成本的无人驾驶方案得以实现，进而推动整个系统的价格进一步下降，最终让无人驾驶的总体价格达到普通消费者可以接受的程度。

10.2 商业模式的变革

历史的经验已经证明，技术的发展必然改变商业模式。在 IT 行业，互联网技术的蓬勃发展带来了电子商务，从而彻底改变了整个世界的商业规则和模式。智能手机的出现彻底改变了手机行业的格局和商业模式，实现了从通过硬件赚钱到通过软件持续赚钱的转变。

对于汽车行业而言，由于 OTA 技术的逐渐普及和全新电子电气系统架构的出现等因素的助推，其盈利模式、营销模式和售后服务模式等方面都在进行着重大的变革。而所有这些商业模式的变革都是由利益和效率所推动的。

10.2.1 盈利模式变革

汽车商业模式的变革中，最重要的是盈利模式的变革。传统的汽车行业中，无论是车企还是供应商，盈利模式均依托于硬件。即使在广泛使用软件的汽车电子领域，硬件依然是主要的利润载体，软件在很长一段时间内将仍然依附于硬件而存在。在评估产品的价值时，硬件也占据了主要的地位，比如消费者在购买汽车时会更多关注硬件的配置，极少有人愿意单独为软件付费。

随着互联网行业中各种软件和服务的价值逐渐得到认可，消费者逐渐接受了为软件与服务付费的观念，这为汽车行业带来了新的机遇。软件产品成为汽车行业硬件利润率日益下滑趋势下的一个新的盈利增长点。

回顾汽车行业的历史，早在多年前就有多家车企将导航系统升级后作为商品进行售卖。然而，受限于网联技术尚未成熟，无法通过 OTA 进行远程升级，用户只能到 4S 店进行现场升级，而且这种服务仅限于高端车。

最先在汽车行业大规模推广软件付费的厂商是特斯拉。2015 年，特斯拉推出 FSD（Full Self-Driving，完全自动驾驶）7.0 版，可实现自动转向、自动紧急转向+侧面碰撞预警、自动变道、自动找车位等功能，价格为 2 500 美元/套。此后，随着 FSD 所包含的功能逐渐增加，价格也随之上涨，2018 年上涨到 5 000 美元/套，2019 年达到 8 000 美元/套，而 2022 年则上涨到 12 000 美元/套或 199 美元/月。

在传统汽车行业中，车辆在工厂下线后，功能就已经固化。对于终端消费者而言，即使该车型在后续进行升级，也无法享受到升级服务。而在引入软件产品的概念之后，用户可以在所购买车辆的整个生命周期内持续有偿或无偿获得新的功能和服务，包括以下情形。

- 现有功能改进：更高的语音识别准确率、更好的导航体验和更优的电池管理策略等。此种情形一般很难采用收费模式，但可以较大地提升用户体验。
- 全新功能或服务：新的驾驶模式和更多的自动驾驶应用场景等。
- 个性化定制：与众不同的迎宾模式，定制化的车载助手形象和声音、中控屏幕风格（皮肤）等。此类功能相当于互联网应用中的个性化定制，大部分用户可以接受为车上场景的类似服务付费。
- 车内互联网应用服务：车企可以通过与相应的生态应用服务（歌曲、有声书、视频和游戏等）持续收取费用。

为了实现软件的产品化，仅有 OTA 技术是远远不够的。传统的 OTA 大多是为了某个特定车型的普遍更新而存在的，即软件更新只考虑控制器的种类和版本，而不会考虑具体每辆车的情况。但为了实现软件的产品化，需要针对每辆车进行个性化数据管理。车企的软件产品管理系统不但要明确知道每辆车上的每个硬件配置，还需要知道其详细的软件版本和已经开通的功能或服务的状态。由于部分功能和服务可能按照时间或使用次数来计费，因此需要复杂的订单与计费管理系统进行支撑。而且如果涉及使用期间退货、部件维修或更换，则整个过程将更为复杂，可能需要专门的团队与系统来处理。为了防止软件产品的"盗版"，相关控制器的软件还需要良好的加解密和数字签名与验证技术的保障,这对整个软件开发、验证、运营与售后服务系统都是全新的挑战。

从以上分析可以看到,把软件变为产品是一项复杂的系统工程,也对整个过程的管理有很高的要求,门槛较高。

为了在已经销售的车上提供更多可以持续销售的软件产品,很多业内人士提出了硬件预埋的概念:在一些将来可能会持续升级迭代的系统中部署超过量产需要的数量的硬件(包括控制器、传感器和执行器),以便通过在量产后持续更新软件,为用户提供更多的功能和更强的性能。而在传统的车载电子系统设计中,为了保证成本最优,工程师只选用恰好满足当前需求的硬件。

虽然硬件预埋的做法在技术上已经没有障碍,但对于利润微薄的整车制造行业而言却是一个艰难的抉择:除非能够确保将来有持续的软件产品且这些产品能够有足够多的购买者,并产生足够的利润,否则这种做法无疑是自寻死路。

无论如何,将软件作为产品进行售卖已经成为车企的一个全新的盈利方式,尽管刚刚起步,但必将蓬勃发展下去。

10.2.2 营销模式变革

谈到营销,最先想到的就是销售过程。营销的含义范围很广,根据美国营销协会(American Marketing Association,AMA)给出的定义,营销是创造、沟通、交付和交换对顾客、客户、合作伙伴和整个社会有价值的产品的一项活动、一套机构和过程。

根据这个定义可知,营销过程从产品定义阶段就开始了。企业通过消费者洞察与市场调查明确细分市场,确定自己的目标客户群,然后决定自己在目标市场中的定位,这个过程被称为 STP(Segmentation、Targeting、Positioning,细分市场、目标客户群、定位)。在移动互联网和大数据等技术日臻成熟的今天,已经可以根据各个渠道获得的数据比较清晰地完成 STP 的各个活动,从而制定相对精准的市场营销策略。

在营销策略制定之后,需要进一步细化营销的战术。通常,营销战术可以采用 4P 理论,即产品(Product)、价格(Price)、渠道(Place)和促销(Promotion)。

1. 产品

产品主要是指企业以向目标市场提供有形的产品和无形的服务来实现营销目标,包括对与产品有关的品种、规格、样式、质量、包装、特色、商标、品牌以及各种服务措施等可控因素的组合和运用。

新能源车，尤其是新创立品牌的新能源车，为了从已有的市场格局中脱颖而出，其产品必然要形成差异化。除了动力系统从内燃机变为电动机的创新之外，大多以智能化作为自己的主要突破点，以期打造科技化特质，例如不但根据营销策略对如车辆类型、造型、内饰、功能和性能等具体的细节逐一细化，而且采用更多的智能座舱配置并不断强调自己的智能驾驶能力，并将OTA作为基本功能，目标是打造可以持续更新迭代的新生代智能移动终端。

2. 定价

定价主要是指企业以按照市场规律制定价格和变动价格等方式来实现营销目标，包括对与定价有关的基本价格、折扣价格、津贴、付款期限、商业信用以及各种定价方法和定价技巧等可控因素的组合和运用。

不同的品牌有不同的定价策略，以更精准地抓住目标细分市场的用户。对于传统品牌的新能源车型而言，如果还是采用原来的品牌，则定价很难突破原来已有产品的价格范围。如果期望新产品能够覆盖不同的市场，大多数车企需要创立全新的品牌，从而在新的价格区间内销售自己的产品。对于新成立的企业而言，其品牌也必然是新的。为培育新的品牌，大多采用从中高端开始的产品定价策略，然后逐渐向低端延展，其目的是既能树立产品在市场中的中高端形象，又能通过这种形象来带动销量和利润率的大幅度提升。

产品拥有不同的价格将决定其拥有不同的目标客户，而不同的客户又有不同的关切点。定价策略将对产品定义产生巨大的影响，进而对产品的硬件和软件的设计与实现产生巨大的影响。对于电子电气系统架构设计而言，如果一个电子电气系统架构需要兼顾来自高、中、低端车型的不同需求，则其配置的灵活性和成本的可控性将是主要的考量指标。较高的集成度将导致电子电气系统架构丧失灵活性，而追求较高的灵活性也将大大增加电子电气系统架构的复杂度。

3. 分销

企业通过合理的分销渠道使产品流通以实现业务目标，包括对与分销有关的渠道覆盖面、商品流转环节、中间商、网点设置以及储存运输等可控因素的组合和运用。

对于传统车企而言，汽车销售基本只有一条渠道，即汽车生产厂家→4S店→消费者。一般而言，每一家4S店只服务于一个汽车品牌，其在整车销售活动中的主要盈利来源为整车批发价与零售价的差值，在达到一定销售量之后获得的整车厂家的返利，以及在销售过程中提供的一些增值服务，如各种汽车的装潢和改装、汽车金融贷款和保险的手续费用和其他与车辆销售相关的服务费用等。这种模式虽然有着各种各样的问题，但已经非常成熟，完全抛弃原有的渠道可能带来的巨大风险和沉重的资金压力。因此，一部分车企利用现有的4S店网络进行新能源车销售，以便快速触达终端用户，且管理方式成熟，改造成本相对低廉。当然，也有一部分车企为了打造新的品牌而新建4S店。

而对于新成立的车企,一方面没有"历史包袱",另一方面也无成熟的渠道来完成产品销售。因此,在分销方式上往往采用与传统车企完全不同的策略。一部分新车企沿用汽车行业原有的 4S 店销售方式,采用销售与服务合一的形式。而很多新成立的车企则倾向于采用互联网销售(如网站、App 等)来越过 4S 店直达终端用户,并在一些人流密集区(如商场等)设立产品展示点,从而在短时间内进行销售,并降低销售成本和最终的产品价格。由于产品的售后服务等仍然需要实体店来提供,因此还是需要设立大型的售后服务中心来完成车辆的维护、保养和维修等工作。

这种销售与服务分离的方式虽然降低了总体成本,但同时也降低了用户在保养和维修等场景下的便利性。更为重要的一点是,当产品销量很高时,需要庞大的直营团队进行管理,将带来非常高的管理成本与复杂度。为了降低车企自身的管理成本,逐渐引入提供展示与售后服务的加盟商是一条可以选择的道路。

可以预见的是,未来汽车行业中,4S 店的 B2B2C(Business To Business To Consumer,企业到企业到消费者)模式与车企直营的 B2C(Business To Consumer,企业到消费者)模式将长期并存。

4. 宣传

宣传主要是指企业利用各种信息传播手段激发消费者的购买欲望,从而促进产品销售以实现其营销目标,其中包括对与促销有关的广告、人员推销、营业推广和公共关系等可控因素的组合和运用。

在移动互联网高度发达的今天,汽车的宣传渠道早已经从传统的以广播、电视和纸质媒体为主转为以互联网为中心,通过由搜索引擎、门户网站、专业网站、论坛、自媒体、移动社交平台和短视频平台等新传播媒介和传统媒介组成的全方位体系,理论上已经可以触达任何一个目标消费者。

当前的宣传重点已经从传统的"大水漫灌"方式转为对目标消费者的定向触达,通过各种平台收集的大数据,可以比较精准地对每一个人的消费能力与个人偏好进行分析,进而精准锁定目标客户群,这种方式会大大提升广告的转换率并降低相应的成本。与此同时,通过各种线上与线下活动的深度结合,可以从塑造品牌特征、促进品牌社交互动、用户反馈与共创等方面入手,多管齐下构建数字化品牌资产,并基于人物、故事、体验、IP(Intellectual Property,智力资产)等塑造品牌魅力,打造个性化消费者心智与品牌记忆烙印,从而完成品牌特征塑造。

新的汽车宣传将更多地以消费者需求为导向,在宣传的同时借助各种数字化途径与工具,通过各种反馈渠道来敏捷地重新设定市场营销组合的 4 个基本要素(4C),即消费者(Consumer)、成本(Cost)、便利(Convenience)和沟通(Communication)。

产品技术与宣传技术的共同改进大大加强了汽车销售、售后和宣传渠道之间的融合，并促成了产品感知、购买和使用体验之间的融合，实现将品牌效应评估与商业增长评估合一的体系。同时，将线上与线下渠道打通，建立一个以消费者为中心的运营体系，更加重视用户全生命周期的消费体验，而不只是产品本身。这也是国内汽车行业从增量竞争转变为存量竞争的一个必然结果，是汽车行业的新常态。

未来的汽车营销将具有全方位、全天候、全流程和全场景的特点。营销人员需要从用户群体的培育、选择、购买、培训、使用和售后服务等各个环节来构建以客户体验为中心的营销体系。通过各种新技术来吸引客户并留存客户，再根据现有客户的各种反馈和使用数据来不断优化客户体验和改善产品设计。只有有了良好的使用体验，现有客户才可能变为品牌宣传员，帮助企业建立口碑并获得更多的客户，并最终形成一个可以实现正向增长的良性循环。

现代营销学之父菲利普·科特勒曾经说："市场变得永远比市场营销更快"。在汽车行业产品和格局都剧烈变革的当下，汽车营销要不断地加快自我进化和革新。

10.2.3 售后服务模式变革

在传统汽车行业中，售后服务几乎是各个车企除卖车之外最大的利润来源，4S店则是承担售后服务的主要渠道。

在售后服务方面，4S店的主要工作包括日常保养、改装、加装、配件安装、软件/硬件升级和维修等，其盈利主要来自工时费用和配件的差价。在汽车配件方面，车企基本垄断了大部分的货源。因为车企可以以量产价格来采购配件再加价销售给4S店，而4S店有会加价销售给终端用户，部分配件的加价幅度可能超过车企从供应商处采购价格的10倍，因此双方都能够通过配件获得大量的利润。除此之外，4S店还可以为消费者提供保险销售、加装和改装等服务，通过这些业务获得的利润有时甚至会超过主营业务。

新能源车销量日益增长，其特有的销售模式对于传统的4S店模式产生了显著的冲击。首先是销售职能正在逐渐消失，取而代之的是线上销售。在售后服务方面，很多新兴的车企正在采用售后服务中心的模式，或者采用授权维修和合作加盟的方式来迅速构建自己的服务网络。无论如何，4S店的存在意义正在弱化。下面从几个方面讨论售后服务正在发生的变化。

1. 日常保养

对于新能源车而言，混动车型与纯电动车型的动力系统是完全不同的。由于混动车型仍然有发动机，因此需要定期对发动机系统进行保养，项目主要包括更换机油、机油滤清器、空气滤清器、燃油滤清系统和变速器油等，此外还有保养刹车系统、转向系统和空调系统等。

对于纯电动车型而言，由于少了发动机系统，保养就简单很多，除了定期对刹车系统、空调系统进行检查和保养外，仅须对三电系统（电池、电机和电控）进行检查，并按需进行一定的维护，因此纯电动车型的日常保养费用大幅度降低。

2. 维修

在维修方面，燃油汽车与纯电动汽车之间大体相似，均为按需维修和更换。最大的不同在于，电池是纯电动汽车内部成本最高的部件，且制造工艺要求非常高，因此在一般的售后维修中无法对其进行任何结构上的修理，出现问题时，一般只能将整块电池返回电池生产厂家维修，这将导致维修的周期长且成本高，而且消费者只能在指定的维修中心进行维修。

由于纯电动汽车的发展历史短，销量低和更新换代速度快，很难实现燃油车一样的跨车型的平台化设计，从而可能导致零部件通用性较差、库存压力大和配件供应不足等问题，这对于仓储和物流的调度系统都是新的挑战。

另外，由于大多数纯电动车型中，软件相关功能占比很高，因此在故障诊断方面更为复杂，有些时候仅靠维修中心根本无法找到问题所在。这时，就需要汽车自身的智能化诊断设计来辅助进行问题定位，汽车可以通过车联网通道将异常运行数据实时上传到云端或保存在车内的存储器件中，维修人员可以通过设备或电脑直接读取这些原始数据进行分析，也可以使用人工智能系统来直接获取故障信息，从而完成快速排查。

部分车企正在构建云端诊断系统，通过与车端进行实时数据连接，实现实时的故障诊断，并与维修中心进行联动，在将故障或保养信息通知用户后，用户可以在线预约，实现快速、精准的维修和保养。

汽车行业的售后服务模式变革在技术方面实现并不困难，难的是改变那些已经延续了几十年的车企和4S店的利益分配模型和思路。所有商业模式变革的背后，都是利益和效率推动的，而利益的重新分配则是变革的最大阻力。

10.3 产业格局的变革

产品与商业模式的变革必将引起整个产业格局的变革。汽车电子技术的变革给车企及其供应商带来了新的挑战。这种挑战不仅体现在汽车电子电气架构的开发和设计上，更是体现在整个产业现有格局上。

车企和供应商都意识到新型电子电气架构对他们的组织和商业模式的改变将为未来的成功奠定基础。很多车企正在大力投资以提高自身的软件能力，从而将部分软件的开发工作在内部完成。这将极大地改变车企与供应商的关系，因为传统的车企只从供应商网络中采购硬件。

将软件作为单独的采购标的物或车企自己开发软件将大幅度改变现有汽车电子行业的价值网络。对于新进入汽车行业的"新势力"而言，它们将借此变革的机会与相关的企业和利益相关方组成新的网络，而传统的车企则可能因为受到既有价值网络的束缚而犹豫不决，这必然会降低主流企业采用全新技术与模式的积极性和可能性，因为它们更倾向于采用延续性技术。但这种战略选择可能导致它们最终被采用破坏性技术的企业所颠覆。

彼得·德鲁克在《创新与企业家精神》一书中列举了创新的 7 种来源：意外事件、不协调事件、流程改进的需要、产业和市场结构变化、人口变化、认知变化、新知识。这 7 种来源有两个共性：不确定性和不连续性。

每个人对不确定性和不连续性都可以有两种截然相反的态度：拒绝或接受这一态度决定了创新的成果。对于汽车行业而言，电动化与智能化的变革可以被称为"百年未有之大变局"，而决定这场变局结果的是企业家。不同的企业家有不同的能力，面对相同或类似的创新机遇，不同人抓住机会的能力不同。真正具有企业家精神的人，既要有高瞻远瞩的眼光，又要有脚踏实地的干劲。

10.3.1 新势力的进攻

美国哈佛商学院教授克莱顿·克里斯滕森在《创新者的窘境》一书中归纳了主流企业被颠覆的 5 种原因：看不见用户、看不起需求、看不懂模式、学不会组织、跟不上市场。

对于汽车这个发展了超过一百年而且极其庞大和复杂的行业而言，变革的动力往往来源于外部。虽然传统汽车行业的内部人士看见了新的需求，也看见了新的模式，但他们早已经习惯了眼前的一切：既有的产品、成熟的商业模式和稳定的组织架构……如果能够稳定而又没有风险的持续盈利，那么任何可能带来风险的改变都会被拒绝，因为厌恶风险是人类最基本的思维方式之一。而这个利益团体之外的人则有着截然不同的想法：一成不变代表着结构的固化，利益也无法被重新分配，只有打破现有的格局才能为自己赢得机会。正如巴勃罗·毕加索所言："每一个创造的行为首先都是一个毁灭的行为。"

产业和市场结构变化是重要的创新来源。德鲁克在《创新与企业家精神》一书中指出，在 1960—1980 年，汽车工业结构发生了巨大变化。第一次世界大战后的 40 年里，各国汽车市场都由本国的车企所主宰。然而到了 1960 年，汽车工业突然变成了一个全球性产业，不同公司对此作出的反应截然不同，日本决定要成为世界级汽车输出国。20 世纪 60 年代末，日本车企在美国市场的首次尝试以失败告终，但在 1979 年的石油危机中，日本汽车企业抓住了机会，以车身较小、耗油量低、质量较高的汽车打开了美国市场。

作为传统制造业的代表，汽车产业的发展速度相对较慢，连续性和确定性较高。然而，即使是传统行业，经过一段时间的发展，也会面临重大的产业和市场结构变化方面的不确定性和不连续性。在2010年以后，随着电池技术、车联网和人工智能等领域的蓬勃发展，各种其他行业的企业纷纷加入造车的队伍之中，开始与传统主流车企进行正面的激烈竞争。

在此之前，汽车行业的竞争属于持续性技术竞争，其特征是持续改善原有的产品性能。客户需要什么样的产品，就做什么样的产品，不断提高产品性能。在这种竞争环境中，领先企业有很大的优势，因为过去的积累不断发挥作用，新兴企业很难超越。在以发动机和整车质量作为主要指标的竞争中，传统车企具有明显的优势。这是因为这两个领域的门槛很高，需要长时间的积累。而一旦技术发生变革，传统车企的优势就无法继续发挥作用。汽车动力系统的电动化就是这样一种革命性的技术，它开辟了一条全新的赛道，在这条新赛道上大家都从同样的起点出发。这为新兴企业的进入提供了千载难逢的机会。

从2010年开始，大量新兴车企成立，被统称为造车"新势力"，它们的共同特点是只制造纯电动汽车。据不完全统计，在2020年前的十年内，国内出现的"新势力"车企累计超过100家。然而，其中大部分车企都没有等到车辆量产的那一天便销声匿迹了。这种情况像极了2000年左右的中国通信交换机行业，那时也有上百家交换机企业相继诞生却又迅速消失。

"新势力"中，有些是从传统车企中出来的，有些是从互联网领域跨界而来的。由于整车开发制造的投入巨大，往往需要借助资本市场的力量，因此"新势力"的出现也得益于国内高速发展的经济环境。

正如美国19世纪初的淘金热潮一样，真正在这场变革中获利的企业屈指可数。在"新势力"出现十几年后的今天，存活下来的"新势力"已经为数不多，但正是这屈指可数的"新势力"，极大地促进了汽车行业的变革。在国际上，特斯拉的市值在2020年超越丰田，一跃成为世界上市值最高的车企，这对于其他的"新势力"而言无疑是一剂强心剂。于是，越来越多的"新势力"车企加入了这场变革。

车企最大的特点在于庞大的体量和其中复杂的协作网络，这既是传统车企得以阻碍其他竞争者进入的门槛，也是阻碍自己转型的障碍。如果将传统的车企比喻为农耕民族，它们有自己的运作规则和技术壁垒，那么从其他行业跨界而来的"新势力"就如同游牧民族一样，虽然在自己的领域都有着超强的战斗力，但在新的"战场"上不一定能够取得优势。"新势力"在战斗初期也许可以有一定的优势，并抢占一定的市场份额，但传统车企有战略纵深大的优势，凭借庞大的团队、已有的市场份额、品牌认知度以及汽车行业发展周期长的特点，能够持久战斗。但同时，传统车企也要寻求改变，学习"新势力"的战略战法并没有不可克服的技术困难，最大的困难其实在于管理层的思维模式，如果能够转变思维并热情拥抱新的时代，凭借着已有的积累，终究能在新的时代守住自己的一席之地。

众多传统车企已经开始了电动化转型之路，并且借助渠道、品牌和技术，已经取得了不错的成绩。而智能化的进程才刚刚开始，在这一点上，无论新老势力，都基本处在同一起跑线上。对于那些能够适时做出调整并快速转型的传统车企，胜算也许会比那些匆忙入场的

"新势力"要更大一些。从进化论的角度看,在环境发生变化之时,最有可能成功存活的就是那些集合了优点并避免了缺点的物种。

无论是产品形态还是商业模式,当今的汽车行业已经发生了天翻地覆的变化,最主要的是众多从业者思维的转变,大家已经能够从全新的角度来看待汽车行业,并努力将其与最新的科技进行结合。即使是那些曾经领先的主流汽车企业,也在积极寻求变革,在产品策划、研发、生产与运营等各个领域进行改革,其中较显著的就是对电子与软件更加重视。这种重视不但体现在产品定义环节,而且已经体现在其自身组织结构的变革之中。

汽车企业还有一个"隐形的护城河":管理。整车的开发涉及几千个零部件,每个零部件依靠专门的技术部门或专门的供应商进行研发、生产等。管理的效率和质量是决定一家车企是否能够存活下来的最重要的因素之一,对于新的产品形态和商业模式而言,谁在管理上的迭代速度与收敛速度越快,谁的可供消耗的资源越多,谁就越有可能存活下来。

当前汽车行业对智能网联汽车的共识是在传统汽车的底座上加装智能化的"大脑",即智能化计算的能力,这既属于持续技术竞争,也属于破坏性创新竞争。破坏性创新的特征是不追求提高产品原有的性能,甚至可能降低原有的性能,与此同时引入一条新的性能改善曲线。一开始,破坏性创新只能在远离主流市场的新兴市场上应用,但在逐渐进入主流市场后,产品性能将逐渐提升到可以和主流市场的成熟产品竞争的水平。

智能网联汽车既需要传统汽车中的各种功能与性能作为基础保证,也需要智能网联领域的全新功能与性能。它既非另起炉灶造出一辆完全不同的车,又与原来的以交通工具为主要属性的汽车有着显著差异。这种差异既体现在形式上,又体现在本质上。从产业链角度去看,其本质差异在于其价值网络的不同,也就是其上游的供应商和下游的消费群体的不同。

10.3.2 分工的变化

根据国家统计局公布的数据,我国规模以上工业企业 2020 年营业收入达到 106.14 万亿元。其中,汽车制造业营业收入达到 8.156 万亿元,占到总体工业企业营收的 7.68%。如果考虑到汽车业相关的钢铁铝业、橡胶、纺织、石油化工、芯片、能源、设备以及服务业等,汽车产业对中国经济的贡献和推动非常大,根据相关人士的估算,汽车产业对中国经济的总体贡献可能在 15% 左右。

如此庞大的汽车产业,其整个产业链同样庞大且复杂。如果将整个汽车电子产品研发的所有参与方所构成的复杂生态看作一个系统,那么这个系统的架构也正在经历着巨大的变革。传统的典型汽车电子供应链如图 10-4 所示。

在传统的典型汽车电子供应链中,车企处于供应链顶端,一般只跟一级供应商有直接接触。由车企提出需求，一级供应商负责实现，并交付完整的部件总成（包括软件、硬件和相应的机械部分等）、线束和机械部件等，车企仅需要对产品和报告进行审核和确认。

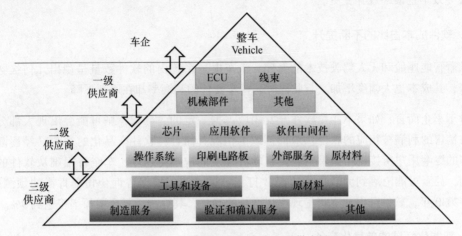

图 10-4 传统的典型汽车电子供应链

由于整个电子电气系统需要包含多个一级供应商提供的部件，因此车企需要对各个系统进行集成并完成相应的系统和整车层级的验证与确认工作。虽然有些车企也会对包含在 ECU 内部的软件和硬件等的设计方案进行审核，但一般不会直接指定具体的 IC 和软件方案，多数情形是仅提出相应的标准，一级供应商证明自己的方案满足车企所提出的标准即可。

根据自身体量和在行业中话语权的大小，车企在面对不同供应商时的讨价还价能力也不尽相同，多数时候是根据双方在具体领域的实力来决定双方在这场博弈中的地位的。尽管部分车企内部的 ECU 开发部门也会进行一部分设计和开发工作，但在过去的几十年中，这种情况并非主流，整个电子电气系统中的绝大部分软件和硬件设计还是由一级供应商负责的。

随着软件定义汽车影响的逐渐扩大和加深，整个汽车电子的供应链正在发生着巨大的变化。驱动其变化的原因如下。

1. 软件更新迭代速度的加快

传统模式下，一级供应商的开发任务是项目制的，即其开发工作和相应的团队在 SOP（Start Of Production，量产）节点过后即可终止，不需要保留专门的团队继续为这个项目进行服务。即使在 SOP 后发现了由一级供应商造成的缺陷，一级供应商也仅需承担相应的问题解决的责任。

在 OTA 技术逐渐应用之后，很多车企希望在 SOP 后继续更新自己车内控制器的软件，从而能够为客户提供更好的服务并获取持续的收益。由于此时一级供应商的项目团队很可能已经被转移到其他项目上，无法再为此项目继续服务，因此车企只能与其重新进行商务谈判，采用设计变更的形式并支付昂贵的开发费用。如果一个 SOP 后的变更需要涉及多个 ECU 的供应商，则还需要协调这几个供应商在同一时间完成变更，这大大增加了变更的成本和周期，甚至会导致车企最终放弃变更。

2. 软件成本占比的不断提升

随着智能座舱和无人驾驶技术的发展，汽车电子系统内的软件数量呈现出几何级数增长的趋势，其成本也大幅度增加。与此同时，整车硬件的利润率却在逐渐下降。

对于车企而言，如果不能在软件开发领域占据一定的主导权，则可能会出现大部分整车制造与销售的利润被相应的软件供应商攫取的情况。而且，软件产品化的观念已经逐渐被越来越多的终端用户所接受，如果不能控制软件开发的成本与速度，车企将很难从软件的增长中获利，甚至可能沦落到为软件供应商"打工"的地步。根据咨询公司麦肯锡的预测数据，2020—2030 年，软件开发成本将呈现逐年增长的趋势，其综合年复合增长率将达到 9%。

3. 智能化领域的差异化竞争

在整车硬件日趋同质化的趋势下，智能化领域功能与性能的差异成为整车开发的主要竞争热点，而这些差异主要来源于软件。如果仍然是一级供应商主导整个 ECU 甚至是系统的开发，则车企之间的差异化很难形成。只有将差异化的主导权掌握在自己手中，才能真正掌握自己的命运。

鉴于以上几个因素，当前的汽车电子行业的分工与产业链正在发生如下几类变化。

1. 车企开始主导重要控制器的开发

由于过去那种以依靠一级供应商为主的汽车电子开发模式和分工已经无法满足车企的需求，因此越来越多的车企开始自己组建软件开发部门来主导一些重要控制器的开发、维护和持续更新，这些控制器既包括一些传统的 ECU，也包括一部分域控制器。

由于控制器中的软件和硬件的复杂度日益提升，车企已经很难独自完成全部软件和硬件的开发，因此多采用多方合作的模式进行：车企的软件开发部门负责一部分软件的开发，而其他的软件和硬件开发工作则分包给多个供应商，整个控制器软件的集成工作则根据车企自身的能力，可采取车企自主集成或外部供应商集成的方式。

对于控制器的整个硬件解决方案，车企也更多地参与到详细设计中，其中的一个显著标志是车企与半导体厂商的深度合作。车企开始越过传统的一级供应商与半导体厂商进行深入交流，参与到主要 IC 的选择工作中，甚至共同研发设计可满足自己需求的芯片。这种变化的主要驱动力是半导体成本的不断增长和其对智能化的决定性作用。

2. 一级供应商的队伍正在扩大

由于车企开始主导一些控制器的设计和开发，原来控制器的软硬件均由一级供应商负责的情形便逐渐开始有了显著的变化。对于车企而言，一级供应商的数量在某些控制器的开发上大幅度增加。软件与硬件的采购开始分离，而且软件的供应商不止一个，可能包括多个应用层软件的供应商、多个中间件供应商、多个底层软件供应商（针对多核的 SOC 等复杂芯片）、多个芯片供应商、硬件集成生产商、软件集成商和测试验证等服务的提供商等。

另外，由于各种基于云的服务和互联网生态服务逐渐普及，车企中传统的一级供应商的概念已经被大大拓展了，不再专指那些直接提供硬件总成的供应商。这大大提升了车企在供应商管理方面的复杂度和相应的能力要求。

3. 供应商格局的改变

对于传统的一级供应商而言，其在整个产业链中的角色也正在经历着剧烈的变化。以前的竞争对手只有一类：其他生产同样产品的一级供应商。而现在的竞争形式彻底改变了，对手既有提供同样产品的其他一级供应商，也有各个层级的软件开发者，甚至还包括芯片供应商和作为其客户的车企。

这些原本利益关系清晰、分工明确的企业现在形成了既竞争又合作的关系，各级供应商之间的界限正变得日益模糊和难以界定，这必将导致整个汽车电子产业链条的重组，并伴随着利益的重新分配。车企与各级供应商之间的合作形式也正逐渐转变，从单纯的客户与供应商关系向战略合作伙伴和投资关系转型。

同时，供应商的内部也在发生着剧烈的变化。由于整车电子电气架构的集中化趋势，在一个控制器内部集成整车中多个域的功能已经变成了现实。这要求供应商内部原本按照技术领域划分的部门结构需要进行重大调整，以应对车企对跨域功能进行整合的需求。而不同车企对于合作模式的不同要求，也逼迫供应商的组织结构、流程和管理模式等要变得更加敏捷，以"原子服务"的模式对外提供相应的服务，而非固守已有的模式。

随着汽车中电子电气架构的演进和电子电气系统复杂度的增加，其总体的开发与维护工作量将越来越大，典型的汽车供应链将越来越复杂。这对整个汽车电子的产业链而言并非坏事，因为大家可以有更多的业务，但这不等于每一个现有产业链上的企业都能够获益。只有那些能够迅速适应变化、找到新模式下盈利方式的企业能够存活并发展，而那些故步自封的企业必将在这场变革中消亡。

总而言之，越来越多的车企开始扩展自己的研发范围，而相应的供应商也正在改变它们所提供的服务和相应的方式，这是整个产业链利益重新分配的过程。由于不同车企自身的能力特点不同，它们依靠自身力量能够涵盖的技术领域差异巨大。对于零部件的供应商而言，它们能否提供某专业技术领域内从设计到制造的所有零部件开发的服务至关重要，因为这有助于提升供应商获得与车企合作的概率。

虽然车企在整车开发过程中占据了主导地位，但任何车企都无法独自完成整车电子电气系统中的所有开发工作。过于庞大和封闭的车企必然导致其内部效率的低下和进步的缓慢，被车企完全垄断的汽车行业也将失去其应有的多样性和活力，进而导致整个行业发展的停滞。

如果对整个汽车产业链的未来发展进行预测，那么最大的可能依然是车企与供应商继续保持长期合作的关系，只不过这种合作的形式和领域会不断地变化并演进。只有这样通力合作，才能应对各种新技术开发和迭代、研发周期加快、生产效率提升和产品质量提升等共同的挑战。

然而，车企之间、车企与各级供应商之间以及不同供应商之间的博弈将持续进行。展望未来，那些能够充分与各级供应商进行深度合作的车企必将发展良好，而那些能够不断向价值链上游拓展的供应商也将脱颖而出。它们将共同成为这个大规模技术变革和产业变革期的优胜者。

纵观汽车行业的百年发展史，任何一个国家的汽车行业真正兴盛的前提之一就是车企与供应商的共同强大，没有任何一个强大的车企能够离开其强大的供应链而独立生存，也没有任何一个供应商能够不依赖于强大的车企而存活。

10.4 政府的力量

在我国汽车行业发展的过程中，政府始终起着重要的作用，可以说没有政府的大力扶持就没有我国汽车行业的今天。

从20世纪80年代后期的"市场换技术"开始，多个中外乘用车合资企业建立，世界各大跨国车企相继在中国设厂，进行本土化生产。中方提供土地、厂房、工人，跨国车企提供技术、资金、管理和品牌。

20世纪80年代，尽管没有哪个跨国车企愿意主动将核心技术转让给中方，但成本的压力让越来越多的跨国车企选择在中国进行部分研发工作，中方人员逐渐参与到研发和管理等重要环节。由此，中国的工程师和管理人员间接地获得了包括生产、组装在内的大量相关知识和经验。

与此同时，随着合资车企的大量本地化生产与采购，大批国际一流供应商也逐渐来到中国开设工厂和研发中心，将各种零部件的研发、设计与生产技术带到了中国，培养了大批本土的供应商。经过几十年的发展，中国本土已经基本形成了较为完整的汽车产业链，为中国本土品牌的诞生和发展打下了良好的基础。

众多中国本土车企在整车开发流程、供应链管理、各项技术标准和工艺方面实现了与世界一流水平的接轨。与此同时，自主品牌的崛起也迫使合资车企在中国市场不断推出更新、更好和性价比更高的车型，并加大了在中国本土的研发力度，从而使中国消费者和整个汽车行业都获得了更大的收益。

在 21 世纪初这个汽车产业转型的重要时期，中国创造性地将发展新能源汽车与提升产业竞争力、保障能源安全、改善空气质量和应对气候变化关联在一起，并每年通过巨额的政府补贴和各种相关政策的扶持，极大地促进了整个新能源汽车产业的发展。在智能化领域，各地政府也相继通过产业园和示范区等方式大力支持无人驾驶等技术的发展。

在 2021 年年底，中国已经成为全球最大的电动汽车市场，电动乘用车累计销量占全球 45%，电动公交和电动卡车销量更是占到全球的 90% 以上。已建成的公共充电桩数量超过美国、欧洲和日本的总和，并已经拥有领先的量产动力电池技术和产能，中国也成为全球范围内电动出行商业模式创新最为活跃的地区。在全球汽车电动化的进程中，中国率先迈出了第一步，有了先发效应，极大增强了企业和民众的自信。这一切的发展都离不开政府的大力投资和扶持。

现代汽车已经成长为技术、资本和人才密集型产业，而且拥有超长的产业链，已经事关国计民生。无论是整车还是其中的各个主要零部件，都可以被称为硬科技。而硬科技的增长都属于指数级增长（如图 10-5 中的曲线ⓐ），其特点是在初期成长缓慢，一般需要 10~20 年的时间才能有所回报，但成熟后的回报非常大。20 世纪 80 年代，中国的工业基础仍然非常薄弱，相关的技术与管理等基本处于空白状态，如果完全按照市场经济的做法让企业自主发展，将很难有企业能够坚持到盈利的时刻。而政府的策略则为借助外力让整个行业快速提升到一个较高的水平，大大缩短了发展周期。

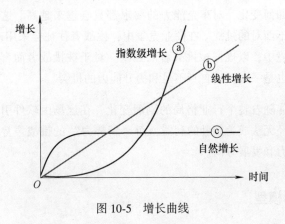

图 10-5　增长曲线

在《增长的悖论》中，马祖卡托提出了一个重要观点：政府是最大的创新项目投资者。如果没有政府来承担创新早期的巨额投入和巨大风险，后面各个企业的大部分创新都不可能产生，这些领域包括互联网、纳米技术、生物技术、清洁能源等。马祖卡托认为，在现代社会，政府的角色绝不仅是"守夜人"或者市场失灵"纠正者"那么简单。实际上，政府本身就是创新的主体和推动创新的引擎，是创造社会价值的重要力量。未来国家之间的实力竞争，不仅取决于企业的创新能力，更取决于政府对前沿技术的预见能力及创新能力。

汽车，无论是作为一种高价值个人消费品还是重要的生产工具，其行业的发展并不仅取决于企业的技术与管理。纵观整个世界，凡是汽车行业高速发展的地区都有一个共同的特点：国民经济高速增长且居民的可支配收入大幅度增加。离开了政府创造的稳定的政治经济大环境，纵使车企自身的能力世界一流，其增长速度也会极其有限。

如今，汽车已经成为大国经济竞争中的重要棋子之一，缺乏政府支持的企业注定无法在国际竞争环境中存活并发展。

可以预见的是，在汽车智能化发展的道路上，政府仍然是最重要的投资者和引领者。如果没有政府在各种基础技术领域（包括人工智能、芯片、材料科学等）和基础设施上的投资，以及在政策法规等方面的引导，中国汽车行业仅靠市场的力量将很难在全球化竞争中突出重围并成为引领者。

10.5 车企的基本能力

在汽车"新四化"的浪潮中，曾经位于产业链顶端的传统车企的地位受到了严重的威胁与挑战。这些挑战有来自新兴势力的，也有来自传统车企中那些"率先觉醒者"的。

然而，不论环境如何变化，对车企能力的要求都只会越来越高。这些对车企能力的更高要求，成为车企不得不面对的挑战。在商业竞争中，挑战者往往会采用改变竞争规则的方式，将竞争引入全新的环境中，以规避被挑战者的强项。对于被挑战者而言，每一次来自外部的挑战都是一次冒险，也是一次认识自身不足和提升能力的机会。

技术的进步必然伴随着整个行业格局的剧烈变化，在这场由软件引发的变革中，传统车企的某些既有能力已经无法成为制胜的利器，而"新势力"的挑战声势浩大，逼迫着传统车企重新审视自己的能力和发展方向。

10.5.1 车企五力模型

对于一个处在激烈竞争之中的车企而言，无论市场如何变化，只要其自身的能力足够强，而且能够快速适应行业趋势的变化，及时调整并培育新的核心竞争力，就能够长期存活并不断发展。

一般来说，汽车是一个复杂的工业产品，车企的核心竞争力绝对不是单一维度的，没有一个公司能够单纯依靠技术的领先或管理的高效而长期存活。尽管当代很多理论声称企业的发展不应该专注于补足自己的短板，而应该努力地将自己的强项变得更强，但对于汽车这种投资回收周期长、风险高的行业，任何一个短板都可能让一个在过去非常成功的企业在短时间内就销声匿迹。

如果没有超越所有竞争对手的强项，可能就无法成为行业内的领先企业。只要有一个明显的短板，就可能在某些市场环境中迅速衰落。无论市场如何变化、科技如何发展，总有一些能力可以穿越时间与空间而持续存在，并能够让企业的基业长青。

以下五类能力就是可以保证一个车企能够长盛不衰的基本能力。

1. 营销能力

营销并非只是指产品的销售，准确找到目标市场、设计出符合目标客户需求的产品，然后通过有效的途径将产品销售给客户才是营销的本质。在任何时间和地区，总会有一些尚未得到满足的目标客户存在。能够准确地发现这些客户，并设计出令其满意的产品的能力是普遍适用于任何行业和地区的。在任何时代，客户的需求都是在不断变化的，而一个企业的强大营销能力则可以保证其始终能够准确地抓住目标客户的需求，并持续不断地推出能够畅销的产品。

2. 管理能力

汽车的研发、生产和销售需要几千人的参与，而且每个人都有不同的职能，复杂的协作得以保证质量、成本和开发周期。汽车是一种初始投资巨大且单件利润率较低的产品，因此汽车行业高度依赖规模效应。而规模越大，对效率和质量的要求就越高，否则整个企业将因为效率的低下和质量成本的高企而无法生存。

保证几千个零部件能够及时准确地被交付并组装成一辆可以销售的车，需要的绝不仅是技术能力，更需要管理能力。管理的核心是流程、方法和工具。遗憾的是，并没有普遍适用于所有车企的流程、方法和工具存在。这是因为每个车企各自的历史、资源、能力和文化等各不相同，所采用的流程、方法和工具也各不相同。各个车企只能根据自己的实际情况来建立和不断迭代适合自身的管理体系。只要自己的管理体系能够高效服务于自己的目标，那么这个体系就是合格的。汽车行业的管理并不只是车企对其内部的管理，还包括对其各个外部相关方的管理。每个成功的车企都一定有一个围绕自身而建立的生态圈和技术网络，这个生态圈与技术网络的健康程度既体现了车企的管理能力，也决定了车企的生存质量。

3. 集成能力

汽车中的几千个零部件总成几乎涉及了民用工业的所有技术领域，车企不可能也没有必要掌握所有技术，更不可能自己制造所有的零部件。车企在整个生态中最核心的工作是集成：根据自己对目标车型的定义，对各个零部件供应商提出需求，并将他们生产的零部件集成到整车这个大平台中。

如果车企试图自己掌握所有相关的技术并进行生产，那么车企的人员数量将至少上升两个数量级。这不但在技术上不可行，在经济上也不划算，因为这违背了社会分工逐渐细化的时代趋势，会导致资源和精力过度分散。在汽车的核心是硬件的时代，车企就已经在不断集成来自各个领域的先进技术，以持续提升车辆功能和性能了。

进入电子时代后，来自电子和网络领域的各种技术又被不断地集成进来。而在即将到来的智能时代，汽车也将持续集成以软件为载体的各种智能算法，以构成车辆的智能化能力。汽车的发展过程就是不断融合新技术的过程，虽然其中很多技术并非车企中的现有人员所熟悉或擅长的，但这并不妨碍车企将这些技术应用到车辆设计中。一个车企即使不自己生产任何一个部件，依靠整个产业链的分工合作，也能够组装出合格的汽车。但是，任何一个零部件供应商却无法以自己的部件为核心设计出一辆完整的汽车。无论是过去的以硬件为核心的集成，还是未来以软件为核心的集成，集成能力始终都是车企的核心技术能力。

4. 生产能力

汽车是一种大规模生产的工业产品，车企的生产制造能力始终是其核心能力之一。汽车生产线的投资动辄几十亿元，并且对于不同车型，因其结构不同，产线很难共用，有大量的工位和夹具、治具需要调整。尤其是冲压、焊装、涂装和总装这四大工艺，基本上只能由车企自己完成，因为这对整车的质量和成本至关重要，而且相应的设备与模具大多是与具体车型绑定的。

考虑到生产过程中需要众多人工参与，每辆车的生产制造成本（包括固定成本和可变成本）占据了很大比重。而每条产线单位时间的生产能力（效率）是决定制造成本的重要因素，也是决定车企盈利水平的基本指标。

在汽车行业的发展史上，无论福特发明的流水线，还是丰田创造的精益生产，根本目的都是提升生产能力和降低生产成本。在机械组装为主的生产时代，组装效率是影响生产效率的重要因素。在电子与软件越来越复杂的时代，软件下载、参数标定和功能终检的效率将逐渐成为影响整车生产效率的重要因素。

5. 核心部件设计能力

车企或多或少地需要生产车上的一部分零件，基本上每个车企都有自己的零部件设计团队，但这并不代表车企会生产所有的零部件。

除了车身与底盘等部件，只有那些与成本和竞争力高度相关的部件才需要自己掌握设计技术和生产。在汽油车中，最核心的部件是发动机和变速器，大部分有实力的车企都会自己设计和生产发动机和变速器，主要原因如下。

- 这两个部件的成本高。
- 这两个部件直接决定了车辆的性能与质量。

在车辆动力系统从内燃机转为电力驱动之后，动力系统的核心部件变成了电池与电机。于是，车企通过自建或合资的方式建立自己的电池与电机生产线，这与过去车企自建发动机与变速器工厂的目的完全一致。同时，因为软件也已经逐渐成为决定车辆性能与质量的重要因素，并且是构建车辆差异化与品牌基因的重要来源，所以车企开始自建软件开发团队，自主开发核心部件的电子部件与系统，如车身控制器、整车控制器、电池管理系统、多媒体主机和自动驾驶控制器等。

以上5个车企的基本能力，可以使用图10-6所示的车企五力模型来表示。

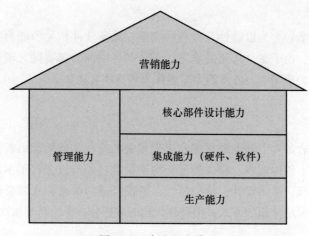

图 10-6　车企五力模型

在车企五力模型中，各种能力的作用与关系如下。

- 营销能力需要其他四种能力共同支撑才能得以实现。
- 管理能力是保证企业可以高效运营的基础，是企业资源得以有效配置、营销目标得以实现的基本保证。无论其他的能力多么强，如果没有强大的管理能力，企业无法稳定运转和持续发展。
- 生产能力是保证产品生产的重要能力。没有生产能力，任何设计都将停留在图纸上。生产能力对于企业的作用如同控制器的硬件对于软件的作用，直接决定了企业的能力极限。

- 集成能力是车企的核心。即使车企不设计零部件，只要有能力将供应商的不同部件集成起来，就能设计出一辆完整的汽车，并交付生产。集成能力决定了整车系统的质量。
- 核心部件设计能力并非车企必备的能力，但是对于一个成功的车企是不可或缺的。没有核心部件的差异化，就难以形成产品的差异化，更难以形成企业在市场竞争中的护城河。核心部件设计能力可以被看作软件中的中间件，不但负责将应用层与底层软件有机结合起来，还能够以其为核心，有效地将各种组件组织起来，发挥出整个系统的最大效能，从而大幅提升系统的表现。

10.5.2 从"打铁"到"服软"

无论过去、现在还是未来，车辆中的硬件将始终存在，而且一直发挥重要的作用。没有软件的车辆可以行驶，但是没有硬件的车辆一定不存在。对于汽车开发而言，硬件的设计工作从来没有减少过，硬件的重要程度也从未降低过，"打铁"始终是车企必备的基本能力。只不过，随着各种硬件逐渐成熟，车企的"打铁"能力尽管仍有差异，但已经比较接近，难以成为核心能力。

当车辆之间的竞争转变为以软件为核心的竞争，具备软件相关的能力就成为车企参与竞争的基本要求。而且，由于整个行业的演进，车企的各项能力都要随之演进，以适应新的竞争要求。在车企的五力模型中，各项能力需要作出的具体变化如下。

1. 营销能力

由于市场营销组合的4个基本要素都发生着显著的变化，营销能力需要随之提升。消费群体的构成与偏好、车辆的成本、购买渠道和沟通渠道已经与过去有了本质的变化，因此营销战术也需要随之升级，产品设计、价格定位、销售渠道和促销方式需要根据产品和市场进行灵活调整。营销要采用全新的方式，借助现代化的数据分析手段精准触达目标用户。

2. 管理能力

一方面，企业的研发任务已经发生了变化，除了传统的硬件设计外，软件开发的工作量剧增。另一方面，员工的能力构成、过往经验和年龄结构也在变化。

这些因素促使企业的管理模式、流程和工具链被迫作出改变，而且管理风格也要向软件开发企业转型。这必将导致传统的、面向硬件的、金字塔式的组织结构向扁平的、面向软件开发的组织结构转变，不但是对现有组织架构的挑战，也是对中高层管理人员能力的挑战。企业内部可能需要维持硬件与软件两种不同的组织结构、流程和薪资体系，从而导致管理工作变得空前复杂。

3. 生产能力

未来车型的生命周期可能大幅缩短，这表现在车企每年都需要不断推出大量新车型来满足市场的需求。虽然对于消费者而言，这大大增加了可选范围，但对于车企的生产能力是一个极大的挑战。生产线必须更加柔性，以适应定制化和小批量的灵活生产需求。而且，由于智能网联的相关功能越来越多、越来越复杂，生产线上的功能终检和标定的时间占比将逐渐增加，再考虑到人工成本，车辆的生产成本将逐渐增加。

减少人工成本的方式是提升自动化水平和车辆部件的模块化与标准化水平。但过高的自动化水平可能降低产线的灵活性，解决这个问题最好的方式就是提升产线的智能化，并更好地实践面向生产的设计（Design for Manufacture，DFM）理念，这种变化对车企的生产能力和研发能力都提出了更高的要求。

4. 集成能力

虽然硬件集成能力已经成为各个车企的基础能力，但在未来仍然需要持续提升，因为智能网联的发展将导致整车的硬件更加的复杂。

硬件集成面临的新挑战包括：控制器的体积更加庞大，传感器的数量增加且对在车身中的位置要求更加苛刻，热管理的复杂度由于各种电子部件的散热需求增加而更加复杂，以太网等高速总线对线束布置的要求更高等。同时，主机厂开始主导电子电气架构设计和部分核心控制器的开发，导致电子电气系统集成和软件组件集成的工作量与难度都大幅增加。

以上变化要求车企不但持续提升硬件集成能力，还要增加系统与软件的集成能力。

5. 核心部件设计能力

尽管车企的核心部件并不相同，但每个时代公认的汽车核心部件是大体一致的。燃油车时代，汽车的核心部件是以发动机和变速器为主的动力系统。电动车时代汽车的核心部件仍然是动力系统，只不过换成了电池和电机。智能汽车时代的核心部件除了动力系统之外，还增加了各种控制器及相关的软硬件。

有些车企将车身和动力等传统领域作为核心，有些车企将座舱作为核心，也有些车企将自动驾驶作为核心。这无所谓对与错，只能反映各个车企的定位。在这个时代，绝大多数技术可以在市场上获得，未来的汽车世界将是多姿多彩、丰富多样的，不可能千篇一律。

对软硬件乃至芯片的重视程度，塑造了车企的能力，也将塑造出不同种类的汽车。当前大多数车企将软件开发能力作为新的核心能力，不得不注意是，开发软件是为了实现功能和性能，软件的灵魂来自上层需求和架构设计，代码只是一种实现形式和载体。

车企在智能化领域的核心能力依然是顶层电子电气架构设计能力。虽然代码的质量决定了产品质量，但如果没有良好的架构设计与各个系统内专业知识的积累，代码的质量就没有保障。

架构与系统层级的设计仍然是车企的核心能力。代码可以外包开发，也可采购，架构与系统层级的设计却永远只能依靠自己。智能化时代的车企，不仅需要有软件代码开发能力，更需要的是深入代码级别的设计能力。以前的那种以控制器为单位的设计能力要提升到对控制器内部软件架构、模块甚至函数设计的层级，不但要求车企相关部门和人员能力的提升，更需要数量的提升。因为，设计对象的数量从一百个已经上升到几千甚至上万的级别了。

时代在变，对车企的要求也在变，对车企 5 种基本能力的要求越来越高。假如我们将汽车的百年发展历史分为机械时代、电子时代和智能时代，那么，智能时代对车企的能力要求将超越以前的任何时代。如果将每个时代对应的车企五力模型用雷达图表示，可以得到图 10-7 所示的结果。

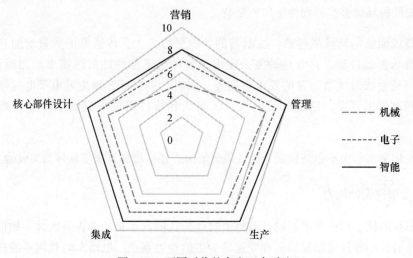

图 10-7　不同时代的车企五力对比

任何时代的企业竞争都不是单一能力的竞争。对于车企而言，无论时代如何变化，只要 5 种基本能力可以保持齐头并进，就一定能够在市场上立于不败之地。在智能时代，虽然软件能力已经成为核心竞争力，但仅依靠软件能力参与车企之间的竞争是远远不够的，其他任何能力的不足都将成为致命的弱点。

软件虽然将成为汽车的灵魂，但智能时代的车企并不能只靠软件生存，汽车的硬件依然是基础，车企五力依旧是必不可少的能力要求，硬件为基与软件为魂将成为新时代的生存法则。

10.6 重塑能力，迎接挑战

面对挑战，最可靠的应对方式是提升自身的能力。尽管每个企业都会将提升能力作为目标，并且也在付诸行动，但每家企业都有太多的能力要提升，究竟应该着重提升哪种能力才是企业需要认真思考的问题。

10.6.1 明确愿景

对于企业而言，曾经赖以生存的手段和方法会随着时代的变迁而不再适用。既然所有的能力终将过时而不再有效，那么怎么做才能保证企业长久地发展呢？这个问题过于宏大，我们只从某些角度试着探讨。

企业在确定能力提升目标前要先回答那个著名的哲学三问：我是谁？我从哪里来？要到哪里去？

- 我是谁？作为一家车企，对自己的认知是怎么样的？现在有哪个方面的能力？有哪些资源？主要客户是一群什么样的人？消费者对品牌的定位是怎样的？这是一个自我盘点的过程，只有认清自己的优势、劣势才能进行清晰的对自我定位。只有明白了自己能做什么和不能做什么，才能更好地规划未来。
- 我从哪里来？一家企业的历史从某种程度上直接决定了这家企业的基因。不同的资本构成、技术来源、创始人的风格和过往的成功与失败经验一定会反映到这家公司的组织架构、流程体系、人员结构和产品策略等方面。虽然过去无法决定未来，但过去一定会影响未来。想清楚"我从哪里来"这个问题，既有助于想清楚"我是谁"，也有助于确立合理可行的目标。
- 要到哪里去？去的事情已经过去，当下唯一可以做的就是为了未来做准备。而究竟如何准备，需要首先确定目标，即"要到哪里去"。

车企可以有多种生存方式，自己造车和卖车、为他人提供生产制造服务和为他人提供产品设计、开发服务等。而造车和卖车又可以细化为不同类别的车、不同档次的车。只有想清楚自己未来的状态，才能有针对性地采取相应的措施，提升自己的能力。同时，车企还要准确地预测未来的经济走势、技术趋势、用户需求变化和市场竞争格局等。如果只是以销量和盈利为目标，就没有办法制定真正可行的策略。对于企业而言，"要到哪里去"可以简单地解释为前景，即愿景。愿景会引导或影响组织及其成员的行动和行为。愿景受领导者及组织成员的信念、价值观、宗旨等的影响，也会反过来影响到整个组织的信念、价值观和宗旨等。

对于车企而言，愿景应该包含：目标客户群是哪一类人、为他们提供什么样的服务、企业或产品的USP（Unique Selling Point，独特卖点）是什么。

如果企业将自己的未来寄托在科技上，那么构建技术团队并提升科技产品的研发能力就是企业应该立刻思考并采取行动的方向。如果企业将生产制造能力作为未来的核心能力，那么不断改进生产线就是企业应该努力的重心。

厘清企业的愿景，也就厘清了企业未来的生存模式，然后才能根据这个模式来仔细思考提升哪个方面的能力。虽然每家车企都希望5种能力齐头并进，但这个社会的资源是有限的、汽车行业的竞争也是激烈的，没有谁能够成为唯一巨头。唯有那些将有限的资源投入到正确领域的企业才有可能实现自己的愿景。

实现愿景需要多方因素的支撑。如果我们将管理和营销也作为技术，那么以5种能力为代表的技术无疑是一种重要因素。除此之外，还需要有足够的内部资源和外部资源。

图10-8所示是车企实现愿景的主要因素。内部资源主要指人才和资金，没有足够的、合适的人才和资金，愿景的实现必然要大打折扣。外部资源主要指合作伙伴，由于汽车构造越来越复杂，已经没有车企能够独自完成所有部件的设计和开发工作，无论自身的能力有多强，强大而丰富外部资源都是不可或缺的。从某种角度而言，外部资源的整合工作依靠的也是人才与资金。

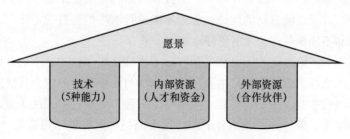

图10-8　车企实现愿景的主要因素

在支撑愿景实现的各种因素中，人才是基础。留住人才和招揽人才，除了依靠企业的品牌、文化和愿景等"软"实力之外，足够的资金是最可靠的"硬"实力。

10.6.2　确立原则

我们无法给出车企5种能力的具体要求，有一些在行业内一致认同的原则可供参考。

1. 效率为王

商业竞争的本质是效率的竞争。营销的效率、研发的效率、生产的效率、物流的效率、资源使用的效率等决定了企业的盈利能力。效率高的企业必然占据一定的优势：以较少的投入获得较多的回报。互联网企业的快速发展是借助网络实现了产品生产与复制效率、传播效率、触达用户效率的大幅提升。传统行业"互联网+"转型的目的也是通过互联网来提升自身的运营效率。当两个相互竞争的企业以不同的效率运营时，即使其中一个企业起点较低，但只要它的运营效率始终超越另一个企业，它就一定能够战胜它的竞争对手，如图 10-9 所示。

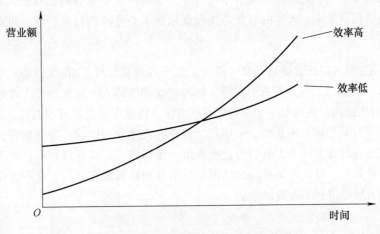

图 10-9　企业运营效率与营业额的关系

英雄不问出处，效率决定生死。效率高的企业一定会用较少的资源和时间去获取更多市场份额和利润。效率的提升至少可以从两个方面入手：PMT 和人员效能。面向流程设计组织架构而不是面向组织架构来设计流程，采用正确的方法并引入数字化工具可以大大提升开发效率并降低研发投入。人才是创造力的来源，高水平的管理人员与工程师可以保证目标能够在最短的时间内以最少的资源达成。

在软件定义汽车的时代，软件的迭代速度远远超过硬件。即使车企的体量不同、背景不同，由于在软件方面开发与迭代的效率不同、整体的运营效率也差异较大，未来的市场格局一定会与现在大不相同。

2. 以人为本

决定企业运营效率的核心因素是资源，即资本与人才。车企拥有资源的数量与质量可以反映在 5 种基本能力上。这 5 种能力在企业组织层面的体现可以分为硬件与软件两个方面，硬件指各种可以直接定价的固定资产；软件指企业中各种无法被直接估价的资产，如组织结构、PMT 和品牌。人才不但决定了资本的使用效率，也决定了软件资源的质量。

假如将企业看作一辆无人驾驶汽车，资本就是这辆车的硬件配置，人才相当于负责车辆运行的软件算法。硬件配置决定了车辆的运行速度与功能，而软件算法则决定了车辆在各种场景下的应对策略。策略直接决定了车辆能够安全行驶多远。

在以硬件制造为主的时代，由于技术与产品的迭代速度较慢，产品的功能与性能取决于企业的资本，因此资本在企业竞争中的作用更大一些。当产品的核心变为软件之后，固定资产的数量和质量就不再是产品竞争力的决定因素，人才成为决定产品功能与性能的核心。

决定未来汽车市场格局的核心是资本与人才。资本决定了企业的起点，人才的数量与质量决定了企业的运营效率。人才的数量与质量既依赖于企业所拥有的资本，也会影响资本的流向。

"良马难乘，然可以任重道远；良才难令，然可以致君见尊。"传统的组织管理中，多采用"因岗设人"的方式，先进行人力资源规划再寻找相应的人。而在当今人才成为稀缺资源的情况下，"因人设岗"也许是一个值得尝试的方法。既然未来是不可预测的，那么企业的领导者应该摒弃"计划经济"的思维，采用灵活多变的人才管理模式，充分发挥人才的主观能动性，给人才充分的自主权，让他们为企业找出一条新路。树状管理结构已经无法适应当今企业高速发展的需求，以人才为核心构建网格化的管理结构势在必行，这种方法已经在众多互联网企业的发展中得到了有效的验证。

3. 长期导向

在充满不确定性的时代，企业如何持续创造价值？对长期价值的追求和不断探索能够为企业找到对抗不确定性的方法。将时间和精力投入到能够产生长期价值的事情上被称为长期导向或长期主义。

长期导向一词来自 Geert Hofstede 对 5 个文化维度的研究。在这项研究中，中国的得分是 114，远远高于大多数国家。这个分数表明了一个国家的时间观念和坚韧不拔的态度。中国近几十年的高速发展，在很大程度上得益于这种长期导向。

在社会范围中，长期导向指的是关注未来，尊重未来的价值观，相信未来会比现在更繁荣，并且社会成员以更强的毅力和节俭的文化视角来等待未来的回报，从而延迟对物质、情感和社会成功的需求。人们的行为由长期目标所驱动。

与长期导向相对的是短期导向：专注于现在，把价值放在过去和现在，强调快速得出结果，追求即时的快乐。

长期导向不仅是一种文化，也是一种价值观。对于企业而言，导向不同将导致策略不同，并反映在资源的使用上。每一次选择都是一次重要的价值判断，而每一次判断都来自人们的信念。企业做到长期导向，需要做到以下几点。

（1）坚持和专注　坚持是长期导向的基础，不过分注意当下的结果或利益。如果将目标实现的过程看作一根长长的线，那么眼前结果只是线中的一个点，过程往往比结果更重要。

企业的成长是漫长的过程，其目标是持续地创造价值并盈利，而且盈利和市场份额并不是最终的结果，竞争是成长过程中的一部分而非最终目的。只有坚持和专注才能打造长久发挥作用的核心竞争力。人的时间和精力是有限的，坚持非常重要，专注更为重要。

（2）持续改进　不急功近利，并不意味着不持续改进。长期是由短期组成的，对长期的理解需要建立在对短期的不断检查和回顾上，从而实现持续改进。真正的长期导向是自我完善和实现价值。懂得自我反省和随时检讨是不断成长的关键。

（3）走出舒适区　根据熵增定律，每个企业都向着混乱无序的方向发展，而这个方向对大多数人来说是舒适的。解决方法是走出舒适区，不断学习和成长。

（4）保持战略定力　罗马不是一天建成的。在企业的发展中，核心竞争力、组织能力都很难在短期建立起来，提升也需要时间。能在短时间内轻松获得的东西都无法成为核心竞争力。每个企业都可以成为自己的价值投资者，你的时间、精力、资金和信念等投入到哪里，你的成果就在哪里。

10.6.3　行动方向

应对挑战最可行的方式就是提升自身的能力，在明确了愿景并确定了原则之后，余下的就是切实的行动了。当前整个行业对于如何面对软件定义汽车的挑战，在实施方法和行动方向上有诸多共识。

全新的电子电气架构既是目标也是起点。作为目标的电子电气架构是实现软件定义汽车最重要、最直接的物质基础。如果没有电子电气架构，各种创新的功能、盈利模式和对核心控制器的掌控就无法实现。因此，软件定义汽车的核心任务是打造全新的电子电气架构。无论集中式电子电气架构还是面向服务的架构，都已经成为当之无愧的热点。虽然仅依靠电子电气架构无法解决所有的问题，但是没有电子电气架构的支撑，车企一定无法立足于新时代。

如果将车企实现软件定义汽车的目标看作建筑一座大厦，那么最重要的部分就是电子电气架构，如图10-10所示。电子电气系统的3个视图是大厦的基石，不但电子电气系统的性能和功能依赖于这3个视图的质量，车企未来的发展效率也依赖于这3个视图的迭代效率。

电子电气架构既体现了车企的愿景，也体现了车企在电子电气领域的综合能力和核心部件的设计能力、集成能力和组织层面的管理能力。同时，电子电气架构也间接影响了车企的营销能力和生产能力。从这个角度来看，将电子电气架构作为车企在软件定义汽车时代最重要的业务目标也毫不为过。

电子电气架构也是应对挑战的起点。史蒂芬·柯维在《高效能人士的七个习惯》中提出的 7 个习惯之一是以终为始，即做事要先有目标，将目标作为一切行动的起点，以此确保方向正确。

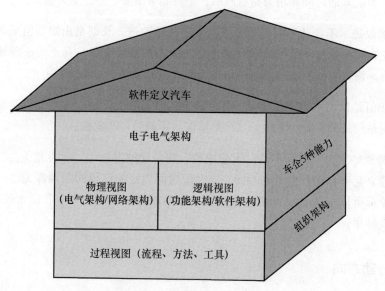

图 10-10　软件定义汽车大厦

构建一个符合愿景的电子电气架构是车企应该去做的最正确的事情，为了这项工作能够高效地完成，各个领域的工作都应该以构建电子电气架构为目标，围绕电子电气架构进行车企 5 种能力的建设。

- 营销能力：既要给电子电气架构提供明确的需求作为设计输入，也要根据电子电气架构来设计相应的营销策略和方法，围绕电子电气架构的功能和特点进行建设。
- 核心部件设计能力：根据电子电气架构的核心部件搭建团队，并协调外部资源提升核心部件设计与开发的能力。
- 集成能力：将过去的硬件集成能力进化为软硬件一体的集成能力，既要保持对硬件的集成能力，也要完成对软件的集成能力。
- 管理能力：围绕以电子电气架构为核心的业务目标，从流程、体系和组织架构等方面入手，全面提升管理能力。
- 生产能力：生产过程中的各种配置管理、软件下载、检测和标定等系统与环节需要根据新电子电气架构的要求进行全面升级。

上述能力的变化不仅体现在相应部门的人员能力上，更要相互融合和协作，从而形成整个企业内部的系统能力。软件是数字时代的产物，产品的开发、生产和运营要全面实现数字化，通过数字化的研发、生产和运营体系来打通各个部门和职能之间的壁垒，并驱动整个企业实现高效迭代。

组织架构决定了企业部门之间的合作关系，也决定了各部门的执行效率。根据康威定律的描述：社会结构，特别是人与人之间的沟通途径，将不可避免地影响最终的产品设计。在设计系统时，组织所交付的方案将不可避免的与其沟通结构一致。

在电子电气架构的设计过程中也有康威定律的身影。在设计控制器时，很多功能的部署都有很高的灵活性，虽然有一些相对客观的标准可供参考，但很少有绝对的标准，因此具体的结果大多取决于决策者的选择。功能部署则直接影响了电子电气架构中的逻辑架构与软件架构，进而影响到相应的电气架构。

决策者很多时候不得不考虑现有的组织架构和人员分工，某个控制器的负责人会根据自己的关切点选择接受或者拒绝架构层级的设计。这些关切点可能包括自己工作量、自己需要承担的责任和风险、自己对某个领域的控制权等直接或间接关乎自己利益的因素。一个控制器、传感器和执行器存在与否可能直接关系到某个工程师甚至部门的工作内容，控制器的集中化必然会引起组织机构的集中化。流程、方法和工具的设计与应用同样会影响相关人员的工作量、工作内容和相互之间的关系。

无论电子电气架构还是其他架构，从来都不是纯粹的技术工作，它们会直接影响组织内部众多人的利益，组织中的利益因素是电子电气架构设计和开发过程中不可回避的话题。对于管理者而言，重新设计电子电气架构首先要解决的是组织架构的设计：要么按照符合技术理想的形态来设计电子电气架构，然后进行相应的组织架构调整，要么只能按照现有的组织架构形态来设计电子电气架构。这两种选择的区别在于业务目标与组织架构之间从属关系的不同，而能够决定这一点的只有管理者，他们分解问题的方式决定了战略选择。

在传统的车企中，组织架构已经经过多年的磨合形成了相对精细且稳定的职责分工、产品体系以及供应链体系。当新电子电气架构导入的时候，相关人员的工作分工、技能要求、权利范围都要重新匹配，这会导致新电子电气架构在开发过程中遭遇阻力。而对于那些"新势力"而言，这方面的问题就会少很多，因为一切都是从零开始的，没有历史包袱，于是可以充分考虑工程效率，构建与目标系统架构相仿的团队架构，毫无顾忌地大胆尝试。

好的组织架构就像高度智能的算法一样，可以让企业加速发展。而决定企业组织架构的往往是管理者，他们对企业未来的影响力度远超技术人员。对于一次改革来说，实际的效果是对改革的最大反馈，由于造车的长周期特性，想在一两年就得到回报是不可能的。高层领导对于改革措施执行者的信任与耐心就成为决定改革成功与否的关键。对于每一个为了迎接软件定义汽车的挑战而推进改革的车企而言，最重要的工作就是选择具有如下特质的人才。

- 即懂技术，又懂管理。
- 能够被高层领导充分信任。
- 真正理解组织目标。
- 能够采取正确的行动，并在变革期解决出现的各种问题。

☐ 具有足够的探索精神。

10.7 本章小结

本章首先简要分析了汽车行业正在经历的种种变革,并提出了相应的建议。然后对商业模式和产业格局的变革进行了分析。最后介绍了车企五力模型,并为车企的发展提出了方向性的建议。